Les vérités cachées
de la Seconde Guerre mondiale

Dominique Lormier

Les vérités cachées de la Seconde Guerre mondiale

éditions du
ROCHER

Éditions du Rocher
28, rue Comte Félix Gastaldi – BP 521 – 98015 Monaco

www.editionsdurocher.fr

ISBN : 978-2-268-10190-3
EAN Epub : 9782268102245

Introduction

On croit tout connaître de la Seconde Guerre mondiale, après des décennies de témoignages, d'ouvrages et d'articles, de documentaires télévisés et d'émissions de radio. Or, aux mythes de la propagande des belligérants de cette période sont venues s'ajouter certaines thèses fumeuses, qui continuent de véhiculer une idéologie formatée, refusant les nuances et les différences.

L'historiographie anglo-américaine, relayée par des auteurs et médias fascinés par tout ce qui vient d'Outre-Atlantique, passe son temps à fustiger et rabaisser le rôle de la France durant la guerre de 1939-1945. Desservant la cause de la connaissance historique, les clichés les plus éculés continuent à circuler, malgré les décennies passées, montrant que la propagande de l'époque a durablement imprimé sa marque. Quelles sont donc ces affirmations fausses qui continuent d'imprégner notre mémoire collective?

Des recherches récentes accréditent la thèse d'une victoire possible des Alliés en 1940. Reposant sur des chiffres tronqués et douteux des forces en présence, comme notamment une prétendue supériorité numérique et technique des chars français, cette thèse ne repose en fait sur aucun fait réel. Il s'agit surtout de charger les chefs militaires français, en oubliant curieusement les politiques, alors que les causes de la défaite de 1940 reposent sur des origines diverses, qu'il convient de présenter en détail.

Nombre d'ouvrages anglo-américains critiquent sévèrement l'armée française de 1940, coupable de tous les maux, dont principalement le manque de combativité des soldats tricolores. On oublie volontairement les nombreux faits d'armes des troupes françaises sur le terrain et l'importance des pertes dans les deux camps, notamment de l'armée allemande qui déplore la mise hors de combat d'environ 30 à 50 % de ses chars et avions (détruits ou endommagés) en seulement 45 jours de bataille.

Cette même historiographie veut nous faire croire que l'occupation allemande en France a été possible grâce à la collaboration massive des Français, lâches et sans honneur, indifférents aux sorts des juifs, voire majoritairement complices des déportations. C'est oublier que 75 % des juifs se trouvant en France ont été sauvés grâce au soutien d'une large partie de la population française et de certains fonctionnaires.

On affirme également que la Résistance française fut surtout composée de personnes venant de la gauche et la Collaboration de gens de droite. Pourtant, les plus importants réseaux ont été créés par des représentants de la droite nationaliste germanophobe et les principaux mouvements collaborationnistes furent fondés par des personnalités issues de la gauche pacifiste.

L'histoire de la Résistance française a traversé la période mythifiée de l'après-guerre jusqu'à une récente remise en cause de son efficacité, entraînant de nombreuses polémiques. Un bilan panoramique, au-delà de l'apologie béate et du dénigrement systématique, démontre l'efficacité de son action.

Il y a peu, des auteurs ont voulu minimiser l'importance des combats de Bir Hakeim et des Glières, en les réduisant à des légendes gaullistes. La bataille de Bir Hakeim, certes mythifiée à l'époque, n'en représente pas moins un affrontement héroïque qui a retardé les plans de Rommel. Et celle des Glières ne se réduit pas à une simple escarmouche.

Durant la Seconde Guerre mondiale, les Alliés anglo-américains cachent volontairement au grand public leurs défaites contre l'armée italienne. Leur propagande présente les soldats italiens comme des couards sans dignité. En Afrique du Nord et orientale, les troupes alliées subissent de nombreuses défaites, toujours attribuées aux Allemands alors que les troupes italiennes représentent souvent 80 à 100 % des effectifs engagés ! Les armées italiennes luttent partout avec bravoure.

Benito Mussolini est toujours présenté comme un dictateur belliqueux et fanatique, allié depuis toujours au nazisme. Et pourtant…

Hostile à Hitler et au nazisme de 1922 à 1936, défenseur de l'indépendance de l'Autriche, Mussolini cherche à encercler l'Allemagne par une solide alliance avec la France, la Grande-Bretagne et même la Russie soviétique. Il tente d'éviter une Seconde Guerre mondiale en septembre 1939. En avril 1945, une importante mallette, contenant des documents secrets sur les relations entre Mussolini et la Grande-Bretagne de 1922 à 1939, est dérobée des mains du *Duce*, après son arrestation et peu avant son exécution. Churchill cherche par tous les moyens à s'en emparer.

On pense que les États-Unis ont sauvé le monde libre du nazisme par le débarquement en Normandie. On ignore généralement que 60 à 75 % des divisions allemandes ont lutté contre l'armée soviétique et que 75 % des *Panzerdivisionen* engagées en Normandie en 1944 ont affronté les troupes britanniques et canadiennes, facilitant la victoire américaine. On ne sait pas non plus que 75 % du territoire français ont été libérés par les Britanniques, les Canadiens, les Français et autres Alliés non américains. On oublie également que 75 % des divisions japonaises ont combattu en Chine, et que les Américains ont affronté seulement le quart restant.

On cherche à minorer le rôle de la France dans la victoire des Alliés. C'est oublier qu'à des moments cruciaux de la guerre, la France militaire et résistante a largement favorisé la défaite de l'Allemagne.

Reprenons donc chacune de ces affirmations et voyons maintenant, documents à l'appui, quelles vérités s'y cachent.

[illegible] Hitler [illegible] 1933 [illegible]

[illegible]

[illegible] On [illegible]

[illegible]

1

La défaite francaise de 1940 est-elle si impardonnable ?

De récents ouvrages et documentaires, fondés sur des chiffres tronqués et des sources douteuses, accréditent la thèse « d'une impardonnable défaite militaire française » en mai-juin 1940[1]. Ainsi la France et ses Alliés avaient-ils largement les moyens de battre l'Allemagne en mai 1940 ! Les chefs militaires et les soldats français seraient les uniques responsables de cette catastrophe, ayant entraîné l'Occupation d'une large partie de l'Europe. Si des généraux français n'ont pas toujours été à la hauteur de la situation et que des défaillances de la troupe ont été constatées en certains endroits, il convient cependant de souligner que l'Allemagne avait tous les atouts entre ses mains pour l'emporter lors d'une courte campagne, ce que Winston Churchill avait secrètement pressenti, en affirmant à son entourage le plus proche que l'armée française ne résisterait pas plus d'un mois à l'offensive allemande[2]. Prédiction partagée par le général allemand Heinz Guderian qui, après avoir assisté durant les années 1930 à des manœuvres de l'armée française, fut consterné de voir les chars français dépourvus de radios et progresser aux fanions[3].

---

1. Claude Quétel, *L'Impardonnable Défaite. 1918-1940*, J.-C. Lattès, 2010.
2. Archives militaires britanniques, Londres.
3. Archives militaires allemandes, Fribourg-en-Brisgau.

La réalité des forces en présence

L'ouvrage de l'historien allemand Karl-Heinz Frieser, *Le Mythe de la guerre éclair. La campagne de l'Ouest de 1940*[4], est devenu la référence « biblique » de nombreux auteurs. On y trouve une présentation des forces en présence qui laisse rêveur, avec l'addition trompeuse des chars et avions alliés opposés à ceux des Allemands. Ainsi les Alliés auraient aligné, le 10 mai 1940, 4 200 chars et autant d'avions contre 2 400 chars et 3 500 avions allemands ! Or la disponibilité réelle du matériel donne un rapport des forces bien différent. Il est vrai que jusque dans les années 1960, la thèse officielle avançait que les Alliés avaient été battus par la supériorité numérique écrasante des Allemands en blindés et en aviation, avec la mise en avant de chiffres totalement fantaisistes, comme notamment la présence de 7 500 chars allemands ! Passant d'un extrême à l'autre, on affirme aujourd'hui le contraire.

En réalité, le 10 mai 1940, jour de l'offensive allemande à l'Ouest, l'armée française aligne 2 262 chars modernes dont seulement 853 sont équipés d'un canon efficace pour la lutte antichar. Le reste de la force blindée française repose sur 1 409 chars, armés du vieux canon de 37 mm modèle 1918, à faible vitesse initiale, capable de percer seulement 15 mm de blindage, alors que 2 043 des 2 683 chars allemands modernes ont un blindage épais de 20 à 30 mm (Panzer II, III, IV, Škoda) et sont équipés d'un canon moderne (20 mm, 37 mm ou 75 mm) capable de percer 30 à 50 mm de blindage, en fonction de la distance.

Il est intéressant de connaître le témoignage éloquent d'un spécialiste des chars, en la personne du général Renault, qui enseigna à l'école supérieure de guerre de Paris :

> La grosse question est que si les chars légers français (R35, H35, H39 et FCM36) étaient mieux blindés que les chars allemands, ils leur étaient inférieurs en canons et moteurs... La majorité des Hotchkiss, Renault et FCM disposaient d'un canon de 37 mm datant de 1918, avec une vitesse initiale de 390 mètres/seconde, dont les règlements déconseillaient l'emploi au-delà de 400 mètres, et ne pouvaient percer que 15 mm de blindage...

4. Publié aux éditions Belin en 2003.

> Les Allemands, au contraire, disposaient d'un canon (chars et antichars) de 37 mm d'une vitesse initiale de 800 mètres/seconde ou supérieure, qui perçait encore 45 mm de blindage à 500 mètres et 50 mm à 200 mètres. Le 20 mm automatique du Panzer II (vitesse initiale de 800 mètres/seconde), capable de tirer 150 coups à la minute, perçait 30 à 40 mm d'acier à 200 mètres. Le canon français de 47 mm qui équipait les chars D2, B1 bis et Somua S35 était excellent, mais la tourelle monoplace avait une vitesse de tir moins rapide que la tourelle allemande biplace. Le canon de 75 mm du B1 bis, modèle L21 raccourci, était monté en casemate basse, ce qui obligeait le char à se démasquer pour le tir, donc à se dévoiler aux antichars... Le système Naeder, qui permettait de pointer le char B1 bis par ses chenilles, fut une source de pannes fréquentes. De même il était recommandé de faire tourner le moteur pour faire fonctionner la radio, d'où une consommation d'essence excessive.
>
> Lents et peu maniables, nos chars disposaient d'une puissance de 7 à 10 chevaux à la tonne, alors que les chars allemands disposaient de 15 à 20 chevaux à la tonne. Tous les chars allemands avaient la radio émission et réception, sauf le Panzer I qui n'avait que la réception, alors qu'aucun char léger français n'en disposait et que les chars D2, et B1 bis qui en étaient équipés ne l'utilisaient pas[5].

L'armée britannique présente en France aligne 600 chars, dont seulement 250 sont équipés d'un canon antichar de 40 mm (Matilda et Cruiser). L'armée belge dispose de 270 chars, dont une centaine seulement sont armés d'un canon antichar de 47 mm. La totalité de la force blindée alliée (chars français compris) représente 3 132 chars, dont seulement 1 206 sont efficaces dans la lutte antichar. Rappelons, à titre de comparaison, que sur les 2 683 chars allemands en ligne 2 043 sont équipés d'un canon moderne.

Si les chars français ont un blindage plus important (40 à 60 mm) que leurs homologues allemands (15 à 30 mm), ils sont cependant plus lents (20 à 40 km/h) en moyenne que ceux de la Wehrmacht (40 à 55 km/h). L'autonomie des tanks allemands est également plus grande, 200 à 250 kilomètres en moyenne contre 150 kilomètres chez les principaux blindés français.

5. Archives militaires françaises, Vincennes.

La masse principale des chars français se trouve dispersée en une trentaine de bataillons et une douzaine de compagnies sur l'ensemble du front occidental. Seulement 960 des 2 262 chars français sont endivisionnés, alors que les 2 683 chars allemands en première ligne sont tous regroupés au sein des 10 *Panzerdivisionen* (divisions blindées). La Wehrmacht dispose également d'une réserve de 320 chars, ainsi que 36 chasseurs de chars (canons automoteurs). Portant la totalité des tanks allemands à 3 039 engins.

Les divisions blindées françaises, aussi bien cuirassées que mécaniques, souffrent de nombreux défauts au niveau de l'organisation et de la dotation en matériel : transmission rudimentaire, DCA quasi inexistante, infanterie motorisée et artillerie portée souvent insuffisantes, système de ravitaillement en essence lent et archaïque, absence de moyens de franchissement des fleuves et autres rivières. À la différence de leurs rivales françaises, les *Panzerdivisionen* représentent chacune une véritable petite armée, capable de combattre de manière indépendante, avec des chars rapides, une puissante infanterie motorisée, une DCA et une artillerie motorisée très efficaces, un système de transmission moderne. Elles disposent également de moyens de ravitaillement en essence performants, ainsi que d'excellentes unités du génie.

Les divisions blindées françaises sont équipées pour colmater les brèches dans le dispositif de défense, contre-attaquer, couvrir la mise en place des unités d'infanterie, voire effectuer une percée limitée, en attendant le ravitaillement en essence, devant venir des camions-citernes ou des chenillettes, qui représentent cibles idéales pour l'aviation allemande ! Les *Panzerdivisionen*, dotées de nombreux jerricans d'essence, sont censées pouvoir pénétrer en profondeur dans les défenses adverses, sans attendre d'être ravitaillées.

L'armée de terre française et sa rivale allemande alignent respectivement 853 et 728 automitrailleuses. Environ 30 % de ces engins en dotation dans l'armée française sont des modèles vétustes et dépassés alors que les rivaux allemands sont récents et souvent plus rapides.

L'artillerie française de campagne représente un total de 10 700 canons de divers calibres, dont la majorité date de la guerre précédente. Peu mobile, l'artillerie française est cependant puissante et bien instruite. À cela, il faut ajouter 1 280 pièces d'artillerie de l'armée britannique, 1 338 de l'armée belge et 656 de l'armée hollandaise, portant ainsi la totalité des canons alliés de campagne à 13 974. La Wehrmacht dispose de son côté de 7 710 canons modernes, dont la mobilité est souvent facilitée par le transport de véhicules à moteur, alors que l'artillerie française est souvent réduite à utiliser des chevaux.

La grande faiblesse de l'armée française réside dans la déficience de sa défense antiaérienne, 3 800 canons, souvent vétustes, contre 9 300 pièces modernes du côté allemand. Même constatation pour l'armement antichar : la France dispose bien de deux excellents types de canons de 25 mm et 47 mm, mais la dotation théorique par division de 48 à 52 pièces sera rarement honorée. Les 55e et 71e divisions françaises d'infanterie (DI) qui vont subir le choc initial de trois *Panzerdivisionen* (788 chars), à Sedan, ne possèdent pour la première que de 12 pièces antichars, l'autre que de 8 pièces ! En revanche, on ne compte pas moins de 52 à 72 canons antichars de 37 mm au sein de chaque division allemande, sans compter ceux des groupes de reconnaissance. Il convient d'y ajouter 650 batteries lourdes de DCA (88 mm et 105 mm), alignant 6 700 pièces, pouvant appuyer les divisions allemandes dans la lutte antichar.

L'armement léger d'infanterie est généralement plus moderne chez les Allemands. La mitrailleuse Hotchkiss modèle 1914, équipant les régiments français, tire 450 coups à la minute, alors que la MG modèle 1934 de la Wehrmacht a une cadence de tir de 900 coups/minute. Il y a bien l'excellent fusil-mitrailleur français Châtellerault modèle 1924-1929, mais sa capacité de tir se limite à 500 coups/minute. L'équipement du fantassin allemand est également plus adapté à la guerre moderne de mouvement que celui du troupier français. On retrouve dans l'armée allemande de 1940 l'élan des troupes d'assaut de 1918, fondé sur l'audace, la vitesse d'action, la mobilité, l'infiltration, la pénétration en profondeur, la puissance de feu et l'instruction. Le haut commandement allemand n'hésitera pas à se porter à la pointe des combats, afin de mieux diriger les opérations, ce qui sera rarement le cas chez les Français. Les pistolets-mitrailleurs modernes abondent dans les rangs de la Wehrmacht, alors que les unités françaises en sont le plus souvent dépourvues. Comme l'écrit l'historien anglais John Weeks, spécialiste des armes, « la brave et vaillante armée française fut lancée au combat avec des armes périmées, indignes des hommes qui les portaient[6] ».

Les 30 divisions françaises d'active (sur un total de 94 divisions en première ligne) sont de bonne qualité sur le plan de l'encadrement, de l'armement et de l'instruction. Il n'en est pas de même

6. John Weeks, *Armes légères de la Seconde Guerre mondiale*, Atlas, 1979.

des divisions de série A, composées en majorité de réservistes, et des divisions de série B, formées presque uniquement de réservistes âgés. Dans ces deux types d'unités, l'instruction y est médiocre et les déficits en certains matériels, DCA et armes antichars notamment, souvent impressionnants. Sur les 157 divisions allemandes, dont 138 positionnées sur le front ouest, une centaine sont solidement encadrées, parfaitement instruites et équipées, à la capacité combative extrêmement élevée. Le reste est d'une qualité moyenne, mais bénéficie cependant d'un meilleur entraînement que les rivales françaises de série A et B.

En mai 1940, l'armée de l'air française aligne 1 300 avions, dont 630 chasseurs, 270 bombardiers et 400 appareils de renseignement. Sur les 1 900 appareils dont dispose la Grande-Bretagne, seulement 400 se trouvent opérationnels en France. Les aviations belges et hollandaises totalisent 200 appareils. La totalité des avions alliés disponibles sur le front ouest se limite donc à 1 900 appareils. Dès l'offensive allemande du 10 mai, 232 avions français sont détruits au sol, ainsi que la quasi-totalité des appareils belges et hollandais, ce qui va affaiblir davantage les forces aériennes alliées, réduites par la suite des combats à moins de 1 500 avions, même si une partie des 1 500 avions anglais, stationnés en Grande-Bretagne, vont parfois intervenir dans la bataille, notamment lors du sauvetage du corps expéditionnaire britannique à Dunkerque.

De son côté, la Luftwaffe (armée de l'air allemande) dispose d'une incontestable supériorité numérique avec 3 500 appareils disponibles le 10 mai 1940, dont 1 500 bombardiers, 1 500 chasseurs, 500 avions de renseignement. La totalité de cette puissante flotte aérienne est équipée d'avions modernes, surclassant techniquement la plus grande partie des appareils alliés. À titre d'exemple, le chasseur français Morane-Saulnier 406, équipant la majorité des groupes français de chasse, est armé d'un canon 20 mm et de deux mitrailleuses de 7,5 mm, vole à 485 km/h alors que son adversaire allemand, le Messerschmitt 109 E, armé de deux canons de 20 mm et de deux mitrailleuses de 7,92 mm, monte à 575 km/h. Le meilleur chasseur français, le Dewoitine D520 (1 canon de 20 mm, 4 mitrailleuses de 7,5 mm, vitesse de 530 km/h), est réduit à 36 exemplaires le 9 mai 1940. Plus de la moitié des bombardiers français sont des modèles vétustes, lents et dépassés, comme les Bloch 210, Farman 222 et Amiot 143. Les modernes Bréguet 691, Léo 451 et Bloch 174 sont trop peu nombreux. La moyenne des avions français est surclassée en vitesse de 100 km/h par ceux de la Luftwaffe.

Les groupes français de chasse sont inutilement dispersés sur l'ensemble des frontières du territoire, alors que la Luftwaffe a concentré la quasi-totalité de ses forces face à la Hollande, la Belgique et la France. La coopération entre la chasse française et l'armée de terre est quasiment inexistante, alors que les divisions allemandes peuvent compter à tout moment sur le soutien de la Luftwaffe. De nombreuses contre-attaques de chars français vont être stoppées ou entravées par l'action rapide et efficace des bombardiers allemands. Le système de liaison radio terre et air va jouer un rôle déterminant lors des combats.

Un commandement français divisé

Dès mars 1940, le général allemand Erich von Mainstein propose à Hitler une vaste offensive, qui prévoit d'envahir la Hollande et la Belgique, de manière à attirer vers le nord les meilleures unités alliées. Si les Franco-Britanniques viennent à tomber dans ce piège, une autre offensive dans les Ardennes, marquée par la rupture du front français à Sedan, doit encercler les divisions alliées engagées en Belgique. La rapide percée des Ardennes permettra ensuite de remonter vers l'embouchure de la Somme. Une fois assurée le contrôle des côtes de la Manche, et sans avoir trop mis à l'épreuve les *Panzerdivisionen*, la Wehrmacht pourra diriger son attaque vers le cœur de la France.

Comme ce fut le cas en Pologne, les assauts allemands combinent l'utilisation massive de l'aviation, de l'artillerie, de l'infanterie et des chars. Certaines unités d'infanterie doivent nettoyer les poches de résistance, sans que cela entrave la percée en profondeur des unités blindées. Des pièces de DCA de 88 mm, efficaces à plus de 2 000 mètres, seront utilisées pour maintenir à distance les contre-attaques des chars français et britanniques.

Le plan Dyle, conçu par les Franco-Britanniques, envisage de contenir l'offensive allemande en portant les meilleures troupes (1re et 7e armées françaises et corps expéditionnaire britannique) en Belgique et en s'appuyant par la droite sur Sedan et les Ardennes comme pivot. Les trois divisions légères mécaniques françaises doivent croiser le fer avec les trois *Panzerdivisionen* du groupe d'armées B, afin de permettre à l'infanterie alliée de s'établir défensivement sur la ligne Dyle. La France s'est donc bien dotée d'une force mécanisée rapide, mais dépourvue de DCA et sans couverture aérienne. La défense de la Meuse et des Ardennes, menacée par le très puissant groupe allemand d'armées A (sept *Panzerdivisionen*), repose sur les 9e et 2e armées françaises, formées en majorité de médiocres divisions de série A et B. Si ces unités peuvent compter sur une artillerie de soutien, les fortifications restent notoirement insuffisantes, la ligne Maginot s'arrêtant en grande partie à la frontière du Luxembourg.

On a souvent reproché au général Gamelin, commandant en chef de l'armée française, de n'avoir constitué aucune réserve mobile en cas de percée allemande dans les Ardennes. Cela n'est pas entièrement exact. Trois divisions cuirassées, soutenues par plusieurs divisions d'infanterie, forment une masse de manœuvre à un endroit bien choisi, le centre du front, dans la région de Reims. Mais dès la mi-mai 1940, Gamelin va disperser ses divisions cuirassées. Les deux premières seront finalement envoyées en renfort des 1re et 9e armées, et la troisième, dont la formation n'est pas terminée, à la disposition de la 2e armée. Une 4e division cuirassée, hâtivement formée à la mi-mai, commandée par un certain colonel de Gaulle, ne pourra en rien renverser la situation, malgré diverses tentatives courageuses.

À la différence de l'armée allemande, il n'existe pas d'unité de commandement chez les Alliés. Le corps expéditionnaire britannique (CEB) conserve une certaine indépendance, les armées belges et hollandaises restent neutres tant que leur territoire n'est pas attaqué. Au sein du commandement français, le général Gamelin n'exerce qu'une autorité de principe auprès du général Georges (armée de terre), du général Vuillemin (armée de l'air) et de l'amiral Darlan (marine). Chaque arme conserve jalousement son autonomie. Au sein du IIIe Reich, les trois armes collaborent étroitement, sous la direction d'Adolf Hitler.

Le général Maurice Gamelin, sur qui repose le commandement de l'armée française, est un homme âgé de 68 ans en mai 1940, soit huit ans de plus que son adversaire le général Walther von Brauchitsch. L'écart d'âge entre les principaux responsables militaires français et allemands est de huit à dix ans. Les généraux allemands d'armée ont en moyenne 55 ans, alors que pas un commandant d'armée n'a moins de 60 ans dans l'armée française, sauf rares exceptions. Les deux cerveaux allemands ayant conçu les *Panzerdivisionen* et l'offensive à l'Ouest, Guderian et Manstein, ont 52 ans. Leurs contemporains français, de Gaulle, Juin et de Lattre, réduits chacun à commander une division, ne peuvent prétendre à des responsabilités plus élevées.

Gamelin ne manque pas de qualités. Fils et petit-fils de généraux, excellent élève, deux fois lauréat du concours général des lycées et collèges, major de Saint-Cyr, il est considéré comme l'un des plus brillants officiers de l'armée française au début de la Première Guerre mondiale. Proche du général Joffre en 1914, Gamelin rédige les ordres de la bataille de la Marne. Général à 44 ans, commandant de division en 1917 et 1918, il se fait remarquer par ses talents d'organisateur et ses capacités de tacticien. Cette carrière trop rapide va ensuite le tenir à l'écart de la troupe durant de nombreuses années. On s'accorde à voir en lui un homme d'une grande intelligence, dont les exposés lucides et précis sont des modèles de synthèse. Il a le goût des idées générales et de la grande stratégie et se considère comme « philosophe de l'action ». Sa souplesse de caractère, sa facilité d'adaptation et sa courtoisie lui attirent les faveurs des politiques. Les postes importants qu'il occupe de 1925 à 1932 – commandant supérieur des forces du Levant (1925-1927), chef de la mission militaire au Brésil (1927), chef d'état-major de l'armée (1931), négociateur à la conférence du désarmement (1932) – l'ont rompu aux finesses de la diplomatie et de la tactique parlementaire : « Manœuvrier et prudent, il y excelle », écrit Jean-Louis Crémieux-Brilhac[7].

De bons observateurs remarquent également son souci primordial de ne pas se compromettre, il ne commande pas, sa conciliation perpétuelle conduit à l'impéritie. Il fuit parfois les décisions. De septembre 1939 à avril 1940, il s'enferme le plus souvent au fort de Vincennes, entouré de ses fidèles serviteurs, fuyant la réalité de la vie quotidienne de la troupe en première ligne. On l'a flanqué de deux coadjuteurs, le général Colson et le général Georges. Colson n'est pas dérangeant : partisan des fortifications, il s'intéresse peu à l'offensive. Georges pourrait lui faire ombrage. Ce n'est pas un intrigant. Son expérience de la guerre relève cependant du mythe. Grièvement blessé dès 1914, il a passé le reste du conflit en état-major ou en liaison. Il n'a exercé aucun commandement important au combat. Gamelin lui laisse cependant le commandement du front du Nord-Est. Deux chefs excellents, les généraux Billotte et Héring, assurent la mécanisation de l'armée. Billotte, personnage énergique qu'une vieille rivalité oppose à Gamelin, se voit confier le commandement du groupe d'armées du Nord, constitué des meilleures divisions françaises. Héring, ancien commandant de l'école de guerre, ne ménage guère ses critiques à l'encontre des politiques, si bien que Gamelin ne cherche guère à le mettre en avant.

---

7. Jean-Louis Crémieux-Brilhac, *Les Français de l'an 40*, Gallimard, 1990.

Le commandement français est divisé entre un courant novateur, persuadé de l'efficacité des divisions blindées, et un autre conservateur, fasciné par la ligne Maginot. Gamelin cherche à concilier les deux pour ne pas déplaire aux politiques qui soutiennent l'un ou l'autre. Les années Weygand, de 1931 à 1935, ont été fécondes sur le plan de la modernisation de l'armée. Or l'intrépide général Weygand se trouve éloigné de l'Europe par un poste de commandement au Moyen-Orient en 1939.

Les membres du Conseil supérieur de la guerre sont de bons divisionnaires, comme le général Giraud, baroudeur et offensif, qui croit à l'infanterie et aux chars, voit dans l'aviation un excellent moyen de reconnaissance. Le général Condé, spécialiste de l'artillerie, sort peu de sa responsabilité. Le général Prételat, bien que persuadé des insuffisances de l'armée française, accepte cependant le commandement du groupe d'armées de Lorraine.

Au début des années 1930, le commandant Charles de Gaulle est muté au Secrétariat général de la Défense nationale (SGDN), sur recommandation du maréchal Pétain. À ce titre, il doit préparer la France à une guerre qui devient chaque jour plus menaçante. Pendant six ans, il rencontre des ministres, des parlementaires et des militaires. Ce qu'il voit au SGDN ne saurait le rassurer : la France s'enfonce dans une doctrine défensive qui convient aux politiciens médiocres et pacifistes de l'époque, obnubilés par les restrictions budgétaires liées à une situation économique déplorable. Le principe de la ligne Maginot est adopté en 1930, avec l'accord du maréchal Pétain. Mais le budget militaire impose de réduire sa longueur à la frontière franco-allemande. Dans divers ouvrages, publiés durant la même période, de Gaulle prévoit la création de divisions blindées, allant ainsi à l'encontre de l'opinion générale des politiciens et des principaux chefs militaires. Édouard Daladier se méfie de lui, Paul Reynaud l'approuve, Léon Blum, au nom de l'idéologie socialiste, s'oppose à une armée mécanisée de métier.

Lorsque la guerre éclate en septembre 1939, Daladier occupe le poste de président du Conseil. Le colonel de Gaulle s'agite pour éviter à son pays le pire. Il écrit un mémorandum en janvier 1940, qu'il adresse à 80 personnalités du gouvernement et de l'armée : il demande la formation immédiate de nombreuses divisions blindées. Quelques lignes de ce mémorandum sont étonnantes de clairvoyance :

> Le défenseur qui se tiendrait à la résistance sur place des éléments anciens serait voué au désastre. Pour briser la force mécanique,

> seule la force mécanique possède une efficacité certaine. La contre-attaque massive d'escadres aériennes et terrestres est l'indispensable recours de la guerre moderne[8].

Le général Billotte fait connaître son accord. Daladier refuse de le lire. Paul Reynaud continue à défendre de Gaulle, mais lorsqu'il devient chef du gouvernement, le 22 mars 1940, il ne le prend pas à ses côtés, de peur de perdre sa majorité, obtenue à une voix d'avance. Une consolation attend cependant le colonel de Gaulle. Le général Gamelin le convoque à Vincennes pour lui annoncer que le nombre des divisions cuirassées va passer de deux à quatre et que la 4e sera sous ses ordres.

> L'armée française n'est donc pas une armée nouvelle ni par son armement ni par sa tactique, c'est l'armée de 1918 revue et améliorée[9].

C'est une armée à deux niveaux, où la modernité et la vétusté se côtoient.

L'imprudente intervention en Belgique, décidée par le général Gamelin, rencontre des oppositions. Le général Blanchard, commandant de la 1re armée, juge que « cette opération risque d'être livrée dans les pires conditions[10] ». L'armée belge et ses fortifications ne lui semblent pas suffisamment solides pour stopper le temps nécessaire l'offensive des *Panzerdivisionen*. Il estime le délai minimum de la bonne mise en place du front allié sur la Dyle et Gembloux à une semaine. Or Gamelin estime de son côté que la ligne de la Meuse et de la Dyle présente un triple avantage : assurer un large glacis protecteur aux concentrations industrielles du nord de la France, raccourcir le front de 70 kilomètres entre la ligne Maginot et la mer du Nord, offrir les meilleures chances de récupérer l'armée belge. Il se rend également compte de l'effet désastreux qu'aurait sur l'opinion publique l'abandon de la moitié de la Belgique, survenant après l'invasion de la Pologne. Le gouvernement britannique fait pression pour que la Belgique soit défendue le plus loin possible des côtes de l'Angleterre.

---

8. Archives militaires françaises, Vincennes.
9. Jean-Louis CRÉMIEUX-BRILHAC, *Les Français de l'an 40*, *op. cit.*
10. Archives militaires françaises, Vincennes.

Les généraux Georges et Blanchard estiment que seule une manœuvre plus réduite, sur les rives de l'Escaut, est jouable. Ils sont suivis par le général Prioux, commandant du corps mécanisé de cavalerie, qui juge douteuse la capacité de résistance de l'armée belge. Gamelin s'entête et va même sacrifier la 7e armée du général Giraud dans une mirobolante opération pour soutenir l'armée hollandaise, sacrifiant ainsi une force de réserve importante, qui aurait pu mettre en danger la percée des *Panzerdivisionen* sur la Meuse.

Le général Corap, commandant de la 9e armée sur la Meuse, juge également hasardeuse cette opération en Belgique. Il s'inquiète surtout de la faiblesse matérielle de ses divisions, devant tenir des positions disproportionnées à leurs moyens. Le général Giraud, pourtant connu pour son allant, considère l'intervention en Hollande comme aventurée. Le général Georges, clairvoyant, annonce qu'en « cas d'attaque ennemie en force se déclenchant au centre, nous pourrions être démunis des moyens nécessaires à la riposte[11] ».

Ces « moyens nécessaires à la riposte », que justement Gamelin va disperser de la Hollande à Stonne dans les Ardennes, au lieu de les concentrer à un endroit bien choisi pour prendre de flanc l'adversaire... Le général allemand Guderian estime que la principale erreur du général Gamelin est d'avoir disséminé sa force de réserve stratégique et d'avoir laissé le centre du front, où les *Panzerdivisionen* ont attaqué en masse, sous la défense de quelques divisions d'infanterie médiocres et diluées. Gamelin prend des décisions capitales, mais en laisse la difficile mise en application à ses infortunés subordonnés.

Le haut commandement allemand, rajeuni par deux épurations successives (en 1919, puis sous Hitler), est constitué d'officiers aux idées novatrices, ayant tiré les leçons de la défaite de 1918. Les deux cerveaux de la Wehrmacht, Manstein et surtout Guderian, sont persuadés de l'efficacité offensive des *Panzerdivisionen* appuyées par l'aviation d'assaut et l'infanterie.

Le général Heinz Guderian, directement impliqué dans la bataille de France en mai-juin 1940, est né à Kulm, en Prusse Orientale, le 17 juin 1888. Issu d'une famille d'officiers prussiens, il intègre dès 1901 l'école militaire des cadets de Karlsruhe. Deux ans plus tard, il rejoint l'école militaire de Gross-Lichterfelde, près de Berlin, avant d'être nommé aspirant au 10e bataillon de chasseurs de Hanovre,

11. Archives militaires françaises, Vincennes.

en garnison à Bitche. Il entre ensuite à l'école de guerre de Metz d'où il sort en 1908 avec le grade de sous-lieutenant. En 1912, il suit à Coblence une formation d'un an sur la communication, un sujet pour lequel il manifeste un grand intérêt. Durant la Première Guerre mondiale, il sert d'abord comme officier de signalisation à l'état-major, puis assure la coordination entre les forces terrestres et aériennes.

Après l'armistice de 1918, Guderian participe aux luttes intestines contre les groupes de gauche, puis entre au ministère de la Reichswehr (défense de l'empire). C'est là qu'il étudie, pendant treize années, le rôle et l'importance des unités motorisées dans les diverses conceptions tactiques et stratégiques militaires. Il se spécialise dans le transport militaire mécanisé et aide au développement des premiers chars allemands, malgré l'interdiction du traité de Versailles d'élaborer la moindre force blindée. Il récupère chaque livre concernant la guerre motorisée et traduit les travaux de plusieurs officiers britanniques dans ce domaine. Guderian lit aussi les livres d'un certain Charles de Gaulle…

À la différence des autres théoriciens qui se sont penchés sur la question, Guderian définit précisément le concept de l'emploi stratégique de l'arme blindée. En 1929, il se rend en Suède pour assister aux manœuvres d'un bataillon de chars suédois. Cette même année, il préconise la création d'une arme blindée indépendante, utilisant les chars en masse. En 1930, il prend le commandement du 3e bataillon prussien de véhicules automobiles, équipé de quelques voitures blindées, de chars factices et d'armes antichars. Un secteur dans lequel l'influence de Guderian va s'avérer considérable est la communication : la clef pour commander et contrôler. Il estime que chaque blindé allemand doit être équipé d'un poste radio, afin de donner une flexibilité tactique importante. Après avoir été promu lieutenant-colonel, il devient inspecteur des troupes motorisées en 1931. Deux ans plus tard, il trouve en la personne d'Adolf Hitler un fervent défenseur de ses conceptions concernant l'utilisation des chars. En 1935, il est promu commandant de la toute nouvelle 2e *Panzerdivision*, qu'il organise et entraîne selon ses propres théories.

En 1936, Guderian publie l'ouvrage *Achtung Panzer !*, dans lequel il recommande l'utilisation simultanée des chars, de l'artillerie, de l'infanterie et de l'aviation. Guderian conçoit la division blindée allemande comme un organisme autonome doté d'une excellente mobilité, capable de percer les défenses de l'ennemi, de démanteler ses forces et de semer la confusion à l'arrière-garde.

En 1938, Guderian prend le commandement du corps d'armée motorisé, chargé d'occuper l'Autriche. Il remédie rapidement aux failles qu'il constate dans l'utilisation des chars, notamment au niveau de la logistique et de la maintenance. Il participe ensuite à l'occupation des Sudètes. En novembre, on le nomme inspecteur général des troupes motorisées et blindées de toute la Wehrmacht. En septembre 1939, il prend la tête du 19e corps d'armée qui fait honneur à ses théories en perçant en profondeur la défense polonaise, suivant les principes de la Blitzkrieg. Durant la campagne de France de mai-juin 1940, il commande de nouveau le 19e corps d'armée, notamment composé des 1re, 2e et 10e *Panzerdivisionen*. Guderian n'hésite pas à désobéir aux ordres de ses supérieurs, en mettant à rude épreuve ses *Panzerdivisionen*, afin que ses chars poursuivent coûte que coûte leur avance. C'est ainsi qu'il parvient à enfoncer les lignes ennemies et à obtenir une véritable rupture, comme en ont rêvé tous les états-majors pendant la guerre précédente. Après avoir enfoncé l'arrière-garde française, il coupe les communications, capture des états-majors qui ne s'attendaient pas à une percée aussi profonde et rapide, et empêche ainsi toute tentative de colmater les brèches.

On a souvent présenté le général Guderian comme un soldat professionnel nullement porté par la politique. Rappelons tout d'abord qu'il est le cousin de Keitel, maréchal du Reich resté fidèle jusqu'au bout à Hitler et qui sera pendu à Nuremberg. Cette parenté n'a pas dû nuire à son avancement. Lors de sa prise de commandement du 19e corps d'armée en 1939, Guderian signe un ordre du jour d'un ton franchement national-socialiste :

> Tout officier de l'état-major doit être un national-socialiste convaincu, non seulement par son attitude en face des questions politiques, mais aussi en coopérant à l'endoctrinement des officiers plus jeunes. J'entends que tout officier de l'état-major général se déclare sans délai d'accord avec mon point de vue et qu'il fasse dans ce sens une déclaration publique[12].

12. Archives militaires allemandes, Fribourg-en-Brisgau.

L'inéluctable défaite française des Ardennes

La différence potentielle entre la France et l'Allemagne en 1939 est évidente : 40 millions d'habitants en France contre 81 millions en Allemagne; 11,5 millions de salariés contre 21,5; 5,5 millions de travailleurs dans l'industrie contre 14; une production d'acier de 7 à 8 millions de tonnes par an contre 14. En France, 42 000 ouvriers effectuent 1 680 000 heures de travail par semaine en 1938; en Allemagne, 120 000 ouvriers accomplissent 6 900 000 heures de travail durant la même période. « L'omniprésence de la Luftwaffe, deux ans plus tard, est en partie, expliquée par ces chiffres », note l'historien militaire Gérard Saint-Martin[13].

Ces chiffres indiquent également pourquoi la France n'a pu battre l'Allemagne en 1918 qu'avec l'aide de la Grande-Bretagne, de l'Italie et des États-Unis. Il faudra également les efforts conjugués des empires français et britannique, des États-Unis et de la Russie soviétique pour venir à bout du IIIe Reich en 1945, après plusieurs années de luttes sanglantes. La France termina la Première Guerre mondiale avec 1 400 000 soldats tués, soit des pertes à peu près équivalentes à celles de l'Allemagne (1 950 000 tués), dont la population était déjà le double de la sienne. Les Alliés de la France en mai 1940, lors de l'offensive allemande, se limitent à une Grande-Bretagne réduite à une dizaine de divisions et aux petites armées belges et hollandaises. Une fois de plus, l'armée française va devoir fournir l'effort principal pour essayer de contrebalancer la toute-puissance du IIIe Reich.

> Si, au début de mai 1940, des généraux commandant des unités dans la région de Sedan conseillent au maire de la ville, M. Paul Troller, de « ne pas s'endormir dans une sécurité trompeuse, ne pas hésiter à faire partir la population, effarés qu'ils sont à l'idée de ce qui va leur tomber sur les reins dans les prochains jours », ce n'est pas le sentiment d'Huntziger. Au cours d'un concert donné à Sedan par son ami, le célèbre pianiste Alfred Cortot, le chef de la 2e armée avait assuré le 7 mai au maire : « Je ne crois pas que les Allemands songeront à attaquer dans la région[14]. »

13. Gérard Saint-Martin, *L'Arme blindée française*, Economica, 1998.
14. Claude Paillat, *Le Désastre de 1940, la guerre éclair, 10 mai-24 juin 1940*, Robert Laffont, *1985*.

La percée allemande sur la Meuse reste un sujet délicat et controversé. On a trop facilement, et injustement, imputé aux troupes françaises de ce secteur d'avoir manqué de combativité. C'est oublier la faiblesse extrême des unités engagées qui doivent faire face aux plus puissantes troupes du Reich. De Houx à Sedan, une dizaine de médiocres divisions françaises d'infanterie, rattachées aux 9e et 2e armées, sont opposées à sept *Panzerdivisionen* (1 775 chars) du groupe d'armées A, appuyées par 3 divisions motorisées et une trentaine de divisions d'infanterie ! À Sedan, la 55e division d'infanterie de série B, forte de 12 canons antichars de 25 mm au lieu des 48 prévus, reçoit le choc de trois *Panzerdivisionen*, totalisant 799 chars !

L'historien belge Jean-Claude Delhez fait justement remarquer que la 55e DI française a été enfoncée par des unités allemandes d'infanterie[15]. Le 13 mai 1940, à 17 heures 30, la malheureuse 55e DI de série B est en effet submergée par le régiment d'élite allemand Grossdeutschland et l'infanterie de trois *Panzerdivisionen*. Cependant, les premières tentatives allemandes pour traverser la Meuse à l'aide de canots pneumatiques échouent. Malgré le bombardement aérien intensif de la Luftwaffe, les soldats français de la 55e DI résistent avec courage. Les Allemands doivent mettre en batterie des canons et utiliser des chars pour neutraliser les casemates non détruites par l'aviation. L'infanterie allemande submerge ensuite les positions françaises, attaque au lance-flammes et à la grenade, tue ou capture les défenseurs. À la tombée de la nuit, les Allemands dominent les hauteurs et occupent le bois de Marfée, qui avait servi d'observatoire au roi Frédéric-Guillaume lors de la désastreuse défaite française de Sedan en septembre 1870. En mai 1940, le secteur du général Lafontaine (55e DI) est le plus fragile du front de la Meuse, comme le souligne fort justement l'historien Pierre Miquel :

> Un peu en retrait des rives de la Meuse, une ligne de résistance a été mise en place. Au quartier de Thalonne, deux gros blockhaus dont le béton est encore frais, pas de fermeture métallique. Les canons antichars et les mitrailleuses ne sont pas en place. Quelques petits ouvrages également bétonnés ponctuent la ligne : ils ne peuvent résister aux attaques à la bombe. Les hommes ont creusé des tranchées insuffisantes, de 50 à 70 centimètres de profondeur […]. Une seule compagnie, du 147e régiment

15. Jean-Claude Delhez, *Chars d'assaut, un siècle d'imposture*, Jourdan, 2017.

> d'infanterie, dispose d'un armement antichar complet. Les autres ont une pièce de 25, parfois deux, servies par des artilleurs qui viennent d'arriver dans le secteur. Encore ces pièces ne sont-elles pas abritées. Les hommes du 147e RI bouchent les créneaux des blockhaus tout frais avec des sacs de terre. Sur l'ensemble du front d'armée, les canons antichars sont en nombre très insuffisant, l'artillerie lourde ne peut couvrir la région par un feu assez dense[16].

Pierre Taittinger, président de la commission militaire de la Chambre des députés, s'est inquiété de l'insuffisance des défenses, lors d'une inspection de ce secteur de la 2e armée, en mars 1940. Il s'est inquiété de la faiblesse du dispositif du général Huntziger, tenu par deux divisions de série B. Il s'est montré sceptique sur la valeur du barrage de la Meuse. Il a rappelé qu'au cours du conflit précédent, les Allemands avaient franchi à plusieurs reprises la Marne, un obstacle nettement plus difficile. Ces remarques ont fait l'objet de vives critiques de la part du général Huntziger, qui s'est montré satisfait de son dispositif, à l'exception de la DCA. Les hurlements des sirènes d'avions, le carrousel des Stukas, la destruction des casemates, des lignes de téléphone, des observatoires d'artillerie ont aveuglé la 55e DI, abruti les soldats de première ligne, empêché les unités de réserve de manœuvrer.

À Donchery, près de Sedan, la 2e *Panzerdivision* ne peut franchir la Meuse comme prévu. Le feu de nombreuses mitrailleuses de la 55e DI se concentre à cet endroit. Tous les assauts allemands sont repoussés. Bien que les Français soient pris sous les tirs des chars et des batteries antiaériennes de 88 mm, toutes les tentatives allemandes pour traverser la Meuse échouent. La traversée ne peut finalement s'effectuer qu'après le succès de la 1re *Panzerdivision* à Glaire, devant Sedan, menaçant les valeureux défenseurs français de Donchery sur leurs arrières. La 10e *Panzerdivision* établit une tête de pont à Wadelincourt, mais échoue entre Bazeille et Pont-Maugis. En effet, les blocs français, construits dans la berge même de la Meuse ne sont pas détruits, et les canons de la région de Rémilly prennent de flanc les zones allemandes de franchissement. Toutefois, la progression de la 1re *Panzerdivision* débloque rapidement la situation devant les deux autres *Panzerdivisionen*. À la hauteur de Gaulier, les fantassins

16. Pierre Miquel, *La Seconde Guerre mondiale*, Fayard, 1986.

allemands échouent à deux reprises devant un bloc fortifié français qui, sous son feu, contrôle le point de passage. Seul un canon de 88 mm amené sur place neutralisera cette opposition par des tirs d'embrasure.

> C'est à Gaulier entre Glaire et Torcy, sur 2 kilomètres à peine de front, que tout va se jouer avec la 1re *Panzerdivision*[17].

C'est là que Guderian a décidé de frapper fort. Les effectifs allemands sur la rive nord reposent sur quatre bataillons d'infanterie, représentant un total de 2 400 hommes. Les soldats français, défendant ce secteur important, se limitent à 300 hommes. Bernard Horen poursuit :

> Le terrain est entièrement favorable aux attaquants. L'usine de l'Espérance à Gaulier et les hauteurs de la rive nord qui surplombent la vallée facilitent les tirs des chars et des pièces d'artillerie destinés à neutraliser par des tirs à vue directe les rares ouvrages de la rive sud et appuyer la première phase de l'attaque[18].

Pour conquérir la position française, défendue seulement par 300 hommes, les 2 400 soldats allemands mettent près de trois heures. Les malheureux soldats français résistent avec l'énergie du désespoir. Durant la traversée de la Meuse, dans le secteur de Sedan, les troupes allemandes sont protégées par des écrans de fumigènes qui aveuglent les défenseurs français, déjà bien assommés par l'artillerie et les bombardiers ennemis. Certains des défenseurs français, finalement capturés, ont été abattus sur place par les assaillants allemands, ulcérés par l'opiniâtreté de leur résistance. Le colonel Roland précise :

> Les hommes de la 55e division étaient âgés de 29 à 35 ans, pour la plupart, des paysans du centre de la France, pas très dynamiques, mais ayant gardé le sens de la discipline. Ceux du 147e régiment d'infanterie de forteresse (RIF) étaient des fronta-

17. Bernard Horen, *Une bataille oubliée de la Seconde Guerre mondiale, bataille de Stonne – Le Mont Dieu – Tannay 14-25 mai 1940*, Association Ardennes 1940 à ceux qui ont résisté, Stonne, 2007.
18. *Ibid.*

> liers des Ardennes de 23 à 36 ans, venant d'un régiment d'active de Mézières (158e RIF)[19].

Le général Grandsard, commandant de la 55e DI qui reçoit le choc de 1 500 avions et de 3 *Panzerdivisionen*, est alors âgé de 58 ans. C'est un brave homme, aimé de ses hommes, qui a essayé de faire de son mieux pour améliorer le système défensif de son secteur, malgré l'extrême faiblesse de ses moyens.

On a prétendu que la 55e DI aurait pris la fuite devant l'attaque allemande : rien n'est plus faux ! Si certains éléments lâchent pied devant l'ampleur de la puissante offensive allemande, l'immense majorité de la troupe se bat avec courage, malgré son infériorité numérique et la faiblesse de son armement : 12 canons antichars de 25 mm contre 799 chars allemands !

Il y a cependant des scènes de panique dans les rangs français, des unités qui se replient subitement comme à Bulson, le 13 mai, où l'on assiste à un phénomène d'hallucination collective d'unités d'infanterie et d'artillerie des 55e et 71e DI, prétendument menacées par des chars allemands. Il semble que ce soit le capitaine Fouques, du 169e régiment d'artillerie, qui, involontairement, soit à l'origine de cette panique. Ses 7e et 8e batteries se trouvent en position près de Bulson. Il observe à quelques centaines de mètres au nord, sur le plateau de la Renardière, des explosions d'obus. Il transmet cette information par téléphone de campagne, ajoutant qu'il peut s'agir de projectiles de chars. Cette information se répand maladroitement. Partout courent les rumeurs et les bruits les plus fous sur des chars allemands : « Les chars boches sont à Bulson ! » En peu de temps, le chemin de Bulson à Maisoncelle se trouve encombré de plusieurs centaines de soldats en fuite : environ un millier d'hommes d'après les sources les plus récentes et les plus sérieuses, et non pas 70 000 comme ce fut affirmé par certains. C'est surtout dans l'artillerie que la défection est importante, alors que l'infanterie continue à se battre courageusement à l'avant du front. Les officiers se laissent contaminer par la fausse menace. Le colonel Poncelet, commandant l'artillerie lourde du secteur, finit par donner un ordre de retraite prématurée. Lorsqu'il se rend compte de sa bévue, il est déjà trop tard. Si bouleversé d'apprendre les conséquences dramatiques de son ordre, il se suicidera quelques jours plus tard.

19. Cité par Bernard Horen, *Une bataille oubliée de la Seconde Guerre mondiale…*, *op. cit.*

Chaque division française du front de la Meuse doit défendre 15 à 30 kilomètres à vol d'oiseau, et bien davantage si l'on tient compte des méandres du fleuve, alors que le secteur théorique pour ce type d'unité est de 5 à 6 kilomètres. Les fortifications se limitent à quelques casemates de béton, armées d'un canon léger ou d'une mitrailleuse. Certains ouvrages bétonnés sont dépourvus de portes blindées et d'appuis pour armes automatiques ! L'artillerie de campagne a été cependant renforcée. Ainsi, à l'ouest de Sedan, on compte bien 200 canons, dont les calibres vont du 75 au 155 mm, mais la DCA est quasi inexistante. Les rares canons de DCA de 25 et 75 mm ont une portée trop limitée pour inquiéter les avions évoluant à moyenne et haute altitude.

> On touche au fond de l'absurde. La ligne Maginot éclipse la France. Ce n'est plus une fortification qui économise les effectifs ; c'est une éponge qui les boit. Elle a pris à l'armée française ses meilleurs éléments pour en faire des divisions paralytiques. Et voici qu'elle fait pis encore, qu'elle détruit le sens stratégique et jusqu'au simple bon sens. Il devrait sauter aux yeux que la chose primordiale est de lier solidement les armées qui vont marcher aux armées qui restent immobiles, afin que, justifié ou non, le mouvement en Belgique ait au moins une charnière solide. Mais l'obsession Maginot obnubile les intelligences. L'attention du général français Huntziger, commandant de la 2e armée, devrait être tendue vers la gauche, vers la manœuvre difficile et décisive dont il couvre le flanc. Elle est, au contraire, accaparée vers sa droite. Il écrème son armée en sa faveur, coule plus de béton dans le secteur fortifié de Montmédy que dans le secteur non fortifié de Sedan, ne songe qu'à renforcer ce qui est fort ! Et les généraux Georges et Gamelin n'interviennent pas pour corriger ses dispositions ! Ni Georges ni Gamelin ne paraissent se souvenir qu'ils ont dirigé eux-mêmes, quelques mois avant la guerre, un « Kriegspiel » établissant que l'Ardenne n'est pas infranchissable aux engins blindés et que huit divisions ennemies peuvent atteindre la Meuse en trois jours. Georges et Gamelin paraissent croire qu'il y aura deux batailles distinctes, l'une dans les plaines belges, l'autre sur la ligne Maginot – avec, entre les deux, une zone neutralisée que suffisent à garder quelques divisions médiocres et diluées[20].

20. Raymond Cartier, *La Seconde Guerre mondiale*, Paris Match, 1978.

Or c'est dans la prétendue zone « neutre » de la Meuse, que le gros de l'armée allemande va attaquer. Et l'absurde continue. En Lorraine et en Alsace, derrière la puissante ligne Maginot, la densité des troupes françaises ne cesse d'augmenter, avec 40 divisions, une artillerie formidable, des centaines de chars. Le commandement français n'ignore pas qu'il n'y a en face qu'une vingtaine de divisions allemandes, toutes de second ordre, sans un seul blindé. Le général Corap, responsable d'une partie du front de la Meuse avec sa 9e armée, a tiré de nombreuses fois la sonnette d'alarme vis-à-vis du haut commandement durant l'hiver 1939-1940. Il a profité de chaque visite d'une autorité, de chaque rapport à ses chefs, pour attirer l'attention sur la situation précaire de ses troupes, chargées de défendre un front large et difficile avec des moyens défaillants dans tous les domaines. Engoncés stratégiquement et tactiquement par la manœuvre Dyle en Belgique, les généraux Gamelin, Billotte et Georges n'ont pas su écouter les avertissements de Corap qui ne faisait preuve, en la circonstance, que du plus élémentaire bon sens.

Entre Charleville et Givet, soit quarante kilomètres à vol d'oiseau, la Meuse se heurte au vieux massif boisé des Ardennes et se taille un chemin sinueux, long de 75 kilomètres. Vallée superbe, grandiose, où le fleuve, large de 60 à 70 mètres, est dominé par des aplombs de 200 mètres escarpés, parfois vertigineux, véritables murailles. Cette sommaire description explique pourquoi le haut commandement français n'a jamais considéré comme prioritaire la mise en défense de ce secteur. Il est convaincu que le massif des Ardennes, déjà difficilement pénétrable, est barré à son extrémité ouest par un remarquable obstacle antichar : la Meuse et sa vallée encaissée. Si l'obstacle naturel est complété par la destruction en temps voulu de tous les ponts, la défense du secteur en sera facilitée. En conséquence, la densité des troupes installée sur la rive gauche de la Meuse est faible.

La faiblesse défensive des troupes françaises est accentuée par le manque de mines antichars. À titre de comparaison, Rommel en fait enterrer 500 000 à El Alamein, en 1942, sur un front de 70 kilomètres. Au printemps 1940, l'armée française doit défendre une longueur de front équivalente sur la Meuse, mais ne dispose que de 2 000 mines posées dans le sol. La 55e division d'infanterie, chargée du secteur de Sedan, a reçu 422 mines qui se trouvent stockées dans un dépôt, à l'arrière du front. Les officiers français se sont tellement concentrés sur la construction des casemates qu'ils n'ont porté aucune attention aux mines.

Lorsque le 12 mai l'infortuné général Lafontaine, commandant de la 55e division d'infanterie, s'inquiète de l'importante concentration des troupes allemandes, il se voit répondre par son chef de corps, le général Gransard :

> Il faudra aux Allemands des semaines pour monter une attaque. Nous en sommes toujours à la prise de contact avant l'engagement. Vous êtes tranquille pour au moins huit jours. Ils ne peuvent attaquer avec des chars car les chars ne nagent pas. Tous les ponts de la Meuse ont sauté[21].

La défaite de Sedan de mai 1940 est avant tout celle des imprévoyances et des défaillances d'un général, à savoir Charles Louis Huntziger, commandant de la 2e armée, la charnière du front français. Fils d'une famille ayant fui l'invasion prussienne de l'Alsace en 1870 pour se fixer en Bretagne, Charles, né en 1880, entre à Saint-Cyr dès l'âge de 18 ans et en sort dans l'infanterie coloniale. Neuf années plus tard, il est admis à l'école de guerre après un séjour en Afrique noire et, la même année, il épouse la fille de l'intendant général, directeur de l'Intendance.

> Un mariage qui n'était sans doute pas fait pour nuire au déroulement ultérieur de la carrière d'un lieutenant de 20 ans, bien doué, cultivé et ambitieux[22].

Durant les trois premières années du premier conflit mondial, Huntziger est affecté à deux reprises dans des unités combattantes, mais pour fort peu de temps. L'occasion de se distinguer ne lui est offerte qu'au mois de janvier 1918 lorsqu'il est désigné pour servir à l'armée d'Orient, où il se trouve associé à la préparation de la victorieuse campagne d'octobre 1918. Il acquiert l'estime du maréchal Franchet d'Esperey, connu pour son caractère difficile, à la volonté implacable et au jugement très sûr. Devenir un des protégés du maréchal Franchet d'Esperey est d'autant plus précieux que celui-ci est en excellents termes avec le maréchal Pétain. Le commandant Huntziger bénéficie ainsi d'un double appui. Le déroulement de sa carrière s'en trouve accéléré : il devient général de brigade à 52 ans, général de division à 57.

---

21. Archives militaires françaises, Vincennes.
22. Pierre Rocolle, *La Guerre de 1940, la défaite 10 mai-25 juin*, Armand Colin, 1990.

L'âge ne semble pas l'avoir marqué, comme l'atteste le portrait qu'en fait le colonel Groussard, un homme peu porté à l'indulgence :

> Huntziger était un homme de taille moyenne, très cambré, le pas souple, un corps d'adolescent... Une petite tête, complètement chauve, aux traits presque féminins à force de finesse, aux yeux clairs, directs et donc un peu rêveurs[23]...

Les emplois qu'il exerce depuis plus de quinze ans ont été sans aucun rapport avec la préparation aux éventualités d'une guerre européenne : collaboration à la direction des troupes coloniales, commandement du corps d'occupation français en Chine, participation à la mission militaire au Brésil et, enfin, au commandement des forces françaises du Levant. Toutes ses missions sont avant tout de nature politique, aussi bénéficie-t-il d'une réputation favorable auprès de la classe dirigeante, aussi bien de droite que de gauche. Huntziger fait preuve d'intelligence et de souplesse, d'une habile compréhension des situations politiques et d'un parfait usage des règles diplomatiques. Nous sommes loin de la brillante carrière d'un général Rommel ayant acquis ses grades par des exploits militaires retentissant sur les fronts français, italien et roumain en 1914-1918 ! Certains officiers jugent d'ailleurs Huntziger plus suffisant que solide. « De fait, il n'apparaît pas qu'il fût clairvoyant ! » ajoute Pierre Rocolle[24].

Le général Gamelin, commandant en chef, laisse cependant entendre que le général Huntziger puisse être son successeur. En attendant, Gamelin lui confie dès 1938, le commandement de la 2e armée, formant la charnière entre les forces mobiles devant être engagées en Belgique et la ligne Maginot.

Durant les neuf mois de la « drôle de guerre », le général Huntziger s'attache surtout à décourager les propos malveillants à son encontre. Il loge à Senuc, petit village de l'Argonne, dans une gentilhommière sans faste et sa « popote » ne se signale pas par le souci de la gastronomie. Il visite fréquemment les unités, se montre attentif à l'alimentation, au vêtement et à l'hygiène de la troupe. Il n'est pas disposé à tolérer les relâchements de toutes sortes. On l'eût cependant souhaité plus attentif à l'instruction des cadres et de la troupe. Le front qu'il est chargé de défendre ne manque pas d'inquiéter divers

23. Archives militaires françaises, Vincennes.
24. Pierre Rocolle, *La Guerre de 1940, la défaite 10 mai-25 juin*, *op. cit.*

visiteurs : faiblesse des fortifications, de l'armement antichar, de la DCA, médiocrité de l'infanterie...

Le 13 mai, alors que la situation ne cesse de se détériorer à Sedan, on peut légitimement s'attendre à ce que le général Huntziger aille sur place pour savoir et ensuite décider. L'impact psychologique d'une telle démarche n'est-il pas considérable ?

> Cet impact répond au besoin affectif des combattants et nul n'ignore combien le soldat français est sensible à l'apparition d'un chef de haut rang aux lisières du champ de bataille. Dans de telles circonstances la décision prise par le général Huntziger de replier son poste de commandement dès l'après-midi du 14 mai ne pouvait être que fâcheusement interprétée : Senuc était encore à 35 kilomètres de la ligne de feu et le fort de Landrecourt, proche de Verdun, où l'état-major allait s'installer, était à plus de 50 kilomètres. Faut-il ajouter que, suivant plusieurs témoignages, le départ de Senuc se fit dans une précipitation regrettable ? Le général Huntziger voulut sans doute justifier ce repli car il téléphona, le 14 mai à 19 h 30, au général Georges : « Senuc a été bombardé copieusement toute la journée ! »
> Or plusieurs témoignages ont confirmé qu'il n'y eut aucun bombardement de la région de Senuc dans toute la journée du 14 mai ! En tout cas les hommes de la 55e division et de la 71e division restés fidèles à leur devoir ont trouvé seulement un réconfort dans la présence du général de division Lafontaine et du colonel Chaligne[25] !

Assez curieusement, le général Huntziger va être non seulement absous de ses négligences et de ses fautes, mais promu commandant du groupe d'armées en 1940. Il est également chargé de la négociation des armistices avec les Allemands et les Italiens. Après la défaite, il commande l'armée d'armistice et devient ministre de la Guerre à Vichy de septembre 1940 à sa mort. Il disparaît dans un accident d'aviation en 1941. Il convient cependant de reconnaître que la solide défense qu'il organise, en tant que commandant du 4e groupe d'armées de la mi-mai à la fin juin 1940, cause de lourdes pertes à la Wehrmacht. Ce sursaut ne peut faire oublier ses graves erreurs en début de campagne. Les défenseurs du général Huntziger ont souligné qu'il avait adressé au général

25. *Ibid.*

Gamelin, le 9 janvier 1940, une note où l'emploi des unités blindées et de l'aviation de bombardement était clairement défini. Mais cette note avait pour objet d'évoquer la tactique dont il faudrait user lorsque le moment viendrait d'attaquer la ligne Siegfried en 1941 ! Huntziger était convaincu, comme beaucoup l'ont supposé, que l'année 1940 s'écoulerait sans opérations militaires allemandes importantes. Hitler cherchant, d'après lui, à gagner du temps. Rappelons que le 9 mai 1940 au soir, alors que les indices d'une offensive allemande se multiplient, Huntziger assiste à Vouziers à une représentation du Théâtre aux armées…

Une défaite prévisible

Il est facile de faire porter toutes les causes de la défaite de 1940 uniquement aux chefs militaires français. On ne doit pas oublier que l'armée française engage le combat avec seulement 853 de ses tanks armés d'un canon antichar efficace sur les 2 262 engagés en première ligne, dont la majorité dépourvue de radios, avec également des divisions cuirassées équipées d'un système de ravitaillement en essence lent et archaïque, avec des divisions d'infanterie de réserve pauvres en armes antichars et antiaériennes, avec une aviation surclassée en nombre et en vitesse, sans oublier des plans opérationnels approuvés par les politiques faisant le jeu de l'assaillant allemand.

La faute de la Belgique est également évidente, comme le souligne fort justement l'historien belge Jean-Claude Delhez, dans un ouvrage remarquable, démontrant que la neutralité aveugle de ce pays a servi les intérêts allemands. La Belgique fait appel à l'armée française trop tardivement, permettant aux divisions allemandes d'enfoncer facilement le front de la Meuse, mal défendu et peu fortifié. Il aurait été pourtant facile de bloquer les interminables colonnes motorisées allemandes dans la forêt ardennaise avec des troupes habilement positionnées depuis longtemps. Jean-Claude Delhez démontre « que la victoire allemande n'était pas possible sans le double choix des Belges. Choix de quitter l'alliance française en 1936 pour se proclamer neutre. Choix de ne pas défendre le massif ardennais, ouvrant un boulevard à la chevauchée des *Panzer* en direction de Sedan, qui offre à Hitler la plus éclatante victoire de sa carrière[26] ».

---

26. Jean-Claude Delhez, *La Déroute française de 1940 : la faute aux Belges ?*, Economica, 2015.

Cependant, aucune division alliée en mai-juin 1940 n'avait les moyens de résister longtemps à un corps blindé allemand, regroupant deux à trois *Panzerdivisionen*, soutenues par une puissante artillerie et aviation d'assaut, sans oublier de nombreuses unités d'infanterie. Même si l'armée française n'était pas tombée dans le piège de s'engager en Belgique, la supériorité tactique et logistique de l'adversaire aurait fait la différence sur le long terme.

Pour les raisons exposées dans ce chapitre, la défaite militaire française de 1940 n'est donc pas impardonnable mais prévisible, comme le pressentaient Churchill et Guderian.

Les politiques français, aveuglés majoritairement par un pacifisme naïf, hérité de l'hécatombe humaine de 14-18, ont également une lourde responsabilité dans cette défaite, en préparant mal la France à la guerre moderne, avec en moyenne un retard de trois années de réarmement par rapport à l'Allemagne hitlérienne.

Les politiques britanniques, en dehors de Churchill qui voyait juste, ont majoritairement soutenu une politique pacifiste imbécile à l'encontre de l'Allemagne hitlérienne, poussant également la France dans cette impasse tragique, malgré sa supériorité militaire jusqu'en 1934. Mais il y a plus grave, la diplomatie britannique, italophobe et germanophile durant l'entre-deux-guerres, fait éclater une possible alliance des grandes puissances pour encercler Hitler, alliance pourtant préconisée par Mussolini, hostile à l'expansionnisme germanique et au nazisme jusqu'en 1936. La diplomatie et les politiques britanniques sont plus préoccupés par l'invasion italienne de l'Éthiopie en 1935-1936, que par l'important réarmement de l'Allemagne hitlérienne et ses visées expansionnistes. La première puissance coloniale de l'époque, à savoir l'empire britannique, donne des leçons d'anticolonialisme à l'Italie, en faisant voter des sanctions économiques contre ce pays coupable d'un acte maintes fois répété par Londres en Afrique et ailleurs…

En juin 1935, la Grande-Bretagne signe, à l'insu de la France et de l'Italie, un accord de réarmement naval avec l'Allemagne hitlérienne, établissant une parité pour les sous-marins et certains autres navires. Par cet accord criminel, les Britanniques semblent passer l'éponge sur le réarmement terrestre et aérien de l'Allemagne, formellement contraire au traité de Versailles. Ce même accord enlève à la Grande-Bretagne toute autorité morale pour s'opposer aux visées italiennes en Éthiopie. Churchill qualifie justement cette période de désastre diplomatique. On aura l'occasion d'y revenir dans un chapitre suivant.

Finalement, les masques nazis tombent, et la Grande-Bretagne, après de nombreuses reculades, décide finalement de déclarer la guerre à l'Allemagne en septembre 1939, poussant ainsi la France à faire de même. Au pire moment, lorsque l'on sait que la Grande-Bretagne ne peut envoyer en France qu'une dizaine de divisions et 400 avions en 1939-1940 : nous sommes loin des 60 divisions et 1 700 avions britanniques présents en France en 1918. Le commandement britannique pousse l'armée française à intervenir en Belgique dans des conditions calamiteuses en mai 1940, abandonne son allié à Dunkerque fin mai et pousse l'armée française à poursuivre la lutte jusqu'au bout, fin juin 1940, au moment où les troupes britanniques ont presque toutes rembarqué…

2

Le sacrifice héroïque de l'armée française en 1940

La campagne de France de mai-juin 1940 demeure encore largement méconnue du grand public. Elle se déroule, aux yeux de beaucoup, comme un film de propagande du IIIe Reich, montrant uniquement la percée foudroyante des *Panzerdivisionen* dans les Ardennes, l'exode des populations civiles fuyant l'invasion allemande, le repli des unités alliées, l'omniprésence de la Luftwaffe dans le ciel, les importantes colonnes de prisonniers français fin juin, le défilé de la Wehrmacht à Paris, la signature de l'armistice à Rethondes...

L'historiographie abonde également en clichés au sujet de la prétendue « déroute » de l'armée française en 1940 : « Débandade générale », « défaite historique », « catastrophe sans précédent », « sévère déculottée », « décomposition de toute l'armée », « défaitisme et couardise du soldat français », « troupeau de fuyards apeurés », « sauve qui peut général », « promenade militaire de la Wehrmacht »... William Langer souligne « qu'en moins de six semaines, l'une des principales puissances du monde disparut de la scène internationale[1] ». Henri Amouroux écrit que dès « les premiers coups frappés, l'armée française n'est plus qu'un grand corps brisé, tronçonné, qui réagit par

1. Cité par Jean-Louis Crémieux-Brilhac, *Les Français de l'an 40*, Gallimard, 1990.

soubresauts[2] ». Les auteurs anglo-américains se sont spécialisés dans une approche réductionniste, dont l'historien Robert Paxton, qui s'interroge sur la « funeste panique » de l'armée française[3]. Sir Basil Liddell Hart ironise sur « l'effondrement rapide de la première armée du monde » et s'attarde longuement sur le sauvetage héroïque de l'armée britannique à Dunkerque[4]. L'Allemand August von Kageneck, qui n'a pourtant pas participé à la campagne de 1940, mais que l'on cite abondamment comme témoin de référence de la Wehrmacht sur cette période, véhicule également l'image d'une débandade générale de l'armée française et d'un triomphe facile du IIIe Reich. Un livre entier ne suffirait pas à relever les citations frappant d'infamie l'armée française de 1940 depuis des décennies. Les manuels scolaires, même les plus récents, ne sont pas plus objectifs : la résistance, les combats et le sacrifice de l'armée passent aux oubliettes, la débâcle et l'armistice occupent l'essentiel de la période de mai-juin 1940.

À en croire les principaux ouvrages publiés sur la Seconde Guerre mondiale, l'armée française se serait effondrée en quelques jours, la Wehrmacht n'aurait rencontré qu'une très faible résistance, l'armée britannique rembarquant ensuite à Dunkerque et les Allemands entrant dans Paris peu après. Les pertes allemandes seraient extrêmement faibles. En bref, l'armée française aurait rapidement capitulé sans avoir réellement combattu.

Une résistance coriace dès mai 1940

Lors de la crise irakienne de 2003, les médias et les politiques américains, comme Donald Rumsfeld, ont fustigé l'attitude pacifique de la France, en mettant en avant « la lâcheté historique des paniquards de 1940 ». La légende a la vie dure… Les blagues de l'administration américaine ne font pas non plus dans la dentelle : « Savez-vous pourquoi l'Allemagne a mis trois jours pour envahir la France ? Parce qu'il y avait du brouillard », ou plus féroce encore : « Quelle est la

2. Henri Amouroux, *Le Peuple du désastre 1939-1940, la grande histoire des Français sous l'Occupation*, Robert Laffont, 1976.
3. Robert O. Paxton, *La France de Vichy 1940-1944*, Le Seuil, 1973.
4. Sir Basil Liddel Hart, *Histoire de la Seconde Guerre mondiale, la guerre totale*, Fayard, 1973.

principale compétence d'un officier qui sort de Saint-Cyr ? Savoir dire “Je me rends” en au moins dix-sept langues[5]. »

Les civils, témoins des semaines terribles de mai-juin 1940, n'ont vu de cette campagne que son aspect le plus pénible et parfois le plus dégradant : replis de certaines troupes décimées et démoralisées, omniprésence de l'aviation et des colonnes motorisées allemandes... La légende d'une débâcle générale de l'armée française a, en partie, trouvé là son terreau.

Certains hommes politiques français de la IIIe République, ayant publié leurs souvenirs, ont souvent cherché à minimiser leurs responsabilités dans la défaite de 1940, en mettant en avant « la débandade et l'incompétence de l'armée ». Même attitude chez certains généraux français de premier plan qui, comme le commandant en chef Maurice Gamelin, se déchargent sur la troupe, fustigent « la défaillance des soldats[6] ».

Certains « historiens » vont même jusqu'à affirmer que les Alliés disposaient d'une écrasante supériorité numérique en mai 1940, afin de mettre plus en évidence l'impardonnable défaite militaire française. D'autres prétendent que les attaques de la division blindée du général de Gaulle n'auraient été que d'inefficaces patrouilles de reconnaissance...

Le lieutenant Jacques Riboud, dont le régiment subit de lourdes pertes sur la Somme en juin 1940, écrit pourtant dans ses *Souvenirs d'une bataille perdue* :

> Il n'y a pas de gloire dans la défaite. Le soldat qui retourne de la guerre vaincu, sait qu'à l'épreuve d'un combat inégal, s'ajoutera l'amertume de la défaite. Mais la mémoire de mon régiment perdu et de la conduite des gradés et des canonniers a toujours été pour moi un motif de fierté, une raison d'espérer[7].

La participation militaire française à la Seconde Guerre mondiale demeure donc un sujet controversé. L'armée française de mai-juin 1940 aurait été défaillante dans tous les domaines. Or il convient de revisiter cette période, trop souvent présentée d'une manière réductrice, avec son cortège de clichés hérités d'une filmographie de comiques troupiers, comme *La Septième Compagnie*. Il est

---

5. *Bush à oreille, les nouveaux Amuse-Bush*, Le Cherche Midi, 2003.
6. Général Maurice Gamelin, *Servir*, Plon, 1946-1947.
7. Jacques Riboud, *Souvenirs d'une bataille perdue (1939-1940)*, JRSC, 1995.

révélateur de constater que les témoignages des principaux officiers allemands attestent d'une résistance acharnée des troupes françaises en mai-juin 1940. Dans un rapport du 20 novembre 1940, portant sur les enseignements de la campagne de mai-juin 1940, le général Erwin Rommel, commandant de la célèbre 7e *Panzerdivision*, écrit :

> Sur les flancs de la Meuse, dans les fortifications de campagne et dans les maisons fortifiées, les soldats français ont combattu avec une extraordinaire habileté et opiniâtrement, et ils ont causé des pertes élevées à nos troupes. Les attaques de chars français et d'infanterie sur la rive ouest de la Meuse n'ont été repoussées qu'avec peine. Au sud de la Somme, les troupes coloniales françaises, en grande partie noires, ont combattu avec un acharnement extraordinaire. Les unités antichars françaises et les équipages de chars français se sont partout battus avec courage et ont causé des pertes élevées à nos troupes[8].

Le général Heinz Guderian, commandant du 19e Panzerkorps en mai-juin 1940, remarque :

> En dépit d'énormes erreurs tactiques et stratégiques venant du haut commandement allié, les soldats français de 1940, notamment dans les Ardennes, dans les Flandres, sur la Somme et l'Aisne, ont opposé une résistance extrêmement coriace, avec un esprit de sacrifice extraordinaire, digne parfois des poilus de Verdun en 1916[9].

Le colonel Wagner, commandant du 79e régiment allemand d'infanterie, écrit dans son carnet de guerre, à la suite de la bataille de Stonne en mai 1940 :

> La défense acharnée de l'armée française est à signaler. Cette défense était offensive, et s'accompagnait de furibondes contre-attaques avec des chars. Les positions étaient bien camouflées, établies en profondeur et très difficiles à reconnaître. La troupe française avait l'expérience des combats en forêt. L'artillerie française se signala par son feu rapide et bien réglée. Grâce à

8. Archives militaires allemandes, Fribourg-en-Brisgau.
9. *Ibid.*

> d'excellents observateurs, l'artillerie française prenait sous son feu tous nos mouvements de troupes[10].

Le maréchal Keitel tient à souligner :

> Le commandement allemand a reconnu le courage et l'héroïsme dont les troupes françaises ont fait preuve dans une suite ininterrompue de batailles sanglantes en mai-juin 1940[11].

Les combats témoignent de la bravoure des soldats français en mai-juin 1940. À Hannut en Belgique, du 12 au 13 mai 1940, les 2e et 3e divisions mécanisées françaises (380 chars) livrent bataille aux 3e et 4e *Panzerdivisionen* (664 chars), soutenues par une puissante aviation. Les redoutables chars français Somua S35 font un carnage dans les rangs allemands. Succès tactique incontestable pour le général Prioux, commandant les deux unités françaises : 164 panzers sont hors de combat contre 105 chars français. Les deux jours suivants, 14 et 15 mai, les 3e et 4e *Panzerdivisionen*, qui tentent de percer en direction de Gembloux, sont repoussées par la 1re division marocaine d'infanterie et la 15e division d'infanterie motorisée, bien équipées en canons antichars et en artillerie de campagne, puis soutenues par les 13e et 35e bataillons de chars de combat (BCC) : 62 autres panzers sont détruits ou endommagés. En quatre jours de combat, à Hannut et à Gembloux du 12 au 15 mai, les Allemands déplorent la perte de 226 panzers (détruits ou endommagés) sur 664 engagés. Sur la ligne Dyle, les troupes franco-britanniques contiennent les attaques allemandes, dont la 2e division d'infanterie nord-africaine opposée à la 18e division allemande d'infanterie le 15 mai.

Sur la Meuse, malgré l'écrasante supériorité numérique et matérielle des Allemands (10 divisions françaises contre 50 divisions ennemies), les troupes tricolores opposent une résistance opiniâtre, du 10 au 15 mai 1940. Dans le secteur de Dinant, la 18e DI française du général Duffet contient la 7e *Panzerdivision* du général Rommel, en manquant même de capturer ou de tuer le futur chef de l'Afrikakorps lors d'une contre-attaque. Dans le même secteur, la 5e division d'infanterie motorisée enraye également la progression de la 5e *Panzerdivision*. Pour forcer le passage, le commandement allemand doit engager deux divisions d'infanterie (8e et 28e DI) et

10. *Ibid.*
11. *Ibid.*

une puissante aviation d'assaut, afin d'appuyer les deux *Panzerdivisionen* en difficulté. À Monthermé, la 102e division d'infanterie de forteresse, qui tient un front énorme de 35 kilomètres, alors que ce type d'unité est prévu pour défendre une position de 5 à 6 kilomètres, tient en échec durant trois jours les 6e et 8e *Panzerdivisionen.* À Sedan, la 55e division d'infanterie (DI) se trouve opposée aux 1re, 2e et 10e *Panzerdivisionen,* sans oublier le régiment d'élite Grossdeutschland et le soutien massif de plusieurs centaines d'avions. La courageuse 55e DI repousse plusieurs assauts et succombe finalement sous le poids du nombre.

Le 15 mai 1940, à Flavion sur la Meuse, la 1re division cuirassée française (160 chars) livre bataille aux 5e et 7e *Panzerdivisionen* (500 panzers). Les chars lourds français B1 bis, monstres de 32 tonnes, dont le blindage de 60 mm résiste aux principaux canons antichars allemands, se sacrifient avec un héroïsme extraordinaire, bien que la moitié d'entre eux ne puissent manœuvrer faute d'essence. Le commandement allemand doit utiliser son artillerie lourde pour détruire les « pachydermes » français. Les bombardiers allemands interviennent également dans la bataille. Bilan de cette lutte titanesque d'une journée : une centaine de blindés allemands (chars et automitrailleuses) et une soixantaine de chars français sont détruits ou endommagés.

Du 15 au 19 mai, la 2e division cuirassée française (160 chars), étalée sur un front de cent kilomètres, à l'ouest de la Meuse, tente de s'opposer à la ruée des 1re, 2e, 6e et 8e *Panzerdivisionen* (954 panzers) : 118 chars français et environ 300 blindés allemands (chars et automitrailleuses) sont détruits ou endommagés.

Du 14 au 25 mai 1940, l'armée allemande engage d'importantes troupes pour s'emparer du secteur de Stonne, au sud de Sedan, afin de couvrir sa progression à l'Ouest : le régiment d'élite motorisé Grossdeutschland, la 10e *Panzerdivision,* des éléments de la 1re *Panzerdivision* et de la 2e division d'infanterie motorisée, puis les 16e, 24e et 26e DI, soit un total de 90 000 soldats et 300 chars. Le commandement français oppose de son côté de la 3e division cuirassée, la 3e division d'infanterie motorisée, la 6e division d'infanterie coloniale, ainsi que divers groupes de reconnaissance, soit un total de 42 500 soldats et 130 chars. Malgré son écrasante supériorité numérique et matérielle, l'assaillant allemand est tenu en échec durant douze jours de lutte sanglante, où 7 500 soldats français et 26 500 soldats allemands sont mis hors de combat (tués, disparus et blessés), sans oublier la destruction de 65 chars français et d'une centaine de blindés allemands (tanks et automitrailleuses). Le commandement allemand surnomme la bataille de Stonne le « Verdun de 1940 » !

À Rethel, sur le front de l'Aisne, la 14e DI française (18 000 soldats) du général de Lattre de Tassigny, repousse du 15 au 22 mai, les assauts enragés des 3e, 21e et 22e DI allemandes (54 000 soldats) : 800 soldats allemands sont capturés, 85 blindés et véhicules divers détruits contre la 14e DI, qui ne compte de son côté que 2 chars lourds B1 bis hors de combat, venus l'appuyer.

Du 17 au 30 mai 1940, la 4e division cuirassée (DCR) française du général de Gaulle, engagée successivement à Montcornet, Crécy-sur-Serre et Abbeville, perd 165 chars et un millier d'hommes. Elle inflige, durant la même période, des pertes importantes à l'adversaire, avec 300 blindés (chars et automitrailleuses) et véhicules ennemis détruits ou endommagés, 110 canons, 300 mitrailleuses et 200 mortiers détruits, sans oublier 5 000 soldats allemands tués, blessés et capturés. La 57e DI allemande perd 2 300 hommes (tués, blessés, disparus et prisonniers) contre la division du général de Gaulle, au sud d'Abbeville, du 28 au 30 mai 1940. Certains auteurs antigaullistes estiment que l'attaque de la 4e DCR contre la poche allemande d'Abbeville fut un échec complet. Or 75 % de cette position, représentant un dispositif triangulaire de 30 kilomètres de périmètre, est reconquise par la 4e DCR. La 57e DI allemande est puissamment renforcée en artillerie, avec 175 canons et mortiers de divers calibres, dont 16 canons de 88 mm capables de détruire tous les chars alliés à 2 000 mètres de distance. Or, pour atteindre le mont Caubert (82 mètres de hauteur), clé de la défense allemande, les chars français doivent franchir à découvert un glacis de 1 500 à 2 000 mètres. De plus, le 28 mai 1940, lors de son assaut contre les puissantes défenses allemandes, la 4e DCR est réduite à 137 chars au lieu des 160 prévus pour ce type d'unité, dont seulement 32 chars lourds B1 bis au lieu des 70 théoriques. De plus, l'absence presque totale de transmission prive la 4e DCR de souplesse, de réflexe et même de réaction. Le général de Gaulle doit faire circuler des estafettes motocyclistes pour correspondre avec les diverses unités de sa division. Ainsi, le 29 mai 1940, faute de liaisons radios adéquates, le général de Gaulle ignore que sa division a enfoncé les défenses allemandes. Il ne peut porter l'estocade finale par manque de transmission. Les Allemands, après la retraite de plusieurs unités, parviennent à se rétablir d'une extrême justesse, grâce à l'arrivée de renforts.

La résistance héroïque de l'armée française dans les Flandres, dont notamment à Lille et à Dunkerque, en mai 1940, couvre le rembarquement de l'armée britannique, représentant la quasi-totalité de ce dont dispose la Grande-Bretagne en Occident. La capture de cette importante armée, après la perte de près la moitié de son aviation (933 avions sur 1 900 disponibles) en mai-juin 1940, sans oublier d'importantes pertes navales à Dunkerque et en Norvège, aurait plongé la Grande-Bretagne dans un état de faiblesse extrême, la contraignant à signer peut-être un armistice avec l'Allemagne.

Le général Alan Brooke, chef d'état-major de l'armée britannique, replace la bataille de Dunkerque dans une vision stratégique essentielle pour la survie de la Grande-Bretagne et du monde libre :

> Si le corps expéditionnaire britannique ne retournait pas en Angleterre, il serait difficile de concevoir comment l'armée reprendrait son souffle. La Grande-Bretagne pourrait remplacer le matériel perdu ; nos soldats professionnels seraient par contre irremplaçables. La Grande-Bretagne ne possédait que les troupes entraînées qui avaient combattu en France. Plus tard, celles-ci formeraient le noyau des grandes armées alliées qui devaient reconquérir le Continent. Leurs chefs – Alexander et Montgomery, pour ne citer que ces deux-là – s'étaient fait les dents à Dunkerque[12].

L'historien américain Walter Lord, spécialiste de la Seconde Guerre mondiale, écrit avec justesse :

> Nombre de généraux allemands considèrent la bataille de Dunkerque comme un tournant de la guerre : si le corps expéditionnaire britannique avait été fait prisonnier, la Grande-Bretagne aurait été vaincue ; si cela était arrivé, l'Allemagne aurait pu concentrer toutes ses forces sur la Russie ; Stalingrad n'aurait pas eu lieu[13].

Hitler décide d'engager qu'une seule *Panzerdivision* contre la poche de Dunkerque. En effet, du 10 au 23 mai 1940, 30 % de ses panzers ont été mis hors de combat (détruits ou endommagés) contre l'armée française. Il sait qu'il lui reste à affronter en juin encore 60 % de cette même armée française, qu'il ne cesse de redouter. Il tient donc à préserver ses précieuses unités blindées pour engager la

---

12. Archives militaires britanniques, Londres.
13. Walter Lord, *Le Miracle de Dunkerque*, Robert Laffont, 1983.

seconde phase de la campagne de 1940 dans de bonnes conditions. En ne parvenant pas à s'emparer du puissant corps expéditionnaire britannique, il permet à la Grande-Bretagne de poursuivre la guerre, condamnant ainsi l'Allemagne à la guerre sur deux fronts, cause principale de sa défaite militaire.

Au prix de très lourdes pertes, 30 000 soldats français et 2 000 à 6 000 soldats britanniques contiennent autour de Dunkerque, durant une dizaine de jours (26 mai au 4 juin 1940), 160 000 soldats allemands, soutenus par une centaine de chars et 800 avions : 347 781 soldats alliés sur 400 000 sont évacués par mer au total, dont 224 686 soldats britanniques et 123 095 soldats français. Un incroyable succès, lorsqu'on sait que Churchill ne pensait sauver que 30 000 à 40 000 hommes au total. En quelques jours, les amirautés britanniques et françaises sont parvenues à réunir 848 navires civils et militaires : 235 navires alliés sont coulés, 18 219 soldats alliés sont tués ou portés disparus, dont 16 000 soldats français et 2 219 soldats britanniques; 34 000 soldats alliés sont capturés, principalement Français. Les pertes militaires allemandes s'élèvent à 20 000 tués ou blessés lors de l'unique bataille de Dunkerque, sans oublier 318 avions hors de combat (détruits ou endommagés).

Le général Georg von Küchler, commandant la 18e armée allemande engagée contre la poche de Dunkerque, a tenu à souligner :

> En résistant une dizaine de jours à nos forces nettement supérieures en effectifs et en moyens, l'armée française a accompli, à Dunkerque, un superbe exploit qu'il convient de saluer. Elle a certainement sauvé la Grande-Bretagne de la défaite, en permettant à son armée professionnelle de rejoindre les côtes anglaises[14].

Combats acharnés sur les fronts de la Somme et de l'Aisne en juin 1940

Le général Weygand, nouveau commandant en chef de l'armée française à compter du 19 mai 1940, tire les leçons de la bataille des Flandres et de celle de la Meuse. La nouvelle ligne de front qu'il constitue sur la Somme et l'Aisne repose sur un système défensif en

14. Archives militaires allemandes, Fribourg-en-Brisgau.

profondeur, constitué par des groupes de combat dispersés dans les localités et les bois, capables de résister à des attaques venant de tous côtés. Il s'agit ainsi de dissocier les panzers de l'infanterie d'accompagnement, afin de rendre les blindés plus vulnérables aux armes antichars et à l'artillerie de campagne. Des groupements et bataillons blindés sont maintenus en réserve pour contre-attaquer les éventuelles percées allemandes.

Pour que ce dispositif défensif soit efficace sur l'ensemble du front, il faut maintenir une réserve d'unités blindées en grand nombre. Or Weygand a inutilement sacrifié trois divisions blindées pour essayer de reprendre, fin mai et début juin, la tête de pont d'Abbeville, solidement tenue par l'armée allemande. Les 4e et 2e divisions cuirassées françaises et la division blindée britannique Evans y ont subi de très lourdes pertes, sans oublier l'engagement d'autres unités blindées françaises contre d'autres têtes de pont établies également sur la Somme : environ 600 précieux chars alliés y ont été vainement sacrifiés lors d'opérations inutiles et décousues.

La force blindée de réserve sérieusement entamée, le général Weygand ne peut prétendre défendre le front Somme-Aisne avec un maximum d'efficacité, devant une armée allemande disposant d'une supériorité numérique de deux à trois contre un. Or, malgré une situation encore plus désavantageuse que le 10 mai, l'armée française parvient à tenir en échec la puissante Wehrmacht (armée allemande) en plusieurs endroits sur la Somme et l'Aisne, du 5 au 12 juin, démontrant ainsi l'efficacité du système défensif en « hérisson » prôné par le général Weygand.

Sur la Somme et l'Aisne, 40 divisions françaises, soutenues par 1 200 chars et 600 avions, affrontent 80 à 120 divisions allemandes, appuyées par 2 000 chars et 2 500 avions.

Au sud d'Amiens, du 5 au 9 juin 1940, le 14e Panzerkorps perd 235 de ses 428 chars (détruits ou endommagés) contre 2 divisions françaises d'infanterie (16e et 24e DI), établies en profondeur, soutenues par une puissante artillerie et une trentaine de chars. L'offensive allemande et un échec dans ce secteur.

Au sud-est d'Abbeville, la 5e *Panzerdivision* perd 38 chars pour l'unique journée du 5 juin contre la 3e division légère française de cavalerie, réduite à une dizaine de blindés. La 7e *Panzerdivision* du général Rommel, engagée sur la Somme, entre Longpré et Hangest, contre la 5e division d'infanterie coloniale (DIC) et le 7e régiment de cuirassiers, déplore la perte d'une soixantaine de blindés du 5 au 7 juin.

Dans le secteur de Péronne, la 1re division cuirassée française, réduite à 124 chars mais épaulée par trois DI, parvient à contenir durant cinq jours, du 5 au 9 juin, quatre *Panzerdivisionen*, totalisant 600 chars. Sur cette même partie du front, le 117e RI détruit une cinquantaine de blindés allemands et le 29e RI un nombre équivalent.

Le prix à payer par la Wehrmacht sur le canal de l'Ailette est élevé en deux jours de combat (5 et 6 juin) contre la 87e division d'infanterie d'Afrique : 1 800 morts, 4 500 blessés et 300 prisonniers allemands !

Sur l'Aisne, de Thugny-Trugny à Attigny, la 14e DI du général de Lattre de Tassigny repousse trois divisions allemandes d'infanterie, du 9 au 10 juin. Les pertes françaises sont réduites alors que celles de l'adversaire sont lourdes, avec notamment 1 800 tués, 6 500 blessés et 800 prisonniers.

Toujours sur l'Aisne, à Voncq, du 9 au 10 juin, la 36e DI du général Aublet contient les assauts de trois divisions allemandes d'infanterie : on compte 6 000 soldats allemands hors de combat contre 2 000 soldats français ! À l'est de la 36e DI, 3 divisions françaises d'infanterie (35e et 6e DI, 1re DIC) repoussent durant trois jours (9 au 11 juin) 5 divisions allemandes d'infanterie.

Au nord-ouest de Reims, les 44e, 45e et 42e DI, formant le 7e corps d'armée du général de La Porte du Theil, sont attaquées le 9 juin par 5 DI allemandes : 72 000 soldats français contre 90 000 soldats allemands. Les assauts allemands sont partout repoussés avec de lourdes pertes pour la Wehrmacht. Devant une résistance française aussi acharnée, le commandement allemand décide de déplacer de Péronne les 3e, 4e, 9e et 10e *Panzerdivisionen* pour venir épauler les 5 DI allemandes en difficulté contre le 7e corps d'armée français. Le 10 juin, soutenues par environ 800 panzers, les cinq divisions allemandes peuvent enfin percer les lignes françaises, après des combats acharnés où les trois divisions d'infanterie françaises ne peuvent opposer qu'une quinzaine de chars de la 1re compagnie du 42e BCC.

Dans le secteur de Château-Porcien et Rethel, les 10e et 2e DI françaises sont assaillies, les 9 et 10 juin 1940, par 6 DI allemandes, soutenues par les 1re, 2e, 6e, 8e *Panzerdivisionen*, les 20e et 29e divisions motorisées, soit un total de 36 000 soldats français opposés à 200 000 soldats allemands, appuyés par 954 chars du général Guderian. Les troupes françaises accomplissent le miracle de repousser tous les assauts allemands le 9 juin, mais le 10 juin, les positions sont finalement enfoncées devant l'écrasante supériorité numérique et matérielle de l'assaillant. Les 10 et 11 juin, à Juniville et Perthes, au sud de Rethel, le groupement blindé français Buisson, réduit à 160 chars, parvient à contenir la percée des quatre *Panzerdivisionen* du général Guderian, totalisant 900 panzers. Les pertes allemandes s'élèvent à une centaine de blindés hors de combat et à une cinquantaine du côté français.

La percée allemande n'est effective au nord de Reims et au sud de Rethel, les 11 et 12 juin 1940, qu'en raison de l'écrasante supériorité en chars de la Wehrmacht dans ces deux secteurs. Le manque de blindés français a fait la décision dans les deux cas.

La ligne Maginot inutile ?

Après la défaite de 1940, la ligne Maginot, si longuement glorifiée auparavant, a fait l'objet des pires critiques en tant que symbole de l'inefficacité de l'armée française : elle n'aurait servi à rien, puisque les Allemands l'ont contournée par les Ardennes.

Si Hitler et ses généraux ont jugé utile de la contourner plutôt que de l'attaquer de front, c'est qu'ils ont estimé que son efficacité défensive était réelle. On ignore souvent qu'en juin 1940, les Allemands ont voulu tester sa réelle valeur en l'attaquant en plusieurs endroits. Ainsi, le 14 juin, en Moselle, secteur le plus faible de la ligne Maginot, où les gros ouvrages sont remplacés par une cinquantaine de casemates de taille moyenne, une centaine de petits blocs et une cinquantaine de tourelles, 155 000 soldats allemands, appuyés par 1 100 canons et 300 bombardiers, sont repoussés par 18 000 soldats français, soutenus par seulement 114 pièces d'artillerie : cette offensive coûte, en un seul jour, 1 200 tués et 4 000 blessés aux six divisions allemandes engagées, contre 679 tués et 1 800 blessés aux six régiments français défendant le secteur.

Finalement attaquée de tous côtés à partir du 15 juin, la ligne Maginot résiste à tous les assauts. Sept divisions allemandes tentent de traverser le Rhin entre Rhinau et Neuf-Brisach, sur un front de 30 kilomètres, défendu par l'unique 104e division d'infanterie de forteresse. L'organisation défensive comprend une ligne de casemates doubles, espacées de petits blocs. On compte également une série de points d'appui, qui complètent l'organisation. L'ensemble représente moins de 10 000 hommes faisant face à 90 000 soldats allemands. L'offensive allemande dans ce secteur se heurte à une farouche résistance. L'avance de la Wehrmacht ne se fait pas l'arme à la bretelle :

on compte dans les rangs allemands 766 tués, 2 567 blessés et 117 disparus en trois jours de combat ! L'impression des soldats français est qu'il suffirait de quelques compagnies pour rejeter l'ennemi dans le fleuve. Mais où les prendre ? L'absence de troupes d'intervalle se fait durement sentir. Pour renforcer les fronts de l'Aisne et de la Somme, on a puisé sur les effectifs de la ligne Maginot.

Le 25 juin 1940, malgré la multiplicité des attaques allemandes et la puissance des moyens employés, 45 des 53 gros ouvrages de la ligne Maginot résistent encore. Les Allemands ont subi de lourdes pertes en voulant s'emparer de ces positions fortifiées.

Sur le front des Alpes, fin juin 1940, la Maginot alpine remplit également son rôle : avec seulement 215 000 soldats, 986 pièces d'artillerie et une dizaine de chars, l'armée française tient en échec 377 000 soldats italiens et allemands, soutenus par 797 blindés, 2 599 canons et une puissante aviation. Les Français ont perdu 503 soldats (tués, blessés, disparus ou prisonniers) contre 7 329 soldats germano-italiens. Le béton préserve les vies des défenseurs et inflige de lourdes pertes à l'assaillant. Il est donc totalement faux d'affirmer que la ligne Maginot n'a servi à rien : bien au contraire, elle a repoussé les assauts ennemis en leur infligeant de lourdes pertes.

De lourdes pertes dans les deux camps

Du 10 mai au 25 juin 1940, l'armée allemande déplore 170 224 soldats hors de combat (49 000 tués ou disparus et 121 224 blessés), 753 chars et 1 428 avions détruits. L'armée française compte de son côté 183 000 soldats hors de combat (60 000 tués ou disparus et 123 000 blessés), 1 900 chars et 1 247 avions détruits. Ces pertes témoignent de l'acharnement des combats, balayant les élucubrations d'une prétendue promenade militaire des forces allemandes.

Il convient de noter que sur les 1 500 000 soldats français capturés du 10 mai au 25 juin 1940, 1 100 000 l'ont été après le 17 juin 1940, à la suite de l'annonce radiophonique catastrophique du maréchal Pétain, appelant à la cessation des combats, alors que l'armistice ne sera signé que le 22 juin et ne prendra effet qu'après le 25 juin. Le 18 juin et les jours suivants, l'armée allemande capture ainsi de nombreux soldats français, persuadés de la fin des combats. Cependant, de la Loire à la Creuse, 350 000 soldats français luttent pied à pied, sans déposer les armes, jusqu'à la fin réelle des hostilités, se déplaçant la nuit et combattant le jour. Dans l'est, 400 000 autres se battent également jusqu'au bout sur la ligne Maginot, ainsi que 215 000 braves sur le front des Alpes. Du 14 au 25 juin, 965 000 soldats français au total ont poursuivi la lutte dans les pires conditions.

La tactique défensive de l'armée française a parfois tenu en échec sa rivale allemande, lorsque le rapport des forces n'était pas trop déséquilibré. Dans le cas contraire, l'écrasante supériorité numérique et matérielle de l'assaillant, concentrée en des endroits vitaux, a fait la différence.

Pour conclure ce chapitre, l'historien Laurent Henninger, chargé d'études à l'Institut de recherche stratégique à l'école militaire, écrit :

> La mémoire que les Français ont de l'action et du rôle de leur pays dans la Seconde Guerre mondiale n'a cessé d'évoluer au fil des décennies. À l'image du « tous héros, tous résistants ! », qui a largement prévalu sous la IVe République et jusque dans les années 1960, a succédé dans les années 1970 celle du « tous collabos ! » et aussi du « tous des lâches et des fuyards ! » pour la question particulière de la défaite de mai-juin 1940. Dans ce point de vue, le cinéma populaire a joué un rôle énorme et déformant… que l'on songe au succès des films narrant les aventures grotesques de *La Septième Compagnie*, pour ne citer que cet exemple… Or, les travaux des historiens permettent aujourd'hui d'y voir plus clair et de façon plus nuancée. On en revient à l'analyse faite en son temps par Marc Bloch, et qui constitua le titre de son ouvrage posthume : celle d'une « étrange défaite ». Et étrange, elle le fut bien, cette défaite, et même l'une des plus étranges de toute l'histoire militaire !
>
> Première idée reçue : les soldats ont fui ou se sont rendus sans tirer un coup de feu. Or, on sait maintenant que les soldats français ont combattu partout. Il n'y eut de panique à peu près avérée qu'à Bulson, derrière la charnière de Sedan. Ils se sont même battus avec courage et détermination – si ce n'est toujours avec habileté – en Belgique, devant Dunkerque, sans parler de l'armée des Alpes ou des garnisons de la ligne Maginot. Et la résistance la mieux organisée est intervenue sur la ligne Somme-Ailette-Aisne, avec de furieux combats à Rethel et Voncq. Les pertes humaines allemandes en témoignent : environ 50 000 morts. Ce ne fut en rien une promenade de santé pour la Wehrmacht.
>
> Seconde idée reçue : l'armée française était totalement archaïque, en retard d'une guerre, sous-équipée et dotée de matériels hors d'âge. La caricature est outrancière. La mécanisation française

était, à certains égards, plus avancée que celle des Allemands (plus grand nombre de camions, chars et blindés légers souvent supérieurs aux prétendument terribles panzers), l'artillerie lourde était excellente, la dotation en matériel radio était plus avancée qu'on l'a dit, l'aviation de chasse et les pilotes d'un excellent niveau technique, etc. Mais... les chars étaient insuffisamment endivisionnés, les armes antichars et l'artillerie antiaérienne manquaient cruellement, les communications étaient systématiquement cryptées là où le rythme des combats modernes ne le nécessitait pas, les avions de chasse modernes étaient en nombre insuffisant et l'aviation de bombardement quasi inexistante. Surtout, les faiblesses n'étaient pas tant tactiques ou techniques qu'opérationnelles et intellectuelles, puisque tout – des méthodes de raisonnement et de commandement des états-majors à la logistique et aux transmissions – était inadapté au rythme de ce moment très particulier du conflit.

Armée française surpuissante et sans aucun défaut ? Certainement pas. Armée ridicule et lâche ? Encore moins ! Le chantier historique en cours consiste précisément à faire lumière sur tout cela et à soigneusement démêler cette complexité, contre toutes les sentences trop tranchées. Si d'éventuelles leçons de l'histoire doivent être tirées, elles ne le seront qu'à ce prix[15].

Un ciel vide d'avions français ?

À en croire une légende tenace, le ciel aurait été vide d'avions français en mai-juin 1940. Rien n'est plus faux ! Du 10 mai au 25 juin 1940, la chasse française effectue 20 410 sorties et les bombardiers français 2 130. Sur 1 300 avions français engagés 1 247 sont détruits au combat. Durant la même période, les pertes humaines des aviateurs français s'élèvent à 541 tués, 364 blessés et 105 disparus, soit un total de 1 010 hommes hors de combat, représentant 40 % des officiers et 20 % des sous-officiers et non gradés. La Luftwaffe (armée de l'air allemande) déplore également de lourdes pertes, avec 1 428 avions détruits sur 3 500 engagés. Les pertes humaines s'élèvent à 2 668 tués, 4 191 blessés et 2 923 disparus, soit un total de 9 782 aviateurs allemands hors de combat, frappant principalement les équipages

15. Laurent Henninger, Thierry Widemann, *Comprendre la guerre. Histoire et notions*, Perrin, 2012.

des bombardiers et des avions de reconnaissance, ce qui explique l'importance des pertes humaines. Contrairement aux critiques de la propagande anglophobe du régime de Vichy, l'aviation britannique a activement participé aux combats de mai-juin 1940, en perdant 933 de ses précieux appareils.

Ces chiffres démontrent que l'armée de l'air française n'a pas démérité en mai-juin 1940. Elle a notamment privé la Luftwaffe d'une supériorité numérique suffisante pour battre l'aviation britannique durant la bataille d'Angleterre, qui a suivi du 11 août au 31 octobre 1940. À la fin de juin 1940, la Luftwaffe n'a plus que 841 bombardiers opérationnels et un peu plus de 700 chasseurs. Le 3 août 1940, à la veille d'engager la bataille aérienne décisive contre la Grande-Bretagne, la Luftwaffe n'a pas reconstitué ses effectifs du 10 mai, ni pour la chasse ni pour les bombardements et elle se trouve à court de pilotes.

Il convient de souligner que la Luftwaffe déplore la perte de 1 423 avions en mai-juin 1940 contre principalement l'armée de l'air française, puis 1 616 autres avions contre l'aviation britannique en août-octobre 1940. Ainsi, la place de la France dans l'échec allemand contre la Grande-Bretagne, systématiquement négligé, est loin d'être secondaire.

Les pilotes de la chasse française ayant remporté plus de dix victoires, en mai-juin 1940, sont les suivants : lieutenant Marin La Meslée (16 victoires), sous-lieutenant Plubeau (14), lieutenant Dorance (14), capitaine Accart (12), sergent Le Nigen (12), lieutenant Le Gloan (11), sergent-chef Tallent (11), sous-lieutenant Lefol (11).

La campagne de 1940 des pilotes de chasse Jean Louveau et Maurice Arnoux symbolise parfaitement l'héroïsme de l'armée de l'air française durant cette période. Le colonel Jean Louveau est entré dans l'armée de l'air en 1935 à l'école d'Istres. Affecté au groupe de chasse 1/8 à Marignane l'année suivante, le sergent-chef Louveau combat au sein de cette unité en 1939-1940. Entré dans la Résistance durant l'Occupation allemande, il est déporté en 1943. Ayant survécu à la guerre, il poursuit une brillante carrière dans l'armée de l'air jusqu'en 1969. L'acte de bravoure exceptionnelle qu'il a accompli le 5 juin 1940, en heurtant volontairement, à bord de son chasseur Bloch MB 152, un Messerschmitt 109, symbolise l'esprit de sacrifice qui fut celui de la chasse française lors de cette campagne :

> Nous avions décollé, à deux patrouilles de trois Bloch 152, le 5 juin 1940, au matin, du terrain de Thieux, près de Meaux.

Il s'agissait de protéger un Potez 63/11 chargé d'une mission photo dans le secteur de Ham-Péronne.
Le rendez-vous était fixé à 9 h 15 à 4 000 mètres au-dessus de Villers-Cotterêts. À peine à 600 mètres d'altitude, notre ailier droit fut obligé de rentrer à la suite d'ennuis mécaniques, et nous avons poursuivi la mission à deux pour la patrouille d'accompagnement serré.
Le Potez avait pris ses photos et nous rentrions – j'allais dire « tranquillement »... – lui, Liautard et moi, lorsque soudain, à la verticale de Compiègne, le Potez se met en piqué, un piqué très accentué : 70 degrés peut-être. Le mitrailleur, que je vois passer devant moi, me fait avec sa mitrailleuse un signe que je ne comprends pas. Aussitôt, naturellement, Liautard, chef de patrouille, et moi nous mettons en piqué pour suivre notre « protégé ». Et presque tout de suite, mon Bloch est sonné.
Je pense d'abord à la Flak (DCA allemande). Je dégage sur la droite et je constate que mon aileron est bloqué. Une deuxième rafale m'atteint alors dans la queue. J'ai vite compris que ce n'est pas la Flak; j'ai quatre Messerschmitt 109 derrière moi et un de plus devant. C'est la première fois que nous rencontrons les nouveaux types de Messerschmitt 109, avec leur nouveau moteur qui leur donne 100 km/h de mieux.
Je tente une chandelle. En forçant, j'ai réussi à débloquer mon aileron... enfin, presque : le gauchissement fonctionne bien à droite, mais mal à gauche.
Nous sommes maintenant en plein combat tournoyant. Pendant trois ou quatre minutes peut-être, je vois passer dans mon collimateur plusieurs fois des Messerschmitt à qui j'expédie des rafales aussi ajustées que je le peux. Mais j'en ai pris moi-même assez pour ne plus pouvoir les inquiéter beaucoup. Quatre ou cinq rafales déjà, sans doute, et toutes au but. Alors je me mets en glissade à droite. Et je dégage en rase-mottes au cap 240. Naturellement, j'ai perdu Liautard et le Potez : le pauvre ne pourra plus compter sur ma protection...
Alors un Allemand revient sur moi. Je suis « plein pot », badin bloqué à 400. Le Fritz ne me lâche pas. Comme il est beaucoup plus rapide que moi, il m'ajuste comme à l'exercice, me tire, puis me dépasse et revient en arrière pour une nouvelle passe. Treize en tout, je les ai comptées. Et il me touche à peu près à chaque fois.
Pendant une bonne dizaine de minutes – et c'est horriblement long, dix minutes de gymkhana entre les arbres, les églises, les

lignes de force dans ces conditions ! – je réussis à éviter la rafale qui va m'achever. Virage, manche au ventre, glissade, virage… Trois fois de suite, j'ai même pu le tirer aussi. Mais à sa douzième passe, un de ses obus a fait mouche. L'huile coule à flots… et le sang aussi.

Quand le Fritz repasse pour la treizième fois il fait exploser ma bouteille d'oxygène, pulvérisant le pare-brise. Cette fois, je suis presque aveuglé. Il ne me reste plus qu'à me poser, droit devant moi, avec une chance sur mille peut-être de m'en tirer.

À cet instant, il s'est passé en moi quelque chose qui explique et qui justifie, je l'espère, ce récit. Jusqu'à cet instant précis, j'étais un pilote entraîné, un homme qui se battait parce que c'était mon métier. Je ne dis pas que je n'avais pas une certaine haine contre les Allemands et surtout les nazis. Je ne dis pas que j'avais fait jusqu'alors la guerre en dilettante : sûrement pas ! Mais enfin je l'avais faite avec le maximum de sang-froid, puisque le sang-froid est une arme indispensable. Jusque-là, chaque mission, chaque combat était pour moi un duel contre un adversaire souvent plus nombreux mais à ma taille.

Tandis que là, à quelques dizaines de mètres au-dessus de la terre de France, je me suis tout à coup mis en colère. Je n'ai pas eu le temps d'y réfléchir, bien sûr, sur le moment. Mais je peux, aujourd'hui, dire honnêtement que j'ai porté en moi toute la rage de la France envahie.

J'ai vu passer au-dessus de moi le ventre du Messerschmitt. J'allais mourir, soit. Mais pas tout seul. Et puisqu'il fallait mourir, puisque tout à l'heure, il y aurait de toute façon un pilote français de moins et un avion, il y aurait un avion et un pilote allemand de moins.

J'ai tiré le manche à fond. J'espérais au moins que mon hélice lui couperait ses gouvernes. Le choc eut lieu et j'ai pris sa roulette de queue dans mon cockpit. Il ne me restait plus qu'à rendre la main pour me poser droit devant, train rentré, moteur calé, à 250 à l'heure…

Par miracle, je m'en suis tiré. Au-dessus de moi, le Messerschmitt effectuant une sorte de renversement est repassé une dernière fois et j'avais peur qu'il me tire comme un lapin. Mais non, il disparut en piqué et à grande vitesse.

Je suis sorti de mon avion non sans peine, le plus vite possible, et j'ai appelé une brave femme qui fauchait un près, à 100 mètres de là : – Madame ! Madame !

Mais je devais être horrible à voir, avec mon visage couvert de sang et l'huile bouillante. Épouvantée, elle est partie en courant. J'ai marché jusqu'à la route, d'un pas assez mal assuré. J'ai rencontré un officier, qui a tiré son revolver en me voyant. J'ai tenté de me présenter.
C'était un officier du génie, qui m'a conduit à Méru, dans l'Oise, où un médecin militaire m'a extrait toute de suite quelques éclats d'obus, qui avait traversé mon casque. Je n'étais pas très en forme – c'est le moins qu'on puisse dire... – et je n'ai peut-être pas manifesté tout l'enthousiasme qu'on pouvait atteindre lorsque la porte s'est ouverte sur un capitaine de gendarmerie très excité, qui criait : J'ai trouvé un Allemand ! Il est à trois kilomètres d'ici et l'avion a brûlé !
Pour preuve, le gendarme rapportait l'un des gants du pilote ennemi abattu. C'était le chasseur que j'avais heurté avec mon avion.
Avec mes pansements tout neufs et les idées encore un peu floues, je suis retourné voir mon avion. Des trois couleurs de la dérive, il ne restait plus que le bleu. Il y avait des impacts de mitrailleuse un peu partout (une centaine au bas mot), dont deux dans le blindage qui m'avait sauvé la vie, et une balle dans mon parachute, plus une quinzaine de trous d'obus de 20 mm, dont deux à côté de mes chargeurs d'obus pleins, un dans la cocarde de fuselage et... un dans la poche de ma combinaison. Et la commande de profondeur était presque entièrement sectionnée.
Liautard, m'ayant vu descendre et peu après ayant aperçu un avion français exploser au sol (c'était le malheureux Potez), était rentré au terrain en annonçant ma mort. Le lieutenant Thollon fit ce qui se devait, c'est-à-dire qu'il invita tous les pilotes à un pot le lendemain à ma mémoire. Cependant, au même moment, j'arrivais, après un voyage mouvementé, d'abord sur la moto d'un adjudant-chef, puis en side-car, enfin en charrette à cheval.
Je rentrais sous la tente des pilotes à l'instant même où les verres se levaient en l'honneur de ma mort. Ensuite, très déprimé, j'ai pleuré toute la nuit et le capitaine Peyrègne, commandant la 1re escadrille (qui devait disparaître en mission quelques jours plus tard) m'envoya à Paris avec Liautard pour une mission un peu théorique, destinée officiellement à chercher je ne sais quelle dotation en parachutes. En vérité, nous avions grand besoin de nous changer les idées.

Lorsque le général Vuillemin me décerna la Médaille militaire, j'avais retrouvé mes esprits, assez pour faire le point et juger les événements sans passion. J'ai pensé – et je pense encore aujourd'hui – que je l'ai sans doute mieux méritée au-dessus de Château-Thierry, le jour où, avec un seul équipier, j'ai rencontré trente Dornier 17 escortés par quinze Messerschmitt 110 et que nous les avons attaqués par deux fois.

Ce jour-là, ce n'est pas ma faute si nous nous sommes trouvés deux contre tant d'autres et si nous sommes rentrés sans une victoire. Je ne crois pas nécessaire de détailler ici tout ce que j'ai vécu aux commandes de mon Bloch pendant la guerre de 1939-1940. Mes souvenirs sont sans doute assez proches de ceux de bien d'autres.

Au terrain de la Fère-en-Tardenois, par exemple, entre Toul et Nancy, j'ai vu fabriquer par les mécanos des boîtes destinées à réchauffer les armes de nos avions, qui gelaient en altitude, en récupérant les gaz d'échappement… J'ai vu (c'était au début de la guerre à Châteauroux) cent cinquante avions tout neufs qui n'ont peut-être même pas pris l'air… J'ai failli être écharpé par des civils, alors que j'étais ramené au terrain après avoir été abattu, parce que les aviateurs étaient, pensait-on, des planqués : on n'en voyait jamais en l'air… Heureusement, j'étais blessé, et cela nous a sans doute permis de poursuivre notre route.

J'ai vu en mai 1940, à Châteauroux, alors que nous venions par le train de Nancy chercher trois Bloch 152 neufs, un officier mécanicien proposer à mes deux équipiers des avions incomplets l'un sans collimateur, l'autre sans mitrailleuse…

Peut-être avec les années, certains d'entre nous ont-ils oublié. Mais cette guerre, que nous avons commencée calmement, nous l'avons finie portés par la rage. Souvent, à mesure que passaient les semaines, il nous arrivait de deviner, de sentir d'instinct ceux qui, parmi nous, allaient bientôt tomber. Ce n'était pas un pressentiment, je ne sais quelle « voyance ». C'était la simple logique. Ceux qui tombaient étaient, bien sûr, les moins entraînés. Mais aussi les plus âgés, les hommes mariés et pères de famille, qui n'accrochaient pas assez, qui étaient trop prudents, trop calmes peut-être. Les autres, les survivants, les plus jeunes, étaient ceux qui, comme moi, avaient commencé la guerre un peu comme des fauves, sans responsabilités familiales.

Je n'avais déjà pas compris, pas accepté Munich. Mais plus le temps passait, plus nous perdions d'avions et de camarades ; plus

> nos bases reculaient vers le sud et plus nous étions en colère. Plus nous devenions méchants, donc dangereux.
> Au moment de l'armistice, nous avons mitraillé encore, sans ordres, des automitrailleuses allemandes près de Royan, sur les routes. Et nous avons abattu notre dernier Fritz à Bordeaux, juste avant le cessez-le-feu.
> Personne ne m'ôtera jamais de l'idée que je suis sorti vivant de cette bataille perdue grâce à ma colère : une colère qui d'ailleurs m'a conduit, tout naturellement dans la Résistance, la déportation et qui m'a encore, sans doute, permis d'en revenir[16].

La mort héroïque du commandant Maurice Arnoux mérite également l'attention :

> — Alors, Arnoux, que pensez-vous de vos avions ?
> — Nos avions ?... Ils font de nous d'excellents pigeons, monsieur le ministre, réplique le commandant Maurice Arnoux avec un haussement d'épaules et une moue désabusée.

Ce dialogue étonnant se déroule le 23 mai 1940, sur le terrain d'Orly. Laurent-Eynac, ministre de l'Air, accompagné d'un général de son cabinet, est venu rendre visite au groupe de chasse 3/7, du commandant Crémont et de son adjoint le commandant Arnoux. Le ministre regarde le cercle des pilotes, attentifs autour de lui et s'adressant cette fois au commandant Crémont :

> — Vous êtes donc à ce point surclassé par l'ennemi ?
> — Ma réponse ne peut être que l'écho de celle d'Arnoux, monsieur le ministre. Depuis le 10 mai, pilotes et mécaniciens sont sur les dents. Le commandement nous a demandé de détacher deux patrouilles à Cambrai pour renforcer le groupe 3/2. Lourde servitude pour nous. À cette date, sur les 34 avions de notre dotation, nous n'avions que 23 disponibles... Aujourd'hui, j'en ai dix. Nos mécaniciens travaillent sans arrêt du lever du jour à la nuit tombante. Deux changements de terrain en une semaine n'ont pas arrangé les choses. Deux de mes pilotes sont allés hier à Toulouse chercher deux Morane « rafistolés »... Quand percevrons-nous les Dewoitine, monsieur le ministre ?

---

16. *Icare* n° 45 (été 1970), revue de l'aviation française, 1939-1940, « La bataille de France », volume I : La chasse.

— Très rapidement, Crémont. Je vous promets de faire activer votre transformation. Vos pertes sont élevées ?

— Quatre pilotes tués, un disparu, trois blessés graves depuis de début de l'offensive.

— Le pire, ajoute Arnoux qui connaît bien Laurent-Eynac, c'est que les services techniques se « foutent » de nous. Les Morane, munis d'une hélice Ratier électrique et du canon 404 de 20 mm dont la cadence de tir est double de celles de nos HS 9, sont, paraît-il, réservés aux écoles, aux centres d'instruction et à l'état-major. Voilà la réponse faite cette semaine au capitaine Bouvarre, au cours d'une liaison à Châteaudun.

— Mon cher Arnoux, c'est probablement parce que votre formation sera bientôt équipée de Dewoitine.

— Que le Ciel vous entende, monsieur le Ministre. En attendant, nous nous battons avec des avions qui font 100 kilomètres à l'heure de moins que les Messerschmitt 109, et dont les armes n'ont que 15 secondes de tir pour le canon, 30 pour les mitrailleuses.

— Ayez confiance, on va s'occuper de votre unité, assure le ministre Laurent-Eynac[17].

Maurice Arnoux n'est pas un inconnu dans le monde de l'aviation. À peine âgé de 18 ans, il s'engage dans l'armée en septembre 1914. Sur sa demande, il se trouve affecté comme mécanicien navigant à une escadrille envoyée en Serbie. Dès son retour en France, il est breveté pilote en mai 1916, sert d'abord dans le bombardement, puis dans la chasse. Il remporte cinq victoires officielles.

Démobilisé en 1919, il devient industriel, mais n'en reste pas moins un passionné d'aviation. Il participe à diverses compétitions aériennes et se distingue en remportant divers records. Il consacre ses loisirs à voler, accumulant prix et trophées.

Bien qu'âgé de 44 ans en septembre 1939, il décide de rejoindre une unité de chasse. On lui propose d'être affecté dans un établissement industriel de l'intérieur. Il est catégorique :

— Ma place est dans une escadrille. Je préfère jouer les « caporaux pilotes », plutôt que de me morfondre dans un confortable bureau. J'aurais mauvaise conscience, chaque matin, en me rasant devant ma glace.

17. *Ibid.*

Il est donc immédiatement affecté au groupe de chasse 3/7, comme officier adjoint. Pendant tout le long hiver, il ne laisse à personne le soin de partir en opération à sa place, afin de ne pas être muté « par surprise » dans un quelconque état-major. Il refuse même la promotion de lieutenant-colonel, de peur de devoir quitter ensuite la chasse.

> Pilote hors de pair, écrit Jean Gisclon, d'un patriotisme sans égal et d'un amour-propre chatouilleux pour tout ce qui concernait le pilotage, il était pour les pilotes l'ancien admiré qui ne rechigna jamais sur la moindre corvée[18].

Dès le 10 mai 1940, il est blessé à l'œil en attaquant un bombardier Heinkel 111 en compagnie du capitaine Bouvarre. Une rafale d'un mitrailleur arrière fait éclater son pare-brise dont les éclats lui déchirent le front et le pourtour de l'œil. Le moteur atteint, victime d'une fuite d'essence et de prestone, il doit se poser en pleine campagne, train sorti. Le Morane capote dans un fossé. Arnoux parvient à se dégager, non sans difficulté, du fait de sa blessure et de sa position critique.

Le capitaine Bouvarre, touché de la même façon, doit quitter son avion car le feu se propage rapidement. En sautant la tête la première, il heurte le plan fixe, qui lui arrache une chaussure et déchire son parachute. Par chance, l'atterrissage se termine dans un bois. Les branches amortissent le choc très rude provoqué par une descente plus rapide. Bouvarre est recueilli par des fantassins d'une unité coloniale qui lui offrent une paire de chaussures pour lui permettre de regagner son groupe de chasse. Quant à Arnoux, il fait partie, dès le surlendemain, de la patrouille de l'aube.

> Depuis le 10 mai, comme tous les autres, le groupe 3/7 n'avait connu aucune trêve, mettant en ligne des dispositifs plus ou moins étoffés. Le 15, un dispositif de neuf appareils, conduit par l'adjudant-chef Bertrand (un solide Bourguignon, dit « Muche », une « figure » de la chasse qui disparaîtra plus tard en Russie au groupe Normandie-Niemen) opérant dans la région de Mézières, fut attaqué par une douzaine de Messerschmitt 109. Les Allemands, qui croisaient à 1 500 mètres au-dessus des

18. Jean Gisclon, *La Grande Aventure de la chasse française de 1939 à 1945*, France-Empire, 1983.

Morane-Saulnier 406, se déployèrent en cercle et fondirent sur eux par avion successif, avec un confortable excédent de vitesse. Dès les premières passes, le lieutenant Costey et le sergent-chef Morlot furent descendus en flammes, sans possibilité de sauter. D'autres Messerschmitt 109 étant arrivés en renfort, chaque Morane se trouva bientôt aux prises avec trois ou quatre adversaires. Le sergent Boyer, en flammes, sauta en parachute, grièvement blessé. Le sergent-chef Moulène, les ailes percées par les Messerschmitt et la Flak, se posa en catastrophe sur le terrain de Soissons. Le sergent Deshons, touché à la tête, perdit connaissance à quelques mètres du sol et ne sut jamais comment son avion avait touché terre. Sur neuf Morane partis en mission, quatre seulement rentrèrent au terrain. Les pilotes du groupe 3/7 avaient abattu deux Messerschmitt 109 et un Dornier 17, mince consolation.

Le 21 mai, une mission de couverture fut prescrite sur la région de Montidier-Compiègne, entre 18 et 19 heures. D'importants débarquements de troupes se déroulaient dans ce secteur. Le groupe 3/7 y envoya tous ses Morane disponibles ; quinze en tout. À peine arrivée sur les lieux, les pilotes aperçurent une cinquantaine de bimoteurs protégés par un nombre égal de Messerschmitt 109, l'ensemble étagé entre 1 500 et 3 000 mètres.

Le grand cirque commença aussitôt et la disproportion des forces obligea les pilotes à ne compter que sur eux-mêmes. Le capitaine Lacombe, sans doute blessé dans son avion désemparé, sauta, mais « sonné » pendant l'action, il n'ouvrit pas son parachute et s'écrasa à quelques kilomètres d'Estrées-Saint-Denis. Le lieutenant Dyma, abattu dès le début de l'action, fut retrouvé près de Creil, à Cinqueux. Le sous-lieutenant Martin parvint à ramener à Orly son avion littéralement haché par les projectiles, bon pour la réforme. Le lieutenant Pilâtre-Jacquin abandonna son avion, qui chutait en vrille, et se foula les chevilles en arrivant au sol. Quant au sergent Berthet, il atterrit en campagne avec une fracture ouverte de la jambe et quelques blessures superficielles. Huit appareils regagnèrent Orly sans dommage, avec la maigre compensation de deux victoires[19].

19. *Ibid.*

Le groupe 3/7, comme la plupart des unités de chasse équipées de Morane-Saulnier 406, continue à assurer toutes les missions demandées avec des dispositifs de plus en plus réduits. Pour la mise en œuvre des appareils, les mécaniciens se livrent à un « cannibalisme » de pièces de rechange sur les Morane définitivement « hors de course ». Le 29 mai, le groupe reçoit cinq avions de renfort, convoyés par des pilotes de l'école de chasse de Chartres, heureux de prendre contact avec des combattants. Tous les Morane sont de vieux appareils « à bout de souffle », incapables d'effectuer la moindre mission de guerre. Deux des pilotes ont failli se poser en campagne durant le court trajet d'une dizaine de minutes entre Chartres et Orly. En les réceptionnant, les adjudants Munier et Rongeot, chefs mécaniciens des deux escadrilles du groupe 3/7, dressent les bras au ciel, en poussant quelques jurons énergiques et justifiés. Le premier Morane a 145 heures de vol et le fuselage « vrillé » ; le second, sans livret de bord, se trouve à la limite de la réforme. Une pale d'hélice du troisième est tordue, et le train d'atterrissage du quatrième, faussé. Tous les mécaniciens sont chargés de leur vérification minutieuse, mais le seul intérêt de cette livraison réside dans l'armement. Tous les avions sont équipés du canon de 20 mm HS 404, qui tire 600 coups à la minute. Les armuriers s'empressent de les démonter pour les placer sur les meilleurs appareils restants. Mais ce renfort n'augmente en rien le potentiel du groupe 3/7.

Le 1er juin 1940, le groupe reçoit l'ordre de faire mouvement sur Coulommiers. Il doit théoriquement recevoir les nouveaux chasseurs Dewoitine D520, capables de rivaliser avec les meilleurs appareils de la Luftwaffe. La déception est grande, lorsque les Morane se posent à Coulommiers. Les Dewoitine promis seront finalement versés au groupe 3/6, envoyé dans le Sud-Est pour s'y former. Envolées les fameuses promesses du ministre, une semaine plus tôt! Arnoux accuse le coup avec une colère froide et rentrée. Il avait tellement espéré pouvoir se battre sur ce magnifique monoplace que tous attendaient. Le lendemain, un officier de passage lui annonce qu'une escadrille de l'Aéronavale de Rochefort s'entraîne depuis une semaine sur des Dewoitine, récemment sortis d'usine! Cette nouvelle semble porter le coup de grâce au commandant Arnoux…

Le 5 juin, chef d'une patrouille de neuf avions, Arnoux, victime d'une fuite de prestone, fait demi-tour. En descendant d'avion, il se sent infiniment las. Jusqu'alors, il avait magnifiquement résisté à la fatigue qui gagnait, l'un après l'autre, les pilotes. Cette fois, il n'est vraiment plus dans son assiette. À tel point qu'il demande à son ami

Crémont de n'être « pas dans le coup » pour la mission de la soirée. L'aveu de cette faiblesse passagère donne la mesure exacte de ce que peut être son surmenage.

> Le commandant Crémont lui apporte son secours :
> — Écoute, lui dit-il, tu vois le métier que je fais. Depuis le début de l'offensive, je ne dors pratiquement que deux heures par nuit. Je suis seul pour assurer le fonctionnement du poste de commandement. Viens partager avec moi cette charge. Au moins pendant quelques jours.
> — Non, mon vieux, répond Arnoux avec sa sincérité habituelle. Tu sais que je suis resté ici à condition de faire le métier d'officier pilote en escadrille. Pas de paperasses pour moi... Je veux continuer à tenir sur place. Maintenant, moins que jamais, il ne peut être question de la quitter. Les gars croiraient que je déserte.
> — Tu es fou ! Ils te connaissent trop bien depuis neuf mois !
> — N'insiste pas. Ce que je peux faire, c'est te remplacer pendant que tu iras prendre tes repas à la popote. Mais quitter mon escadrille... Jamais ! Demain, je ferai la mission[20].

Cette journée du 6 juin devait compter parmi les plus douloureuses pour le commandant Crémont. Il allait perdre un ami de si longue date...

Vers 11 heures, le groupe 3/7 reçoit l'ordre de participer, de 12 à 13 heures, à une mission de protection sur zone de bombardement, entre Péronne et Ham. Une patrouille double est mise sur pied, conduite par le commandant Maurice Arnoux, avec le capitaine Houpeurt et le sergent-chef Kosina comme équipiers. Le capitaine Bouvarre, chef de patrouille d'accompagnement, ne doit pas participer à cette mission, mais en constatant l'extrême fatigue d'Arnoux, il décide également de partir, avec les sergents Guillaume et Bernardon. Ce dernier, victime d'ennuis mécaniques, fait demi-tour quelques minutes après le départ.

La formation du 3/7, ainsi réduite à cinq avions, sert de guide à un dispositif dont les étages moyens et supérieurs sont formés par deux patrouilles triples de Dewoitine 520 des groupes 1/3 et 2/7. Le capitaine Bouvarre témoigne :

20. *Icare* n° 45 (été 1970), art. cit.

Dès le départ, les liaisons-radio sont inexistantes, comme à l'ordinaire. Nous n'apercevons d'ailleurs que la patrouille triple moyenne de Dewoitine, au sud de la Somme, entre Amiens et Péronne.
Nous atteignons le secteur, soleil dans le dos. Devant nous, un peu à droite, et plus bas, une douzaine de Messerschmitt 109 montent à notre rencontre. Le commandant Arnoux poursuit son chemin, imperturbablement. Je pense qu'il veut jouer son rôle de « cobaye ». Les Messerschmitt vont sûrement tenter un grand virage en montant pour essayer de nous tomber dessus en venant du soleil, et sans voir les Dewoitine qui sont au-dessus. Pourvu que ceux-ci aient vu l'affaire! Impossible de communiquer avec eux.
Les Messerschmitt, dès qu'ils nous ont vus, mettent « pleins gaz » et défilent à contre-bord, très près. Guillaume tente une passe vers l'avant. Tout le monde vire aussitôt et le combat s'engage.
Les chasseurs allemands n'insistent pas beaucoup et dégagent en grimpant. Pas question de suivre... Aucun Dewoitine ne se montre. En raison de la situation, j'avais fixé comme point de ralliement, en en cas d'engagement, Montdidier. En me repliant vers cette ville, je vois passer un Dewoitine qui plonge à la verticale. Pas de Messerschmitt derrière...
Nous nous retrouvons, sans difficulté, au-dessus de Montdidier, à 2 000 mètres. Plus question des Dewoitine, qui nous ont perdus. Ils ne connaissent d'ailleurs pas notre point de rassemblement et, de toute manière, doivent avoir d'autres chats à fouetter que de s'occuper de nous.
Dès que nous sommes reformés, le commandant Arnoux remet le cap sur les lignes. Très haut, au-dessus de nous, par patrouilles de quatre, les Messerschmitt 109 croisent. En revenant sur les lignes, nous les laissons dans notre dos et dans le soleil.
Par deux fois, je m'approche, avec Guillaume, du chef du dispositif pour lui faire comprendre que je n'approuve pas cette manœuvre. Finalement, je vais m'intercaler entre son équipier de gauche et lui et, plan dans plan, ayant ouvert ma cabine, je lui indique, par gestes, que les Messerschmitt sont au-dessus de nous, que je voudrais qu'il décroche nettement à l'intérieur des lignes pour reprendre de l'altitude ensuite et revenir à notre plafond sur le secteur. Il semble avoir compris car il fait demi-tour vers le sud, vers Saint-Just-en-Chaussée.
Pendant ce mouvement, les patrouilles, que l'on distingue toujours très au-dessus de nous, nous escortent. Un avion, seul,

nous suit à 2 ou 3 kilomètres, à notre niveau. Je crois d'abord que c'est un Dewoitine qui, ayant perdu sa patrouille, se raccroche à nous. Mais il reste à distance.
Le sergent Guillaume, qui nous couvre, le surveille tout en patrouillant, à tel point qu'il se laisse distancer. À un moment donné, il cesse d'évoluer et met plein moteur pour tenter de combler son retard. Je vois alors l'avion qui nous suit mettre « toute la gomme » (fumée noire : c'est un Messerschmitt 109) et se précipiter sur Guillaume. Je vire face à lui pendant que Guillaume passe sur moi. Dans mon virage, je vois les patrouilles d'en haut qui nous dégringolent sur le dos. La première nous attaque, Guillaume et moi. Nous évoluons très sec et sans cesse. Pas possible de tirer… Une deuxième patrouille pique et, emportée par sa vitesse, passe devant Arnoux qui se laisse tomber derrière un Messerschmitt, sans voir qu'une troisième vague lui arrive dans le dos.
Je vois son Morane presque à la verticale, piquant vers le sol, train sortir, puis un avion qui brûle. À moins qu'il n'ait sauté au dernier moment, il est perdu.
Le combat se déchaîne ensuite, mais plus de surprise possible. Les Morane se démènent en tiraillant sur tout ce qui se présente, et les rafales des Messerschmitt passent à côté. Nous rentrons séparément, en rase-mottes. Le capitaine Houpeurt, blessé, ramène son avion dans un piteux état.
Le commandant Arnoux ne rentra pas. Il s'était écrasé près du village d'Angivilliers, à 7 kilomètres de Saint-Just-en-Chaussée. Le maire de la commune et quelques paysans se portèrent au secours du pilote. Ils durent à plusieurs reprises abandonner leur tâche, les Messerschmitt 109 continuant à mitrailler les débris de l'avion au sol. Après avoir identifié le corps, affreusement mutilé, du commandant Arnoux, le maire décida, malgré les circonstances dramatiques, de lui faire des obsèques dignes de ce combattant prestigieux. Il obtint que le menuisier du village différât son départ et fît, pendant la nuit, un cercueil en chêne. Le corps du glorieux pilote fut inhumé dans le cimetière communal.
Quelques jours plus tard, les Allemands vinrent à leur tour enterrer un des leurs. Les officiers demandèrent aux habitants demeurés au village des renseignements sur les tombes militaires. Ils fleurirent celle d'Arnoux et lui rendirent les honneurs. Commandeur de la Légion d'honneur, médaillé militaire,

titulaire des deux croix de guerre avec onze citations, Maurice Arnoux avait trouvé, ce jour de juin 1940, une mort héroïque et glorieuse, à la mesure de son exceptionnelle carrière.
Le 22 juin, le groupe 3/7, qui, au cours de cette meurtrière campagne, avait eu dix pilotes tués, dix blessés et un prisonnier, tout en remportant vingt-sept victoires, percevait enfin ces Dewoitine que les pilotes avaient tant attendus et qui auraient pu si souvent, en plein ciel, changer la face des choses.
Le surlendemain, c'était l'armistice. Les ordres imbéciles d'un « basier », plus respectueux de faire exécuter les nouvelles conventions qu'il ne l'avait été auparavant pour activer la fourniture du matériel que les pilotes venaient chercher, interdirent tout décollage. Trois pilotes ne purent se résigner à tant d'infortune. Le 25 à l'aube, avec la complicité des mécaniciens du groupe, l'adjudant Littolf, le sous-lieutenant Feuillerat et le sergent-chef Moulène prirent le cap de l'Angleterre. Ils atterrirent à Southampton[21].

21. *Ibid.*

3

Les Français ont majoritairement rejeté la collaboration et l'antisémitisme

Après 1945, le mythe dominant fut de nous faire croire que la France avait majoritairement résisté à l'occupant allemand. Après 1968, le nouveau mythe en vigueur fut de nous annoncer que la majorité des Français avaient collaboré et soutenu la politique antisémite du régime de Vichy. On passa ainsi d'un extrême à l'autre dans la présentation « historique » de la France sous l'Occupation. Comme toujours, la réalité se trouve en dehors des extrêmes. Il convient de revenir en détail sur cette période complexe qui exige la nuance, en rejetant aussi bien l'apologie béate d'après 1945, que le dénigrement systématique d'après 1968.

La résistance face à l'antisémitisme d'État

Le 29 juin 1940, le gouvernement français s'installe dans la région de Clermont-Ferrand puis, du fait des capacités limitées d'hébergement, déménage à nouveau le 1er juillet pour Vichy, en zone non occupée par l'armée allemande. Cette ville de cure thermale offre l'avantage d'un réseau téléphonique performant et une multitude d'hôtels, pouvant être réquisitionnés par les ministères et les ambassades.

La loi dite « constitutionnelle » du 10 juillet 1940, votée par les deux chambres réunies en assemblée nationale au casino de Vichy, « donne tout pouvoir au gouvernement de la République, sous l'autorité du maréchal Pétain », sans contrôle parlementaire, avec pour mission la promulgation d'une nouvelle Constitution. Pétain obtient 569 voix en sa faveur. On compte également 80 voix contre et 20 abstentions. Divers députés ne sont pas présents, car mobilisés et retenus prisonniers ou tués au combat, voire absents. Ainsi, on compte 649 suffrages exprimés sur les 907 parlementaires de l'époque. Le vote se fait sous la contrainte des événements tragiques frappant la France, des menaces de certains militaires aux ordres de Weygand et de Pétain, sans oublier celles de diverses milices d'extrême droite prêtes à en découdre avec les récalcitrants. La nouvelle Constitution ne verra jamais le jour. La concentration de tous les pouvoirs entre les mains de Pétain est contraire aux fondements mêmes des lois constitutionnelles de 1875, fondées sur une séparation des pouvoirs (législatif, exécutif et judiciaire).

Les régimes antidémocratiques, autoritaires et dictatoriaux de Franco et de Salazar inspirent directement le régime de Vichy. Dès ce funeste 10 juillet 1940, Pétain se proclame chef de l'État français et s'arroge tous les pouvoirs. Aux traditionnels attributs régaliens (droit de grâce, nominations et révocations des ministres et des hauts fonctionnaires), Pétain s'attribue des droits inédits, même du temps de la monarchie absolue, comme la possibilité de rédiger et promulguer seul une nouvelle Constitution, de s'arroger la plénitude du pouvoir gouvernemental, l'exercice du pouvoir législatif en Conseil des ministres. Les lois sont adoptées de sa seule autorité. Jusqu'en avril 1942, Pétain reste par ailleurs chef de l'État et chef du gouvernement en titre. Pierre Laval, Pierre-Étienne Flandin et l'amiral Darlan ne sont que des vice-présidents du Conseil. Il gouverne de manière autoritaire. On le voit notamment le 13 décembre 1940, lorsqu'il évince brusquement Pierre Laval du pouvoir, non par désaveu de la politique de collaboration avec l'Allemagne hitlérienne menée par ce dernier, mais par irritation devant sa manière trop indépendante de la conduire. Pétain signe également la révocation de nombreux maires, préfets et hauts fonctionnaires républicains, comme le préfet d'Eure-et-Loir Jean Moulin.

Pétain supprime tous les contre-pouvoirs républicains. Les libertés politiques sont suspendues, ainsi que les partis politiques, à l'exception de ceux des collaborateurs parisiens. Les centrales syndicales sont dissoutes, les unions départementales subsistantes sont unifiées dans une organisation corporatiste du travail. La franc-maçonnerie est mise hors la loi. Des milliers de municipalités sont destituées et remplacées par des délégations spéciales, nommées par décret du pouvoir central. Des juridictions d'exception sont mises en place. Des procès iniques sont ainsi intentés à d'authentiques patriotes républicains, comme Pierre Mendès France et Jean Zay, injustement condamnés pour désertion alors qu'ils se rendaient en Afrique du Nord pour continuer la guerre. Le premier parvient à s'évader et à rejoindre la France libre, tandis que le second est sauvagement assassiné par la Milice de Darnand. À l'automne 1941, grâce à des lois antidatées, Vichy envoie à la guillotine plusieurs militants communistes, dont le député Jean Catelas, à la suite d'attentats anti-Allemands.

Dès 1940, Pétain fait envoyer en prison Léon Blum, Georges Mandel, Édouard Daladier, Paul Reynaud et le général Gamelin. Le procès de Riom, devant permettre de condamner les actions politiques du Front populaire et de la IIIe République, afin d'en faire les coupables idéals de la défaite de 1940, tourne en avril 1942 à la confusion des accusateurs. Léon Blum rappelle notamment avec justesse la responsabilité du haut commandement militaire dans la défaite de 1940 et dans l'impréparation d'une partie de l'armée. Le procès doit être finalement suspendu. Les accusés restent cependant internés et sont livrés l'année suivante aux Allemands.

Pétain va plus loin dans l'ignominie que Franco et Salazar, en instaurant un antisémitisme d'État. Le 20 septembre 1940, le chef SS Heydrich demande au ministère des Affaires étrangères du Reich d'accorder aux SIPO-SD (police de sûreté et service de sécurité) en France une compétence prioritaire pour l'action antijuive en raison de son savoir-faire dans ce domaine. Theodor Dannecker, chef de la répression antijuive à Berlin, arrive aussitôt à Paris. Âgé seulement de 26 ans à l'époque, il travaille avec Eichmann depuis 1937, futur organisateur de la solution finale (extermination des juifs). Il exige la coopération des autorités françaises, dont le gouvernement promulgue des textes antisémites dès juillet 1940, avant même les exigences allemandes. Le 27, en effet, 7 000 juifs perdent la nationalité française. Le 27 août 1940, on assiste à l'abrogation de la loi de 1939, interdisant la propagande antisémite dans la presse française. Le 3 octobre 1940, la loi portant sur le statut des juifs entraîne leur exclusion de la fonction publique et des professions artistiques. Le 4 octobre 1940, « les ressortissants étrangers de race juive pourront être internés dans des camps spéciaux ». Le 7 octobre, c'est l'abrogation du décret Crémieux de 1870 déclarant citoyens français les juifs d'Algérie.

En zone « libre », des camps spéciaux sont ouverts pour les étrangers de « race juive », comme Brens dans le Tarn en novembre 1940, Gurs dans les Hautes-Pyrénées dès octobre 1940, Rivesaltes en janvier 1941.

Le 28 février 1941, le chef nazi Knochen écrit :

> Il s'est avéré que le développement des sentiments antijuifs chez les Français n'est guère possible sur le plan idéologique [...] mais leur approbation pourrait être obtenue : l'internement dans les camps de concentration d'environ cent mille juifs étrangers donnerait à de nombreux Français l'occasion de passer d'un niveau inférieur à la classe moyenne[1].

Dannecker utilise l'argument du rôle actif de certains juifs dans la lutte contre l'occupant allemand pour exiger des internements massifs en zone occupée : les camps de Phitiviers et Beaune-la-Rolande, dans le Loiret, ouvrent dès avril 1941, celui de Compiègne, dans l'Oise, en juin, puis celui de Drancy en août. Reste à les remplir...

Une première rafle à Paris, le mercredi 14 mai 1941, frappe 3 747 juifs polonais, tchécoslovaques et autrichiens, internés ensuite à Pithiviers et Beaune-la-Rolande. Presque tous seront ensuite déportés à Auschwitz en 1942. Le 20 août, une seconde rafle vise à Paris 3 200 juifs étrangers dans le 11e arrondissement, haut lieu de la résistance communiste française, à laquelle de nombreux juifs appartiennent. Une troisième rafle, le 12 décembre, frappe 743 juifs français et 300 juifs étrangers. La machine criminelle nazie contre les juifs, présents en France, est désormais en marche, avec en partie la collaboration du régime de Vichy.

Pétain semble avoir été imperméable à l'antisémitisme avant la défaite de 1940 : il est persuadé de l'innocence du capitaine Dreyfus, soutient la candidature d'André Maurois à l'Académie française, se fait représenter à l'enterrement d'Edmond de Rotschild en 1934, est témoin au mariage de l'économiste Jacques Rueff en 1937 et devient même le parrain de sa fille en 1938. Mais, avec la défaite de 1940, Pétain a besoin de trouver des boucs émissaires. Influencé par son entourage politique à Vichy, souvent antisémite, il sombre dans

1. Archives nationales, Paris.

l'infâme. Selon le témoignage du ministre des Affaires étrangères Paul Baudoin, Pétain participe à la rédaction du statut des juifs et insiste même pour qu'ils soient davantage exclus du milieu médical et de l'enseignement. Le brouillon originel de ce texte, redécouvert en octobre 2010, annoté de la main du Maréchal, prouve son implication personnelle. Autour de Pétain se pressent à Vichy des réactionnaires antisémites, des opportunistes, des pacifistes de gauche, des technocrates modernistes sans état d'âme, etc.

Bien que désormais antisémite, Pétain s'oppose cependant en mai 1942 à l'introduction en zone « libre » du port obligatoire de l'étoile jaune, mais ne proteste pas contre son établissement en zone occupée. De plus, en zone « libre », son gouvernement fait apposer le tampon « juif » sur les papiers d'identité à partir de la fin de l'année 1942. En août 1943, les nazis pressent Vichy de retirer en bloc la nationalité française aux juifs. L'Église catholique fait intervenir le pape qui « s'inquiète pour l'âme du Maréchal », ce qui impressionne grandement ce dernier et contribue à l'échec du projet. En tout, 76 000 juifs parmi lesquels 11 000 enfants, non réclamés au départ par les Allemands, sont déportés de France sous l'Occupation, avec la collaboration d'une partie de la police française. D'après les calculs de Serge Klarsfeld, 40 % des juifs en France ont été arrêtés avec l'appui de la police et de la milice françaises. Cependant 75 % des juifs présents en France (50 % des juifs étrangers et environ 90 % des juifs français) sont sauvés de la déportation grâce au soutien d'une partie importante de la population française. Des fonctionnaires français tentent de ralentir les rafles antisémites, préviennent des familles juives de prochaines arrestations, tandis que d'autres deviennent les auxiliaires zélés des nazis. Lors des rafles exigées par l'occupant allemand, le régime de Vichy tente parfois de protéger les juifs français au détriment des juifs étrangers.

L'historien Raoul Hilberg écrit à ce sujet :

> Quand la pression allemande s'intensifia en 1942, le gouvernement de Vichy se retrancha derrière une seconde ligne de défense. Les juifs étrangers et les immigrants furent abandonnés à leur sort, et l'on s'efforça de protéger les juifs nationaux. Dans une certaine mesure, cette stratégie réussit. En renonçant à épargner une fraction, on sauve une grande partie de la totalité[2].

2. Raoul Hilberg, *La Destruction des juifs d'Europe*, Gallimard, 2006.

Les historiens Michael Marrus et Robert Paxton vont, en partie, dans le même sens :

> Les juifs français bénéficiaient parfois de la préférence du gouvernement de Vichy, qui entendait viser en premier lieu les étrangers quoique, souvent, les SS aient arrêté tous ceux qui étaient à leur portée[3].

D'après l'historien américain Robert Paxton, les troupes allemandes d'occupation en France, chargées de la répression, auraient représenté seulement 30 000 à 40 000 hommes des forces de sécurité[4]. Rien n'est plus faux ! On ne peut séparer, dans la lutte contre la Résistance et les civils, les troupes de sécurité des unités régulières. Ces deux composantes y participent toutes en France. En effet, la répression allemande dans l'Hexagone – comme le soulignent les directives répressives du maréchal Keitel de septembre 1941 et de décembre 1942 – est le fait de l'ensemble des forces allemandes d'occupation. En mars 1944, elles reposent sur 807 000 hommes de l'armée de terre, 337 000 de l'aviation, 146 000 des forces auxiliaires, 96 000 de la marine, 85 000 des SS et de la police, 61 000 volontaires de divers pays et 14 000 Italiens fascistes. Soit un total de 1 546 000 personnes[5].

Cet ensemble n'est pas uniquement endivisionné, mais également organisé en divers services administratifs, en bataillons, en régiments… On compte notamment 93 bataillons allemands terrestres de sécurité – 75 000 hommes –, 60 compagnies de Feldgendarmes – 7 200 hommes –, 24 bataillons de sécurité de la Luftwaffe – 19 200 hommes – et 69 compagnies de sécurité de la Kriegsmarine – 8 290 hommes. Ainsi, contrairement au chiffre très sous-évalué de Paxton, les forces allemandes de sécurité reposent non pas sur 30 000 à 40 000 hommes, mais sur 109 690 hommes au total[6].

À en croire une certaine « historiographie », influencée par le masochisme national hérité de 1968, la France, en tant que puissance militaire et résistante, aurait cessé d'exister après juin 1940. Devenue exclusivement vichyste, la France se serait vautrée dans la collaboration, la pleutrerie et l'antisémitisme. Comme toujours, la réalité est

3. Michaël Marrus et Robert O. Paxton, *Vichy et les juifs*, Calmann-Lévy, 1981.
4. Robert O. Paxton, *La France de Vichy*, Le Seuil, 1997.
5. Archives militaires allemandes, Fribourg-en-Brisgau.
6. *Ibid.*

éloignée des extrêmes. En vérité, dès 1940, la Résistance française s'organise et les Forces françaises libres montent peu à peu en puissance. La population française est surtout attentiste, abattue par la défaite de 1940, mais nullement soumise à l'occupant : elle pense surtout à survivre. Plus maréchaliste que vichyste, elle fait confiance à Pétain, en tant que vainqueur de Verdun en 1916 et principal organisateur de la victoire de 1918 (notamment par la mise en place de réserves suffisantes pour contre-attaquer), sans pour cela souscrire à l'antisémitisme du régime Vichy, sans parler de sa politique de collaboration avec Hitler. Il est d'ailleurs significatif de constater que c'est en France que le pourcentage de juifs sauvés de la déportation est l'un des plus élevés d'Europe : 75 % ! Alors que le nombre de juifs déportés dans d'autres pays européens atteint 83 % en Grèce, 50 % en Hongrie, 50 % en Norvège, 85 % aux Pays-Bas, 98,5 % en Pologne, 29 % en Roumanie, 86 % en Tchécoslovaquie… la France n'en compte que 25 %[7].

À ce sujet, l'ancienne déportée Simone Veil rappelait avec justesse les faits suivants :

> J'avais suffisamment travaillé sur la Shoah pour savoir que la France avait été de loin le pays où le pourcentage de juifs déportés s'était révélé le plus faible, un quart de la communauté et, toujours en proportion, très peu d'enfants. Ce phénomène ne trouvait son explication que dans une réalité indéniable : nombreux étaient les Français qui avaient caché des juifs, ou n'avaient rien dit lorsqu'ils savaient qui en protégeait […]. Quand j'exprimais de telles idées, je me gardais d'invoquer les hauts faits de résistance des uns ou des autres. Je mettais en avant les actes de tous ces gens perdus dans la foule qui avaient prévenu des familles entières, sauvé des enfants, caché des adultes. Ils avaient agi avec un courage digne de respect, alors même qu'ils ne savaient rien du sort qui attendait les déportés, mais ne pouvaient ignorer le leur au cas où les Allemands les arrêtaient. Ils n'en avaient tiré aucun profit ; beaucoup durent même se priver pour nourrir des bouches supplémentaires. La plupart d'entre eux ne se sont jamais fait connaître, n'ont pas reçu d'honneurs, de pensions, de médailles […].

7. Robert O. Paxton, *La France de Vichy*, *op. cit.*

> Par la suite, j'ai constaté que je n'étais pas seule à mener ce combat. L'association que préside Serge Klarsfeld a publié à l'époque une brochure dont la lecture m'a étonnée. Y compris sont énumérées des actions entreprises par le gouvernement de Vichy pour s'opposer aux Allemands! Serge Klarsfeld y fournissait des arguments concrets à l'appui de sa thèse : refus d'obtempérer de l'administration dans certains cas, retards dans la mise en œuvre des ordres allemands ou des décisions de Vichy... Il n'est pas jusqu'à la rafle du Vel d'Hiv qu'il n'ait revisitée dans certains de ses aspects. En fait, il développe publiquement des thèses qui furent longtemps les miennes. J'avais observé qu'à cause de l'existence de deux zones, la France a en fait subi deux déportations : celle des juifs étrangers et celle des juifs français, ce qui a compliqué le déroulement des opérations telles que les avaient imaginées les Allemands, et ce qui a donc diminué le nombre de victimes. Les arrestations de juifs dans d'autres pays occupés sont survenues beaucoup plus tôt qu'en France, et la mortalité y a été plus importante[8].

Le bilan de la répression allemande en France est terrible : 300 000 arrestations, 4 425 fusillés, 88 000 déportés politiques et résistants dont 35 200 morts dans les camps, 17 000 FFI tués au combat, 76 000 juifs déportés dont seulement 2 280 sont revenus. À cela, il convient d'y ajouter les 60 000 soldats français tombés en mai-juin 1940, ainsi que les quelque 30 770 morts parmi les forces françaises libres et les forces françaises combattantes (terre, air, marine) de 1941 à 1945.

Si, d'après un fichier du ministère de la guerre du 5e Bureau (contre-espionnage) de 1945, 96 492 Français auraient collaboré avec les Allemands pour diverses raisons, 1 425 000 Français ont combattu contre l'Axe, de manière échelonnée, dans les rangs de la Résistance, des Forces françaises libres et de l'armée régulière (terre, air et marine) sur une période s'étendant de juillet 1940 à mai 1945. Mais le fichier de 1945 est très incomplet concernant la collaboration économique, de loin la plus importante. De plus, les simples sympathisants de la Collaboration sont deux à trois fois plus nombreux que les militants politiques engagés sous différentes formes.

8. Simone Veil, *Une Vie*, Stock, 2007.

Un rapport, établi dès le mois d'août 1940 par l'occupant allemand, constate que « l'opinion française, trop marquée par le choc de la défaite puis par les premières difficultés de la vie quotidienne, ne fait que cacher son hostilité à l'occupant[9] ».

Un rapport de police de Vichy, daté de novembre 1942, constate que « la population semble de plus en plus acquise à la cause de la Résistance et à la victoire des Alliés. Les actes hostiles à l'occupant ne cessent de se multiplier[10] ». Un rapport militaire allemand estime même « qu'en cas de dégradation de la situation, on peut s'attendre à un soulèvement populaire qui montrera non pas un peuple français fatigué, mais des gens d'un tempérament enflammé[11] ». Si la majorité de la population est maréchaliste ou attentiste en 1940, elle évolue à partir de 1942, et supporte de plus en plus mal la présence des Allemands et le régime de Vichy. Les premiers actes isolés de la Résistance se manifestent pourtant dès le début de l'Occupation.

Il convient de souligner que les Églises catholique et protestante ont joué un rôle important dans le sauvetage des juifs en France. La dissolution des partis traditionnels et des syndicats, l'information fortement orientée, l'ouverture de camps d'internement pour les juifs, les communistes et les étrangers, comme à Récébédou et à Noé près de Toulouse, font peu à peu ouvrir les yeux sur la réalité du régime de Vichy. La lettre pastorale de Mgr Saliège du 28 août 1942, archevêque de Toulouse, est l'exemple de ce revirement :

> Dans notre diocèse des scènes d'épouvante ont lieu dans les camps de Noé et de Récébédou. Les juifs sont des hommes, les juives sont des femmes. Les étrangers sont des hommes, les étrangères sont des femmes. Tout n'est pas permis contre eux, contre ces hommes et contre ces femmes, contre ces pères et mères de famille. Ils font partie du genre humain. Ils sont nos frères comme tant d'autres. Un chrétien ne peut l'oublier. France, patrie bien-aimée, France qui porte dans la conscience de tous les enfants la tradition du respect de la personne humaine, France chevaleresque et généreuse, je ne doute pas, tu n'es pas responsable de ces horreurs[12]...

9. Archives militaires allemandes, Fribourg-en-Brisgau.
10. Archives nationales, Paris.
11. Archives militaires allemandes, Fribourg-en-Brisgau.
12. Archives du centre national Jean Moulin, Bordeaux.

Cette lettre pastorale très courageuse pour l'époque est abondamment diffusée dans la presse clandestine et a un large écho. Bien entendu, le gouvernement de Vichy tente, sans succès, d'interdire sa lecture en chaire.

La collaboration à géométrie variable du « Vainqueur de Verdun »

Outre le maréchal Pétain, le régime de Vichy repose sur Pierre Laval et l'amiral François Darlan, successivement vice-présidents du Conseil durant l'Occupation. Laval, ancien avocat et homme politique de gauche de la IIIe République, pense être l'unique homme de la situation pour entamer une négociation globale avec le vainqueur du moment, à savoir l'Allemagne hitlérienne. Persuadé de la victoire définitive d'Hitler en Europe, il décide de collaborer pour, croit-il, préserver la France. Pragmatique, ancien membre de la SFIO, son passé de pacifiste l'éloigne des militaires revanchards. La collaboration avec l'Allemagne est la grande politique à laquelle il désire attacher son nom. Au nom de celle-ci, il accepte de collaborer à la déportation des juifs, en n'hésitant pas à y inclure les enfants dans les convois de déportation, alors que les nazis ne l'exigeaient pas.

Darlan, chef d'état-major de la marine et artisan du réarmement naval de la France durant les années 1930, est de sensibilité de centre gauche et considéré comme républicain, dans le sens qu'il n'a aucun penchant monarchiste ni clérical. D'abord favorable à la poursuite des combats en Afrique en juin 1940, il décide finalement de rejoindre le camp des partisans de l'Armistice. Opportuniste ambitieux, ses positions s'expliquent également par une phobie des Britanniques, à la suite de l'affaire de Mers el-Kébir, le 3 juillet 1940, lorsque la Royal Navy canonne la flotte française dans la baie d'Oran, causant la mort de près de 1 300 marins. Churchill, voulant écarter toute menace de voir la flotte française tomber aux mains de l'Axe, n'hésite pas à couler plusieurs navires de guerre, malgré les promesses répétées de l'amiral Darlan de ne jamais livrer la flotte française aux Allemands et aux Italiens. Darlan veut préserver la flotte et l'empire colonial de toute ingérence étrangère, tout en collaborant avec l'Axe. Sans affinité particulière avec le nazisme, il ne cesse cependant de penser qu'une victoire de la Grande-Bretagne serait pire que la domination allemande et entraînerait, écrit-il, « le retour au pouvoir des juifs cosmopolites et des francs-maçons inféodés à la politique anglo-saxonne[13] ». C'est son gouvernement qui prépare et promulgue le second statut des juifs en juin 1941. Contrairement à Laval, il adhère globalement à la Révolution nationale de Pétain.

Les serviteurs du régime de Vichy viennent des divers courants politiques et idéologiques. On y trouve des nationalistes et des monarchistes d'extrême droite, des pacifistes de gauche, des notables attirés par le pouvoir, des antisémites, des anglophobes, des fonctionnaires serviles, des germanophobes revanchards... Raphaël Alibert est proche de l'Action française, Philippe Henriot est un nationaliste catholique antisémite. Jacques Doriot et Simon Sabiani sont passés du communisme au fascisme dès les années 1930. Eugène Deloncle et Jean Filiol, fondateurs de la Cagoule, mouvement clandestin d'extrême droite voulant renverser la République, rejoignent naturellement le régime de Vichy. Le militant nationaliste et antisémite Joseph Darnand, ancien combattant de 14-18, fondera la Milice. Jean-Pierre Abel, Gaston Bergery, Marcel Déat, René Belin et Charles Spinasse sont, à l'origine, des socialistes pacifistes, radicaux ou syndicalistes. Marcel Gitton rompt avec le Parti communiste français lors du pacte germano-soviétique d'août 1939 et finit par rallier le régime de Vichy durant l'Occupation.

Le régime de Vichy connaît plusieurs évolutions, en fonction des membres de son gouvernement. En 1940-1941, c'est le temps d'un Vichy réactionnaire, où l'on retrouve toutes les composantes de la droite, avec les maurrassiens Raphaël Alibert et Yves Bouthillier, des libéraux comme Lucien Romier, des nationalistes comme le général Weygand et Xavier Vallat. La gauche pacifiste n'est pas absente avec notamment la présence de René Belin, ancien leader de la CGT. En 1941-1942, c'est le temps d'un Vichy technocratique, avec Pierre Pucheu, ministre de l'Intérieur, François Lehideux, ministre de la Production industrielle, René Bousquet à la Police. En 1942-1943, le Vichy pragmatique de Laval entend donner des gages à l'Allemagne par la collaboration, afin d'obtenir une bonne place de la France dans l'Europe soumise à Hitler. Le Vichy des ultras-collabos ou Vichy milicien de 1943-1944 est marqué par l'entrée en force de Philippe Henriot, Marcel Déat et Joseph Darnand. La Milice française accroît considérablement son influence durant cette dernière période.

13. Archives nationales, Paris.

Jouant le plus possible sur son image de « Vainqueur de Verdun », le régime de Vichy exploite le prestige de Pétain et diffuse un culte de la personnalité omniprésent. Les photos du Maréchal figurent dans les vitrines de tous les magasins, sur les murs des villages et des villes, dans toutes les administrations, dans les établissements scolaires et universitaires, sans oublier les organisations de jeunesse. La presse et la radio participent également à la diffusion d'une image héroïque. Bernard Ménétrel, médecin et secrétaire particulier du Maréchal, joue un rôle considérable dans cette action de communication et de propagande.

Le visage de Pétain apparaît également sur les timbres et les pièces de monnaie, tandis que les bustes de Marianne, symbolisant la République, sont retirés des mairies. Un hymne à sa gloire, le célèbre *Maréchal, nous voilà*, est interprété régulièrement lors de cérémonies, au même titre que *La Marseillaise*. Il doit être appris à tous les enfants des écoles par les enseignants.

Pétain exige un serment de fidélité des fonctionnaires à sa propre personne. Toute une littérature et la presse sous contrôle trouvent une « prose » quasi-idolâtre pour exalter le Maréchal comme sauveur messianique, le comparer à Jean d'Arc, pour vanter ses qualités militaires et politiques, son physique de patriarche solide. De nombreuses rues sont débaptisées et prennent son nom sur ordre.

Pétain sait entretenir sa popularité par de nombreux voyages à travers toute la zone « libre », surtout en 1940-1942, où des foules considérables viennent l'acclamer, cependant plus pour rendre hommage au « Vainqueur de Verdun » que par adhésion à son régime et à sa politique. Il sait employer dans ses propos une rhétorique sobre et claire, touchant les cœurs, ainsi qu'une série de formules percutantes, pour mieux faire accepter son autorité absolue et ses idées réactionnaires : « La terre, elle, ne ment pas », « Je hais ces mensonges qui vous ont fait tant de mal », « Je vous ai parlé jusqu'ici le langage d'un père, je vous parle à présent le langage d'un chef. Suivez-moi, gardez confiance en la France éternelle[14] ».

Par ailleurs, au début du régime de Vichy, de nombreux évêques et hommes de l'Église catholique mettent leur autorité morale au service du culte ardent du Maréchal, salué comme l'homme providentiel. Le 19 novembre 1940, le primat des Gaules, le cardinal Gerlier, proclame ainsi, à la primatiale Saint-Jean de Lyon, en présence du

14. *Ibid.*

Maréchal : « Car Pétain, c'est la France et la France, aujourd'hui, c'est Pétain ! » En 1941, l'assemblée des cardinaux et des archevêques de France assure Pétain de sa « vénération[15] ».

De nombreux Français de tous bords politiques et de toutes croyances communient dans la confiance au Maréchal. Tous les courants politiques sont d'ailleurs représentés dans les divers gouvernements de Vichy, de la droite la plus réactionnaire à la gauche la plus radicale.

Instaurant un régime autoritaire, antidémocratique et contre-révolutionnaire, le régime de Vichy entend réaliser une Révolution nationale, antisémite et nationaliste, rompant avec la tradition républicaine, afin d'instaurer un ordre nouveau, fondé sur l'autorité, la hiérarchie, le corporatisme, l'inégalité entre les citoyens. Sa devise « Travail, Famille, Patrie » remplace l'ancien triptyque républicain « Liberté, Égalité, Fraternité ».

La Révolution nationale est la priorité de Pétain, dont il fait son affaire personnelle. Cependant, dès août 1941, il doit avouer à la radio « la faiblesse des échos qu'ont rencontrés » ses projets, parmi la masse de la population, qui pense surtout à survivre. À partir du retour au pouvoir de Laval, en avril 1942, la Révolution nationale n'est plus à l'ordre du jour.

Certaines mesures prises ont survécu, comme la création d'un ministère de la Reconstruction, l'unification du permis de construire, l'étatisation de la police municipale, le salaire minimum (devenu le SMIC), la loi de non-assistance à personne en danger, une politique familiale déjà amorcée sous la IIIe République, la campagne contre l'alcoolisme, l'interdiction de fumer dans les salles de spectacle, l'inscription de la fête des mères au calendrier, la visite médicale à l'école, le sport au baccalauréat, le Conseil de l'ordre des médecins, l'Ordre des architectes…

Des mesures portent la marque des projets réactionnaires du maréchal Pétain – ainsi de nombreux étrangers sont incorporés de force dans des groupes de travailleurs. Les écoles normales, bastions de l'enseignement laïque et républicain, sont supprimées. Les femmes sont renvoyées massivement dans les foyers de gré ou de force. Le divorce est rendu nettement plus difficile. L'Église catholique retrouve sa prédominance d'antan, Pétain voyant dans cette institution séculaire un facteur d'ordre social.

---

15. *Ibid.*

Sous la direction du général de La Porte du Theil, proche du maréchal Pétain, sont créés les Chantiers de Jeunesse, organisations paramilitaires chargées d'encadrer les jeunes générations, en remplacement du service militaire, afin de leur inculquer, par des méthodes proches du scoutisme, les valeurs de la Révolution nationale, avec son culte de la hiérarchie, de l'hygiène sportive, sa vie au grand air, sa vénération maréchaliste.

Pétain expose sa volonté de mettre fin à la lutte des classes et au capitalisme libéral. Sa Charte du Travail, inspiré du modèle nationaliste portugais et du franquisme espagnol, interdit les grèves, instaure le système de syndicat unique et le corporatisme, met en place des comités sociaux, prévoit un salaire minimum. Cette Charte pétainiste séduit des syndicalistes de tous bords, comme René Belin ou Hubert Lagardelle, mais rencontre une vie opposition d'une large partie de la classe ouvrière, touchée de plein fouet par la pénurie et les restrictions en tous genres, l'instauration du Service du travail obligatoire (STO) pouvant entraîner un départ en Allemagne.

Véritables enfants chéris du régime de Vichy, les paysans ne sont pas longtemps dupes des possibilités réelles économiques de la France sous la pression de l'occupation allemande. Le « retour à la terre », encouragé par Pétain lui-même, ne rencontre qu'un très faible succès : moins de 1 500 personnes en quatre ans tentent de suivre les conseils du Maréchal à ce sujet.

Développant constamment la vision d'une France défaite, qui expie ses « fautes » antérieures, Pétain entretient finalement les Français dans une mentalité de vaincus.

Le tiers du temps du travail de Pétain est consacré aux prisonniers de guerre retenus en Allemagne. Si 605 113 prisonniers militaires français, sur 1 500 000 retenus en Allemagne, sont libérés grâce à l'action de Vichy de 1940 à 1944, 45 000 Français partent travailler volontairement en Allemagne (sur 200 000 attendus par les nazis) en 1941 et 600 000 autres dans le cadre du STO (Service du travail obligatoire) de 1942 à 1944 – bien loin des deux millions de travailleurs exigés par le régime hitlérien, qui n'obtient donc que très partiellement satisfaction. Les réfractaires se multiplient et certains peuplent les maquis. Cependant, au printemps 1942, 170 000 Français travaillent en France dans des services de la Wehrmacht, 275 000 participent à la construction d'aérodromes et de fortifications comme le mur de l'Atlantique, 400 000 à la fabrication d'armement.

La Légion française des combattants, fondée le 29 août 1940, regroupe les anciens combattants, auparavant dispersés dans des dizaines d'associations. Xavier Vallat, secrétaire d'État aux Anciens Combattants, souhaite faite de cette Légion un porte-parole de l'action du maréchal Pétain, afin de créer un lien profond entre le chef et son peuple. La Légion doit être les yeux et les bras du Maréchal jusque dans les coins les plus reculés de France. L'idée est approuvée par Pétain, malgré les réserves de Pierre Laval, qui voit dans ce rassemblement d'anciens combattants nationalistes et germanophobes un obstacle à sa politique de collaboration avec l'Allemagne.

La Légion reçoit la mission de « grouper, au service du pays, tous les anciens combattants, d'organiser l'entraide combattante, d'assurer la collaboration des anciens combattants à l'œuvre des pouvoirs publics dans le cadre des communes, des départements, des provinces et de la nation[16] ».

Cette nouvelle organisation, reconnue d'utilité publique, est intégrée à l'appareil d'État. Rapidement, la Légion oriente son action de propagande en faveur de la Révolution nationale et contre le communisme et les francs-maçons. Comme le régime de Vichy, la Légion est également antisémite, antirépublicaine mais aussi profondément « antiboche ». D'ailleurs les Allemands ne s'y trompent pas. Otto Abetz, ambassadeur d'Allemagne à Paris, suspecte la Légion, « une formation paramilitaire entre des mains nationalistes ne rêvant que de revanche », et interdit cette organisation en zone occupée. Dans les faits, la Légion ne rencontre qu'un succès mitigé auprès des anciens combattants malgré une propagande effrénée. En zone « libre », sur les 1 156 839 titulaires de la carte d'anciens combattants, seulement 578 887 deviennent légionnaires. Les autres n'apprécient pas la suppression des anciennes associations et ne suivent pas la politique du nouveau régime. Franck Segrétain affirme ainsi :

> Surtout, les anciens combattants manifestent une germanophobie peu compatible avec la politique de collaboration choisie en octobre 1940, lors de la rencontre entre le maréchal Pétain et le *Führer* Hitler à Montoire, et poursuivie par l'amiral Darlan, nommé chef du gouvernement en février 1941. L'organisation s'enlise dans les manifestations pétainistes, drapeau tricolore en tête, les tournées de propagande et l'aide aux familles en difficulté[17].

---

16. *Ibid.*
17. Franck Segrétain, *La Milice française : Les Dossiers de la 2e Guerre mondiale*, n° 10, octobre-novembre-décembre 2007.

Le *Führer* rencontre Pétain à Montoire le 24 octobre 1940. D'emblée, Hitler exprime son regret d'avoir à recevoir le Maréchal dans d'aussi tristes circonstances. Pétain déclare de son côté :

> J'ai toujours été un adversaire de cette guerre contre l'Allemagne. Le gouvernement français m'a envoyé comme ambassadeur en Espagne. Quand la crise éclate en 1939, j'ai demandé deux fois à pouvoir revenir en France pour reprendre mes fonctions au Conseil supérieur de la guerre. Car, d'après les nouvelles qui m'étaient parvenues, la France était sur le point de se jeter dans une aventure néfaste. Cette déclaration de guerre à l'Allemagne m'a semblé être une pure folie. Je suis désormais condamné à expier les fautes des gouvernements précédents. Pierre Laval m'a rendu compte de la conversation que vous avez eue avec lui le 22 octobre. J'en ai retenu que le thème principal en est une collaboration entre nos deux pays. Une telle coopération n'a pas été proposée avant la guerre. Mais on peut encore rattraper le temps perdu. Les Anglais en offrent la meilleure occasion. Alliés de la France, ils se sont depuis l'armistice incroyablement mal comportés envers elle. La France n'oublie pas les événements d'Oran et l'attaque sur Dakar. Cette dernière a été menée à l'instigation de l'Angleterre par un mauvais Français, un général qui a renié sa patrie. La France ne supporte plus de telles actions et cet officier a été aussitôt condamné à mort par contumace et à la confiscation de ses biens. Mais les Anglais poursuivent leurs attaques contre la France et avant tout contre son empire colonial. À Dakar, la France a résisté et repoussé les attaquants[18].

Hitler répond :

> Je sais que le maréchal Pétain n'a pas été un partisan de la guerre contre l'Allemagne. Mais bien que n'ayant pas non plus désiré cette guerre, je considère comme normal que la France en couvre les frais. Je m'adresse au grand soldat qu'est Pétain pour justifier mon opinion sur l'avenir de la guerre. Je décide de poursuivre la lutte jusqu'à la destruction de l'Angleterre. La position de l'Angleterre est intenable, même si elle compte en vain sur l'Amérique et la Russie communiste. Il faut une imagination

18. Archives nationales, Paris.

> délirante comme Churchill pour croire à une défaite de l'Allemagne. L'Angleterre devra payer la plus grosse part le jour de sa défaite. Plus tôt l'Angleterre sera vaincue, mieux cela sera pour tous. J'envisage d'organiser une coalition d'Européens et de non-Européens contre l'Angleterre. Je prends donc contact avec vous pour savoir dans quelle mesure la France est disposée à entrer dans cette coalition[19].

Pétain, prudent, déclare qu'il ne peut fixer dès maintenant les limites exactes de la coopération franco-allemande. Il peut simplement se prononcer sur le principe d'une telle collaboration. Il ne peut prendre aucun engagement sans l'avis du gouvernement. Il lui fera cependant connaître qu'il approuve ce principe de coopération, mais qu'il ne peut aller plus en avant, laissant ainsi à la France une porte ouverte sur son empire colonial. Il doit également tenir compte de l'opinion publique en France. Pétain donne ensuite libre cours à son admiration pour le programme d'armement du Reich.

Hitler résume ensuite l'entretien :

> Le maréchal Pétain se déclare prêt à prendre en considération le principe d'une coopération avec l'Allemagne, dans le sens que j'ai exposé. Les modalités de cette action seront fixées en détail point par point. Le maréchal Pétain souhaite, pour la France, une fin plus favorable de la guerre. J'exprime mon accord sur ce point[20].

Puis, dans une lettre adressée à son entourage politique et militaire immédiat, Hitler se met à rêver :

> Le but de ma politique à l'égard de la France est de coopérer avec ce pays de la manière la plus efficace pour la conduite future de la guerre contre l'Angleterre. La France aura provisoirement à jouer le rôle d'une puissance non belligérante qui devra accepter dans le domaine de sa souveraineté, et en particulier dans ses colonies africaines, les mesures prises par l'Allemagne pour la conduite des opérations et à les appuyer dans la mesure nécessaire par l'emploi de ses propres moyens de défense. La tâche primordiale des Français est d'assurer défensivement et offensivement la protection de leurs possessions africaines contre l'Angleterre et

19. *Ibid.*
20. *Ibid.*

> le mouvement de De Gaulle. À partir de cette tâche, la participation de la France à la guerre pourra se développer pleinement[21].

Pétain demeure cependant très en retrait par rapport à Laval qui souhaite ouvertement la défaite de l'Angleterre et une collaboration poussée avec l'Allemagne. Il constate seulement que l'Angleterre ne se conduit pas en alliée avec la France. Concernant la collaboration militaire, il reste dans le flou, alors que concrètement Hitler demande que la France l'aide à acquérir des positions en Afrique. Pour Pétain, accepter le principe d'une collaboration économique est déjà une concession dont il attend une contrepartie de l'Allemagne. Il considère qu'en assurant Hitler, il défendra l'Empire français, il fait donc le maximum pour l'Allemagne.

Quelles sont d'ailleurs les réactions de Pétain après Montoire? Dumoulin de Labarthète, un proche du Maréchal, témoigne :

> Retour à la préfecture. J'aborde le Maréchal dans l'antichambre au moment où il se rend aux lavabos :
> — Êtes-vous content, monsieur le Maréchal, l'entrevue s'est-elle bien passée?
> — Pas mal, j'avais peur de deux choses. De manquer d'assurance d'abord. Je n'en ai pas manqué. Lui non plus d'ailleurs. Et puis, d'en dire trop. Mais je suis resté en deçà de la ligne que je m'étais tracée avec le général Huntziger.
> — Vous n'avez pas pris d'engagements immédiats?
> — Non, aucun. Eux non plus. C'était une simple conversation de principe, un tour d'horizon politique comme dit l'Auvergnat Pierre Laval.
> — Avez-vous parlé de l'Alsace?
> — Pourquoi vouliez-vous que j'en parle? Elle doit rester hors de cause, hors de discussion. Comme le nord de la France, comme la zone interdite. Si je m'embarque dans ces histoires-là, on finit toujours par y laisser quelques plumes.
> — A-t-il une belle voix?
> — Eh bien, mon cher, je vais vous faire une confidence. Je ne l'ai pas entendu. Cet homme qui hurle à la radio parlait presque à voix basse, et comme je suis un peu dur d'oreille… Mais Schmidt, le traducteur, parlait très distinctement.

21. *Ibid.*

— Vous ne l'avez pas entendu… C'est grave pour l'Histoire, Monsieur le Maréchal[22].

Vichy renforce son organisation policière en étatisant les polices municipales en avril 1941 et en instituant diverses polices parallèles spécialisées, dont le Service de police anticommuniste (SPAC) et la Police aux questions juives (PQJ). Le ministre de l'Intérieur Pierre Pucheu fonde dès 1941 les Groupes mobiles de réserve (GMR), qui participent à la lutte contre les maquis aux côtés de la Milice. En mai 1944, on compte 120 000 hommes participant au maintien de l'Ordre du régime Vichy. Mais seulement les 4 000 à 5 000 francs-gardes de la Milice luttent réellement contre les maquis durant l'été 1944.

En zone occupée, à la suite de l'article 3 de la convention d'armistice, la police française doit se conformer aux règlements des autorités militaires allemandes et collaborer avec ces dernières d'une manière correcte. Au lendemain de l'armistice de juin 1940, les Allemands sont même allés chercher dans les camps de prisonniers de guerre les républicains espagnols, sans que le régime de Vichy ne proteste.

René Bousquet, nommé au secrétariat général à la Police par Pierre Laval en avril 1942, parvient à obtenir des Allemands davantage d'autonomie et de responsabilité, afin de donner à ses divers services une efficacité supérieure. C'est ainsi que les accords Bousquet-Oberg (général SS) de juillet 1942 prévoient que ce soit la police française qui prenne en charge les rafles des juifs, première étape de la déportation dans les camps nazis. Les gendarmes et les douaniers français se voient confier la surveillance des voies d'accès et des abords limitrophes du camp de Drancy. Les 16 et 17 juillet 1942, la rafle du Vel d'Hiv à Paris, organisée en partie par la police française, cause l'arrestation de 12 884 juifs déclarés « apatrides », dont 3 031 hommes, 5 802 femmes et 4 051 enfants, qui sont rassemblés au vélodrome d'Hiver dans des conditions sordides, puis à Drancy, d'où ils sont acheminés vers les camps d'extermination. Fin août 1942, 7 000 juifs étrangers sont raflés en zone « libre » et livrés aux Allemands. Les autorités françaises n'accèdent pas aux demandes allemandes de procéder à la déportation des juifs français, mais acceptent en revanche d'étendre en zone « libre » la déportation de juifs étrangers. La police française,

22. *Ibid.*

toujours sous les ordres de Bousquet, arrête cependant dans la région parisienne 700 personnes en octobre 1942, 600 en novembre et 835 en décembre, dont la plupart ont la nationalité française.

Comme nous l'avons déjà signalé, 40 % des 76 000 juifs déportés vers les camps de la mort le sont avec la participation de la police et de la milice françaises ; cependant, les 254 000 juifs qui échappent à la déportation bénéficient du silence, de la complicité ou de l'aide active d'un très grand nombre de Français. Les institutions religieuses, notamment juives, protestantes ou catholiques, jouent un rôle de premier plan dans l'accueil, la production de faux papiers et l'organisation de filières d'évasion.

L'ensemble des Français reste relativement passif devant les lois antijuives durant les années 1940-1941, mais on assiste à un revirement de l'opinion après les grandes rafles de l'été 1942. Dès lors, des Français non juifs aident les juifs pourchassés ou menacés. Un grand nombre d'établissements religieux – couvents, écoles, pensionnats, orphelinats… – ouvrent leurs portes aux proscrits. D'autres sont accueillis dans des familles. Des policiers français préviennent certaines familles juives des rafles futures.

De mars à décembre 1942, 42 000 juifs sont déportés dans 43 convois, à destination d'Auschwitz. Les trois quarts viennent de la zone Nord et un quart de la zone Sud. En 1943, 17 000 juifs sont déportés en 17 convois, 13 pour Auschwitz, 2 pour Majdanek et 2 pour Sobibor. Durant les sept premiers mois de l'année 1944, 16 000 juifs sont déportés en 14 convois pour Auschwitz.

L'historien israélien Asher Cohen tient à souligner les faits suivants :

> La perte d'un quart de la population juive résulte donc, non seulement de la décision allemande, mais aussi de la collaboration française. La survie des trois quarts tient autant à l'inefficacité des persécuteurs qu'à des actions de sauvetage. La pression de l'opinion, l'intervention publique de quelques prélats et les réticences dans le gouvernement et dans l'administration, dès la fin 1942, limitèrent les pertes. La réaction juive, inefficace dans ses débuts, réussit ensuite à profiter d'une sympathie dans la population assez large pour organiser des actions de sauvetage importantes[23].

23. Asher Cohen, *Persécutions et sauvetages : juifs et Français sous l'occupation et sous Vichy*, Le Cerf, 1993.

La police française participe également à la lutte contre la Résistance. Néanmoins, un nombre non négligeable de ces mêmes policiers appartiennent à la Résistance qu'ils sont supposés combattre. Cependant, le 25 août 1942, plus de 200 policiers allemands, munis de faux papiers français, sont autorisés à pénétrer en zone Sud pour faire la chasse aux résistants. Par la suite, à partir de 1943, cette mission est transférée à la Milice de Darnand, notamment dans la lutte contre les maquis.

Dès juillet 1940, le gouvernement de Vichy rompt ses relations diplomatiques avec la Grande-Bretagne, après l'agression britannique de la flotte française à Mer el-Kébir, en Afrique du Nord. La Russie soviétique maintient quant à elle, jusqu'au 30 juin 1941, les siennes avec le régime de Vichy, date à laquelle Vichy annonce son soutien à l'offensive allemande contre l'armée soviétique. Les États-Unis et le Canada reconnaissent le régime de Vichy jusqu'en novembre 1942, tandis que l'Australie maintient ses relations diplomatiques avec Vichy jusqu'en juillet 1944.

La dissidence de la plus grande partie de l'Empire, l'occupation par l'Axe de la zone Sud, le sabordage d'une partie de la flotte française à Toulon le 27 novembre 1942, la dissolution de l'armée d'armistice font perdre à Pétain et à Vichy leurs derniers atouts face aux Allemands. En maintenant sa politique de collaboration, Pétain perd beaucoup de la popularité dont il bénéficiait en 1940 ; la Résistance s'intensifie malgré le durcissement de la répression.

Pétain fait officiellement déchoir de la nationalité française et condamner à mort ses anciens fidèles, comme Darlan et Giraud, passés dans le camp des Alliés. D'après certains historiens et acteurs de l'époque, il aurait secrètement approuvé le ralliement de l'Afrique du Nord à la lutte contre l'Axe, mais ne l'aurait pas déclaré publiquement du fait de la présence de l'occupant en France, afin d'éviter des représailles contre la population. Cependant, il ne proteste pas lorsqu'à la fin 1942, puis à l'automne 1943, une vague d'arrestations frappe son entourage politique et écarte nombre de conseillers fidèles, comme Maxime Weygand, Lucien Romier et Joseph de La Porte du Theil, internés en Allemagne. Il consent des délégations croissantes de pouvoir à Pierre Laval, redevenu son dauphin, qui place ses fidèles à des postes clés et qui obtient, à compter du 26 novembre 1942, de signer seul les lois et les décrets.

Le procès du Maréchal

Fin 1943, pressentant que l'Allemagne risque de perdre la guerre, Pétain tente de former un nouveau gouvernement, moins compromis dans la collaboration, afin de se débarrasser de Laval. Il espère ainsi renouer des relations diplomatiques avec les Américains, afin d'écarter également le général de Gaulle, lors de La libération de la France par les Alliés. Le 12 novembre 1943, Pétain s'apprête à prononcer un discours radiodiffusé, annonçant à la nation une révision constitutionnelle, afin de revenir à un régime parlementaire reposant sur l'Assemblée nationale. Les Allemands bloquent ce projet. Pétain, bien naïf, doit finalement se soumettre aux ordres des nazis. Finalement, sous la pression allemande, Pétain accroît les pouvoirs de Laval et accepte la fascisation progressive du régime de Vichy par l'entrée au gouvernement de Joseph Darnand, Philippe Henriot et Marcel Déat, tous des ultras de la collaboration avec l'Allemagne hitlérienne.

Pétain affecte alors d'être un simple « prisonnier » des Allemands, tout en continuant à couvrir en fait de son autorité ou de son silence la collaboration. En août 1944, il songe cependant à se rendre au maquis d'Auvergne du colonel FFI Gaspard, tout en déléguant l'amiral Auphan auprès du général de Gaulle, afin de lui transmettre le pouvoir sous réserve que le nouveau gouvernement accepte de reconnaître la légitimité de Vichy et de ses actes. Dans les deux cas il se heurte à un silence sans appel. Pour la majorité des Français, Pétain est devenu une simple girouette aux mains des Allemands.

Le 17 août 1944, Hitler exige que Pétain soit transféré en Allemagne. Ce dernier refuse dans un premier temps. Le même Hitler menace alors de bombarder Vichy. Pétain cède finalement à la demande allemande. Le 20 août 1944, il est emmené contre son gré par les nazis à Belfort puis, le 8 septembre, à Sigmaringen en Allemagne, où se sont également réfugiés les dignitaires du régime vichyste. Plutôt que de démissionner, malgré les injonctions de Laval, Pétain entretient dans une lettre aux Français la fiction selon laquelle « je suis et demeure moralement votre chef[24] ». Cependant, à Sigmaringen, se considérant prisonnier des nazis, il refuse d'exercer ses fonctions et de participer aux activités de la commission gouvernementale, présidée par le germanophile François de Brinon. Il se cloître littéralement dans ses appartements, tout en préparant sa défense.

24. Archives nationales, Paris.

Le 23 avril 1945, Pétain obtient des Allemands qu'ils le conduisent en Suisse. Puis, subitement, il exige de rentrer en France pour expliquer les raisons de son action durant l'Occupation. Le général de Gaulle et le gouvernement provisoire de la République décident de ne pas s'opposer à cette demande.

Le 26 avril 1945, par un jour pluvieux et gris, le général Koenig, héros de la France libre, est désigné par le général de Gaulle pour procéder à l'arrestation du maréchal Pétain, remis par la Suisse aux autorités françaises devant lesquelles il veut, selon sa propre expression, « se justifier » des accusations portées contre lui. L'opération se déroule à Vallorbe, à la frontière franco-suisse. À la frontière même, on voit du côté français environ cent hommes de police et militaires avec fusils, baïonnettes au canon, ou mitraillettes en bandoulière. Après l'accomplissement des formalités de douane avec les véhicules, Pétain descend et veut tendre la main au général Koenig qui est là. Ce dernier reste dans la position de garde-à-vous sans saluer et refuse de tendre la main au vieux maréchal. De même que la troupe et la police en uniforme ne lui rendent pas les honneurs. Koenig est en fait embarrassé. Il lui paraît déplacé de serrer publiquement la main tendue d'un homme qu'il doit arrêter. Après une demi-seconde d'hésitation, il prend la seule attitude qui lui semble convenable : il claque les talons et se met au garde-à-vous. À noter enfin qu'il offre spontanément au maréchal Pétain d'occuper le wagon-salon du train qui le ramène à Paris.

Dans une lettre adressée à un ami du Haut-Rhin, peu de temps après la guerre, le général Koenig exprime ses sentiments à l'égard du maréchal Pétain :

> Pour nous autres combattants de la France libre, la faute majeure du maréchal Pétain a été beaucoup moins d'accepter l'armistice, que d'entretenir chez les Français momentanément vaincus la psychologie de la défaite. Ce n'est pas en répétant : « Français, n'oubliez pas que nous sommes vaincus ! » que l'on galvanise un peuple encore résolu à ne pas mourir. Il a donc, par cette attitude, teinté d'humiliation chrétienne – ne répétait-il pas que la France était coupable et qu'elle devait expier ? –, non seulement légitimé les odieux sévices exercés par la Gestapo française sur nos résistants ; il a aussi dévoyé des hommes et des jeunes gens de bonne volonté, désireux de servir, ardents à combattre pour une cause qu'ils croyaient juste et qui, forts de son prestige et de sa gloire passée, se sont armés contre nous au lieu de venir grossir nos rangs et, par là même de maintenir notre drapeau sur

> les champs de bataille. Combien de jeunes égarés, conduits par de mauvais bergers, ont payé de leur vie ce qu'en toute bonne foi ils avaient cru être leur devoir, mais qui n'était, en réalité qu'une funeste erreur !
> Vous comprendrez donc mon comportement stoïque, mais nullement méprisant, lors de l'arrestation du maréchal Pétain, alors que commençaient d'arriver les premiers convois des survivants des camps de la mort, parfois livrés par les fonctionnaires de Vichy.
> Je vous affirme cependant qu'au cours de ma longue carrière, le devoir le plus pénible qu'il m'ait été jamais donné d'accomplir aura été, sans contredit, de me rendre à la frontière franco-suisse pour y accueillir un vieillard accablé, venu se remettre aux mains de la justice française et le transférer au fort de Montrouge[25].

Le procès du maréchal Pétain débute le 23 juillet 1945 devant la Haute Cour de Justice. Le tribunal est présidé par Paul Mongibeaux, premier président de la Cour de cassation, assisté du président de la chambre criminelle Donat-Guigne, et de Picard, premier président de la Cour d'appel. Le jury de 24 personnes est constitué de douze parlementaires n'ayant pas voté les pleins pouvoirs à Pétain en 1940 et de douze non-parlementaires issus ou proches de la Résistance.

Défendu par les avocats Jacques Isorni, Jean Lemaire et le bâtonnier Fernand Payen, Philippe Pétain déclare le premier jour :

> J'ai toujours été un allié caché du général de Gaulle et je ne suis responsable que devant la France et les Français qui m'ont désigné et non devant la Haute Cour de Justice. Dans ces conditions, je ne répondrai pas aux questions qui me seront posées[26].

Il garde alors le silence durant toute la durée du procès. Édouard Daladier, Paul Reynaud, Léon Blum, Pierre Laval viennent déposer à charge, tandis que le général Weygand, le résistant déporté Loustaunau-Lacau et Marc Boegner prennent sa défense.

Le procès se termine le 15 août 1945. La cour déclare Pétain coupable d'intelligence avec l'ennemi et de haute trahison, le condamne à mort, à la dégradation nationale, à la confiscation de ses biens, assortissant toutefois son vœu de non-exécution de la sentence

25. Archives militaires françaises, Vincennes.
26. Archives nationales, Paris.

de mort, en raison de son grand âge. La condamnation est votée à une voix seulement de majorité.

Accomplissant le vœu de la Haute Cour de Justice, le général de Gaulle, chef du gouvernement provisoire de la République, commue la sentence de mort en peine de réclusion à perpétuité le 17 août 1945. Pétain est exclu automatiquement de l'Académie française. Toutefois, cette dernière s'abstient d'élire un remplaçant de son vivant à son fauteuil, égard auquel a également droit Charles Maurras, lui-même condamné.

Philippe Pétain est incarcéré au fort du Portalet, dans les Pyrénées, du 15 août au 16 novembre 1945, puis transféré au fort de la citadelle de l'île d'Yeu, en Vendée. Son épouse, également installée dans l'île, bénéficie d'un droit de visite quotidien. La santé de Pétain décline en 1951, ses moments de lucidité se faisant de plus en plus rares. Devant cette situation, le Conseil supérieur de la magistrature, présidé par Vincent Auriol, président de la République, autorise le 8 juin 1951 l'assignation du prisonnier dans un établissement hospitalier ou tout autre lieu pouvant avoir ce caractère. Le transfert se fait dans un établissement privé de Port-Joinville le 29 juin 1951, où il décède le 23 juillet suivant. Il est inhumé le surlendemain, au milieu de ses derniers fidèles, dans le cimetière marin de l'île d'Yeu.

La tombe de Philippe Pétain est fleurie au nom de la présidence de la République en novembre 1968, à la demande du général de Gaulle, à l'occasion du 50e anniversaire de l'armistice de 1918 ; en février 1973, sous la présidence de Georges Pompidou, après une profanation, et en 1978, sous la présidence de Valéry Giscard d'Estaing, lors du 60e anniversaire de la victoire de 1918. Durant la présidence de François Mitterrand, elle est fleurie le 22 septembre 1984, jour de la rencontre avec le chancelier allemand Helmut Kohl à Verdun, puis chaque 11 novembre de 1987 à 1992. Cette pratique va cependant cesser à la suite de nombreuses protestations, dont particulièrement celles de la communauté juive. La sépulture de Pétain est de nouveau profanée en 2007.

François Mitterrand et les apologistes de la mémoire de Pétain ayant déclaré qu'ils honoraient la mémoire de l'homme de Verdun et nullement celle du chef de l'État vichyste, l'ancien premier ministre Laurent Fabius fait remarquer que « lorsque l'on juge un homme, on le fait sur l'ensemble de sa vie[27] ». L'historien André Kaspi souligne de son côté :

---

27. *Ibid.*

> Le Pétain collaborateur de 1940-1944 n'a pu égarer les Français et en convaincre bon nombre de le suivre parce qu'il bénéficiait du prestige de Pétain de 1914-1918. L'un n'aurait pas existé sans l'autre[28].

Contrairement à une légende tenace, qui a contribué à sa grande popularité, Pétain n'a pas été providentiellement sorti du placard alors qu'il ne demandait rien en 1940 à l'âge de 84 ans. Il est même faux d'affirmer qu'il a repris du service, comme le croiront beaucoup de Français. Durant l'entre-deux-guerres, il est un homme actif et reconnu : fait maréchal en 1918, membre de l'Académie française, inspecteur général de l'armée, ministre de la Guerre en 1934, puis ambassadeur de France en Espagne en 1939. Durant ces années, il évite de prendre des positions politiques trop tranchées, ce qui lui donne l'image d'un militaire républicain modéré, même dans les milieux de gauche. Léon Blum voit même en lui un recours possible en cas de crise grave. Pétain évite de dénoncer en public le Front populaire et l'Espagne républicaine. Informé du complot de la Cagoule, organisation clandestine fasciste visant à renverser la République, il se garde de s'y compromettre. Seul le colonel de Gaulle estime qu'il prend goût au pouvoir et confie même :

> Pétain accepterait n'importe quoi, tant le gagne l'ambition sénile[29].

En mai 1940, Paul Reynaud ne se méfie pas de Pétain lorsqu'il l'appelle à la vice-présidence du Conseil. Or, d'abord prudemment silencieux, Pétain se dévoile un redoutable manipulateur. Il prend la tête des partisans de l'armistice.

Si la majorité des Français, assommés par la défaite militaire de mai-juin 1940, accueille l'armistice avec un certain soulagement, de même que le maintien d'un gouvernement français dirigé par le « Vainqueur de Verdun », susceptible de représenter un bouclier contre Hitler, très peu ont perçu les conséquences à long terme de l'occupation allemande, entraînant la collaboration avec le vainqueur du moment. Comme le souligne l'historien Olivier Wieviorka, la majorité des parlementaires n'a pas voté en faveur de Pétain pour

28. André Kaspi, Ralph Schor, *La Deuxième Guerre mondiale : chronologie commentée*, Complexe, 1995.
29. Archives nationales, Paris.

exclure les juifs, briser la République et engager le pays sur le chemin de la collaboration. Il en va de même de l'écrasante majorité de la population française. Ainsi, contrairement à une légende tenace, il n'y a pas eu en 1940 en France quarante millions de pétainistes, devenus en 1944 quarante millions de gaullistes. La distinction entre maréchalistes et vichystes est primordiale. Les maréchalistes font confiance à Pétain comme « bouclier » des Français contre les nazis, alors que les vichystes, minoritaires, approuvent le régime de Vichy, avec son idéologie réactionnaire, antisémite et collaborationniste. Très vite, surtout à partir de 1942, les Français se détournent de Pétain, ne voyant plus en lui qu'une marionnette entre les mains du *Führer*. La Révolution nationale, souci majeur de Pétain, intéresse peu les Français et patine dès 1941. La collaboration est très largement rejetée. Cependant, beaucoup de Français pensent que le Maréchal est de bonne foi et tente de protéger les Français, qu'il est forcé par les Allemands à collaborer, car prisonnier d'un entourage collabo. Reprenant le thème du bon monarque trompé par ses mauvais ministres, la masse des Français distingue Pétain de Laval, unanimement détesté et accusé de toutes les turpitudes de la collaboration et des échecs du régime de Vichy.

Après les rafles des juifs de l'été 1942, l'invasion de la zone Sud en novembre 1942, l'instauration du STO, le discrédit de Vichy est total, mais épargne toutefois majoritairement la figure tutélaire du « Vainqueur de Verdun ». Cependant, Pétain devient de plus en plus lointain aux yeux des Français.

D'autre part, contrairement à une idée répandue, les ultras de la collaboration ne méprisent pas toujours le régime de Vichy et son chef. Doriot, Henriot, Bonnard, Darnand, Déat, De Brinon soutiennent sans ambiguïté le Maréchal et sa politique.

Récemment, l'excellent ouvrage de Jacques Semelin, *Persécutions et entraides dans la France occupée : comment 75 % des juifs en France ont échappé à la mort*[30], permet d'avoir un regard plus nuancé sur cette période tragique. Le journaliste Jean Sévillia en témoigne :

> Il y a quinze ans, lors du procès Papon, le point de vue sans nuance de l'historien Robert Paxton – selon qui Vichy avait été tout entier complice de la Solution finale et l'opinion française à peu près indifférente au sort des juifs – était devenu intouchable.

30. Éditions les Arènes-Seuil, 2013.

> L'ouvrage de Semelin fait au contraire ressortir la solidarité de la plupart des Français à l'égard des persécutés, et souligne que les juifs français, du fait de leur nationalité, ont été mieux protégés que les étrangers, de même que le maintien d'un appareil étatique français a eu un effet bénéfique pour leur survie. L'histoire n'exonère en rien la politique antisémite de Vichy mais, après d'autres chercheurs (Limore Yagil, Sylvie Bernay, Alain Michel), réintroduit ainsi de la nuance et de la complexité dans l'analyse d'un passé tragique[31].

Jacques Semelin écrit notamment :

> Serge Klarsfeld, qui a méthodiquement dépouillé toutes les archives disponibles, a montré que Vichy s'est refusé en deux circonstances critiques à livrer les juifs français aux Allemands[32].

Notamment en 1943, lorsque Pétain refuse d'approuver le texte, préparé par Bousquet et signé par Laval sous la pression allemande, annulant les naturalisations de juifs étrangers accordées en 1932 et même en 1927. Susan Zuccotti considère que sans la protection, relative, de Vichy en faveur des juifs français « les arrestations auraient été plus importantes, et le nombre de victimes juives aurait été plus élevé[33] ». Jean-Paul Cointet écrit ainsi :

> Avec son discours du 30 octobre 1940 sur la collaboration, le maréchal Pétain ne mesure pas le sens péjoratif que va prendre ce mot. À sa suite, hauts et simples fonctionnaires, leaders politiques, artistes, écrivains et journalistes, petits artisans et grands industriels vont, par conviction, obéissance ou lucre, se mettre au service du vainqueur. Quelles qu'en soient les conséquences. Au mieux, ils se feront collaborateurs, au pire collaborationnistes… En un mot, collabos[34].

31. Jean Sevillia, *Le Figaro Magazine*, vendredi 5 et samedi 6 avril 2013.

32. Jacques Sémelin, *Persécutions et entraides dans la France occupée : comment 75 % des juifs en France ont échappé à la mort*, les Arènes-Seuil, 2013.

33. Achives nationales. Lire également Jean-Pierre Azéma, Olivier Wieviorka, *Vichy 1940-1944*, Perrin, 1997, ainsi que Alain Michel, *Vichy et la Shoah : enquête sur le paradoxe français*, Elkana, 2015.

34. « Les collabos, fonctionnaires, patrons, intellectuels : ceux qui ont pactisé avec l'Occupant », *Historia*, octobre 2012, n° 790.

Les Français ont majoritairement rejeté la collaboration et l'antisémitisme

Les chiffres de l'épuration donnent une certaine idée de l'importance de la collaboration en France : 10 000 à 15 000 exécutions sommaires. L'épuration légale concerne plus de 300 000 dossiers, dont 127 000 entraînent des jugements : 97 000 condamnations qui vont de cinq ans de dégradation nationale à la peine de mort (769 exécutions). La France de 1940-1945 n'a pas été, dans son ensemble, « collabo ». En comptant les membres actifs de la Collaboration et les simples sympathisants, on peut estimer que 5 à 10 % seulement des Français se sont laissé séduire de près ou de loin par les sirènes allemandes et vichystes. Le général de Gaulle a donc vu juste en estimant, dans un discours prononcé à la radio le 14 octobre 1944, que seule « une poignée de misérables et d'indignes » ont collaboré avec les Allemands. En valeur absolue, moins de Français collabos ont été internés que dans les Pays-Bas, en Belgique, au Danemark et en Norvège.

4

La gauche dans la Résistance, la droite dans la Collaboration : une imposture historique !

La terrible saignée de 1914-1918 plonge une partie de la France dans un pacifisme béat, cherchant par tous les moyens à s'entendre avec l'Allemagne, même devenue hitlérienne… C'est ainsi que des hommes de gauche vont s'engager massivement dans la collaboration. Spécialiste de l'antisémitisme, l'historien israélien Simon Epstein a constitué au fil des ans un socle informatif considérable, à travers notamment un livre remarquable : *Un paradoxe français : antiracistes dans la Collaboration, antisémites dans la Résistance*[1], sur les itinéraires contrastés de deux catégories de Français :

> … ceux qui protestèrent contre le racisme et l'antisémitisme dans les années 1920 et 1930, avant de s'engager dans la Collaboration ; et ceux qui exprimèrent une hostilité ou un préjugé à l'égard des juifs, puis qui se retrouvèrent, l'heure venue, dans la Résistance […]. Les principaux chefs de la Collaboration ont traversé, chacun à sa manière, une phase de dénonciation de la

1. Albin Michel, 2008.

> haine antijuive; beaucoup furent même militants de la Ligue internationale contre l'antisémitisme (LICA). Réciproquement, de nombreux résistants, et non des moindres, sont originaires d'une extrême droite nationaliste qui, dans les années 1930, fut fertile en prises de position hostiles aux juifs[2].

Les itinéraires de Jacques Doriot et de Marcel Déat, deux personnalités importantes de la gauche pacifiste des années 1920, devenus les chefs des deux plus importants mouvements collaborationnistes durant l'Occupation (Parti populaire français et Rassemblement national populaire), sont révélateurs de cette évolution. À l'inverse, Gilles Renault, nationaliste proche de Charles Maurras, futur colonel Rémy, et Marie-Madeleine Fourcade, nationaliste anticommuniste, chefs des deux plus importants réseaux de la Résistance française (la Confrérie Notre-Dame et Alliance) illustrent parfaitement l'importance de la droite dans la lutte contre l'occupant. On pourrait multiplier les exemples à ce sujet.

Il convient donc de se plonger dans les parcours de Déat et de Doriot pour découvrir une présence considérable des hommes de gauche dans la Collaboration, et dans ceux de Rémy et de Fourcade pour s'apercevoir de l'importance de la droite dans la Résistance.

Marcel Déat et Jacques Doriot : du pacifisme de gauche à la Collaboration

Marcel Déat est né à Guérigny dans la Nièvre le 7 mars 1894. Issu d'un milieu modeste, républicain et patriote, il accomplit de brillantes études qui lui permettent d'intégrer l'École normale supérieure en 1914. La même année, il adhère à la SFIO (parti socialiste de l'époque) par idéalisme philosophique. Mobilisé au front pour la guerre, il s'illustre par son indéniable courage, reçoit plusieurs décorations et se voit promu au grade de capitaine. Sous le pseudonyme de Taëd, il publie *Cadavres et maximes, philosophie d'un revenant*, où il ne cache pas son horreur de la guerre moderne, exprime un pacifisme viscéral, tout en étant fasciné par la discipline collective et la camaraderie du front. Le conflit terminé, il reprend ses études et passe l'agrégation de philosophie. Il s'oriente finalement vers la sociologie, sous la tutelle de

---

2. Simon Epstein, *Un paradoxe français : antiracistes dans la Collaboration, antisémites dans la Résistance*, *op. cit.*

Célestin Bouglé, qui le place au secrétariat du Centre de documentation sociale de l'École normale supérieure de la rue d'Ulm, à Paris.

En 1925, Marcel Déat est élu sur une liste socialiste au conseil municipal à Reims, où il enseigne. À la faveur d'une élection partielle en 1926, il est élu à la Chambre des députés jusqu'en 1928. Léon Blum, qui voit en lui son dauphin, le nomme secrétaire du groupe parlementaire de la SFIO. En 1930, Déat participe au troisième cours universitaire de Davos, en compagnie de nombreux intellectuels français et allemands. En 1931, il publie *Perspectives socialistes*, un livre théorique de réflexion sur la doctrine de ce courant de pensée politique. Il estime que le socialisme doit s'adapter à l'évolution de la société capitaliste qui ne semble pas s'autodétruire, contrairement aux prédictions marxistes. D'après Déat, l'État doit avoir un rôle central dans la protection sociale, tout en laissant en place la liberté de la propriété individuelle. Il exprime clairement son opposition à la collectivisation et à la révolution. Il s'oppose farouchement au marxisme. En 1932, il est élu député socialiste du 20e arrondissement de Paris. En 1933, il adhère au Parti socialiste de France-Union Jean Jaurès, une branche socialiste réformiste, qui veut renforcer l'État contre la crise économique, tout en voulant s'ouvrir aux classes moyennes et participer aux gouvernements centristes.

Déat et ses proches, comme Renaudel, Marquet et Montagnon, fusionnent leur nouveau parti avec d'autres groupes de gauche, afin de former en 1935 l'Union socialiste républicaine. Déat est également membre du comité de vigilance des intellectuels antifascistes, puis ministre de l'Air en 1936, au sein du cabinet Sarrault. Il va même se rallier au gouvernement de Léon Blum après la victoire du Front populaire. Il est cependant battu aux élections législatives de 1936. À l'époque du Front populaire, Déat rencontre Charles de Gaulle à plusieurs reprises, grâce à un ami commun, l'avocat Jean Aubertin. De Gaulle écrit à Aubertin en novembre 1937 :

> Déat a sans aucun doute un grand talent et une haute valeur[3].

Tout au long des années 1930, Marcel Déat pourfend le racisme et l'antisémitisme. Il prend la parole à diverses réunions antinazies de la Ligue internationale contre l'antisémitisme (LICA). Il participe en novembre 1935 à une réunion contre les lois racistes et antisé-

3. Archives nationales, Paris.

mites de Nuremberg et affirme : « Nous sommes un peuple métis[4]. » Il souhaite que l'Allemagne se libère de la peste nazie et renoue avec l'humanisme d'Hegel, de Fichte, de Schelling, de Kant, de Goethe et de Schiller. Pro-sioniste, il est membre du Comité France-Palestine, du Comité de défense des droits des Israélites en Europe centrale et orientale. *Le Droit de vivre*, journal de la LICA, publie la photo de Marcel Déat et appelle à voter pour lui dans son numéro du 25 avril 1936. Étroitement associé à la LICA autant qu'à d'autres mouvements pro-juifs, il est l'un des hommes politiques français qui critiquent le plus l'antisémitisme et le racisme durant les années 1930. En 1939, Marcel Déat est élu député à Angoulême.

Pacifiste depuis la fin de la Grande Guerre, Marcel Déat publie en 1939, dans *L'Œuvre*, un article retentissant dénonçant la politique étrangère britannique et s'insurge contre l'idée que les ouvriers et les paysans français aient à verser leur sang pour la Pologne. Il ironise sur la capacité de l'armée polonaise à pouvoir affronter les *Panzerdivisionen* allemandes. Il accuse le gouvernement français de bellicisme et d'être manipulé par une Angleterre capitaliste, qui cherche selon lui à défendre son empire économique en se servant du sang du peuple français. C'est ainsi qu'il appuie logiquement l'armistice du 22 juin 1940 demandé par Pétain, ainsi que la nomination de Pierre Laval, lui-même pacifiste convaincu de gauche, comme vice-président du Conseil.

Allié politique de Laval et des Allemands, mais détesté par Pétain, Marcel Déat se rend à Paris, afin d'unifier les divers mouvements collaborationnistes de la zone occupée, dans le but de créer un parti unique, véritable fer de lance d'une révolution national-socialiste, ayant pour modèle le fascisme italien ou le nazisme hitlérien. Il juge la politique de Vichy trop frileuse et se rapproche de plus en plus des Allemands, mais il se garde de critiquer Pétain et Laval, qui pourraient lui obtenir un poste au gouvernement. En février 1941, il fonde le Rassemblement national populaire (RNP), mouvement politique ultra-collaborationniste qui regroupe surtout d'anciens militants socialistes et syndicalistes, quelques anciens parlementaires de droite, tous séduits par les modèles allemands et italiens. Cependant, le RNP souffre de la concurrence des autres partis fascistes de la zone occupée, dont notamment le Parti populaire français (PPF) de Jacques Doriot.

4. *Ibid.*

Le RNP comprend le comité directeur suivant : Marcel Déat, Jean Fontenoy, ancien membre du Parti communiste français et du PPF ; Jean Van Ormelingen, de nationalité allemande, membre du MSR, puis engagé dans la LVF ; Eugène Deloncle (chef de la Cagoule, puis du MSR) ; Jean Goy, industriel, député conservateur, ancien président de l'Union nationale des combattants.

Cependant, cet accord entre Marcel Déat et Eugène Deloncle ne dure pas du fait des rivalités personnelles et des divergences politiques sur certains points. Le MSR est finalement exclu du RNP en octobre 1941.

Sur le plan idéologique, le RNP s'inspire du fascisme italien avec l'idée d'un régime à parti unique, mais dans une Europe unifiée et socialiste. Déat se réclame de l'héritage républicain, laïque, pacifiste, ce qui le différencie du PPF de Doriot. Le RNP défend même le principe de suffrage universel, l'école publique, une ligne anticléricale et le maintien des bustes de Marianne dans les mairies. Il verse dans un antisémitisme moins violent que le PPF. En juillet 1942, le RNP admet des distinctions entre diverses catégories de juifs : les juifs anciens combattants et les juifs utiles (savants, intellectuels, producteurs) doivent être intégrés à la nation, ce que le PPF critique avec virulence. Le RNP proteste contre la révocation de certains maires de gauche, contre les campagnes anti-maçonniques de Vichy. Il défend la thèse d'un Hitler « idéalisé », présenté comme « voulant effacer les frontières au profit d'une Europe unifiée et socialiste ». Les idées européennes du RNP causent une opposition constante avec les éléments nationalistes du régime de Vichy.

En 1942, la Commission permanente du RNP, instance dirigeante par excellence, ne comprend plus que d'anciens socialistes de la SFIO, du Parti socialiste de France-Union Jean-Jaurès et de l'Union socialiste républicaine. Bénéficiant du soutien de l'ambassadeur allemand Otto Abetz, Déat prône une collaboration active avec l'Allemagne hitlérienne.

Le RNP connaît son apogée en 1942 avec environ 30 000 membres. Plusieurs formations annexes sont organisées, comme les Milices nationales populaires, les Sections féminines, la Légion nationale populaire (service d'ordre), les Jeunesses nationales populaires (organisation de jeunesse du parti), le Groupe franc (unité de sécurité du parti), les Cadets de Marcel Déat (formation calquée sur le scoutisme), les Comités techniques (regroupant des intellectuels, des économistes et des techniciens), les Volontaires de la solidarité nationale (œuvre sociale du RNP), etc. Le 10 juin 1944, le RNP engage ses militants « à rejoindre les formations miliciennes que Joseph Darnand a mobilisées hier ». Certains des dirigeants du parti se réfugient en Allemagne de septembre 1944 à mai 1945.

Le 27 août 1941, Marcel Déat est blessé lors d'un attentat contre Laval, alors qu'ils passent ensemble en revue les troupes de la LVF devant rejoindre le front russe. Le 16 mars 1942, il échappe de peu à un attentat de la Résistance, lors d'une conférence qu'il donne à Tours. À la demande des Allemands, il entre le 16 mars 1944 dans le gouvernement de Pierre Laval, en tant que ministre du Travail et de la Solidarité nationale. Il soutient une politique de collaboration totale avec l'Allemagne.

Durant l'été 1944, Marcel Déat quitte la France pour se réfugier à Sigmaringen en Allemagne, tout en conservant le titre de ministre du Travail au sein de la Commission gouvernementale, organisation politique fantoche de l'ancien régime de Vichy. En avril 1945, il quitte le territoire allemand et part se réfugier en Italie du Nord. Il se cache en divers endroits sous un nom d'emprunt, se convertit au catholicisme, décède finalement le 5 janvier 1955 dans le couvent de San Vito, près de Turin. Il est condamné à mort par contumace à la Libération.

L'écrivain collaborationniste Lucien Rebatet écrit :

> C'était de Marcel Déat que je me sentais le plus proche. Cet ancien socialiste avait à mon sens la tête la plus solidement fasciste de tout Paris. J'appréciais déjà peu les agrégés de philosophie ; mais celui-là, ancien normalien, de surcroît héroïque officier d'infanterie durant la Première Guerre mondiale, avait su garder la tête claire tout en étant un virtuose de la dialectique. Je savourais chaque matin son éditorial de *L'Œuvre*, ferme, imagé, percutant, où la verve du journaliste servait si heureusement son intelligence. J'y voyais la charte complète d'un état vraiment nouveau, le parti unique, le renversement des vieilles oligarchies financières, militaires, cléricales, la foi dans la construction d'une Europe unie, et aussi le décorticage le plus pertinent et le plus malicieux des slogans déjà creux de Vichy, Famille, Travail, Patrie, Spiritualités. Mais Déat se répandait peu, se liait encore moins [...]. Et mon passage chez les doriotistes, qui rappelaient à tout propos qu'il avait été conférencier en loge, n'était pas destiné à me faire entrer dans son intimité[5].

5. Cité par Philippe Randa, *Dictionnaire commenté de la collaboration française*, Jean Picollec, 1997.

Autre figure incontournable de la Collaboration, Jacques Doriot voit le jour le 26 septembre 1898 à Bresles dans l'Oise, au sein d'une famille ouvrière, dont le père est forgeron et la mère couturière. Il débute dans la vie professionnelle à l'âge de 15 ans dans une usine, puis trouve un emploi dans une laiterie. En 1915, âgé de 17 ans, il s'installe à Saint-Denis et travaille dans plusieurs usines en tant qu'ouvrier métallurgiste. En 1916, Jacques Doriot s'inscrit à la section locale des Jeunesses socialistes. En avril 1917, il est mobilisé, participe à diverses opérations militaires sur le front français. Il reçoit la Croix de guerre pour avoir ramené des lignes ennemies un camarade blessé. Son régiment part ensuite rejoindre l'armée française d'Orient, engagée dans les Balkans, ce qui explique sa démobilisation tardive en 1920.

Jacques Doriot revient ensuite à Saint-Denis, dégoûté à jamais par cette guerre, et rejoint le camp des partisans de la IIIe Internationale au sein de la SFIO, favorable à la révolution prolétarienne. Il se rattache à l'Internationale communiste et se voit élire au Comité national. De 1921 à 1923, il représente les Jeunesses communistes françaises à Moscou, auprès de l'Internationale communiste des jeunes. Durant son séjour en Russie soviétique, il fait l'apprentissage de l'agitation, rédige des textes de propagande. Il voyage beaucoup, prend la parole lors de nombreuses réunions politiques, fait la connaissance de Lénine qu'il admire profondément. À son retour en France, il est placé à la tête des Jeunesses communistes. Sous sa direction, elles deviennent un instrument de radicalisation du Parti communiste français (PCF).

En 1923, Jacques Doriot est condamné à une année d'emprisonnement, après avoir rédigé des tracts contre la guerre du Rif au Maroc, en appelant notamment les soldats français à désobéir. En 1925, grâce à l'efficacité de son action politique, les Jeunesses communistes atteignent des effectifs records. Doriot bénéficie alors d'une immense popularité au sein du PCF. Membre du Bureau politique depuis 1924, il vise à atteindre les postes de direction, mais l'Internationale ne lui offre pas la position hiérarchique qu'il désire. Il se transforme alors en un habile politicien, tout en se détachant de la direction de l'Internationale. Ses relations se tendent avec la direction du PCF, d'autant qu'il doit faire face à un rival potentiel, en la personne de Maurice Thorez. En 1931, Doriot est cependant élu maire de Saint-Denis qui devient un véritable bastion du PCF. Porte-parole du PCF sur les questions internationales, il dénonce le traité de Versailles, les impérialismes français et britanniques, proclame le droit des peuples à l'autodétermination, y compris pour l'Alsace-Lorraine. Il entretient d'excellentes relations avec Bernard Lecache et la LICA. Il se rend ensuite en Allemagne pour apporter le soutien du PCF au Parti communiste allemand. Il observe alors le déclin des communistes allemands et le succès foudroyant du Parti nazi. Aux élections législatives de 1932, il est élu au premier tour, alors que le PCF subit un recul important. Il profite de son succès pour se rendre à Moscou et dresser un bilan sévère de l'état du PCF, tout en mettant en valeur son élection personnelle récente. Il cherche à obtenir la direction communiste de toute la région parisienne, mais le Komintern, réservé à son encontre, ne lui donne pas satisfaction. En effet, sa recherche d'intérêts personnels transparaît dans ses discours, ce qui le rend peu crédible aux yeux des dirigeants soviétiques. Comme il refuse d'être un simple pion entre les mains des Soviétiques, la situation se tend peu à peu. À cela s'ajoutent l'écrasement du parti communiste allemand et l'établissement de la dictature hitlérienne. Frustré dans ses ambitions démesurées, Doriot alimente les tensions avec les dirigeants communistes.

En 1933, Doriot cherche à rétablir l'unité ouvrière entre le PCF et la SFIO, mais cette tentative de rapprochement est désapprouvée en haut lieu par l'Internationale. Exaspéré par la rigidité du Komintern, il propose de prendre la direction d'un mouvement antifasciste, regroupant des socialistes et des communistes. Mais l'Internationale rejette également cette nouvelle proposition. En 1934, il dénonce la menace fasciste lors des élections du 6 février. Il demande de nouveau une coalition avec les socialistes pour combattre cette menace. En fait, il perçoit, comme de nombreux hommes de gauche, que la division entre les socialistes et les communistes en Allemagne a joué en faveur des nazis. Il veut donc éviter que la même erreur se reproduise en France. Mais cet appel est considéré par Maurice Thorez et par le Komintern comme un manquement grave à la discipline du Parti. Thorez utilise même *L'Humanité* pour salir la réputation de Doriot et déformer sa position. Le 8 février 1934, Doriot réagit en formant un comité de vigilance antifasciste des responsables de la SFIO et des syndicalistes de la CGT à Saint-Denis. Thorez organise alors une réunion des responsables communistes de Paris, afin de faire rentrer Doriot dans le rang. La majorité des délégués se prononce en faveur de la ligne de conduite officielle. En réaction à ce désaveu, Doriot démissionne de sa fonction de député-maire de Saint-Denis. Le 11 avril 1934, il rédige une lettre au Komintern pour exposer sa volonté d'unir socialistes et communistes contre le fascisme. Il propose même un projet fondé sur la collaboration des classes pour lutter contre le fascisme. L'Internationale convoque alors Doriot à Moscou, mais ce dernier refuse de s'y rendre. Finalement, le 27 juillet 1934, sous la menace des événements, l'Internationale adopte la politique d'alliance avec la gauche socialiste, position de Doriot qui était pourtant considérée comme hérétique auparavant...

Cependant, le refus de Doriot de se rendre à Moscou, ses désobéissances répétées et ses ambitions personnelles ne sont plus acceptés. Au congrès annuel de juin 1934, Thorez propose d'exclure Doriot du PCF et la motion est adoptée à l'unanimité.

Cette exclusion provoque chez un Doriot une profonde blessure et une terrible soif de vengeance. Il devient ouvertement anticommuniste et affirme même sa volonté d'entente avec l'Allemagne nazie. En juin 1936, il fonde le Parti populaire français (PPF), visant à regrouper tous les Français, sauf les dirigeants communistes, pour assurer au pays la paix et l'indépendance. Il reçoit l'appui de certains journaux de droite et d'une partie du patronat, obtient le ralliement d'hommes d'extrême droite, mais également de militants de gauche, voire d'extrême gauche. Il met en avant la lutte contre le communisme dans son programme politique et fait passer au second plan le combat contre le capitalisme. Cependant, visant avant tout au rassemblement national, il ne laisse pas encore son parti glisser trop à droite. Il garde au début de la création du PPF une ligne qui privilégie l'isolement du PCF et le rapprochement avec le pouvoir.

En juillet 1936, Doriot affirme vouloir accéder au pouvoir pour procéder à une révolution nationale. Le PPF se présente comme un parti à la fois populaire, national et social. Tout en refusant dans un premier temps la création d'une organisation paramilitaire, Doriot s'inspire cependant du fascisme, avec son salut à la romaine, l'existence d'un insigne, d'un drapeau, d'un hymne et d'un serment de fidélité.

Le premier congrès du PPF, qui se déroule en novembre 1936, illustre ce que ce nouveau parti prétend être. Le comité central est partagé entre des hommes venus de la gauche, majoritairement des transfuges du PCF, et des hommes de droite et d'extrême droite. Le PPF prône un pacifisme absolu sur le plan international, au plus grand bénéfice de l'Allemagne hitlérienne...

En 1937, Doriot qui se présente aux élections municipales de Saint-Denis, à la tête de la liste du PPF, est battu par les communistes. Il ne parvient pas à rassembler derrière lui la classe ouvrière. Il abandonne son mandat de député, le dernier lien le rattachant aux institutions républicaines. La fascisation du PPF s'accentue, avec notamment l'arrivée de responsables comme Pierre Drieu La Rochelle, Victor Arrighi et Bertrand de Jouvenel, qui désirent faire de ce parti l'équivalent du fascisme italien ou du nazisme allemand.

En mars 1938, lors du deuxième congrès du PPF, Doriot exprime son désir de voir renaître une paysannerie forte, déplore la prolétarisation de la France, présente la famille comme la cellule fondamentale de la nation, promeut le nationalisme comme la doctrine primordiale du parti et élabore une charte du travail, proche du modèle fasciste italien de Mussolini. En 1939, Doriot déplore la dénatalité de la France, causée selon lui par le capitalisme libéral et le marxisme. Il déplore également dans la jeunesse une perte du respect de la foi, de l'autorité, de la famille, de la nation et de la patrie.

En septembre 1939, la France entre en guerre contre l'Allemagne. Doriot est mobilisé. Il affirme que Staline est tout autant l'ennemi qu'Hitler, espère que la victoire contre l'Allemagne verra s'installer un ordre nouveau, avec une carte de l'Europe redessinée au détriment de l'Allemagne et de la Russie soviétique. Après la défaite militaire de la France en mai-juin 1940, Doriot, dans un nouvel élan d'opportunisme, cherche à obtenir une place dans le gouvernement de Vichy, mais il est tenu à l'écart. Il est cependant nommé membre du Conseil national instauré par le régime. Il se rapproche de son rival politique, à savoir Marcel Déat, avec lequel il envisage un projet de parti unique, qui finalement n'aboutira pas. Il regagne Paris et tente de remettre sur pied un PPF désorganisé par la défaite militaire de 1940. Il entre en relation avec les nazis, qui lui apportent l'appui et les ressources nécessaires à son maintien politique. Le PPF devient ouvertement collaborationniste, antisémite et raciste. Le 8 juillet 1941, Doriot appuie la création de la LVF, la Légion des volontaires français qui luttent sous l'uniforme allemand en Russie. Il s'engage lui-même dans la LVF, accomplit 18 mois sur le front russe durant la période de 1943-1944. Il est même décoré de la Croix de fer allemande.

Après le débarquement des Alliés en juin 1944, Doriot s'exile en Allemagne. Il tente alors de regrouper autour de lui tous les mouvements collaborationnistes français se trouvant à ce moment sur le territoire allemand. Déat, Doriot et de Brinon rencontrent Hitler en personne au mois de septembre 1944, afin de discuter d'égal à égal avec l'Allemagne hitlérienne. Cependant, plusieurs dirigeants collaborateurs, comme Déat et Darnand, se montrent réticents au sujet du projet d'union de Doriot. Ils craignent l'emprise trop grande de cet homme, opportuniste et ambitieux, considéré comme un rival.

Le 22 février 1945, à une quinzaine de kilomètres de Mengen, sur la commune de Menningen en Allemagne du Sud, la voiture où se trouve Doriot est mitraillée par un avion allié. Une rafale le frappe mortellement lors du second passage du chasseur. Doriot est alors inhumé au cimetière de Mengen, où il repose encore.

Il convient de présenter en détail le Parti populaire français, afin d'y constater l'importante présence des hommes issus de la gauche. Le Parti populaire français (PPF) est créé en juin 1936 par Jacques Doriot, ancien membre central du Parti communiste français (PCF). Tant au niveau des dirigeants que des militants, les deux plus forts contingents du PPF viennent du Parti communiste français et des ligues nationalistes, de l'Action française, du Francisme. D'après Michel Winock, « aux origines du PPF, on retrouve donc les deux courants de la fusion qui caractérise le premier fascisme : l'extrême gauche révolutionnaire et le nationalisme anti-parlementaire[6] ».

Le PPF connaît un démarrage rapide dès 1936-1937, du fait de l'anticommunisme de nombreux Français de l'époque. Il bénéficie également du financement du grand patronat par l'intermédiaire notamment de Pierre Pucheu et de Gabriel Le Roy Ladurie (directeur de la banque Worms). La haute banque est également très présente, avec Rothschild Frères, Vernes, Louis Dreyfus, Lazard, BNCI, Indochine… On remarque la présence de nombreuses banques juives à l'époque où le PPF n'a pas sombré dans l'antisémitisme. Des intellectuels rejoignent le PPF, comme Pierre Drieu la Rochelle, Bertrand de Jouvenel, Abel Bonnard, Bertrand de Maud'huy, Alexis Carrel, Paul Chack, Jacques Benoist-Méchin…

Dès 1937, Jacques Doriot tente de s'imposer comme le principal leader anticommuniste. L'Action française, sans adhérer au PPF, apporte son soutien aux candidats de Doriot lors des élections législatives partielles de 1937 à 1939. Doriot développe un modèle de fascisme corporatiste et planiste.

En 1938, le PPF appelle de ses vœux une alliance franco-allemande contre la Russie soviétique. Cette position pro-nazis entraîne, en 1938-1939, la démission d'une grande partie de l'état-major du PPF, comme Henri Barbé, Paul Marion, Victor Arrighi, Alfred Fabre-Luce, Bertrand de Jouvenel, Bertrand de Maud'huy, Yves Paringaux, Robert Loustau, etc. Le départ également de Pierre Pucheu souligne la fin du soutien du grand patronat.

---

6. Sous la direction de Michel Winock, *Histoire de l'extrême droite en France*, Points-Histoire, 2015.

Cependant, lorsque l'Allemagne hitlérienne signe un pacte de non-agression avec Staline en août 1939, le PPF prend ses distances avec le nazisme. Doriot déclare même que « la France devrait réclamer la possession de la rive gauche du Rhin pour se mettre à l'abri de toute agression ultérieure[7] ». Lorsque la Wehrmacht attaque la France le 10 mai 1940, le PPF appelle ses militants mobilisés à lutter avec fougue contre l'envahisseur. De plus, Jacques Doriot, mobilisé avec le grade de sergent-chef, se bat courageusement sur la Loire les 17 et 20 juin 1940, récoltant même la Croix de guerre avec citation à l'ordre de l'armée.

Au niveau idéologique, le PPF se caractérise principalement par son anticommuniste et son nationalisme. Jusqu'en 1938, le PPF se garde de verser dans l'antisémitisme. On retrouve les rituels inspirés du fascisme, comme le salut romain, l'existence d'un drapeau spécifique et d'un serment de fidélité. Sur le plan humain, le PPF ambitionne, comme le fascisme, de façonner un homme nouveau, qui doit avoir « le goût du risque, la confiance en soi, le sens du groupe, le goût des élans collectifs[8] ». Le PPF est d'autre part profondément pacifiste au début et non-expansionniste.

En juillet 1940, le PPF est interdit en zone Sud. Cependant Doriot, démobilisé, relance son activité politique en créant un Rassemblement pour la Révolution nationale (RPRN) qui se compose d'anciens communistes passés au PPF, comme Marcel Guitton (ancien secrétaire général du PCF), Jean-Marie Clamamus, Marcel Capron, André Parsal, Marcel Bront, Fernand Soupé, Albert Clément, Émile Nédélec. Doriot se rapproche également d'Adrien Marquet, maire de Bordeaux, premier ministre de l'Intérieur de Vichy, ancien député socialiste. Marquet complote avec Doriot pour amener le PPF au pouvoir mais Pétain et Laval, prévenus à temps de cette « révolution de palais », remplacent Marquet à l'Intérieur par Marcel Peyrouton, ancien franc-maçon et républicain à poigne très hostile au PPF. En octobre 1940, Doriot lance son journal, *Le Cri du peuple*, qui tire à 50 000 exemplaires. Le PPF poursuit une activité camouflée au sein de divers mouvements, comme Jeunesse, Jeunesses impériales françaises, etc. Enfin, en avril 1941, Doriot refonde le PPF, qui est légalisé par les Allemands du fait de sa participation à la LVF. Le PPF devient très vite l'un des deux principaux partis collaborationnistes avec le RNP de Marcel Déat.

7. Archives nationales, Paris.

8. *Ibid.*

Les effectifs du PPF varient de 60 000 à 130 000 membres de 1936 à 1939, et de 20 000 à 30 000 membres de 1941 à 1944. En mars 1937, sur 130 000 membres, le PPF compte 35 000 anciens communistes. En 1942, sur 7 200 membres du PPF présents lors du congrès à Paris, 32 % sont d'anciens communistes, 10 % d'anciens socialistes, les autres (58 %) viennent de divers courants politiques de gauche ou de droite.

En 1943, le PPF se militarise en créant les Gardes françaises, unités de protection contre les attentats de la Résistance, de plus en plus nombreux, qui touchent les militants et les cadres du Parti, ainsi que leurs familles. Des Groupes d'action échappent au contrôle du PPF pour ne plus travailler qu'au profit des nazis, en leur livrant des résistants, des juifs, des réfractaires au STO. Doriot et ses plus fidèles lieutenants se réfugient à Nancy à la mi-août 1944, pour échapper aux représailles de la Résistance, puis passent en Allemagne début septembre. Le PPF disparaît avec la défaite allemande et la mort de son chef Jacques Doriot en 1945.

Gilbert Renault et Marie-Madeleine Fourcade : de la droite nationaliste à l'engagement dans la Résistance

À l'opposé de la Collaboration, il convient de s'intéresser au grand résistant Gilbert Renault (colonel Rémy), issu de la droite nationaliste de Charles Maurras. Né le 6 août 1904 à Vannes, en Bretagne, il est l'aîné d'une famille catholique pratiquante, profondément nationaliste – son grand-père, Étienne, a participé à la guerre de 1870-1871. Le père de famille, Léon, enseigne l'anglais au collège jésuite de Jersey, puis au collège Saint-François-Xavier de Vannes. Si l'on remonte l'arbre généalogique de la famille, on découvre un curieux assemblage d'Écossais, d'Irlandais et de Bretons. Léon élève son fils Gilbert dans la ferveur de la foi catholique, avec un attachement particulier à la Vierge Marie, à laquelle il voue une vénération absolue. Il lui inculque un nationalisme ardent, fondé sur l'esprit d'honneur et de sacrifice. Sa mère, Marie Decker, est l'aînée d'une famille luxembourgeoise de quatorze enfants. Gilbert passe le bac et obtient un poste honorable à la Banque de France. Il doit cependant effectuer son service militaire dans l'artillerie à Nantes. Son père tombe gravement malade et meurt en 1924. Renvoyé dans ses foyers comme soutien de famille nombreuse, Gilbert, l'aîné de dix enfants, doit compléter au plus vite les ressources de la fratrie. Désirant gagner plus et tout de suite, il est reçu à la Banque d'Indochine, puis rejoint la Banque commerciale africaine.

Le 15 mars 1928, Gilbert rencontre, lors d'une soirée, Édith, fille d'un Écossais plein d'humour, James Anderson, buveur invétéré de whisky, et d'une mère bretonne, Marie-Christine Legouix. Blonde, mince et souriante, Édith enflamme le cœur du jeune homme, qui peu après demande sa main à la future belle famille. Cependant, la séparation guette les amoureux, car Gilbert doit occuper un poste au Gabon. Au bout de quelques mois, estimant ses revenus insuffisants, il quitte la Banque pour se lancer dans l'exploitation forestière. Souhaitant surtout revoir Édith, il revient en France, où sa fiancée et sa mère l'attendent à La Rochelle. Les deux jeunes gens se marient à l'église Saint-Pierre de Neuilly, le 19 septembre 1929. Quelques semaines plus tard, ils partent pour le Gabon, à Libreville, accompagnés de Marie, l'aînée des Renault. Édith, qui contracte le paludisme, doit être rapatriée en France, tandis que les bénéfices de la société tournent à la faillite. Gilbert rentre également en France en août 1930. Les difficultés financières s'accumulent, le jeune ménage se trouve dans l'obligation de vendre l'appartement acquis depuis peu. Les parents d'Édith accueillent le couple chez eux. Gilbert fait divers métiers (livreur de viande, vendeur d'informations aux journaux, assureur...) et commet bien des imprudences qui exaspèrent ses banquiers, ainsi que sa belle-mère. En revanche, il donne à Édith de beaux enfants : Catherine en 1930, Jean-Claude en 1931, Jean-Luc en 1933, Cécile en 1935 et Manuel en 1939. Au total, le couple Renault aura huit enfants.

Bel homme, à la solide carrure, Gilbert Renault a l'élocution facile et le compliment enjôleur : c'est un charmeur. Chaleureux, fier et impulsif, il se décide vite, trop vite parfois. Sympathisant actif de l'Action française, il est un nationaliste convaincu. Le 6 février 1934, il n'hésite pas à faire le coup de poing avec les camelots du roi et les militants de l'Action française sur la place de la Concorde.

Après de longues recherches, il décroche une place de chef de service commercial à la Compagnie générale de garantie, spécialisée dans les questions fiduciaires. Malheureusement, il se dispute avec son chef de service, après quoi, il adresse sa démission. La cohabitation avec la belle-famille s'étant détériorée, il fait replier ses enfants et sa femme au sein de la famille Renault, à Vannes. Quant à lui, il part pour Paris, afin de lancer avec des amis fortunés une affaire de production de films. Les fonds affluent rapidement, si bien qu'il installe rapidement sa famille dans un hôtel particulier, rue

Jean-Goujon, avec chauffeur et gouvernante. Les vedettes se pressent à ses bureaux, dont Mistinguett, Elvire Popesco, Erich von Stroheim, Sacha Guitry… Menant la belle vie, il adore côtoyer les célébrités du cinéma, tandis que sa femme Édith souffre en silence, car réservée et prudente, elle se méfie des courtisans intéressés. En 1937, un premier film, *Les Perles de la Couronne*, de Sacha Guitry, remporte un énorme succès. Hermétique à des conseils de prudence, Gilbert monte l'année suivante, avec Abel Gance, une nouvelle version du film *J'accuse !*, réalisé une première fois au lendemain de la Grande Guerre. Le film est une catastrophe financière qui engloutit toutes les économies du ménage. Lâché par tous ses associés, il est aux abois, doit se séparer des biens qui lui sont chers, dont le piano d'Édith. Accablé, le couple se trouve à la dérive.

Le 6 août 1934, jour de son anniversaire, près d'une semaine avant la fête de l'Assomption de la Sainte Vierge, Gilbert entre dans un café, place de l'Alma, pour s'offrir un dernier plaisir, un paquet de cigarettes, valant sept francs. Il donne son dernier billet de cent francs à la buraliste qui, se trouvant sans monnaie, lui rend en contrepartie plusieurs billets de la Loterie nationale. Le lendemain, à sa grande stupéfaction, Gilbert découvre que l'un de ses billets, portant le numéro 779599, lui permet de gagner le gros lot d'un montant de cinq millions de francs, somme considérable pour l'époque. La famille Renault, réduite à la misère, redevient subitement riche en l'espace d'une journée ! Gilbert et Édith passent une nuit à remplir des chèques pour éponger leurs dettes dont certaines remontent à plusieurs années.

Adversaire résolu de l'Allemagne d'Hitler, dont il ne supporte par l'arrogance, le fanatisme et le pangermanisme, Gilbert Renault désire réaliser un film sur l'Europe centrale, menacée par la botte nazie. En juillet 1938, il saute dans un avion pour Prague, en Tchécoslovaquie, afin de rencontrer de futurs partenaires. Les pourparlers tournent en longueur, si bien qu'il décide de rentrer à Paris le 13 août. Dans la nuit du 12 au 13, il est réveillé à plusieurs reprises par une voix féminine intérieure qui lui conseille, avec insistance, de ne pas prendre l'avion. Il obéit à cette injonction spirituelle, recule son départ au 16. Le 15, fête de la Vierge Marie, il se promène dans Carlsab, passe à côté d'un kiosque à journaux et sursaute en découvrant à la une des quotidiens que l'avion Prague-Paris du 13 août s'est écrasé en Bavière, descendu par « erreur » par la Luftwaffe. On ne compte aucun survivant. La Loterie nationale et l'avion de Prague : Gilbert juge ces événements comme autant de signes de la Providence, ce qui renforce sa dévotion en faveur de la sainte Vierge, sous la protection de laquelle il se sent placé.

La guerre qui éclate en septembre 1939 pousse Gilbert Renault, bien qu'exempté de mobilisation en tant que père de famille nombreuse (cinq enfants à l'époque), au bureau de recrutement de Vannes, où il tente d'intégrer une unité combattante. Le capitaine qui le reçoit lui fait comprendre que l'armée française a plutôt trop d'hommes que pas assez. C'est ainsi qu'il assiste impuissant à la défaite militaire de la France en mai-juin 1940. Horrifié par le spectacle de l'exode et de la débâcle, il envisage de rejoindre l'Afrique du Nord pour continuer le combat contre l'Axe. Le 18 juin, jour même de l'Appel à la résistance du général de Gaulle à la BBC de Londres, qu'il n'entend cependant pas, Gilbert décide de quitter Vannes pour gagner Lorient et trouver un bateau à destination de l'Afrique du Nord ou de la Grande-Bretagne. Bien plus tard, il expliquera sa décision dans ses souvenirs :

> Le réflexe qui m'a fait partir pour l'Angleterre trouvait son origine dans l'enseignement que depuis vingt ans je recevais quotidiennement sous la signature de Charles Maurras. Nourri de *l'Action française*, il ne m'était pas possible de reconnaître comme définitive la défaite de la France. J'allais tout naturellement là où il m'apparaissait qu'on allait continuer à se battre[9].

Tandis que sa famille reste sagement à Vannes, Gilbert se prépare à partir pour l'aventure. Il brûle des papiers compromettants sur l'Allemagne nazie, qu'il avait rédigés pour un de ses films. Accompagné de son frère cadet Claude, il circule à bord d'une voiture Citroën, en direction de la mer. Évitant les barrages, la voiture se faufile par des petites routes, en pleine campagne. À Hennebont, Gilbert se heurte à un adjudant français qui lui barre le passage. Avec un culot monstre, il fait croire au gradé que l'amiral de Penfentenyo a donné l'ordre à tous les hommes valides de rejoindre son escadre. Médusé, l'adjudant lui ouvre le barrage. À Lorient, la confusion est à son comble. La voiture, au bout de souffle, doit être abandonnée. Gilbert et son frère parviennent à monter à bord d'un chalutier à vapeur, *La Barbue*, qui prend la direction du Verdon. Arrivés à destination, malgré les attaques de l'aviation allemande, ils grimpent à l'échelle de corde du *Lista*, un bateau norvégien, qui lève l'ancre, le 20 juin 1940,

9. Colonel Rémy, *Mémoires d'un agent secret de la France libre*, France Empire, 1998.

et gagne le large pour rejoindre l'Angleterre. Le navire entre en rade de Falmouth, encombrée de divers bâtiments de guerre. Gilbert est hébergé dans un foyer plein à craquer. À l'heure du petit-déjeuner, un voisin hollandais lui montre un exemplaire du *Sunday Times*, où un gros titre annonce que Pétain a accepté l'armistice aux conditions imposées par Hitler. Gilbert ne peut retenir ses larmes, qui sont celles de la colère et du désespoir. Gilbert et Claude rejoignent un centre de tri, en direction de Paddington, puis le lendemain même de leur arrivée en Angleterre, ils se présentent au quartier général de la France libre, à Londres, pour s'engager dans les Forces françaises libres (FFL). Peu après, Gilbert rencontre le capitaine Dewavrin (Passy), chargé du service de renseignements des FFL. Gilbert lui explique qu'il dispose de plusieurs visas pour l'étranger, du fait de ses activités dans le cinéma, qu'il peut notamment se rendre en Espagne, acheminer des messages et des courriers soit vers la France, soit vers Londres. Son frère Claude intègre de son côté une unité combattante, qui va se battre sur les champs de bataille d'Afrique du Nord, de Bir Hakeim à Tunis.

Gilbert fait la connaissance de Maurice Schumann qui, chaque soir à la radio de la BBC, galvanise l'esprit de résistance des Français. C'est par son intermédiaire que Gilbert peut parler, un soir à la BBC, annonçant ainsi à sa femme qu'il est bien arrivé en Angleterre, sans bien entendu décliner son identité. Édith, qui écoute Radio Londres tous les soirs, est stupéfaite et bouleversée d'entendre une voix anonyme qui lui est si chère.

À Londres, le capitaine Dewavrin fait connaître à Gilbert le commandant Kenneth Cohen, officier de l'Intelligence Service (services spéciaux britanniques). Dès juillet 1940, Gilbert débute sa formation d'agent secret de la France libre. Deux Britanniques se chargent de l'initier aux mystères des codes secrets radios. Durant les semaines de formation, Dewavrin a pu juger sa nouvelle recrue :

> Gilbert Renault est intelligent et tenace, précis et rapide. Il a beaucoup d'entregent et fera jouer les multiples relations qu'il possède dans différents milieux. Il pourra notamment utiliser ses contacts en Espagne, tout particulièrement ceux qu'il entretient avec son ami Jacques Pigeonneau, consul de France à Madrid[10].

10. Colonel Passy, *Souvenirs*, Solar, 1947.

Un soir d'août, alors qu'il va bientôt accomplir sa première mission d'agent secret, Gilbert Renault descend lentement l'escalier du Carlton Gardens, siège de la France libre à Londres. Du palier du premier étage, il voit s'avancer un général de grande taille, en uniforme kaki : pas de doute, c'est bien le général de Gaulle. Les deux hommes se croisent. Par respect, Gilbert le laisse passer et le salue. De Gaulle lui répond de manière distraite. Gilbert s'enhardit :

– Mon général, je suis un de vos soldats. Je pars demain en mission pour La France. Je voudrais avoir l'honneur de vous serrer la main.

Le général, agréablement surpris, s'arrête, le regarde fixement et lui parle :

– Suivez-moi, venez avec moi dans mon bureau.

Gilbert raconte brièvement son aventure. De Gaulle, fort aimable, l'encourage dans son action et l'assure de son soutien.

Un hydravion britannique le dépose au large des côtes portugaises en août 1940. Il rejoint ensuite Madrid, y rencontre son ami Jacques Pigeonneau, consul de France et favorable à la France libre du général de Gaulle. Gilbert adresse régulièrement des courriers à Londres, chargés d'informations sur l'état militaire et politique de l'Espagne franquiste. Il décrit l'opposition de Franco au passage des Allemands à travers le pays. Il réclame avec insistance qu'on lui envoie un poste radio et un opérateur radio, afin de communiquer plus rapidement avec Londres. Puis il décide de se rendre en France pour monter un vaste réseau de renseignement. Il devient alors le colonel Rémy.

Le réseau de renseignement Confrérie Notre-Dame (CND) est fondé en France par le colonel Rémy à la fin de l'année 1940. Malgré les nombreuses arrestations opérées par la Gestapo, la section des jeunes de CND-Castille de Bordeaux parvient à récupérer les plans et la matière des ceintures antimagnétiques des navires ennemis. Cette mission, accomplie avec succès, devait permettre aux Britanniques de porter des coups terribles aux marines allemande et italienne.

Le réseau du colonel Rémy ne cesse de se développer, couvrant largement le Sud-Ouest, de Pau et Bayonne à Bordeaux ; l'Ouest, de Nantes à Brest en passant par Vannes et Lorient ; le Centre-Ouest, avec Angers, La Roche-sur-Yon et Thouars. Rémy fédère les éléments issus de milieux sociaux les plus variés, du balayeur à l'aristocrate, du prêtre au fermier, du médecin à l'ouvrier. Il applique et fait vivre la théorie de Passy : irriguer le tissu social en profondeur. Les effectifs passent de 80 agents en mars 1941 à 430 en décembre de la même année. Au printemps 1942, on compte seize agences de renseignement rattachées à son vaste réseau, avec plusieurs points d'amarrage, formant une chaîne pratiquement continue de Bayonne à Saint-Malo et Dieppe. Plus tard, Rémy fonde d'autres groupes clandestins en direction de Paris, Reims, Nancy et jusqu'en Belgique. La Centrale forme le cœur du réseau. Au début, Rémy installe son PC à Nantes, à mi-chemin entre Brest et Bordeaux, où il accomplit de nombreuses missions périlleuses. Chargé de surveiller le mouvement de l'ennemi sur la côte atlantique, Rémy informe constamment Londres avec une efficacité redoutable. Après la destruction de l'antenne Saint-Jacques, durant l'été 1941, Rémy transporte son PC à Paris. Les effectifs de la Confrérie Notre-Dame passent de 600 agents en mai 1942 à un millier l'année suivante, pour se stabiliser à 800 par la suite.

Rémy vit sous une tension croissante, pesante et oppressante, risquant à chaque instant d'être arrêté. Il affronte cette situation grâce à une force intérieure considérable et une foi religieuse mystique. Chaque fois qu'il est en danger, il implore la Vierge Marie et prie, puisant dans la prière une force et un réconfort nouveaux, ce dont il témoigne ainsi :

> Quels recours aurais-je pu trouver en moi alors que je me sentais si misérable ? Dans mon angoisse, je priais à genoux, m'adressant plus particulièrement à celle qui, tant de fois déjà, m'avait tendu la main secourable. Cette même main me relevait, j'éprouvais l'impression qu'elle se glissait sous mon bras, m'encourageant à reprendre ma route, et je lui obéissais[11].

Les informations venant du colonel Rémy et de ses agents permettent aux Alliés de couler les plus puissants navires de la Kriegsmarine, dont le croiseur Bismarck de 50 000 tonnes, qui sombre en mer le 27 mai 1941. L'agent de Rémy, Hilarion, parvient à pénétrer dans l'arsenal de Brest et s'empare des plans de gros navires allemands de guerre, dont celui du Scharnhost, croiseur de 38 000 tonnes. Étroitement surveillé par les agents de Rémy, ce navire est attaqué et gravement endommagé par l'aviation anglaise en juillet 1941. Les renseignements fournis par Rémy et ses hommes ont joué un rôle déterminant dans cette nouvelle victoire. Le 6 décembre 1941, Rémy informe Londres que les redoutables navires Scharnhost, Prinz Eugen et Gneisenau doivent prochainement appareiller de Brest. La nouvelle ne va malheureusement pas être exploitée à temps par

11. Archives du Centre National Jean Moulin, Bordeaux.

les Britanniques, qui manquent ainsi l'occasion de remporter une victoire décisive sur la Kriegsmarine.

Un des agents de Rémy, René Duchez, accomplit un exploit que la Gestapo tient pour l'un des plus remarquables accomplis dans le domaine du renseignement durant la Seconde Guerre mondiale. Tout en tapissant un bureau de l'organisation Todt, à Caen, Duchez subtilise un plan ultra-secret : il s'agit d'une carte du mur de l'Atlantique de Cherbourg à Honfleur, avec emplacements des blockhaus, nids de mitrailleuses, champs de mines et barbelés. À la libération, le général américain Omar Bradley confiera au colonel Rémy que « ces renseignements d'une précision étonnante ont été largement mis à contribution par l'état-major de l'opération Overlord et ont conduit au choix du débarquement du 6 juin 1944 en Normandie[12] ».

Au printemps 1942, Rémy dispose d'un ensemble d'agences de renseignement, de la Confrérie Notre-Dame (CND), couvrant presque toute la France, de Bayonne à Dieppe, de Dieppe à Nancy, de Nancy à Dijon. Les Alliés sont ainsi renseignés de presque tous les déplacements des troupes allemandes, des navires de l'Axe, des transports ferroviaires. Grâce aux équipes de Rémy, les Alliés peuvent mener des opérations commandos sur les côtes de l'Ouest de la France, accomplir des attaques aériennes et maritimes avec succès. De 1941 à 1944, 3 000 messages importants sont envoyés à Londres par Rémy et ses agents. De novembre 1940 à septembre 1944, le réseau de la Confrérie Notre-Dame a compté 1 540 agents : 537 ont été arrêtés, dont 380 déportés ; parmi ces derniers, on compte 103 morts et 27 disparus.

Aux lendemains de la victoire des Alliés en 1945, le colonel Rémy bénéficie d'un prestige incontestable. Il a fondé et commandé l'un des rares réseaux qui, de 1940 à 1944, a transmis des renseignements importants à Londres, sans être anéanti par la Gestapo, contrairement à beaucoup d'autres. Le colonel Passy, chef des services secrets de la France libre, souligne que « le colonel Rémy fut le pilier essentiel de tout ce que je pus créer[13] ». Le général de Gaulle lui rend hommage en ces termes :

> Grâce au colonel Rémy et son réseau, aucun bateau allemand de surface n'abordait ou ne quittait Brest, Lorient, Nantes, Rochefort, La Rochelle ou Bordeaux sans que Londres en fût prévenu par télégramme. Aucun ouvrage n'était construit sur

12. Colonel Rémy, *Mémoires d'un agent secret de la France libre*, *op. cit.*
13. Colonel Passy, *Souvenirs*, *op. cit.*

> la côte de la Manche ou de l'Atlantique, en particulier dans les bases sous-marines, sans que l'emplacement et le plan en fussent connus de nous[14].

Claude Dansey, l'un des principaux chefs de l'Intelligence Service (services secrets britanniques) estime que « Rémy fut le plus extraordinaire agent secret [qu'il ait] rencontré au cours de [sa] longue carrière[15] ». L'amiral britannique Mountbatten, les généraux alliés Bedell Smith et Omar Bradley ont reconnu la valeur et la précision des renseignements fournis par Rémy et son réseau. Louis Vallon témoigne favorablement en sa faveur :

> Il y avait chez Rémy cette ambivalence du saint et du voyageur de commerce, ce côté thaumaturge aussi, ceci et cela expliquent à mon sens la réussite prodigieuse de ses efforts[16].

L'écrivain Henri de Grandmaison voit en Rémy un chevalier du XXe siècle, défenseur des causes nobles[17]. Il va aider les résistants communistes réduits à la misère après la guerre, comme prendre la défense d'officiers fidèles à l'Algérie française. Il intervient aussi bien pour un jeune drogué en prison que pour obtenir la Légion d'honneur en faveur d'un vieux pêcheur breton, ayant transporté clandestinement François Mitterrand dans son bateau durant la guerre, et accompli divers actes de résistance. Sa générosité semble sans limites.

La famille du colonel Rémy a été durement frappée par la guerre. Les Allemands arrêtèrent sa mère, cinq de ses sœurs et l'un de ses frères. Parmi eux, deux sœurs et son frère furent déportés, un oncle trouva la mort dans les camps nazis et le frère d'Édith fut tué dans le Vercors.

L'après-guerre provoque chez Rémy une profonde déception. La France retourne à ses basses querelles politiciennes, les mêmes qui ont en partie causé sa défaite en 1940. Héros de la Résistance, Rémy déteste les ambitions personnelles, les intrigues et les manœuvres. Obnubilé par l'indépendance et l'unité nationales, il se tourne vers les grands desseins gaulliens, sans se rendre compte parfois que certains nostalgiques de Vichy cherchent à le manipuler. « Rémy, écrit Guy Perrier, était avant tout guidé par l'esprit de justice et de

---

14. Général de Gaulle, *Mémoires de guerre*, Plon, 1959.
15. Archives du Centre national Jean Moulin, Bordeaux.
16. *Ibid.*
17. Henri de Grandmaison, *Le Colonel Rémy : un héros de l'ombre*, CMD, 2000.

charité dans la pure tradition chrétienne[18]. » Homme de conviction, Rémy confiait en 1975 à Paul Mauger :

> J'ai choisi la voie étroite où il y a plus de coups à recevoir que d'honneurs à glaner, mais qui est la route du devoir, celle que me dicte ma conscience[19].

Le colonel Passy résume parfaitement en quelques lignes l'étonnante personnalité de Rémy :

> Comme les vrais héros, il méprisa les prébendes et les honneurs que d'aucuns, inconnus au moment du danger, se disputèrent férocement à grands cris. Fidèle à ses croyances beaucoup plus qu'à un chef, il continua de lutter contre ce qu'il estimait être le mal, l'injustice et l'oppression. L'ingratitude le paya en retour[20] !

Soutenant ardemment le général de Gaulle lors du lancement du Rassemblement du Peuple France (RPF), Rémy constate rapidement que la politique pollue les individus. Les réunions sont trop souvent consacrées à ce qu'il appelle « les questions de basse cuisine électoraliste ». Il souffre de voir son pays retomber dans les mêmes erreurs que celles de la IIIe République. Il est souvent écœuré par les stratégies sinueuses des politiciens. Proche du général de Gaulle, il l'accompagne lors de ses déplacements, sans cependant se faire beaucoup d'illusions sur les hommes politiques. Il constate que les attentistes et les peureux des années sombres de l'Occupation refont surface, occupent des places importantes, au détriment des véritables héros de la guerre.

Après un voyage au Vatican, Rémy revient en France comme frappé par une illumination soudaine. Il assiste régulièrement à la messe, rencontre des prêtres de plus en plus souvent, prie quotidiennement. Il retrouve le chanoine Desgranges, ancien député du Morbihan, qui a eu un comportement exemplaire dans la Résistance. Desgranges ne peut cependant cacher sa révolte devant les injustices de l'épuration, où des pseudo-résistants se permettent de juger des prétendus collaborateurs. Les riches et les puissants passent souvent entre les mailles du filet de l'épuration, alors que les petits et les pauvres sont plus facilement condamnés. Témoin de lourdes erreurs

18. Guy Perrier, *Rémy : l'agent secret n° 1 de la France libre*, Perrin, 2001.
19. Archives du Centre National Jean Moulin, Bordeaux.
20. Colonel Passy, *Souvenirs*, *op. cit.*

judiciaires, le chanoine Desgranges fait part de sa colère à Rémy. Sous son influence, Rémy se met à dénoncer publiquement les abus de certains « résistants ». Emporté par sa ferveur chrétienne et son immense générosité, Rémy intervient notamment en faveur de Sacha Guitry injustement accusé de collaboration avec l'occupant, alors qu'il sauva plusieurs juifs de la déportation... Avec le chanoine Lancreton, également ancien résistant, Rémy aide financièrement certains politiques et militaires sortis de prison. Il reconnaît qu'un certain nombre de Français de bonne foi ont suivi le maréchal Pétain. Il s'élève contre les condamnations prononcées par des tribunaux d'exception dans un climat passionnel détestable, constate que les accusateurs ne sont pas toujours plus blancs que les accusés... Admirateur de Charles Maurras, Rémy ne peut oublier que les premières recrues de son réseau étaient des maurrassiens convaincus, dont l'Alsacien Paul Ambruster et le Périgourdin Louis de La Bardonnie.

Ulcéré par les accusations proférées contre Maurras, fondateur de l'Action française, et par les outrances des témoins, Rémy s'enflamme, décide de se battre pour obtenir la révision du procès. Il lui semble évident que Maurras, déjà bien avant la guerre, voyait en l'Allemagne l'ennemi principal de la France. Le chef nazi Otto Abetz télégraphiait d'ailleurs à Ribbentrop, le 18 décembre 1940 : « L'Action française est toujours guidée par sa haine traditionnelle des Allemands[21]. » Les maurrassiens se sont divisés pendant la guerre entre ceux qui ont choisi la Résistance et ceux qui se sont perdus dans l'ultra collaboration ou le pétainisme. Comme l'écrit Guy Perrier :

> Les interventions de Rémy, sa charité chrétienne, sa générosité bien connue le mettent très vite en contact avec des milieux qu'il n'avait pas l'habitude de côtoyer jusque-là : pétainistes convaincus ou effacés, royalistes patentés, hauts fonctionnaires civils ou militaires obéissants et frileux[22].

La récupération et la manipulation se mettent en route. Le royaliste Pierre Boutang, journaliste et écrivain spécialiste de Charles Maurras, fait figurer le nom de Rémy sur des affichettes annonçant un meeting contre les excès de l'épuration et en faveur de la révision du procès de Maurras. En vérité, Rémy a été placé devant le fait accompli par Boutang. Il estime cependant qu'il ne peut désormais

21. Archives du Centre National Jean Moulin, Bordeaux.

22. Guy Perrier, *Rémy ...*, *op. cit.*

se désister. Le général de Gaulle et Jacques Soustelle tentent de le dissuader de s'y rendre. Mais Rémy est breton et têtu… La réunion se déroule à Paris dans une salle trop petite pour contenir une foule immense qui se presse aux portes. Du haut de l'estrade, Rémy fait une intervention courte et sobre, critiquant les conditions dans lesquelles s'est déroulé le procès de Charles Maurras. Henri Massis intervient ensuite pour se lancer dans une défense enflammée de la politique de Vichy, thème qui n'était pas théoriquement à l'ordre du jour de la soirée. Les termes outranciers et inexacts qu'il emploie, poussent Rémy à redemander la parole. Boutang tente de l'en empêcher, mais Rémy insiste et reprend la parole pour glorifier l'action du général de Gaulle, tout en se disant convaincu de la droiture des intentions de certains fidèles du maréchal Pétain, qui se sont opposés aux Allemands. La foule acclame l'orateur avec fougue et passion.

Sans s'en rendre toujours compte, Rémy se met à fréquenter des personnages douteux, manœuvriers, ambigus. Il ne parvient pas toujours à faire la distinction entre le bon grain et l'ivraie. Il rencontre des pétainistes convaincus comme les généraux Weygand, Héring, de La Porte du Theil, l'amiral Auphan… On se sert de lui, on l'exploite. Naïf et généreux, Rémy se laisser prendre au piège. Sa volonté de réconcilier les Français, son engagement de catholique, son sens de la générosité et de la charité le poussent à composer avec ses adversaires durant la guerre, ceux qu'il vilipendait avant 1945. Sans lui demander son accord, on l'inscrit comme membre de l'Association pour la défense du maréchal Pétain. Et, une fois de plus, Rémy accepte le fait accompli sans broncher. Il se rapproche du Cercle d'études Charles Maurras et entre en liaison avec l'Institut de la maison de Bourbon.

L'origine du changement d'opinion de Rémy à l'encontre de Pétain remonte à une rencontre qu'il a eue avec le chef de la France libre : un jour de mars 1947, le colonel Rémy et le général de Gaulle marchent paisiblement au bois de Boulogne, après une réunion politique. La conversation porte sur l'année 1940. Rémy, qui s'est lancé dans une violente diatribe contre Pétain, se fait interrompre par le général de Gaulle qui lui dit :

> Voyez-vous Rémy, il faut que la France ait toujours deux cordes à son arc. En juin 1940, il lui fallait la corde Pétain, aussi bien que la corde de Gaulle[23].

23. Colonel Rémy, *Dix ans avec de Gaulle*, France Empire, 1971.

De retour à l'hôtel, Rémy demeure stupéfait par cette remarque pour le moins inattendue. Mais qu'a voulu dire exactement le général de Gaulle ? Pour Rémy, il ne fait aucun doute que le général de Gaulle semble reconnaître que l'action du maréchal Pétain à Vichy a tout de même servi les intérêts de la France. Rémy ne se gêne pas pour reproduire les propos du Général dans l'hebdomadaire *Carrefour*, le mardi 11 avril 1950, au sein d'un article retentissant. Rémy poursuit son argumentation en défendant la thèse de l'épée De Gaulle et du bouclier Pétain. Charles de Gaulle répond peu après à son ami Rémy dans un article publié dans *Le Figaro* :

> Je ne puis admettre sur ce sujet l'opinion qu'exprime, à présent, le colonel Rémy. On doit le savoir depuis dix ans. L'estime que j'ai pour l'auteur de cet article ne saurait rien y changer. Certes, la clémence à l'égard de ceux qui se sont trompés de bonne foi est désormais d'utilité nationale. Mais rien ne saurait dans aucune mesure justifier ce que fut la politique du régime et des hommes de Vichy, c'est-à-dire en pleine guerre mondiale, la capitulation de l'État devant une puissance ennemie et la collaboration de principe avec l'envahisseur. La nation a condamné cela. Il le fallait pour l'honneur et l'avenir de la France[24].

C'est un désaveu sans ambiguïté du général de Gaulle au sujet de la thèse maréchaliste de Rémy.

Il va s'ensuivre des séries d'articles et de lettres où les deux hommes se répondent à fleuret moucheté. De Gaulle pense « qu'il y a une certaine sentimentalité autour de Vichy, du Maréchal… Rémy a cédé à cette sentimentalité[25] ». Rémy, chrétien fervent, a certainement cédé à cette sentimentalité pour le vieux maréchal. La brouille entre les deux compagnons ne cesse de grandir, surtout que d'authentiques Français libres, comme le général de Larminat, estiment que « Rémy a failli à la loyauté que les Français libres se doivent entre eux en déformant, pour l'exploiter tendancieusement, un propos qu'il avait recueilli de l'amicale confiance du général de Gaulle, abusant ainsi de cette confiance[26] ».

Rejeté publiquement par le RPF, les proches du général de Gaulle et de la France libre, en froid avec le Général lui-même, Rémy aspire

24. Archives de la Fondation Charles de Gaulle, Paris.
25. *Ibid.*
26. *Ibid.*

à quitter la France, le cœur profondément blessé. Les lettres assassines, où on l'accuse de trahison, affluent chez lui. C'en est trop ! Le Portugal de Salazar lui ouvre les portes de l'exil. Lorsqu'il part pour le Portugal, au printemps 1954, Rémy a l'idée de faire transférer les cendres du maréchal Pétain à Douaumont lors d'une cérémonie officielle. L'affaire de l'Algérie va davantage creuser le fossé qui existe désormais entre Rémy et le Général. Le premier prend fait et cause pour les généraux putschistes. Il ne peut se faire à l'idée que près de deux millions de Français, dont beaucoup ont activement participé à la libération de la France en 1944 au sein de l'armée d'Afrique, soient subitement contraints de quitter l'Algérie, tandis que plus de 50 000 harkis et leurs familles sont honteusement abandonnés par la France. À son retour au pouvoir, en 1958, le général de Gaulle ne fait pas appel à Rémy pour le soutenir politiquement. La rupture semble totale.

De retour en France dans les années 1960, Rémy s'éloigne de Paris pour rejoindre sa Bretagne natale. Il continue à écrire de nombreux ouvrages, sur des sujets assez variés. Le 9 novembre 1970, le général de Gaulle meurt à Colombey. Rémy perd ses dernières illusions, son rêve d'organiser une cérémonie d'union nationale présidée par Charles de Gaulle pour accueillir à Verdun la dépouille du maréchal Pétain ! Guy Perrier analyse :

> Dans son combat pour la réconciliation des Français et dans son soutien moral apporté à l'Algérie française qui animent ses dernières années, Rémy se sent de plus en plus décalé par rapport à l'actualité, il en souffre et s'isole. Il ne supporte plus l'intolérance qui divise les Français en deux camps opposés, pétainistes et gaullistes. En outre, il se heurte à l'Association des Français libres qui le traite régulièrement de fasciste[27].

Malgré toutes ses blessures intérieures, Rémy retrouve une certaine sérénité au sein de sa famille, dont son épouse Édith. Jusqu'en 1984, il mène dans sa maison de Mor Breiz une vie de travail, de réflexions et de prières mariales. Il ne se ménage guère, ne tenant aucun compte des conseils des médecins. Il meurt dans la nuit du samedi 28 juillet 1984, victime d'une crise cardiaque, à l'hôtel Relais du Roy,

27. Guy Perrier, *Rémy …, op. cit.*

à Guingamp. François Mitterand, alors président de la République, tient à lui rendre publiquement hommage :

> Le colonel Rémy, l'un des plus glorieux héros de la Résistance et aussi l'un de ses plus grands historiens, restera à jamais l'honneur de la France[28].

Le parcours de Marie-Madeleine Fourcade est tout aussi éclairant. Née le 8 novembre 1909 à Marseille au sein d'une famille aisée, dont le père est un des dirigeants des Messageries maritimes, Marie-Madeleine Fourcade est élevée dans des institutions religieuses, connaît les colonies, en particulier l'Asie, mais également le Maroc. Elle épouse un officier dont elle a cinq enfants, puis devient en 1937 secrétaire général du groupe de publications anticommunistes et nationalistes du commandant Georges Loustaunau-Lacau, avec lequel elle partage le goût du renseignement et de l'action secrète, ainsi que les idées politiques très à droite. En avril 1941, ils mettent ensemble sur pied ensemble un réseau de renseignements militaires, en liaison avec les services secrets britanniques, puis ceux de la France libre. Ce réseau prend nom d'Alliance et regroupe près de 4 000 agents, dont 438 seront tués par les Allemands sur plus de 1 000 arrestations. Le réseau Alliance compte de nombreuses filières des deux côtés de la ligne de démarcation et des ramifications destinées à brouiller les pistes. Les agents d'Alliance recueillent et transmettent des renseignements capitaux aux Alliés sur les bases sous-marines, le mur de l'Atlantique, les mouvements des troupes allemandes. Ils participent également à l'acheminement vers l'Afrique du Nord du général Giraud, évadé d'Allemagne en avril 1942. C'est au réseau Alliance que l'on doit la livraison aux Alliés des principaux emplacements des rampes de nouvelles armes allemandes sur la côte atlantique, qui se révélera décisive au moment du débarquement en Normandie en juin 1944.

Après l'arrestation et la déportation de Loustaunau-Lacau en 1941, Marie-Madeleine Fourcade dirige le réseau, avec le soutien du commandant Faye. Elle parvient à déjouer presque tous les pièges, échappant à de nombreuses arrestations. Elle est finalement interceptée à Marseille à la fin de l'année 1942, mais parvient à s'échapper avec la complicité de policiers français, favorables à la Résistance.

---

28. Archives du centre national Jean Moulin, Bordeaux.

Constamment réélue députée des Côtes-du-Nord à partir de 1945, elle occupe le poste de vice-présidente de l'association nationale des médaillés de la Résistance en 1947. Membre de la Licra (Ligue internationale contre le racisme et l'antisémitisme), Marie-Madeleine Fourcade est représentante à l'Assemblée des communautés européennes (1981-1982) et préside en 1982 la Défense des intérêts de la France en Europe. Ses derniers combats portent sur le règlement de la crise libanaise et le procès de Barbie à Lyon. Elle décède le 20 juillet 1989, à l'hôpital militaire du Val-de-Grâce. Le gouvernement et les survivants du réseau Alliance lui rendent un hommage exceptionnel le 26 juillet, à l'occasion de ses obsèques en l'église Saint-Louis des Invalides et de son inhumation au cimetière du Père-Lachaise à Paris[29].

Il convient donc de ne pas tomber dans le travers gauchiste voulant nous faire croire à une omniprésence de la gauche dans la Résistance et de la droite dans la Collaboration. En réalité, si une partie de la gauche pacifiste collabore avec l'occupant, une partie tout aussi importante rejoint la Résistance. Il en va de même de la droite, aussi bien présente dans la Résistance que dans la Collaboration. La défaite de mai-juin 1940 fait éclater les barrières et les repères idéologiques de l'entre-deux-guerres.

De quelques personnalités controversées

Charles Maurras, personnalité dominante de la droite nationaliste, pousse par ses écrits autant de personnes dans la Résistance que dans la Collaboration. Il est intéressant de dresser son portrait, afin de mieux comprendre les parcours singuliers de nombreux résistants et d'aussi nombreux collaborateurs, influencés par l'Action française.

Charles Maurras voit le jour le 20 avril 1868 à Martigues d'un père aux convictions politiques libérales et d'une mère profondément catholique, prodiguant son aide aux plus pauvres. Orphelin de son géniteur en janvier 1874, il part vivre avec sa mère à Aix-en-Provence. Scolarisé dans un établissement catholique, il se passionne pour l'histoire, la littérature, les humanités gréco-latines, déteste les mathématiques et l'anglais. À 14 ans, il est soudain atteint de

29. *Ibid.*

surdité. L'abbé Penon l'aide à surmonter moralement ce handicap. En 1886, il découvre Frédéric Mistral dans le texte, et rêve d'écrire une anthologie de la poésie provençale. La poésie et la littérature éveillent sa vocation d'écrivain et de journaliste. En 1887, il se définit « comme un pur contemplatif et un solitaire[30] ». La même année, il collabore au quotidien catholique *L'Observateur français*, dont il devient secrétaire de rédaction. Pétri de culture classique (Virgile, Lucrèce, Racine) et moderne (Musset, Lamartine, Mistral), il fait la connaissance de Maurice Barrès et d'Anatole France. Il commence à publier ses premiers ouvrages en 1889-1899 (*Théodore Aubanel, Jean Moréas, Le Chemin du paradis, Le voyage d'Athènes*), rédige la plupart de ses articles littéraires dans *La Revue encyclopédique*, chroniquant les œuvres de Paul Bourget, Jean Psichari, Gabriele d'Annunzio, Paul Adam, Jean de Tinan, Pierre Louÿs, Marcel Proust, Henri de Régnier…

D'abord républicain, il se convertit au monarchisme en 1895, fait également campagne pour les idées nationalistes. Partisan d'une « monarchie traditionnelle, héréditaire, antiparlementaire et décentralisée », écrit François Broche, il prône également « l'antisémitisme d'État » (tout en ménageant les « bons juifs ») dans les colonnes du quotidien qu'il fonde avec Maurice Pujo et Henri Vaugeois : *L'Action française* (1899). Durant près de quarante ans, il y mène de virulentes campagnes contre la République (« la Gueuse », « la Femme sans tête »), mais aussi contre l'Allemagne et le germanisme qu'il rejette en bloc. Son influence sur l'ensemble de la droite ne cesse de se renforcer après la création de la Ligue d'Action française (1905), devenue l'une des principales formations politiques de l'entre-deux-guerres […]. Élu à l'Académie française au fauteuil de l'avocat Henri-Robert (9 juin 1938), il est reçu sous la Coupole par son ami Henry Bordeaux. Très hostile au régime nazi, dont il dénonce vigoureusement le racisme, mais très proche des dictatures fascistes (Mussolini, Franco, Salazar), il se rallie au régime de Vichy par admiration pour le maréchal Pétain (dont il qualifie l'accession au pouvoir de « divine surprise ») et parce que, tout en désapprouvant la collaboration avec l'occupant, il approuve les « principes fondateurs de la Révolution nationale[31] ».

Maurras, replié à Lyon dès l'été 1940, s'oppose aux collaborationnistes, partisans d'une Europe allemande. Durant l'Occupation, les membres et anciens proches de l'Action française se divisent en

30. Stéphane Giocanti, *Charles Maurras : le chaos et l'ordre*, Flammarion, 2006.
31. François Broche, *Dictionnaire de la Collaboration*, Belin, 2014.

trois groupes, à savoir celui des maurrassiens orthodoxes (Raphaël Alibert, René Gillouin), soutenant le maréchal Pétain et le régime de Vichy, celui des collaborationnistes pro-nazis (Robert Brasillach, Charles Lesca, Louis Darquier de Pellepoix, Joseph Darnand), et celui des résistants antinazis (Honoré d'Estienne d'Orves, Michel de Camaret, Henri d'Astier de la Vigerie, Gilbert Renault (colonel Rémy), Pierre de Bénouville, Daniel Cordier, Jacques Renouvin). Il n'y a pas de statistiques sur les répartitions de ces trois groupes, mais si les dirigeants de l'Action française soutiennent en majorité Pétain et son régime, les sympathisants maurrassiens rejoignent en majorité la Résistance par germanophobie. Le résistant de la France libre Pierre Mendès France écrit à ce sujet :

> L'Action française, sous l'influence directe de Maurras, suit Vichy, mais là encore, la principale partie des troupes a abandonné les chefs. Comme la plupart des anciens Croix-de-Feu, les militants, surtout les éléments les plus jeunes, sont anti-allemands et absolument hostiles à la soumission à l'occupant[32].

Le colonel Rémy affirme que « le réflexe qui [l]'a fait partir pour l'Angleterre le 18 juin 1940 trouvait son origine dans l'enseignement que, depuis vingt ans, [il] recevai[t] quotidiennement de la signature de Charles Maurras[33] ». Daniel Cordier, adjoint de Jean Moulin, affirme la même chose.

L'anglophobie de Maurras ne compense pas aux yeux des nazis sa germanophobie tout aussi virulente, ce qui lui vaut en 1942 d'être mis au rang des « ennemis incorrigibles de l'Allemagne », aux côtés de Massis, Claudel et Mauriac, par les dignitaires du IIIe Reich. Le conseiller nazi Schleier dénonce dans une note au ministre Joachim von Ribbentrop « le comportement fondamentalement anti-allemand de Charles Maurras[34] ». Les collaborationnistes comme Déat, Doriot, Brasillach et Rebatet se déchaînent contre Maurras. Rebatet écrit que « Maurras est de tous les Français celui qui détestait le plus profondément l'Allemagne », s'insurge contre les propos de Maurras qui qualifie « Hitler de possédé », condamne « la germanophobie

32. Archives nationales, Paris.
33. Archives du centre national Jean Moulin, Bordeaux.
34. Archives nationales, Paris.

aveugle et maniaque de l'Action française[35] ». Le collaborationniste Pierre-Antoine Cousteau écrit après la guerre :

> Maurras m'inspirait une horreur sacrée, uniquement parce qu'il faisait de la pérennité des guerres franco-allemandes la base de son système et que j'étais déjà convaincu que l'Europe ne serait jamais viable sans entente franco-allemande, que c'était le premier de tous les problèmes, le seul vraiment important, celui dont dépendait la guerre et la paix, la vie et la mort[36].

Cependant, par hantise de la guerre civile et par anticommunisme, Maurras condamne les résistants, qu'il qualifie de « terroristes », appelant même à la répression la plus violente contre eux, exige « des otages et des exécutions », « la mise à mort des gaullistes faits prisonniers ». Il déclare même que si « la peine de mort n'était pas suffisante pour mettre un terme aux activités des gaullistes, il fallait se saisir des membres de leur famille comme otages et exécuter ceux-ci[37] ». Il écrit en 1944 que « si les Anglo-Américains devaient gagner la guerre, cela signifierait le retour des francs-maçons, des juifs et de tout le personnel politique éliminé en 1940 », et que soutenir les Alliés serait prendre parti « du mauvais côté[38] ».

Dans une lettre à Jean Arfel de 1948, Maurras affirme néanmoins que, dans ses propos anti-résistants et anti-Alliés, il y avait une part de feinte destinée à tromper l'occupant allemand, afin d'éviter une guerre civile en France :

> Mon escrime quotidienne contre les collaborationnistes et philoboches était toujours accompagnée, comme sa feinte protectrice, d'une pointe contre le gaullisme et les maquisards, feinte qui a toujours trompé les Allemands à leur grand détriment [...]. Je voulais tout tenter, à tout prix, pour épargner à la France le malheur du champ de bataille[39].

Jacques Prévotat écrit avec justesse que « Maurras s'enferme dans un schématisme abstrait, détaché du réel concret, mais dont l'orientation,

35. *Ibid.*
36. *Ibid.*
37. *Ibid.*
38. *Ibid.*
39. Cité par Stéphane Giocanti, *Charles Maurras : le chaos et l'ordre*, *op. cit.*

systématiquement favorable au régime de Vichy et hostile à la cause alliée, tourne à une complicité de fait avec l'occupant[40] ». De plus, Maurras approuve avec force la politique antisémite du régime de Vichy.

Décoré de la Francisque par le maréchal Pétain le 8 mai 1943, Maurras soutient Vichy jusqu'au bout, se trompe sur la possibilité qu'a Pétain de négocier avec les Alliés. Il exulte de joie en apprenant la libération de Paris par la division blindée française du général Philippe Leclerc de Hauteclocque : le 3 septembre 1944, il arrose l'événement chez son ami Henri Rambaud.

Le 9 septembre 1944, Charles Maurras est arrêté à Lyon, puis déclaré coupable de haute trahison et d'intelligence avec l'ennemi par la Cour de Justice de Lyon, qui le condamne en janvier 1945 à la réclusion criminelle à perpétuité et à la dégradation nationale. Il est incarcéré à la centrale de Clairvaux. La gravité de son état de santé incite le président Vincent Auriol à lui accorder une grâce médicale en mars 1952. Il est transféré à la clinique Saint-Grégoire de Saint-Symphorien-lès-Tours. Il meurt le 16 novembre 1952, après avoir reçu les derniers sacrements catholiques.

*

Louis-Ferdinand Céline, adulé par de nombreux intellectuels de gauche pour ses écrits soi-disant anticapitalistes, est pourtant l'un des pires collaborateurs antisémites, dont on découvre depuis peu l'engagement secret auprès des nazis comme agent informateur !

Né Louis Ferdinand Destouches, il voit le jour le 27 mai 1894 à Courbevoie. Il est le fils unique de Ferdinand Destouches, employé d'assurances (descendant, semble-t-il, du noble chevalier Destouches), et de Marguerite Guillou, commerçante en dentelles dans une petite boutique. En 1900, il entre à l'école communale du square Louvois à Paris, puis intègre un établissement catholique durant une année avant de revenir dans le public. Après deux voyages linguistiques en Allemagne et en Angleterre, il occupe, adolescent, un emploi dans une bijouterie, puis s'engage dans l'armée française le 28 septembre 1912, au sein du 12e régiment de cuirassiers à Rambouillet. Promu brigadier en 1913 et maréchal des logis l'année suivante, il devient

40. Jacques Prévotat, *L'Action française*, PUF, 2004.

ainsi sous-officier à 20 ans. Il participe aux premiers combats de la Première Guerre mondiale dans les Flandres. Le 24 novembre 1914, il est décoré de la Médaille militaire, après une blessure au bras, puis déclaré inapte au combat et réformé. En avril 1916, il contracte un engagement dans une compagnie de traite qui l'envoie au Cameroun, afin de surveiller les plantations. Cependant, malade, il doit rentrer en France au bout d'une année. En 1918, il travaille au côté de l'écrivain Henry de Graffigny puis, embauché par la Fondation Rockefeller, parcourt la Bretagne pour participer à une campagne de prévention de la tuberculose.

Après la guerre, il s'installe à Rennes, épouse en août 1919 Édith Follet, la fille du directeur de l'école de médecine de la ville. Cette dernière donne naissance à son unique enfant, Colette Destouches. Le jeune père prépare le baccalauréat, qu'il obtient en 1919, poursuit des études accélérées de médecine de 1920 à 1924. Après son doctorat, il est embauché par la Fondation Rockefeller qui subventionne son poste de médecin à l'Institut d'hygiène de la Société des nations (SDN). Il accomplit plusieurs voyages en Afrique et en Amérique, puis est engagé au dispensaire de Bezons.

En 1926, il rencontre à Genève la danseuse américaine Elizabeth Craig, la passion amoureuse de sa vie, qui le quitte en 1933 pour épouser Ben Tankel, qui se trouve être juif. Il publie des articles dans la presse médicale qui ne correspondent pas à l'image d'anarchiste qu'on se fait de lui, où il préconise d'embaucher dans les usines « les ouvriers tarés [...], dépourvus de sens critique, formant une main-d'œuvre stable et qui se résigne mieux qu'une autre ». Dans un autre article, il propose de créer des médecins policiers d'entreprise, « chargés de convaincre que la plupart des malades peuvent travailler et que l'assuré doit travailler le plus possible avec le moins d'interruption possible pour cause de maladie[41] ». Céline conclut sans la moindre équivoque :

> L'intérêt populaire ? C'est une substance bien infidèle, impulsive et vague. Nous y renonçons volontiers. Ce qui nous paraît beaucoup plus sérieux, c'est l'intérêt patronal et son intérêt économique, point sentimental[42].

41. Archives nationales, Paris.

42. *Ibid.*

Certains biographes de Céline voient dans ces articles l'ironie du futur écrivain car, quelques années après, plusieurs passages du *Voyage au bout de la nuit* dénoncent l'inhumanité du système capitaliste.

Ce premier roman, publié en octobre 1932, remporte un immense succès en librairie, reçoit le prix Renaudot, après avoir manqué de peu le prix Goncourt. Il est alors très apprécié dans les milieux de gauche qui voient en lui un défenseur de la classe populaire et un farouche antimilitariste. Louis Aragon lui demande de rejoindre le Parti communiste français. Les critiques de la presse, au sujet de son roman, sont enthousiastes ou scandalisées. Le 1er octobre 1933, Céline prononce un discours dans lequel il dénonce les sociétés fascistes, bourgeoises et marxistes, reposant toutes sur un mensonge permanent et n'ayant qu'un seul et même but, à savoir la guerre. Elsa Triolet participe à la traduction en russe du *Voyage au bout de la nuit*, qui paraît en Union soviétique en janvier 1934, avec de nombreux passages supprimés.

En mai 1936, en plein Front populaire, Céline fait paraître son deuxième roman, *Mort à crédit*, qui se vend bien mais sans connaître le même succès que le premier. Certains critiques de gauche et de droite se déchaînent contre ce livre, dénoncent le style trop populaire, la propension de l'auteur à rabaisser l'homme, son pessimisme total. Il décide d'interrompre la production romanesque pour se lancer dans l'œuvre pamphlétaire, se rend en Union soviétique pour dépenser ses droits d'auteur. Pour lui, toute forme d'optimisme est une imposture, on ne parviendra jamais à se débarrasser de tous les égoïsmes, donc le sort des hommes ne s'améliorera pas. Il publie son premier pamphlet, *Mea Culpa*, qui exprime son dégoût du capitalisme et des bourgeois, sans oublier le communisme : imposture pour les imbéciles heureux.

À la fin des années 1930, Céline fait la connaissance du critique d'art allemand Arthur Pfannstiel, travaillant pour le service mondial nazi anti-maçonnique et antisémite. Céline publie ensuite deux pamphlets violemment antisémites, *Bagatelles pour un massacre* (1937) et *L'École des cadavres* (1938). Il se déclare « l'ennemi n° 1 des juifs », se rapproche des milieux français pro-nazis, en particulier de l'équipe du journal de Louis Darquier de Pellepoix, *La France enchaînée*.

Dans *Bagatelles pour un massacre*, Céline écrit :

> Pleurer, c'est le triomphe des juifs! Réussi admirablement! Le monde à nous par les larmes! Vingt millions de martyrs bien

> entraînés, c'est une force! Les persécutés surgissent, hâves, blêmis, de la nuit des temps, des siècles de torture[43]... »

Dans *L'École des cadavres* :

> Les juifs, racialement, sont des monstres, des hybrides, des loups tiraillés qui doivent disparaître [...]. Dans l'élevage humain, ce ne sont, tout bluff à part, que bâtards gangréneux, ravageurs, pourrisseurs. Le juif n'a jamais été persécuté par les Aryens. Il s'est persécuté lui-même. Il est le damné des tiraillements de sa viande d'hybride [...]. Je me sens très ami d'Hitler, très ami de tous les Allemands, je trouve que ce sont des frères, qu'ils ont bien raison d'être racistes; ça me ferait énormément de peine si jamais ils étaient battus. Je trouve que nos vrais ennemis, c'est les juifs et les francs-maçons. Que la guerre, c'est la guerre des juifs et des francs-maçons, que c'est pas du tout la nôtre. Que c'est un crime qu'on nous oblige à porter les armes contre des personnes de notre race, qui nous demandent rien, que c'est juste pour faire plaisir aux détrousseurs du ghetto. Que c'est la dégringolade au dernier cran de la dégueulasserie[44].

Sous l'occupation allemande, Céline devient un collaborateur inconditionnel du régime hitlérien, sans adhérer cependant à un seul mouvement collaborationniste. Le nazi Karl Epting, directeur de l'Institut allemand de Paris, le décrit comme « un de ces Français qui ont une relation profonde avec les sources de l'esprit européen ». Céline exprime ouvertement son soutien à l'Allemagne nazie. Lorsqu'elle envahit l'Union soviétique en juin 1941, il déclare :

> Pour devenir collaborationniste, j'ai pas attendu que la Kommandantur pavoise au Crillon... On n'y pense pas assez à cette protection de la race blanche. C'est maintenant qu'il faut agir, parce que demain il sera trop tard [...]. Doriot s'est comporté comme il l'a toujours fait. C'est un homme... Il faut travailler, militer avec Doriot [...]. Cette Légion (la LVF) si calomniée, si critiquée, c'est la preuve de la vie [...]. Moi, je vous le dis, la Légion, c'est bien, c'est tout ce qu'il y a de bien.

43. Denoël, 1937.
44. Denoël, 1938.

Dans le fichier de la collaboration de 1945 du ministère de la Guerre du 5e Bureau, à savoir le service de contre-espionnage de l'armée française, où figurent 96 492 « suspects et douteux », Louis Ferdinand Destouches, dit Céline, figure à la page 621, comme agent du SD (service de sécurité des nazis)[45]. Il est cité par le chef SS Knochen « parmi les Français désireux de collaborer volontairement avec les Allemands[46] ». D'après Patrick Lepetit, Céline s'est livré « effectivement à plusieurs reprises à cet "acte de parole" qu'est la dénonciation, quand cela peut valoir arrestation par la Gestapo [...]. Sont attestées à ce jour les dénonciations de judéité de six, voire sept personnes, ainsi que deux dénonciations de communistes ».

D'après Annick Duraffour et Pierre-André Taguieff, Céline a dénoncé comme médecin juif, le Dr Joseph Hogarth, en poste au dispensaire de Bezons, dont il convoite la place :

> Cette dénonciation montre de quoi Céline était capable quand antisémitisme et intérêt personnel se mettaient au service de l'un de l'autre.

Céline n'est pas uniquement antisémite et anticommuniste, il a aussi une opinion raciste à l'encontre des populations de la zone Sud de la France, voire du bassin méditerranéen, lorsqu'il écrit en 1940 :

> Zone Sud, zone peuplée de bâtards méditerranéens dégénérés, de nervis, félibres gâteux, parasites arabiques que la France aurait eu tout intérêt à jeter par-dessus bord. Au-dessous de la Loire, rien que pourriture, fainéantise, infects métissages négrifiés[47].

En 1943, Hans Grimm, membre du service de renseignement de la SS à Rennes, fournit à Céline une autorisation pour se rendre en vacances à Saint-Malo, zone pourtant d'accès très limité. Pour le remercier, l'écrivain lui offre la première édition d'un de ses romans. En février 1944, on le retrouve à un dîner à l'ambassade d'Allemagne à Paris avec ses amis collabos Jacques Benoist-Méchin, Pierre Drieu la Rochelle. Cependant si Céline n'adhère à aucun mouvement collaborationniste français, critique sévèrement le régime de Vichy, il ne

45. Archives Dominique Lormier.
46. Archives nationales, Paris.
47. *Ibid.*

cache pas son admiration pour le régime hitlérien. C'est un partisan de l'Europe allemande, sous la domination du national-socialisme.

François Broche écrit au sujet de Céline :

> Il collabore à divers journaux antisémites et pro-nazis (*Notre combat pour la nouvelle France socialiste, Au Pilori*). Il assiste aux inaugurations de l'Institut d'études des Questions juives (mai 1941) et de l'exposition « Le juif de France » (5 septembre 1941), ainsi qu'à un meeting de Jacques Doriot au Vel'd'Hiv (1er février 1942), fréquente l'ambassade d'Allemagne, se rend à Berlin (mars 1942), signe le « Manifeste des intellectuels contre les crimes anglais », publie *Guignol's band* (mars 1944)[48].

Après le débarquement des Alliés en Normandie, craignant pour sa vie, il quitte la France avec sa seconde épouse, Lucette, le 17 juin 1944. Le couple s'installe dans un hôtel à Baden-Baden en Allemagne, réquisitionné par le régime nazi afin d'y accueillir les hôtes de marque de la Collaboration. Ne pouvant obtenir un visa pour le Danemark, le couple rejoint Berlin, puis Kanzlin. Apprenant que le gratin collaborationniste se trouve à Sigmaringen, Céline demande à Fernand de Brinon, ancien représentant de Vichy pour la France occupée, d'y exercer sa profession de médecin. Ce dernier accepte, si bien que le couple s'installe fin octobre 1944 dans ce dernier carré de la collaboration franco-allemande.

Le 18 mars 1945, Céline obtient enfin son visa pour le Danemark, grâce à l'intervention du colonel SS Hermann Bickler. Il arrive à Copenhague cinq jours plus tard. Dans ce pays, toujours occupé par l'armée allemande, il s'installe dans l'appartement de la danseuse Karen Marie Jensen, une de ses anciennes maîtresses, qui a placé en 1942 les fonds de l'écrivain sous forme de lingots d'or dans une banque de Copenhague. Il récupère ses lingots et les échange en couronnes danoises sur le marché noir. Arrêté le 17 décembre 1945 par les Alliés, il est incarcéré au Danemark dans la prison de Veste Faengsel durant une année et demie, puis plus de trois ans à Korsor, dans une modeste chaumière.

Entre 1947 et 1949, Louis-Ferdinand Céline correspond avec l'universitaire juif américain Milton Hindus, fervent admirateur du romancier, qui publie en 1950 un livre enthousiaste sur son œuvre

48. François Broche, *Dictionnaire de la collaboration*, *op. cit.*

littéraire. Le 21 février 1950, dans le cadre de l'épuration en France, il est condamné par contumace par la chambre civique de la Cour de Paris pour collaboration, selon l'article 83 pour « acte de nature à nuire à la défense nationale », à une année d'emprisonnement (déjà effectuée au Danemark), à 50 000 francs d'amende, à la confiscation de la moitié de ses biens et à l'indignité nationale. En revanche, l'article 75 « d'intelligence avec l'ennemi » et « trahison » n'est pas retenu contre lui. Raoul Nordling, consul général de Suède à Paris, est intervenu en sa faveur auprès de Gustav Rasmussen, ministre danois des Affaires étrangères, pour retarder son extradition et aurait rédigé un courrier au président de la Cour de Justice de Paris.

Le 20 avril 1951, l'avocat d'extrême droite Jean-Louis Tixier-Vignancour obtient son amnistie au titre de grand invalide de guerre depuis 1914, en présentant son dossier sous le nom de Louis Ferdinand Destouches, sans qu'aucun magistrat ne fasse le rapprochement avec Céline ! De retour en France en juillet 1951, il s'installe chez des amis à Nice avec sa femme Lucette. Son éditeur d'origine Robert Denoël ayant été abattu en 1945, il signe un contrat de cinq millions de francs avec Gaston Gallimard pour la publication de ses nouvelles œuvres et les rééditions de ses deux anciens romans, *Voyage au bout de la nuit* et *Mort à crédit*.

En octobre 1951, le couple s'installe dans un pavillon, route des Gardes, à Meudon, dans les Hauts-de-Seine. Toujours inscrit à l'ordre des médecins, il accroche une plaque professionnelle à l'entrée de sa propriété, tandis que son épouse Lucette donne des cours de danse. Il vit durant plusieurs années des avances des éditions Gallimard, puis renoue avec le succès littéraire, à compter de 1957, avec sa *Trilogie allemande*, dans laquelle il romance à son avantage son exil.

Louis Ferdinand Destouches, dit Céline, décède à son domicile de Meudon le 1er juillet 1961. François Broche conclut :

> Depuis un demi-siècle, il n'a jamais cessé d'être réédité et de faire l'objet d'études et de biographies. Interdits en France depuis 1945, les pamphlets antisémites ont été réédités au Québec[49].

Robert Brasillach écrit son sujet :

49. *Ibid.*

> En même temps, l'antisémitisme instinctif trouvait son prophète dans Louis-Ferdinand Céline, l'auteur du *Voyage au bout de la nuit*, qui lançait avec *Bagatelles pour un massacre* un livre torrentiel, d'une férocité joyeuse, excessif bien entendu, mais d'une verve grandiose. Pas de raisonnement là-dedans, seulement « la révolte des indignés ». Le triomphe fut prodigieux[50].

*

Marguerite Duras, également adulée par de nombreux intellectuels de gauche, ne fut pourtant pas particulièrement très résistante au début et au milieu de l'Occupation…

Née Marguerite Donadieu, elle voit le jour le 4 avril 1914 à Gia Dinh, près de Saïgon, dans la colonie de Cochinchine, rattachée à l'Indochine française. Son père, directeur d'école, meurt le 4 décembre 1921, à l'âge de 49 ans, tandis que sa mère exerce le métier d'institutrice. En 1930, Marguerite entre en pension au lycée Laublat de Saïgon, afin de suivre des études secondaires. Après avoir obtenu un baccalauréat de philosophie, elle quitte l'Indochine en 1931, poursuit ses études en France, s'inscrit à la faculté de droit de Paris. En janvier 1936, elle fait la connaissance de Robert Antelme. Après une licence en droit et un diplôme de sciences politiques, elle obtient un poste de secrétaire au ministère des Colonies en juin 1938. Bien que mobilisé dans l'armée à la fin de l'été 1939, Antelme épouse Marguerite Donadieu le 23 septembre.

Marguerite cosigne, au printemps 1940, avec Philippe Roques, un texte de propagande du ministère des Colonies, dirigé par Georges Mandel. On peut notamment y lire cette citation de Jules Ferry :

> On ne peut pas mêler cette race jaune à notre race blanche, il est du devoir des races supérieures de civiliser les races inférieures[51].

À cette époque, Marguerite semble ignorer, au sein de l'Empire colonial français, la distinction entre les « citoyens » (colonisateurs) et les « sujets » (colonisés). Elle écrit dans un article publié dans *L'Illustration* :

50. Cité par Philippe Randa, *Dictionnaire commenté de la collaboration française*, *op. cit.*
51. Archives nationales, Paris.

> Notre conception impériale est, en effet, la négation même du racisme. La France a donné à tous ses sujets d'outre-mer, sans faire de distinction entre les races, les mêmes possibilités de développement et les mêmes espoirs. L'Indigène n'a jamais été traité en vaincu ; non seulement nous avons des devoirs envers lui, mais nous lui reconnaissons des droits sociaux et politiques et surtout celui d'acquérir des connaissances nouvelles. Certes, ce n'est pas à lui qu'il appartient de décider à quel moment il pourra user de ses capacités. C'est à nous, au moment voulu, d'alléger notre tutelle[52].

Elle condamnera par la suite le contenu colonialiste de cet article.

Après la défaite de 1940, son mari entre comme rédacteur à la préfecture de Police, puis au cabinet de Pierre Pucheu, ministre de la Production industrielle. Pucheu, ancien membre du Parti populaire français (1936-1937), rallié à la Révolution nationale du maréchal Pétain, devenu ministre de l'Intérieur en juillet 1941, est persuadé que l'Allemagne va gagner la guerre, et qu'il faut donc collaborer activement avec l'occupant. Il se livre alors à une traque impitoyable des juifs, des communistes, des francs-maçons, des anarchistes, en étroite liaison avec les nazis. En août 1941, il fonde les sections spéciales, chargées de juger rapidement tous les opposants au régime de Vichy, ainsi que des brigades spéciales de la police anticommuniste. Il ordonne aux préfets de fournir au plus vite des travailleurs français à l'Allemagne hitlérienne.

Durant cette sombre période, Marguerite fréquente sans état d'âme le gratin de la collaboration intellectuelle, dont Ramon Fernandez, ainsi que le lieutenant nazi Gerhard Heller et l'agent français de la Gestapo Charles Delval. Ramon Fernandez, ancien socialiste et ex-membre du Comité de vigilance des intellectuels antifascistes, adhère au Parti populaire français en 1937 du fasciste Jacques Doriot, dont il devient membre du bureau politique. Rallié au régime de Vichy, il collabore comme critique littéraire dans la presse collaborationniste, fait partie du voyage des écrivains français à Weimar en 1941. Il écrit en mars 1943 :

52. Archives de *l'Illustration*, Paris.

> Contrairement aux lourdes prétentions de la propagande radiophonique, c'est l'Allemagne qui représente le mieux les valeurs de l'esprit[53].

En 1942, Marguerite entre à la Commission du contrôle du papier d'édition, présidée par Bernard Faÿ, chargée de distribuer du papier aux éditeurs et aux écrivains collaborationnistes. Dès les années 1930, Faÿ clame son admiration pour le fascisme et le nazisme, collabore au Comité France-Allemagne, truffé d'espions nazis, clame son hostilité au Front populaire, écrit sous l'Occupation dans la presse la plus collaborationniste. Secrétaire et lectrice au sein de cette commission favorable à l'Allemagne hitlérienne, Marguerite travaille activement avec Betty Fernandez, l'épouse du critique littéraire fasciné par Hitler et son régime. Nullement perturbée par cette activité, elle reste à son poste jusqu'en janvier 1944. Elle rencontre, dans l'appartement parisien de la rue Saint-Benoît de Ramon Fernandez, certains écrivains les plus marqués dans la collaboration, comme Pierre Drieu la Rochelle, Marcel Jouhandeau et Céline.

Entrée tardivement dans la Résistance, probablement fin 1943 ou début 1944, dans le réseau Morland d'un certain François Mitterrand (ancien pétainiste, décoré de la Francisque au printemps 1943, rallié définitivement à la Résistance durant l'automne de la même année), Marguerite publie son premier roman, *Les Impudents*, chez Plon. Son mari, Robert Antelme, après un passé pétainiste, a également rejoint la Résistance courant 1943. Arrêté en juin 1944, il est déporté par les nazis. Marc Riglet souligne :

> Au fond, la « résistance » de Marguerite Duras se résume au hasard de sa rencontre avec Mitterrand et au malheur de son mari, Robert Antelme, qui manque de mourir en déportation[54].

Après la guerre, elle mène une brillante carrière de romancière, d'auteur dramatique et de cinéaste, obtient le prix Goncourt pour *L'Amant* en 1984. Elle entretient d'étroites relations avec François Mitterrand, qui reçoit dans sa propriété des Landes René Bousquet, l'ancien chef de la police de Vichy, organisateur de nombreuses rafles contre les juifs, qui poursuit une carrière de notable sous les IVe et

53. Cité par François Broche, *Dictionnaire de la collaboration*, *op. cit.*

54. Marc Riglet, « La politique, l'autre passion de Marguerite Duras », *l'Express*, 21 janvier 2014.

Ve Républiques, tandis que des petits collabos de seconde zone sont sévèrement condamnés à la Libération et après la guerre… On estime que 40 % des 76 000 juifs déportés en France l'ont été avec la collaboration active des services répressifs de René Bousquet et de Joseph Darnand.

Durant les années 1980, Marguerite Duras, oubliant son passé douteux sous l'Occupation, s'en prend régulièrement à Jean-Marie Le Pen, pupille de la nation, pratique parfois un véritable terrorisme intellectuel à l'encontre de ceux qui ne pensent pas comme elle… Elle estime que les électeurs et les députés du Front national appartiennent « à la populace » et non au peuple de France… Il est « vrai » que Michel de Camaret, élu à l'Assemblée européenne sur la liste du Front national de Jean-Marie Le Pen, en juin 1984, est un parfait représentant de cette « populace » : entrée dans la résistance intérieure dès septembre 1940, il rejoint ensuite les Forces français libres du général de Gaulle en août 1942. Engagé dans les parachutistes de la France libre, il est parachuté en juin 1944 en Bretagne, afin d'épauler les maquis locaux. Il se bat comme un lion. Blessé deux fois par balle lors d'affrontement contre les nazis, il a un bras cassé mais refuse de cesser le combat. Son action permet de fixer d'importantes unités allemandes dans la guérilla, facilitant ainsi le succès du débarquement des Alliés en Normandie. Parachuté ensuite en Hollande, il ne cesse de harceler avec son groupe les unités allemandes. Des documents trouvés sur les Allemands établissent qu'ils estimaient à 800 le groupe de 20 hommes du lieutenant de Camaret. Fait compagnon de la Libération par le général de Gaulle pour sa bravoure extraordinaire durant la Seconde Guerre mondiale, couvert de médailles françaises et alliées, il entame ensuite une brillante carrière diplomatique.

Nous pourrions multiplier les exemples au sujet de cette « populace » fasciste… Je pense notamment aux trois frères Alain, Olivier et Francis Massart, héros de la Résistance et de la France libre, amis de Jean-Marie Le Pen… Alain Massart, évadé de France en 1942, rejoint le groupe de chasse Ardennes en Afrique du Nord et participe comme pilote à la Libération de la France et à la campagne d'Allemagne. Olivier Massart, évadé de France en 1940, compagnon de la Libération, commande le groupe de chasse FAFL (Forces aériennes françaises libres) Île-de-France et participe à des nombreux combats aériens. Francis Massart, évadé de France en 1942, lutte avec courage dans les rangs du 1er régiment de chasseurs parachutistes, qui va subir des pertes terribles en Alsace en 1944-1945. Il sera lui-même blessé au combat. Trois « ignobles fascistes » issus de « la populace », en effet...

Il est également impossible d'oublier le capitaine Roger Sauvage, noir martiniquais, héros de la France libre et de l'Union soviétique durant la Seconde Guerre mondiale, pilote de chasse au sein du prestigieux groupe Normandie-Niemen, as aux 14 victoires aériennes, second de liste de Jean-Marie Le Pen aux élections législatives de 1956...

Marguerite Duras décède le 3 mars 1996, à l'âge de 81 ans, à Paris. Ses « années interdites » ne doivent pas faire oublier son talent littéraire, reconnu dans le monde entier. L'écrivain Alain Vircondelet lui consacre des ouvrages remarquables, de même que l'excellente comédienne Maud Andrieux met en avant la beauté lumineuse de son œuvre.

Au sujet de Marguerite Duras, Marc Riglet écrit fort justement :

> De même qu'elle n'a rien fait de particulièrement indigne « en collaborant », de même n'a-t-elle rien fait de particulièrement signalé « en résistant[55] ».

*

Jean-Paul Sartre, l'une des références de la gauche anticapitaliste après la guerre, n'a pas particulièrement brillé durant l'Occupation... Il est né le 21 juin 1905 à Paris, au sein d'une famille bourgeoise du 16e arrondissement. Après de brillantes études secondaires, il prépare, avec son ami Paul Nizan, le concours d'entrée à l'École normale supérieure. Normalien, major de l'agrégation de philosophie devant sa compagne Simone de Beauvoir, il devient professeur au lycée du Havre de 1931 à 1933, à l'Institut français de Berlin en 1933-1934 et au lycée Pasteur de Neuilly-sur-Seine en 1937-1939. Il publie deux livres remarqués, un roman : *La Nausée* (1938), et un recueil de nouvelles : *Le Mur* (1939). Son roman manque de peu le prix Goncourt.

Avant la guerre, Jean-Paul Sartre n'a pas de profonde conscience politique. Pacifiste et antimilitariste, il est mobilisé en 1939 comme soldat dans les services météorologistes, supporte assez mal les relations

55. *Ibid.*

hiérarchiques de l'armée. Le 21 juin 1940, il est fait prisonnier à Padoux, dans les Vosges, et envoyé dans un camp de détention de 25 000 détenus en Allemagne. Son expérience de prisonnier de guerre lui fait découvrir le sens de la solidarité avec ses compagnons. Il n'est plus l'individualiste des années 1930, mais se fixe un devoir social dans la communauté.

En mars 1941, Sartre aurait été libéré comme rapatrié sanitaire, en raison d'un strabisme excessif : c'est du moins sa version après la guerre... Or, d'après les auteurs Gilles et Jean-Robert Ragache, il doit sa libération à l'intervention de l'écrivain collaborationniste Pierre Drieu la Rochelle :

> À l'automne 1940, Drieu avait noté dans son carnet une liste d'écrivains prisonniers – où figurait Sartre – suivie de la mention : « Demander la libération des auteurs en contrepartie de mon action à la NRF[56]. »

Dès son retour à Paris, Jean-Paul Sartre prétend avoir fondé avec Simone de Beauvoir un mouvement de résistance, Socialisme et Liberté, qui aurait compté une cinquantaine de membres en juin 1941. Or aucune recherche historique sérieuse n'a pu mettre en lumière l'existence de ce prétendu mouvement, l'historien officiel de la Résistance Henri Noguères (ancien résistant) écrivant même :

> Je maintiens qu'en une vingtaine d'années consacrées à la recherche et à des travaux sur l'histoire de la Résistance en France, je n'ai jamais rencontré Sartre ou Beauvoir[57].

En revanche, en octobre 1941, Jean-Paul Sartre occupe un poste de professeur au lycée Condorcet, occupé initialement par Henri Dreyfus-Le Foyer, évincé en raison de ses origines juives. Il écrit des articles philosophiques et littéraires dans la revue collaborationniste et antisémite *Comoedia*, fait jouer, en 1943, une pièce qu'il a composée, *Les Mouches*. Cela lui vaut un commentaire élogieux du *Guide allemand pour Paris*, lancé en juillet 1940 par Edmond Locher, un affairiste suisse germanophile en relation avec le groupe de Gerhard Hibbelen, un nazi alsacien de la première heure :

56. Gilles et Jean-Robert Ragache, *La Vie quotidienne des écrivains et des artistes sous l'Occupation 1940-1944*, Hachette, 1992.
57. Henri Noguères, *Histoire de la Résistance en France*, Robert Laffont, 1981.

> Jean-Paul Sartre [...] a écrit une grande pièce, c'est indéniable. Elle témoigne d'un grand esprit et d'un immense talent. On ne doit pas la manquer[58].

Jean Amadou n'est pas tendre avec Jean-Paul Sartre :

> En 1943, dans l'année la plus noire de l'Occupation, il fit jouer à Paris *Les Mouches*. C'est-à-dire qu'il fit très exactement ce que fit Sacha Guitry, donner ses pièces en représentation devant un parterre d'officiers allemands, à cette différence qu'à la Libération, Guitry fut arrêté alors que Sartre fit partie du Comité d'épuration, qui décidait quel écrivain avait encore le droit de publier et quel autre devait être banni. André Malraux qui, lui, avait risqué sa vie dans la Résistance, ne se crut pas autorisé pour autant à faire partie de ce tribunal autoproclamé[59].

Jean-Paul Sartre publie également en 1943 son maître ouvrage, *L'Être et le néant*, influencé par le philosophe allemand Martin Heidegger, membre du parti nazi. Du 17 janvier au 10 avril 1944, il livre douze émissions culturelles pour Radio-Vichy, écrit ensuite une nouvelle pièce de théâtre, *Les Autres*, qui deviendra *Huis clos*, jouée en mai 1944, et qui rencontre un immense succès auprès de nombreux officiers allemands, invités à la première représentation.

Peu avant la Libération, Sartre est recruté par Albert Camus pour le réseau résistant Combat, pour lequel il écrit quelques articles dans le journal clandestin. En 1945, malgré sa résistance très tardive – pour ne pas dire plus –, Sartre se permet de juger des auteurs, des journalistes et autres artistes, au sein du Comité d'épuration. Il se fait passer pour un grand résistant de la première heure, avec le soutien de nombreux intellectuels de gauche, devenant ainsi une figure de premier plan de la vie culturelle parisienne, « pape » d'une philosophie à la mode, à savoir l'existentialisme, fondateur de la revue *Les Temps modernes*, auteur à succès dans le monde entier. Sur le plan politique, il se montre un allié fidèle de l'extrême gauche révolutionnaire, malgré son passé sulfureux sous l'Occupation... Il pourfend ses adversaires politiques, souvent traités de fascistes, alors que le fascisme est bien mort en 1945. Mais il est vrai que les antifascistes

58. Cité par François BROCHE, *Dictionnaire de la collaboration*, *op. cit.*
59. Cité par Gilbert JOSEPH, *Une si douce occupation : Simone de Beauvoir et Jean-Paul Sartre 1940-1944*, Albin Michel, 1991.

n'ont jamais été aussi nombreux qu'après 1945... Il décède le 15 avril 1980, à Paris, à l'âge de 74 ans.

*

On ignore souvent que René Bousquet, l'un des principaux planificateurs des rafles et des déportations antisémites sous l'Occupation, est issu de la gauche, ami après la guerre d'un certain François Mitterrand... Né le 11 mai 1909 à Montauban, il est le fils d'un notaire radical-socialiste. Après une formation de juriste à la faculté de droit de Toulouse, il est nommé chef de cabinet du préfet du Tarn-et-Garonne. En mars 1930, lors des inondations qui ravagent le Sud-Ouest, il devient un véritable héros national en sauvant de la noyade plusieurs dizaines de personnes. Le président de la République, Gaston Doumergue, le décore alors de la Légion d'honneur et de la Médaille d'or des belles actions.

Ce fonctionnaire, désormais célèbre après cette action d'éclat, est épaulé par le sénateur radical-socialiste Maurice Sarraut, patron de presse de *La Dépêche de Toulouse*, et par son frère Albert Sarraut, député de gauche, président du conseil et ministre sous la IIIe République. Bousquet est ainsi détaché à la Présidence du Conseil, afin de diriger le service technique, chargé de la reconstruction des départements sinistrés par les inondations. À 22 ans, il est nommé chef adjoint de cabinet de Pierre Cathala, ministre radical-socialiste de l'Intérieur. En 1933, il est promu sous-préfet, puis en 1935 chef du cabinet du ministre de l'Agriculture. En 1936, Roger Salengro, alors ministre de l'Intérieur du Front populaire, lui confie la responsabilité du fichier central à la Sûreté nationale.

En avril 1938, Albert Sarraut, ministre de l'Intérieur, le nomme sous-préfet de Vitry-le-François, dans la Marne. En 1939, René Bousquet devient secrétaire général de la préfecture de Châlons-sur-Marne, puis préfet de la Marne, après l'armistice de juin 1940. Malgré ses idées de gauche, il est bien vu par le régime de Vichy, qui voit en lui un fonctionnaire compétent, sans état d'âme. C'est ainsi qu'à l'âge de 31 ans, il devient en septembre 1941 le plus jeune préfet de France. Dans le département de la Marne, il parvient à maintenir en fonction des élus radicaux-socialistes et francs-maçons, ce qui lui vaut d'être la cible de la presse d'extrême droite ultra-collaborationniste, comme notamment *Je suis partout*. Il favorise également l'évasion de prisonniers de guerre et parvient à préserver, en partie, la Marne de la colonisation économique par l'Allemagne hitlérienne. L'amiral François Darlan lui propose les ministères du Ravitaillement et de l'Agriculture, qu'il refuse à deux reprises en 1942. On notera que d'après le fichier très secret de 1945 du 5e Bureau (contre-espionnage), René Bousquet aurait adhéré au RNP de Marcel Déat durant l'Occupation.

En avril 1942, Pierre Laval le nomme secrétaire général de la Police, ce qui en fait un personnage principal dans la collaboration policière de Vichy avec les nazis. En juin 1942, il rencontre le général SS Karl Oberg, afin d'obtenir une large autonomie de la police française auprès des Allemands, à condition qu'elle combatte les ennemis du Reich. En août 1942, Bousquet obtient que la police française agisse sous sa propre responsabilité ; en contrepartie, les services français de répression doivent collaborer avec les services de sécurité du Reich dans la lutte contre les « terroristes », à savoir les résistants. Dans ce texte définitif du 8 août 1942, il n'est nullement fait mention des juifs.

Cependant, depuis le 2 juillet 1942, Bousquet s'engage devant Karl Oberg, contre la promesse de diriger un corps de police français unifié, à mettre ses hommes au service de l'occupant pour arrêter les juifs étrangers dans les deux zones. Si bien qu'il organise le 4 juillet 1942, avec les nazis Helmut Knochen et Theodor Dannecker, la rafle des juifs étrangers et apatrides du 16 au 17 juillet à Paris, suivie les 26, 27 et 28 août de rafles en zone « libre », qui n'épargnent pas les enfants juifs étrangers, à la suite de la demande de Pierre Laval. Fin juillet, René Bousquet reçoit une lettre de félicitation du général SS Karl Oberg, qui le remercie de la conduite exemplaire de la police française.

Le 10 septembre 1942, recevant le pasteur Boegner, représentant officiel des protestants français, René Bousquet refuse de renoncer à la traque des enfants juifs, soustraits aux convois de déportation et cachés par les religieux chrétiens (catholiques et protestants) et les particuliers :

> Nous les chercherons [...]. Nous les prendrons là où ils sont [...]. Nous devons les chercher[60].

D'après les notes du pasteur Boegner :

60. Archives nationales, Paris.

> Bousquet estime que, quelle que soit l'issue de la guerre, le problème juif devra être résolu. Les Allemands transfèrent en ce moment des centaines de milliers de juifs des nations qu'ils occupent en Pologne du Sud. Mais le problème est international. En France, Bousquet voit les juifs français incorporés à la nation française avec des obligations strictes et des droits limités. Est-ce le ghetto qu'il souhaite[61] ?

Cependant le même pasteur Boegner admet que Bousquet serait intervenu pour sauver 2 500 juifs, en les faisant passer en Suisse. Bien mince consolation, lorsque l'on sait que Bousquet serait en partie responsable de l'arrestation de 40 % des 76 000 juifs déportés durant l'Occupation en France.

En 1943, Bousquet prend des contacts avec la Résistance en protégeant certains de ses membres menacés d'arrestation, notamment François Mitterand, animateur d'un réseau de prisonniers évadés. Il sabote même certaines opérations montées contre des maquis, procède à des libérations de personnes détenues. Après l'exécution de Maurice Sarraut par les miliciens, en décembre 1943, il pourchasse les assassins. Il entre alors en conflit avec Darnand, chef de la Milice, qui le remplace le 31 décembre 1943.

Le 9 juin 1944, René Bousquet est envoyé en résidence surveillée en Bavière par les Allemands. Il est libéré en avril 1945 par les Alliés. Les Américains lui proposent de partir directement aux États-Unis avec sa famille, afin de travailler pour eux dans le cadre du renseignement politique et militaire. Il refuse et demande à rentrer en France, où il est finalement incarcéré à Fresnes du 17 mai 1945 au 1er juillet 1948.

René Bousquet se retrouve opportunément l'avant-dernier Français à comparaître devant la Haute Cour de Justice en 1949. L'épuration se trouve alors à bout de souffle, l'opinion publique étant plus préoccupée par les problèmes de la vie quotidienne, comme le ravitaillement et la reconstruction du pays, ainsi que par la Guerre Froide, opposant les États-Unis et ses alliés occidentaux à la Russie soviétique et ses états satellites de l'Europe de l'Est. La réalité du génocide des juifs et la collaboration du régime de Vichy dans leurs déportations manquent alors à la conscience populaire de l'époque. Les médias accordent peu d'importance aux rafles antisémites,

61. *Ibid.*

menées en partie par les forces de l'ordre de Vichy. Si bien qu'au bout d'un procès tronqué de trois jours, où les vraies questions concernant sa responsabilité dans la déportation des juifs ne sont pas abordées en détail, René Bousquet est acquitté : la Haute-Cour de justice, tout en déplorant sa participation au gouvernement de Vichy, reconnaît cependant qu'il a parfois soutenu la Résistance contre l'occupant.

Écarté tout de même de la fonction publique, Bousquet n'en poursuit pas moins une brillante carrière dans la presse et la banque. Il est notamment recruté par Jean Laurent, ancien chef de cabinet du général de Gaulle et authentique résistant. C'est durant cette période que Jean-Paul Martin, son ancien collaborateur à Vichy, devenu directeur de cabinet de François Mitterrand, alors ministre de l'Outre-Mer, met en contact les deux hommes. René Bousquet et François Mitterrand, sans se connaître auparavant, en savent cependant beaucoup l'un sur l'autre : en effet, c'est sur instruction de Bousquet que Jean-Paul Martin évite à Mitterrand l'arrestation par la Gestapo durant la guerre. En 1957, le Conseil d'État consent à lui rendre sa Légion d'honneur, retiré pour un temps lors de son emprisonnement. L'ancien secrétaire général à la Police de Vichy est même totalement amnistié le 17 janvier 1958.

Bousquet peut alors se lancer dans la politique lors des élections de 1958, en tant que candidat radical-socialiste dans la troisième circonscription de la Marne. Il n'obtient que 10 % des suffrages. Après la mort en 1959 de son ami Jean Baylet, Bousquet siège au conseil d'administration de *La Dépêche du Midi*, dont il anime la direction aux côtés de la veuve du décédé. Il fait campagne en faveur de François Mitterrand en 1965, avec une ligne éditorialiste antigaulliste. En 1971, il se brouille avec Évelyne Baylet, et quitte le conseil d'administration du journal. Ce quotidien abandonne alors son ton franchement antigaulliste pour devenir un journal régional de la gauche modérée.

En 1974, René Bousquet apporte son soutien financier au candidat François Mitterrand contre Valéry Giscard d'Estaing. Une photo de l'époque témoigne des contacts entre Bousquet et Mitterrand, réunis en compagnie de Jean-Paul Martin autour d'une tablée familiale dans la maison de Latche, dans les Landes. En 1977, François Mitterrand organise autour de René Bousquet un déjeuner regroupant plusieurs anciens résistants dont Henri Frenay, fondateur du mouvement Combat, en présence de Jacques Attali !

René Bousquet fréquente durant les années 1970 diverses personnalités, comme Jean-Baptiste Doumeng, Edgar Faure, Edmond

Giscard d'Estaing… Son passé à la tête de la police de Vichy ne semble déranger personne. Il siège au conseil d'administration d'UTA (Union de transports aériens), dirigé par Antoine Veil, le mari de Simone Veil, déportée dans les camps nazis… Cependant, Antoine Veil, une fois mieux renseigné sur le passé vichyste de son collaborateur, obtient la démission de René Bousquet en 1978.

En 1981, après la victoire de François Mitterrand à l'élection présidentielle, René Bousquet est invité à l'Élysée par le nouveau président. À partir de 1986, les rencontres se font plus rares entre les deux hommes, à la suite des accusations portées par la presse, au sujet du passé vichyste de Bousquet. Mitterrand est suspecté de freiner la procédure judiciaire, lancée en 1989 par l'association des Fils et filles de déportés juifs de France de Serge Klarsfeld, la Fédération nationale des déportés et internés résistants et patriotes (FNDIRP), la Ligue des droits de l'homme, qui déposent plainte contre René Bousquet pour crimes contre l'humanité, dans le cadre du dossier de la déportation de 194 enfants de six départements du sud de la France. Laurent Greisalmer, journaliste au *Monde*, écrit :

> Le dossier s'enlise dans les dédales du Palais de Justice, guidé par des mains expertes… La justice montre sa dépendance et le chef de l'État n'explique pas les raisons qu'il a d'épargner le procès Bousquet[62].

Le problème juridique repose en partie sur le fait que René Bousquet, de par ses fonctions de secrétaire général à la police de Vichy, est justiciable de la seule Haute-Cour de la Libération, ancienne juridiction qui a cessé de fonctionner en 1961. Ce point de droit génère une longue controverse entre les parties civiles et les autorités judiciaires. Finalement la Cour de cassation tranche, en décidant qu'en cas de nouveau procès la juridiction compétente serait la Cour d'Assises. Reste encore, avant tout renvoi, à apprécier, toujours en droit, si, compte tenu de l'acquittement prononcé en 1949 couvrant l'ensemble des activités de René Bousquet pendant l'Occupation, il est encore possible, au mépris de l'autorité de la chose jugée, de poursuivre la procédure.

René Bousquet est finalement inculpé en 1991, mais l'instruction n'est pas achevée lorsqu'il tombe sous cinq balles, tirées par Christian

62. Archives du *Monde*, Paris.

Didier le 8 juin 1993. Ce dernier, visiblement déséquilibré mentalement, est condamné par la Cour d'Assises de Paris en novembre 1995 à dix ans de prison. Il est finalement libéré le 24 février 2000 de la prison centrale de Toul.

Fort justement, le quotidien *L'Humanité* regretta au moment du procès de Christian Didier « qu'il n'y ait pas d'associations de victimes de la répression nazie pour demander, comme l'avait fait Maître Alain Lévy, avocat de la FNDIRP, à qui profite le crime. La réponse ne serait sûrement pas à chercher du côté des victimes. C'est à Bousquet et à ses amis que Christian Didier a rendu service[63] ».

63. Archives de *L'Humanité*, Paris.

5

La réelle efficacité de la Résistance française

Durant des décennies après la guerre, la Résistance française a été mythifiée à travers ses nombreuses figures héroïques, ses succès contre Hitler, ses martyrs, fusillés ou morts dans les camps nazis, etc. Après 1968 et jusqu'à récemment, certains auteurs ont remis en cause son efficacité, en estimant même que le bilan de son action avait été surévalué.

La Résistance en quelques chiffres

Durant toute la durée de la guerre, 266 réseaux reliés aux services spéciaux de la France libre du général de Gaulle sont créés en métropole, avec 150 000 membres permanents et 300 000 membres occasionnels. Il convient d'y ajouter 125 réseaux rattachés aux services spéciaux britanniques du SOE, engageant des résistants français. Le colonel Rémy estime que le nombre de ces Français rattachés à tous ces réseaux français ou britanniques dépasse le demi-million de personnes (hommes et femmes).

Les réseaux se spécialisent soit dans l'évasion des prisonniers de guerre, de pilotes alliés tombés chez l'ennemi, de résistants emprisonnés ; soit dans le renseignement du dispositif militaire, économique et industriel de l'occupant ; soit dans le sabotage militaire et industriel ; soit dans la propagande par la diffusion de tracts et de journaux rattachés à des mouvements clandestins.

Dans le chapitre précédent au sujet des réseaux Alliance et de la Confrérie Notre-Dame, on a pu voir le rôle considérable joué par les agents français de renseignement dans la victoire des Alliés. Ces deux réseaux, ainsi que bien d'autres fournissent aux Alliés des plans détaillés sur les défenses et les garnisons allemandes qui décident du débarquement en Normandie. Il en va de même de la victoire des Alliés dans l'Atlantique, grâce aux précieux renseignements fournis par la Résistance au sujet des bases sous-marines allemandes et des missions des navires et submersibles allemands et italiens. Nous pourrions multiplier les exemples.

Les nombreux réseaux d'évasion (Sabot, Zéro, Famille, Martin, Pat-Oléary, Bret, Morton, Enfant d'Édouard, Françoise, Bourgogne, Mithridate, Maurice, Andalousie, Mécano, Wisigoth-Lorraine, Martial, Charette, Gallia, Brandy, Kléber, Eugène, etc.), spécialisés dans l'évacuation d'aviateurs alliés, de résistants qu'il faut conduire à Londres, utilisent les deux principales filières : la Suisse et l'Espagne.

Le réseau Comète, créé en 1940 par Andrée de Jonghe, est l'un des tout premiers à organiser des évasions du nord de la France vers l'Espagne. Les réseaux d'évasion rattachés au BCRA (services secrets de la France libre) prennent souvent des noms d'alcools français, comme Pernod, Cointreau, Bénédictine, Bordeaux, Bourgogne… Les Britanniques disposent des réseaux Françoise, Félix, Cirnwallis, Chartres, Jean-Jacques, Nevers… Des réseaux d'évasion par voie maritime voient également le jour, dont Shelburn pour le secteur de la Manche et Pat pour la côte Languedocienne.

Des hommes et des femmes de tous âges, des militaires français ou alliés évadés d'Allemagne ou de France, des aviateurs, des résistants traqués, des juifs pourchassés, des réfractaires au STO, de simples civils ont franchi la chaîne les Pyrénées, classée zone interdite par l'occupant.

De 1940 à 1944, 33 000 Français, dont 460 femmes, s'évadent de France par l'Espagne : 260 en 1940, 1 760 en 1941, 7 580 en 1942, 18 540 en 1943 et 4 860 en 1944. Sur ces 33 000 Français évadés, 24 600 s'engagent dans les armées françaises de libération en Grande-Bretagne ou en Afrique du Nord. À ces chiffres, il convient d'adjoindre environ 20 000 étrangers passés par les Pyrénées durant la même période, portant le chiffre total des évadés de France à environ 53 000 personnes. Parmi les aviateurs alliés ayant contribué aux succès des débarquements en Normandie et en Provence en 1944, 4 000 sont des évadés de France, guidés par la Résistance intérieure française.

Qu'en est-il maintenant de l'action des maquis dans la Libération de la France? Les forces françaises de l'intérieur (FFI), regroupant l'armée secrète (AS), l'organisation de résistance de l'armée (ORA) et les francs-tireurs partisans (FTP), représentent une force de 300 000 hommes durant l'été 1944. La structure géographique influence la tactique des FFI. Le Nord de la France, pays à population relativement dense, industriel, le tout sillonné de nombreuses voies de communication, ne favorise que dans une mesure limitée l'organisation d'actions massives. Les sabotages ferroviaires, industriels et électriques représentent les principales opérations. Pour implanter des maquis, on n'envisage que les régions de Bretagne, de Normandie, ainsi que le triangle Jura-Morvan-Vosges. Quant aux possibilités de la Résistance dans le sud de la France, les Alliés estiment qu'une importante guérilla peut être menée efficacement. Le terrain souvent montagneux est très favorable à l'établissement d'importants maquis, refuges pour des milliers de patriotes. C'est ainsi que l'organisation de la zone Sud prévoit l'emplacement de grands réduits, comme ceux du Massif central et des Alpes, ainsi que celui des Pyrénées, qui doit opérer vers le nord, c'est-à-dire vers le canal du Midi et la vallée de la Garonne.

Les nombreux maquis FFI (AS, ORA, FTP) du Sud-Ouest, du Centre et du Sud-Est, vont représenter une menace permanente pour les unités allemandes voulant rejoindre le front de Normandie ou de Provence. Retarder, et si possible paralyser les mouvements des troupes occupantes, est l'une des missions prioritaires des FFI, par les sabotages électriques et ferroviaires, les embuscades. Cette mission va être entreprise dès l'aube du 6 juin 1944. D'après l'historien Henri Noguères, « le bilan est éloquent : lignes téléphoniques coupées, QG allemand isolé, locomotives détruites, pylônes abattus, voies ferrées coupées, routes nationales minées, colonnes allemandes attaquées[1]... »

Le maréchal Gerd von Rundstedt, commandant en chef des forces allemandes de l'Ouest en 1944, tient à souligner les faits suivants :

1. Henri Noguères, *Histoire de la Résistance en France*, tome V, Robert Laffont, 1981.

> Tous les chefs militaires allemands font état d'une révolte générale sur nos arrières durant l'été 1944. Des formations allemandes entières ont tout simplement été anéanties par les forces combattantes de la Résistance française. Les maquis nous ont infligé des pertes considérables, ramenant en certains endroits à 40 % l'efficacité au combat de la Wehrmacht. Les Allemands avaient pour la Résistance française une crainte énorme, parfaitement justifiée par l'importance considérable des sabotages, des embuscades, sans oublier l'efficacité redoutable des réseaux de renseignement, dont les documents transmis aux Alliés décidèrent du choix du débarquement en Normandie[2].

Le général américain Marshall, chef d'État-Major des armées américaines, a quant à lui déclaré :

> La Résistance française a dépassé toutes nos prévisions. C'est elle qui, en retardant l'arrivée des renforts allemands et en empêchant le regroupement des divisions allemandes à l'intérieur, a assuré le succès de nos débarquements. Sans vos troupes du maquis, tout était compromis[3].

La lutte que les FFI engagent contre l'occupant ne se limite pas à la guérilla et aux sabotages divers. De véritables batailles vont avoir lieu sur tout le territoire : Saint-Marcel, mont Mouchet, le Vercors, mont Gargan, Picaussel, Mouleydier, Javerlhac, l'Isle-Jourdain, l'Ain, Autun, Maisey, Piquante-Pierre, etc.

Sur les 400 000 soldats allemands positionnés dans le sud de la France en 1944, soit la moitié du territoire national, 13 000 sont capturés par les FFI en Midi-Pyrénées durant l'été 1944, 20 000 au sud de la Loire et 5 000 dans la région d'Autun lors d'actions conjointes des FFI et des Alliés ; les garnisons allemandes de Limoges, de Brive, de Saint-Astier, de Tarbes, de Lourdes, de Borce, de Saint-Jean-de-Luz, d'Oloron et de Rimont (représentant un total de 4 000 soldats) sont capturées par les maquisards français. En Haute-Savoie, 3 500 soldats allemands se rendent à la Résistance. Les FFI doivent également enlever de haute lutte, sur les fronts de l'Atlantique et des Alpes, les dernières places fortes allemandes en avril et mai 1945, où 132 500 soldats ennemis sont finalement tués ou capturés. Les FFI

2. Archives militaires allemandes, Fribourg-en-Brisgau.
3. National Archives, College Park.

(AS, FTP, ORA) forment en effet le gros des bataillons engagés sur ces deux fronts oubliés (Atlantique et Alpes) de la Seconde Guerre mondiale.

Ainsi, sur les 400 000 soldats allemands présents dans le sud de la France en 1944, au moins 173 000 sont mis hors de combat par les forces combattantes de la Résistance en 1944-1945.

L'action importante des FFI et des paras gaullistes en Bretagne permet de fixer dans la guérilla 150 000 soldats allemands, dont seulement 60 000 parviennent à rejoindre très en retard le front de Normandie : totalement éreintés, car contraints de monter en ligne à pied. Les sabotages ferroviaires et les embuscades ont joué ainsi un rôle de premier plan. Eisenhower a estimé l'apport de la Résistance à 15 divisions. Il n'y a jamais eu plus de 32 divisions alliées en Normandie, dont seulement 8 divisions les premiers jours du débarquement. Que se serait-il passé si les nombreux renforts allemands avaient pu être engagés à temps en Normandie ? Comme on peut le constater par les faits et les chiffres, l'action de la Résistance intérieure dans la Libération est loin d'être négligeable.

Le 5 juin 1944, veille du débarquement en Normandie, quelque 5 000 résistants ont dynamité plus de 500 ponts sur les voies stratégiques françaises. D'après les experts militaires allemands et alliés, ils ont retardé les mouvements stratégiques des troupes allemandes de 48 heures en moyenne. Le général Eisenshower déclare :

> Tactiquement, ces deux jours furent d'une valeur inestimable. Ils ont sauvé un nombre incalculable de vies américaines. Auparavant, la Résistance française avait transmis des renseignements de première importance, précis et abondants, jusqu'à 300 rapports par jour, au point que les officiers alliés en savaient parfois plus sur le dispositif allemand que les officiers allemands eux-mêmes. Le plan Vert (bataille du rail) et le plan Violet (pour les PTT) ont été particulièrement efficaces : 600 déraillements ont eu lieu hors du front, 1 800 locomotives et 6 000 wagons ont été immobilisés en juin et juillet 1944[4].

Contrairement à ce qui est écrit par certains « historiens », on ne peut réduire les pertes allemandes de l'été 1944 contre la Résistance à 7 900 soldats (tués, blessés, prisonniers). Rien que dans la région

4. Général Eisenhower, *Mémoires sur la Deuxième Guerre mondiale*, Robert Laffont, 1949.

Midi-Pyrénées, 13 000 soldats allemands sont capturés par les FFI durant cette période.

Durant la première semaine de juin 1944, le 95e régiment allemand de sécurité, cantonné à Brive et engagé dans la lutte contre les maquis de la région, déplore 318 hommes hors de combat (tués, blessés ou disparus) sur un effectif total de 900 hommes environ. Un rapport du commandement allemand sur les pertes allemandes du 6 juin au 4 juillet 1944, dans la lutte contre les maquis en Limousin, Périgord et Quercy, fait état de 7 900 tués ou blessés et 4 800 prisonniers ou disparus, soit un total de 12 700 soldats allemands hors de combat.

D'autre part, les unités allemandes luttant contre la Résistance sont loin de représenter des troupes de second ordre. Des éléments de la 11e *Panzerdivision* sont engagés durant l'été 1944 contre les maquis du Périgord. Le 1er juin 1944, la 2e *Panzerdivision* Waffen SS Das Reich, complètement reformée dans le sud-ouest de la France, aligne 17 283 soldats au total, 54 chars Panzer IV et 63 Panther V. Nous sommes loin d'une unité de second ordre. Environ 8 300 soldats de cette division sont engagés jusqu'à la fin juin 1944 contre les maquis du Sud-Ouest. La Résistance du Sud-Ouest fixe dans la guérilla environ 50 % des effectifs de cette division d'élite jusqu'à la fin juin 1944, et même au-delà puisqu'on compte toujours des compagnies de cette division maudite début août 1944, notamment dans la région des Pyrénées. Le général américain Eisenhower reconnaîtra que ce retard a sauvé la tête de pont allié en Normandie et l'historien allemand Hans Luther écrira que « cette division d'élite n'a pas pu être placée en temps utile sur le front de Normandie[5] ».

L'historien Olivier Wieviorka écrit de son côté :

> L'application du plan Tortue permit de retarder l'acheminement des renforts ennemis vers le front de Normandie. Parties de Pologne, le 12 juin, la 9e et la 10e *Panzer* SS rejoignirent la Lorraine le 16, mais n'arrivèrent à Alençon que le 25. La 27e division d'infanterie allemande mit dix-sept jours pour se rendre de Redon à Avranches, soit une moyenne de 11 kilomètres… par jour[6] !

Le colonel américain Will Irwin, historien spécialiste des forces spéciales alliées, tient à rappeler les faits suivants :

5. Archives militaires allemandes, Fribourg-en-Brisgau.
6. Olivier Wieviorka, *Histoire de la Résistance 1940-1945*, Perrin, 2013.

> Les combattants de la Résistance française, appuyés par un nombre croissant de forces spéciales alliées, ont fait beaucoup de dégâts. Fin juin 1944, ils ont coupé 500 nouvelles voies ferrées, pris en embuscade un nombre incalculable de convois allemands et rendu quasi inopérant le réseau de communication de l'ennemi.
> Les efforts combinés des forces aériennes et de la Résistance ont provoqué des retards importants dans l'acheminement de plusieurs divisions allemandes vers la Normandie. Eisenhower rapportera plus tard aux chefs d'état-major que si l'ennemi avait, dès le début du débarquement, décidé d'engager ses divisions les plus proches (quatre de panzers et six d'infanterie), les Alliés auraient été rejetés à la mer[7].

Sur les 190 000 soldats allemands (terre, marine, aviation, police, sécurité, SS) présents dans le Sud-Ouest en mai 1944 (Aquitaine, Charente, Charente-Maritime, Limousin et Midi-Pyrénées), 32 700 sont mis hors de combat (tués, blessés ou capturés) en juin, juillet et août 1944 par les FFI (AS, FTP, ORA), 25 000 au sud de la Loire et dans la région d'Autun en septembre 1944 par les FFI et des unités alliées, 30 000 de septembre 1944 à mai 1945 sur les fronts de l'Atlantique de Charente-Maritime et du Médoc par les forces militaires françaises, majoritairement issues des maquis, soit un total de 87 700 soldats allemands de juin 1944 à mai 1945.

Des extraits du journal de marche du groupe d'armées G (1re et 19e armées allemandes), regroupant les troupes d'occupation du sud de la France, soit la moitié du territoire national, prouvent l'efficacité de l'action menée par les unités de la Résistance :

> 10 juin 1944 : situation terroriste dans le sud de la France devient de plus en plus menaçante. Constitution de fortes bandes dans la région des Pyrénées : Foix, Tarbes, Pau, Auch. Communications par voie de terre Toulouse-Bordeaux fortement menacées. Les effectifs dont on dispose sont toujours sur la brèche.
> 12 juin 1944 : depuis le début du débarquement, renforcement considérable de l'activité des bandes. Accroissement des actes de sabotage. Recrudescence des actes de terrorisme et des attaques contre nos soldats. Terroristes et mouvements de Résistance

7. Will Irwin, *Les Jedburghs, l'histoire secrète des forces spéciales alliées en 1944*, Perrin, 2008.

> ont réalisé mobilisation dans certains départements et sont également passés à l'attaque d'éléments allemands. L'évolution de la situation exige un commandement unique et énergique dans tout le sud de la France [...].
> 29 juin 1944 : ordre de retrait de la 189e division d'infanterie, opérant contre les terroristes dans la région de Toulouse, serait une catastrophe.
> 11 juillet 1944 : activité renforcée des terroristes. Nombre d'agressions de membres de la Wehrmacht et actes de sabotage augmentent de jour en jour.
> 29 juillet 1944 : la situation de la zone arrière du groupe d'armées G est telle qu'on ne peut plus parler de souveraineté du territoire. Retrait constant de troupes de la zone du groupe d'armées G entraîne sévère menace sur isthme Atlantique-Méditerranée.
> 7 août 1944 : en gros, le terme « mouvement de terroristes » n'est plus valable. Il s'agit plutôt maintenant d'une armée organisée qui se tient sur les arrières du groupe d'armées G. En cas de dégradation de la situation, on peut s'attendre à un soulèvement populaire qui montrera non pas un peuple français fatigué mais des gens d'un tempérament enflammé.
> 14 août 1944 : situation intérieure caractérisée par poussée des mouvements de Résistance sur les principaux axes de communications. Attaques sur organismes isolés dont la situation devient intenable et qui permettent aux mouvements de Résistance de prendre sous leur coupe des territoires libérés[8].

L'historien américain Robert Paxton donne une image caricaturale de la Résistance intérieure, en présentant des chiffres douteux, afin de limiter son rôle dans la victoire des Alliés[9]. D'après lui, peu de Français ont appartenu à la Résistance, la population étant majoritairement vichyste ou attentiste. Il ne fait que reprendre un postulat gauchiste, hérité des années 1960, voulant nous faire croire que nos parents et nos grands-parents ont été des collabos et des lâches. Le film très contestable *Le Chagrin et la Pitié* a également largement participé à ce masochisme national.

Il est significatif de constater que Robert Paxton limite la résistance de l'armée française, en mai-juin 1940, à un événement portant sur la mise à mort d'un officier français, abattu par ses propres hommes, car

8. Archives militaires allemandes, Fribourg-en-Brisgau.
9. Robert O. Paxton, *La France de Vichy 1940-1944*, Le Seuil, 1973.

il refusait de se rendre. Par cet exemple, il tente d'accréditer la thèse d'une France peureuse et collaboratrice. Pour cet auteur, les troupes allemandes luttant contre la Résistance se limitent aux régiments de sécurité de police, alors qu'en réalité, comme nous l'avons déjà signalé, de nombreuses unités de la Wehrmacht et des Waffen SS ont également été engagées dans la lutte contre les maquis, comme la 157e division de montagne, la division blindée SS Das Reich, la 189e division d'infanterie, la 11e *Panzerdivision*, les brigades Jesser et Bauer, et bien d'autres unités régulières. Mais pour Paxton, la Résistance française n'a joué qu'un rôle mineur, donc tout est bon pour la disqualifier, même par des méthodes malhonnêtes sur le plan intellectuel et historique. L'historien Antony Beevor utilise les mêmes méthodes douteuses dans son livre *D-Day et la bataille de Normandie*, en minimisant à l'extrême le rôle des maquis dans la libération de la France. Il va jusqu'à attribuer des pertes ridicules aux unités allemandes engagées contre la Résistance, ne correspondant à aucune source sérieuse[10].

L'historien Alfred Grosser, lors d'un colloque à Bordeaux dans les années 1990, avait osé annoncer, devant un public peu enclin à la véracité historique, que « la Résistance française avait finalement joué un rôle mineur[11] ». Ce qui lui avait valu une vibrante réplique d'un ancien combattant de la France libre, heureusement présent dans la salle, scandalisé par des propos aussi injustes qu'infondés.

Or, lorsque nous prenons la peine de dépouiller les archives allemandes, françaises et alliées, nous découvrons une vérité nettement moins sombre que cette caricature masochiste.

Outre les 450 000 Français agents permanents ou occasionnels des réseaux, on peut ajouter que de nombreux autres Français, sans être affiliés à un réseau ou à un mouvement, ont rendu des services à la Résistance. À titre d'exemple, mon grand-père paternel, Lucien Lormier, ingénieur de son métier, cache fin juin 1940 avec son équipe un puissant radar militaire français à Montpellier, installé à l'origine au Bourget, matériel qui va ainsi cruellement manquer aux Allemands lors de la bataille d'Angleterre d'août-octobre 1940. Or cet acte de résistance, authentifié par divers survivants, est tombé totalement dans l'oubli. Sous l'Occupation, le même Lucien Lormier, directeur adjoint d'une usine hydro-électrique dans l'Aisne, cache des juifs, des aviateurs alliés, des réfractaires du STO, des résistants

10. Antony Beevor, *D-Day et la bataille de Normandie*, Calmann-Lévy, 2009.

11. Entretiens de l'auteur avec Guy Cartaud, ancien combattant de la France libre, avril 2000, Bordeaux.

et autres clandestins recherchés par les Allemands. Il n'appartient à aucun réseau ni mouvement, mais rend divers services, pouvant causer sa déportation et celle de sa famille, sans rechercher une quelconque reconnaissance par la suite. Il fait partie de ces anonymes qui ont sauvé la vie à de nombreux compatriotes et militaires alliés. Nous pourrions multiplier les exemples à ce sujet. Je peux également citer Richard Vibert, grand-père maternel de mon épouse, ingénieur des Eaux et Forêts à Oloron-Sainte-Marie, dans les Basses-Pyrénées sous l'Occupation, qui cache de nombreux résistants devant passer la frontière espagnole, pour rejoindre les Alliés en Afrique du Nord ou en Grande-Bretagne. Lui non plus n'a jamais revendiqué après la guerre une quelconque appartenance à la Résistance, alors que diverses réunions de résistants locaux, dont ceux issus du célèbre corps franc Pommiès, se déroulaient chez lui. Tout comme Lucien Lormier, Richard Vibert appartient à ces patriotes dont la grandeur d'âme, l'intelligence du cœur et le courage allaient de pair avec la modestie et l'humilité. Ils ont pourtant risqué leur vie et celle de leur famille pour aider la cause résistante et celle des Alliés.

Aux côtés des 450 000 Françaises et Français ayant appartenu à des réseaux et des mouvements de la Résistance intérieure, il convient d'y ajouter les 300 000 maquisards homologués des Forces françaises de l'intérieure, séparés des réseaux pour des raisons impératives de sécurité, regroupant l'armée secrète (AS), les francs-tireurs partisans (FTP) et l'organisation de Résistance de l'armée (ORA). On atteint ainsi le chiffre total de 750 000 résistants et maquisards français, sans compter les très nombreux anonymes, qui ont pourtant incontestablement accompli des actes de résistance.

Parmi les nombreux morts de la Résistance intérieure figure Georges Bernard, membre du réseau de la Confrérie Notre-Dame, fusillé par les Allemands le 10 décembre 1941 au mont Valérien. Ce jeune homme de 20 ans a accepté de mourir pour la France dans des conditions qui forcent l'admiration. En 1947, une lettre bouleversante sera adressée à sa mère par Werner Molter, le sous-officier allemand qui avait accompagné son fils au poteau d'exécution :

> Madame,
>
> J'ai la tâche honorable de vous remettre les notes de votre fils, que celui-ci m'a confiées quelques minutes avant le départ pour le mont Valérien, car il craignait que ses effets ne disparaissent

du tribunal, où ils devraient être remis, et pensait qu'ils n'arriveraient ainsi jamais chez vous. En ce temps-là, j'étais au bureau de la 3e division à Fresnes, et les autres jeunes gens se souviendront probablement du grand sous-officier aux lunettes.
J'étais souvent dans la cellule de votre fils à qui j'ai donné de temps en temps des livres pour sa distraction et avec qui j'aimais tant m'entretenir. Chaque fois que j'y allais, j'étais étonné à la fois de son intelligence et de son courage. Il m'a toujours parlé de vous, de sa petite sœur et de son beau pays qu'il ne devait plus revoir. Que je vous parle des dernières heures de votre fils et de ses camarades, je peux dire que je n'ai jamais revu un tel héroïsme. Ils m'ont invité à les accompagner jusqu'au mont Valérien. Pendant le trajet en autobus de Fresnes à travers Paris jusqu'au mont Valérien, ils montrèrent un état d'esprit qui est impossible à décrire. Ils ont alternativement fumé, plaisanté, chanté des chansons populaires et plusieurs fois *La Marseillaise*; pas une plainte, pas une larme. Au mont Valérien, avant d'être fusillés, le prêtre les a réunis encore pour un quart d'heure. Et voici les dernières minutes : tous refusèrent de se faire bander les yeux. Tous moururent debout, sans trembler, en s'écriant « Vive la France! », trois d'entre eux donnèrent même l'ordre : « Feu! » Je ne puis vous dépeindre tout cela par des mots nus, mais croyez-moi, Madame, nous tous qui assistions à ce dernier moment fûmes émus jusqu'aux larmes de voir une telle mort et un tel héroïsme. Et j'espère que cela vous donnera à vous et à aux parents de tous les autres héros un peu de consolation et de force de savoir que votre fils et ses camarades si fiers et courageux sont morts comme les dignes héros de la Résistance pour la libération de leurs pays.
Veuillez croire, Madame, à mon profond respect et à ma sincère sympathie[12].

Un autre exemple significatif

En guise de conclusion, il est intéressant de rappeler l'échec cuisant de la division Waffen SS Das Reich dans sa lutte contre les maquis du Limousin. Le 10 juin 1944, le général Lammerding, commandant de cette division coupable de nombreux massacres de civils, adresse le

12. Archives du centre national Jean Moulin, Bordeaux.

rapport suivant au général Krüger, un des adjoints du maréchal von Rundstedt :

> Le manque de transports adéquats, les longues distances à parcourir sur un terrain défavorable, la dispersion des unités sur plus de 300 kilomètres et l'absence de mesures préparatoires, d'ordre opérationnel et de ravitaillement, ont démesurément affaibli la puissance de la division durant les huit derniers jours : 60 % des chars sont hors de service ainsi que 30 % des blindés d'infanterie. La majorité des véhicules hors d'état de service ne peuvent fonctionner qu'après la réception des pièces de rechange toujours attendues malgré des demandes réitérées. La division a été contrainte d'établir six points d'appui dans la région Figeac-Tulle-Brive-Cahors qui exigent une forte protection d'infanterie du fait de l'accroissement considérable des bandes terroristes, qui multiplient les embuscades et les sabotages.
>
> La possibilité de réquisition de véhicules supplémentaires dans cette région est négligeable, car il est prévisible que les terroristes nous gagneront de vitesse. Par ailleurs, notre ravitaillement en carburant dépend d'un convoi pour le moment invisible. Seuls les éléments sur roues de la division peuvent faire mouvement comme prévu. La réparation des chars et des blindés d'infanterie exigera quatre jours, même si les pièces demandées parviennent à la division dans la matinée du 11 juin. De toute façon, la dislocation complète du réseau ferroviaire, par les terroristes, interdirait probablement un embarquement plus rapproché. Aussi, poursuivre des longues progressions dans ce type de terrain ne pourra s'effectuer qu'à un prix élevé. La zone Figeac-Clermont-Ferrand-Limoges-Gourdon est totalement aux mains des terroristes. Les garnisons et postes allemands sont cernés, dans beaucoup de cas assiégés, souvent réduits à l'effectif d'une compagnie, et les forces gouvernementales françaises ont été totalement paralysées par les terroristes. La paralysie des positions allemandes est tout à fait scandaleuse. Faute d'une répression brutale et déterminée, la situation dans cette région finira par constituer une menace dont les proportions n'ont pas encore été évaluées. Un nouvel État est en train de naître ici, un État qui gouverne sans opposition et qui coordonne ses attaques[13].

13. Archives militaires allemandes, Fribourg-en-Brisgau.

Le régiment blindé de la division Das Reich n'arrive dans la région de Caen, en Normandie, que le 16 juin 1944, avec seulement 76 chars disponibles sur les 117 en dotation le 6 juin. Les sabotages ferroviaires, les embuscades de la Résistance, ainsi que les attaques aériennes alliées ont fortement ralenti sa progression, sans oublier que 8 300 soldats sur 17 283 de cette division sont toujours retenus dans le Sud-Ouest dans une lutte féroce contre les maquis. Certains des derniers contingents de la division ne sont finalement mis en route vers la Normandie que le 21 juillet 1944.

6

Les batailles de Bir Hakeim et des Glières : des mythes gaullistes ?

La bataille de Bir Hakeim, opposant une brigade de la France libre à des unités italiennes et allemandes dix fois plus nombreuses, a été durant des décennies un des symboles de l'héroïsme de la guerre du désert en Libye. Récemment, certains auteurs ont remis en question l'importance de cette bataille dans le rétablissement des troupes britanniques en Égypte, à El Alamein. Il s'agirait, pour ces auteurs, d'un simple mythe gaulliste, glorifié d'une manière excessive pour des raisons politiques. Or, les chefs militaires alliés, allemands et italiens ont reconnu l'importance tactique et stratégique de cette bataille dans la suite du déroulement de la guerre en Afrique du nord.

La guerre du désert

Mai 1942, le général Rommel doit déclencher une vaste offensive pour battre définitivement les troupes alliées en Libye et s'emparer de l'Égypte. Il cherche à attirer les unités blindées britanniques dans la région d'Acroma par l'esquisse d'une attaque frontale dirigée sur El Gazala, alors qu'il débordera la ligne fortifiée au sud de Bir Hakeim, pour ensuite détruire les forces alliées par une attaque à revers.

L'essentiel du corps de bataille allié éliminé, il doit s'emparer au plus vite de Tobrouk, puis foncer sur l'Égypte jusqu'au canal de Suez.

Bir Hakeim couvre le flanc sud de la 8e armée britannique et doit servir de pivot de manœuvre aux éléments blindés agissant au sud. La mission principale de la 1re brigade française libre du général Pierre Koenig consiste à occuper, organiser et défendre la forteresse de Bir Hakeim, même après encerclement. Des patrouilles peuvent agir autour du camp retranché dans un rayon de 32 kilomètres de jour et de 8 kilomètres de nuit. Le génie a posé 120 000 mines autour de Bir Hakeim, ainsi que 500 kilomètres de câbles.

La 1re brigade française libre dispose de nombreux moyens antichars et anti-aériens, mais manque d'artillerie lourde et de blindés. Son infanterie repose sur la 13e demi-brigade de la légion étrangère (DBLE) du lieutenant-colonel Amilakvari (2e et 3e bataillons de la légion étrangère), la 2e demi-brigade de marche (DBM) du lieutenant-colonel de Roux (2e bataillon de marche de l'Oubangui-Chari et le bataillon du Pacifique). La troupe est renforcée par le 1er bataillon d'infanterie de marine du commandant Savey, le 1er bataillon de fusiliers marins du commandant Amyot d'Inville, la 22e compagnie nord-africaine du capitaine Lesquene et la 1re compagnie de sapeurs-mineurs du capitaine Desmaisons. Comme artillerie, le général Koenig dispose du 1er régiment d'artillerie du lieutenant-colonel Laurent-Champrosay. L'ensemble représente 3 700 hommes, 24 canons de 75 mm de campagne, 2 obusiers britanniques de 86 mm, 30 pièces antichars de 75 mm, 14 pièces antichars de 47 mm, 18 pièces antichars de 25 mm, 46 fusils antichars de 12,7 mm, 18 canons antiaériens de 40 mm, 4 mitrailleuses de DCA de 13,2 mm, 96 fusils-mitrailleurs de DCA, 20 mortiers de 81 mm, 24 mortiers de 60 mm, 210 fusils-mitrailleurs d'infanterie, 72 mitrailleuses Hotchkiss de 8 mm, 63 blindés Bren-Carrier d'infanterie, 120 camions Chevrolet.

Pour réduire le camp retranché de Bir Hakeim, le général Rommel va devoir engager, successivement du 27 mai au 11 juin 1942, la majorité de ses meilleures unités italiennes et allemandes : la division blindée Ariete, la division motorisée Trieste, la 90e division motorisée, la 15e *Panzerdivision*, des éléments de la division d'infanterie Pavia, la colonne spéciale du colonel Ecker, de nombreuses batteries d'artillerie, d'autres unités éparses, soit un total de 37 000 hommes, appuyés par 350 blindés, 282 pièces d'artillerie de 75 à 210 mm, 120 canons antichars de 75, 47 et 50 mm, sans oublier la 2e armée aérienne, dont la concentration de bombardiers fut plus forte qu'à Stalingrad. Les aviations allemandes et italiennes effectuent 1 500 sorties contre

Bir Hakeim en 16 jours : 1 030 avions ont été détournés de Russie pour les combats de Libye, auxquels s'ajoutent pour l'assaut final sur Bir Hakeim 300 bombardiers basés en Crète, avec leurs protections de chasseurs.

Les 15 kilomètres carrés de la position française de Bir Hakeim vont encaisser 45 000 obus de 105, 149, 150, 170 et 210 mm en 16 jours ; à quoi s'ajoutent les très nombreux obus tirés par les batteries de 75 à 100 mm.

La bataille de Bir Hakeim va concentrer une grande partie des forces de l'Axe de Libye en mai-juin 1942. Ainsi, sur les 90 000 soldats italiens et allemands engagés pour lutter contre 110 000 soldats alliés, le général Rommel doit, nous l'avons dit, en détourner 37 000 pour réduire le camp retranché de Bir Hakeim, regroupant 3 700 soldats français. Sur les 560 chars italiens et allemands disponibles, 350 participent alternativement aux combats de Bir Hakeim.

Le général britannique Playfair écrit :

> La défense prolongée de la garnison française a joué un rôle déterminant dans le rétablissement des troupes britanniques en Égypte. Les Français libres ont dès l'origine gravement perturbé l'offensive de Rommel. L'acheminement du ravitaillement de l'Afrikakorps en a été fortement troublé. La concentration de plus en plus importante des forces de l'Axe pour percer cet abcès, a sauvé la 8e armée britannique d'un désastre. Les retards qu'apporte la résistance résolue des Français augmentent les chances des Britanniques de se ressaisir et facilitent la préparation d'une contre-attaque. À plus long terme, le ralentissement de la manœuvre de Rommel permet aux forces britanniques d'échapper à l'anéantissement prévu par l'Axe. C'est par là que l'on peut dire, sans exagération, que Bir Hakeim a facilité le succès défensif d'El Alamein[1].

Winston Churchill tient le même raisonnement :

> En retardant de quinze jours l'offensive de Rommel, les Français libres de Bir Hakeim ont largement contribué à sauvegarder le sort de l'Égypte et du canal de Suez[2].

1. Archives militaires britanniques, Londres.
2. *Ibid.*

Les places fortes de Tobrouk et de Mersa Matruh, qui tombent très rapidement, en un ou deux jours seulement, ne retardent que très faiblement la progression de Rommel, alors que Bir Hakeim résiste durant plus de deux semaines, avec des effectifs nettement moins importants. Les vainqueurs italiens et allemands capturent à Tobrouk 33 000 soldats alliés, 2 000 véhicules en état de marche, plus de 2 000 tonnes d'essence, ainsi que 5 000 tonnes de vivres.

Churchill est consterné par l'échec de ses troupes :

> Nos forces étaient supérieures à celles de l'Axe. Notre artillerie était plus forte dans une proportion de trois contre un, de même que pour les chars, et nous avions en ligne de nouveaux obusiers. Malgré cela, Tobrouk est tombé au bout d'une petite journée de combat. C'est un désastre. Nous nous sommes ensuite repliés jusqu'à Marsa-Matruh, mettant 190 km de désert entre notre 8e armée et les forces ennemies. À peine cinq jours plus tard, les Italiens et les Allemands arrivaient devant notre nouvelle position, et il nous faut décrocher, pénétrer toujours plus en Égypte, reculer encore. El Alamein devra être tenu jusqu'à la mort[3].

Du 26 mai au 3 juillet 1942, les Italo-Allemands ont fait plus de 60 000 prisonniers alliés et détruit ou capturé 2 000 blindés divers. Rommel se trouve à moins de 160 kilomètres d'Alexandrie. Il lui reste à enfoncer les défenses d'El Alamein, dernier rempart avant la victoire finale. La résistance de plus de deux semaines de la 1re brigade française libre, à Bir-Hakeim, permet à de nombreux renforts alliés d'être acheminés à temps pour résister à Rommel avec efficacité.

Dans un rapport du haut commandement anglais du 12 juin 1942, on peut lire :

> En tenant compte des combats ininterrompus et sévères que la 1re brigade française libre dut alors mener pendant seize jours, les pertes françaises ont été légères. Les plans de Rommel ont été déjoués grâce à la splendide résistance opposée par la garnison française, qui a toujours repoussé l'ennemi en lui causant des pertes sévères[4].

3. *Ibid.*
4. *Ibid.*

Le général Koenig écrit de son côté :

> Du 27 mai au 5 juin 1942, notre résistance inattendue et l'activité de nos patrouilles avaient bouleversé le plan ennemi. Du 6 au 11 juin, Rommel s'était retourné contre nous et avait perdu un temps précieux dont la 8e armée britannique avait profité pour entamer largement l'évacuation de ses services et de ses moyens[5].

Lorsque le jeune journaliste allemand Lutz Koch, de retour à Berlin, raconte en détail les très durs combats de Bir Hakeim à Hitler, la vieille haine de la France se rallume dans le cœur du chef du IIIe Reich :

> – Vous entendez, Messieurs, ce que raconte Koch, dit aussitôt le Führer. C'est bien une nouvelle preuve de la thèse que j'ai toujours soutenue, à savoir que les Français sont, après nous, les meilleurs soldats de toute l'Europe. La France sera toujours en situation, même avec son taux de natalité actuel, de mettre sur pied une centaine de divisions. Il nous faudra absolument, après cette guerre, nouer une coalition capable de contenir militairement un pays capable d'accomplir des prouesses sur le plan militaire qui étonnent le monde comme à Bir Hakeim[6].

Le maréchal Rommel, pourtant avare de compliments, ne cache pas son admiration devant l'héroïque résistance des troupes françaises à Bir Hakeim :

> Les Français disposaient de positions remarquablement aménagées ; ils utilisaient des trous individuels, des blockhaus, des emplacements de mitrailleuses et de canons antichars ; tous étaient entourés d'une large ceinture de mines. Les retranchements de cette sorte protègent admirablement contre le bombardement par obus et les attaques aériennes : un coup au but risque tout au plus de détruire un trou individuel. Aussi, pour infliger des pertes notables à un adversaire disposant de pareilles positions, est-il indispensable de ne pas lésiner sur les munitions. La principale difficulté consistait à ouvrir des brèches dans les

5. Général Koenig, *Bir Hakeim*, Robert Laffont, 1971.
6. Lutz Koch, *Rommel*, Plon, 1950.

champs de mines, sous le feu des troupes françaises. Appuyés par les attaques continues de l'aviation, les groupes d'assaut, composés de troupes appartenant à diverses armes et prélevés sur différentes unités, engagèrent l'action au nord et au sud. Mais, chaque fois, l'assaut était stoppé dans les fortifications remarquablement établies par les Français.

Nous n'avions plus à craindre de voir les Britanniques lancer d'importantes attaques de diversion contre nos forces qui investissaient Bir Hakeim et nous espérions poursuivre notre assaut contre la forteresse sans risquer d'être dérangés. Le 6 juin, à 11 heures, la 90e division motorisée partit de nouveau à l'assaut des troupes françaises commandées par le général Koenig. Les pointes avancées parvinrent à huit cents mètres du fort, puis l'offensive s'arrêta. Le terrain, caillouteux, n'offrait aucune possibilité de camouflage et le feu violent des Français ouvrait des brèches dans nos rangs. Dans la soirée, l'assaut fut interrompu pendant que l'encerclement se resserrait autour du point d'appui. De faibles attaques de dégagement, lancées par la 7e brigade motorisée britannique contre la 90e division motorisée, furent repoussées. Au cours de la nuit du 6 au 7 juin, dans le secteur occupé par cette dernière unité, nous réussîmes à ouvrir des couloirs dans les champs de mines et, à la faveur de l'obscurité, les groupes d'assaut parvinrent à distance d'attaque. L'ouvrage fut soumis à un sévère bombardement par l'artillerie et l'aviation et, le 7 juin au matin, l'infanterie repartit à l'assaut.

Malgré son mordant, cet assaut fut stoppé par le feu de toutes les armes dont disposaient les encerclés. Ce n'est qu'au nord de Bir Hakeim que les groupes de combat réussirent quelques pénétrations dans le dispositif ennemi. C'était un admirable exploit de la part des défenseurs français qui, entre-temps, s'étaient trouvés totalement isolés. Le 8 juin, l'attaque se poursuivit. Pendant toute la nuit, nous n'avions cessé de lâcher des fusées et de battre les positions de défense avec nos mitrailleuses pour empêcher les Français de prendre du repos. Et pourtant, le lendemain, lorsque mes troupes repartirent, elles furent accueillies par un feu violent, dont l'intensité n'avait pas diminué depuis la veille. L'adversaire se terrait dans ses trous individuels, et restait invisible. Il me fallait Bir Hakeim, le sort de mon armée en dépendait.

Le 11 juin 1942, la garnison française devait recevoir le coup de grâce. Malheureusement pour nous, les Français n'attendirent pas. En dépit des mesures de sécurité que nous avions prises,

> ils réussirent à quitter la forteresse, commandés par leur chef, le général Koenig, et à sauver une partie importante de leurs effectifs. À la faveur de l'obscurité, ils s'échappèrent vers l'ouest et rejoignirent la 7e brigade anglaise. Plus tard, on constata qu'à l'endroit où s'était opérée cette sortie, l'encerclement n'avait pas été réalisé conformément aux ordres reçus. Une fois de plus, la preuve était faite qu'un chef français décidé à ne pas jeter le fusil après la mire à la première occasion peut réaliser des miracles, même si la situation est apparemment désespérée... Dans la matinée, je visitai la forteresse, théâtre de furieux combats ; nous avions attendu sa chute avec impatience. Les travaux de fortification autour de Bir Hakeim comprenaient, entre autres, mille deux cents emplacements de combat, tant pour l'infanterie que pour les armes lourdes[7].

Bir Hakeim a un retentissement mondial. Le journal britannique *Daily Mail* écrit que « les hommes de la France libre rendent le nom de Bir Hakeim immortel. La défense de Bir Hakeim est l'un des plus splendides exploits de la guerre[8] ». Le *Times* s'étend longuement sur la bataille de Bir Hakeim :

> La bataille fantastique et sanglante a atteint un nouveau sommet lorsque les forces axistes lancèrent une nouvelle avalanche de fer contre les Français de Bir Hakeim. On pense que l'ennemi est en train de regrouper de nouvelles forces importantes avant une attaque plus formidable encore. Les Français gardent un bon moral et repoussent héroïquement tous les assauts de l'ennemi. Les forces axistes à Bir Hakeim s'attaquent à plus qu'une forte position défensive, elles s'attaquent à quelque chose qu'elles ne peuvent briser : ces hommes sont la France, et la France est dans leurs yeux lorsqu'ils combattent[9].

Les généraux britanniques multiplient les éloges en faveur de la bravoure des troupes françaises à Bir Hakeim. Le général Frank Messervy, commandant de la 7e division britannique, écrit, fin juin 1942, la lettre suivante au général Koenig :

---

7. Maréchal Rommel, *La Guerre sans haine*, Amiot-Dumont, 1952.
8. Archives militaires britanniques, Londres.
9. *Ibid.*

> Mon cher général Koenig, je veux vous écrire un mot pour vous exprimer mon admiration et celle de tous les cadres et troupes de la 7e division britannique pour le magnifique combat mené par vous et les vaillantes troupes de la 1re brigade française libre, dans la défense de Bir Hakeim. Pendant ces deux semaines d'attaques incessantes de l'aviation, de bombardements d'artillerie intenses et d'attaques ennemies déterminées, votre moral n'a jamais fléchi, vous avez tenu fermement et êtes restés indomptables. Par votre défense farouche, vous avez joué un rôle des plus importants dans cette grande bataille du désert afin de déjouer les plans offensifs de l'ennemi[10].

Le général Willoughby Norrie, commandant le 30e corps d'armée britannique écrit, le 16 juin 1942, le message suivant au général français de Larminat :

> Félicitez, s'il vous plaît, le général Koenig et ses vaillantes troupes pour leurs combats épiques de Bir Hakeim. Cette magnifique résistance de seize jours contre les attaques continuelles a largement soutenu notre cause et déconfit l'ennemi lorsque l'ordre de repli fut donné par la plus haute autorité. Vos troupes n'ont jamais été forcées par l'action ennemie. Je suis fier d'avoir été associé à la 1re brigade française libre. Bonne chance. Vive la France[11] !

Le général de Gaulle adresse au général Koenig, lors du dernier jour du siège, le message suivant :

> Sachez et dites à vos troupes que toute la France vous regarde et que vous êtes son orgueil.

En apprenant la réussite de l'évacuation de Bir Hakeim, le général de Gaulle ferme la porte derrière le messager et écrit :

> Je suis seul – oh ! cœur battant d'émotion, sanglots d'orgueil, larmes de joie[12].

---

10. Archives de la Fondation de la France libre, Paris.
11. *Ibid.*
12. Charles de Gaulle, *Mémoires de guerre*, Plon, 1954.

Le lieutenant-colonel français Rémy Porte, directeur de recherche au service historique de la défense, écrit :

> Les conséquences militaires de cette victoire défensive française, en immobilisant pendant deux semaines des forces ennemies considérables, et en lui infligeant dans un rapport de force de un contre dix des pertes sensibles, ne sont pas négligeables : elle bouleverse la planification opérationnelle allemande et donne au commandement supérieur allié le temps de rameuter d'autres troupes et de s'organiser [...]. La 1re brigade française libre remplit sa mission au-delà de toutes attentes du haut commandement britannique. Elle est ensuite réorganisée et rééquipée dans la région de Daba, mise au repos dans la région d'Alexandrie avant de remonter en ligne. Rommel a perdu deux précieuses semaines. Accourues d'Irak à marches forcées, des troupes britanniques parviennent à El Alamein quelques heures seulement avant les éléments de pointe de l'Afrikakorps [...]. La ferme résistance française permet aux Britanniques de mettre en relief l'action de l'allié français et surtout au général de Gaulle de conforter la place de la France libre dans la lutte mondiale qui se développe. En tenant leur position au-delà de ce qui était demandé par le commandement allié, les soldats français imposent à Rommel de retarder l'ensemble de ses opérations offensives et permettent aux Britanniques de préparer le choc suivant. On peut d'ailleurs se demander aujourd'hui, mais cela est si facile après les événements et lorsqu'on connaît la fin de l'histoire, si le général allemand avait vraiment besoin de perdre autant de temps à réduire la position tenue par les Français. Vouloir à tout prix obtenir un succès tactique local l'a sans doute conduit, comme d'autres généraux en d'autres circonstances, à se priver d'une victoire stratégique. Peut-être que s'acharner sur une place encerclée fut sa première faute majeure[13].

Ainsi, loin d'être un simple mythe gaulliste surévalué par la propagande, Bir Hakeim représente bien une bataille décisive de la guerre du désert, n'en déplaise à ses détracteurs.

---

13. Lieutenant-colonel Rémy PORTE, « Bir Hakeim face aux panzers de Rommel », *Les Dossiers de la Deuxième Guerre mondiale*, n° 6, octobre-novembre-décembre 2006.

Dans le maquis de Haute-Savoie

Récemment, certains auteurs ont remis en cause l'existence de la bataille des Glières, qui n'aurait été qu'un mythe gaulliste de propagande. D'après cette thèse, lorsque les Allemands montent le 26 mars 1944 sur le plateau des Glières, les maquisards ne sont plus là. Ils auraient décroché. Il n'y aurait eu donc ni bataille ni affrontement important, tout juste un accrochage entre un détachement allemand et un groupe de maquisards en avant-poste, où deux résistants auraient été tués. D'où sortent donc alors les chiffres de 500 maquisards opposés à 12 000 soldats allemands, lors de cette prétendue bataille ? Ils émanent de Jean Rosenthal, agent du BCRA (services secrets gaullistes) en Haute-Savoie, qui adresse à Londres un télégramme où il annonce également 400 morts et 300 blessés Allemands. Ces chiffres seront repris par Maurice Schumann à la radio anglaise de la BBC. À partir de là, d'après certains auteurs, la bataille des Glières est devenue un fait qu'on ne peut plus remettre en doute. Ce « mensonge » aurait servi à galvaniser les énergies et à redonner un certain lustre militaire à une France qui en avait besoin. Comme si la campagne d'Érythrée en 1941, la bataille de Bir Hakeim en 1942, la campagne de Tunisie en 1942-1943, la libération de la Corse en 1943, la campagne d'Italie en 1943-1944 n'avaient pas déjà redoré le drapeau français aux yeux des Alliés et des Allemands !

Or, cette thèse « brille » par sa vision pour le moins réductrice du déroulement exact de l'opération militaire des Glières, marquée par de nombreux massacres de résistants et de civils.

À ce sujet, l'historien Alain Cerri écrit avec justesse :

> Vous y croyez à cette histoire de « nouvelle génération » qui, incarnant la pureté des « lendemains qui chantent », nous apporte enfin la lumière et la vérité ? Je n'apprendrai à personne que l'histoire n'est pas une science exacte ; on se pose des questions, on établit des faits, on élabore des concepts, etc. Mais il faut expliquer et interpréter. Au mieux, l'historien sérieux et honnête peut se montrer impartial, mais il est toujours influencé par son enracinement et son engagement idéologique et politique…
>
> De toute façon, la journée du 26 mars 1944 aux Glières ne se limite pas à l'attaque allemande à Monthiévret. En effet, après un bombardement aérien qui avait commencé dès le 12 mars, et un violent pilonnage d'artillerie qu'il ne faut pas oublier, il y a d'abord eu, le matin, deux attaques des francs-gardes de

> la Milice, toutes repoussées par les maquisards ; il y a ensuite eu, avec les chasseurs de montagne allemands, un accrochage en début de matinée, où une première attaque allemande a été repoussée, avant le second accrochage en fin d'après-midi, où une deuxième attaque allemande est parvenue à contraindre les maquisards à se replier.
> D'autre part, la bataille des Glières ne se réduit pas à la journée du 26 mars ; elle a en fait commencé dès le 5 février 1944 contre les forces de l'ordre de Vichy (gardes mobiles, policiers et miliciens), qui encerclaient déjà le plateau jusqu'à l'arrivée des Allemands. En définitive, les maquisards des Glières, en affrontant l'ennemi à visage découvert, ont montré aux Alliés que la Résistance française était capable d'actions de grande envergure[14].

Il convient de présenter l'ensemble de cette bataille, marquée par de nombreux massacres de civils et de résistants, afin d'éviter la validation médiatique d'une thèse douteuse et réductrice. Ainsi, contrairement à la thèse avancée par certains, les effectifs du maquis des Glières se montent bien à environ 450 maquisards, dont 56 républicains espagnols et 80 FTP. Tandis que les forces de Vichy alignent 1 125 gendarmes, 906 gardes mobiles, 790 GMR, 700 miliciens, soit 3 521 hommes au total, que 4 000 soldats allemands de la 157e division allemande de montagne et d'autres unités viennent soutenir, soit 7 521 combattants au total. Les 1 125 gendarmes, jugés peu sûrs par les Allemands, ne participent pas directement à l'action, si bien que finalement les forces réellement engagées contre le maquis des Glières se montent à 6 396 hommes.

Pourchassés par les nombreuses forces vichystes en Haute-Savoie, en état de siège fin janvier 1944, de nombreux résistants de l'Armée secrète se rassemblent sur le plateau de Glières, sous le commandement d'anciens cadres du 27e bataillon de chasseurs alpins d'Annecy. Ils sont bientôt rejoints par deux groupes de francs-tireurs et partisans (FTP), qui veulent des armes, par des républicains espagnols et des réfractaires au STO qui doivent recevoir une formation militaire.

Dès le 5 février 1944, les maquisards sont encerclés par les forces de Vichy qui, dès le 12 février, lancent une attaque et sont repoussées avec de lourdes pertes : deux tués sur le terrain, six blessés, dont deux décèdent peu après, sans oublier trois prisonniers. On ne compte

14. Alain Cerri, *La Bataille des Glières*, Annecy, 2012.

aucune perte du côté des maquisards, qui peuvent en plus réceptionner trois parachutages d'armes légères d'infanterie, dont le plus important le 10 mars 1944.

Dans la nuit du 9 au 10 mars 1944, le prestigieux chef du maquis de Glières, le lieutenant Tom Morel, lance une opération commando, avec environ 150 maquisards, contre le poste de commandement du GMR Aquitaine, cantonné à Entremont, au pied du plateau des Glières : une soixantaine de GMR sont ainsi désarmés, mais Tom Morel est assassiné par le commandant Lefèbvre, chef du GMR, qui parvient à sortir de sa poche un petit revolver. Lefèbvre, qui avait donné sa parole d'officier de ne pas résister, est immédiatement abattu par les maquisards présents. Le lieutenant Louis Jourdan-Joubert, puis à partir du 14 mars, le lieutenant Pierre Bastian assurent le commandement du maquis des Glières jusqu'au 18 mars, puis le capitaine Maurice Anjot, adjoint du capitaine Clair, chef de l'Armée secrète en Haute-Savoie, succède à Tom Morel.

Le 12 mars 1944, devant les échecs répétés des forces vichystes, les Allemands décident d'intervenir avec quatre bataillons de chasseurs de montagne de la 157e division du général Karl Pflaum. L'aviation allemande bombarde plusieurs chalets, tandis que la Milice déclenche plusieurs assauts, tous repoussés par les maquisards.

Devant la disproportion des forces en présence (450 maquisards contre 6 396 adversaires vichystes et allemands), le capitaine Maurice Anjot envisage de replier le maquis pendant qu'il en est encore temps. Cependant, l'officier du BCRA Rosenthal qui, au nom de la France libre, veut un combat héroïque exemplaire, afin de prouver aux Alliés que la Résistance française est capable de livrer bataille à des forces ennemies conséquentes, parvient à convaincre Anjot de résister plus longuement sur place. Le maquis de Glières acquiert alors une renommée internationale et devient un élément important de la guerre psychologique pour conquérir l'opinion française et alliée en faveur de la puissance réelle de la Résistance tricolore.

Le dimanche 26 mars 1944, trois bataillons allemands de chasseurs de montagne de la 157e division, ainsi que les miliciens et les GMR se préparent à attaquer le plateau. L'aviation allemande bombarde une dizaine de chalets, tandis que la Milice échoue de nouveau dans ses assauts au col de l'Enclave. Le commandement allemand envoie alors deux sections à l'attaque, afin de se faire une idée exacte du dispositif défensif des « terroristes ». La première section allemande est repoussée depuis les rochers de Lavouillon, mais la seconde section, dans le secteur moins facile à défendre de Monthiévret, parvient à tourner un avant-poste et contraint les maquisards à se replier à la nuit tombée.

Apprenant que les Allemands viennent d'ouvrir une brèche, le capitaine Anjot, estimant l'honneur sauf, ordonne l'exfiltration du maquis des Glières le 26 mars à 22 heures. Ainsi, dépourvus d'armes lourdes en quantité, bombardés par l'aviation et pilonnés par l'artillerie allemande, les maquisards, après un baroud d'honneur contre les Allemands et la Milice, tentent d'évacuer le plateau dans la nuit du 26 au 27 mars 1944. Le lendemain, les Allemands donnent l'assaut massif du plateau, en grande partie évacué durant la nuit par ses défenseurs. La traque est alors lancée : environ 140 maquisards sont capturés et massacrés par les nazis et les miliciens tandis que 310 résistants parviennent à rompre l'encerclement de l'ennemi. La répression qui s'ensuit est terrible : captifs fusillés, la plupart soumis à de longues tortures. Dans la prison d'Annecy, les maquisards Lalande et Bastian meurent sous les coups. Dans la plaine d'Alex, par deux fois, les Allemands amènent un camion de réfractaires du STO, qu'ils lâchent ensuite dans les champs pour jouer à la chasse et abandonnent les corps sur place.

En Haute-Savoie, comme partout ailleurs, la Gestapo utilise des procédés inhumains :

> On interroge le prisonnier après quatre jours sans manger et une nuit ficelé sur une chaise, on l'interroge jusqu'à dix heures de suite, en coupant l'interrogatoire de rosseries et coups, on le brûle avec une cigarette, on le lie sur un fauteuil de dentiste, on lui coiffe la tête d'un casque avec deux résistants électriques sur les joues, ou on branche un fil à l'orteil ou à la verge et on court-circuite, on le lie poitrine nue et on lui frappe la région du cœur avec un petit marteau, on le plonge dans une baignoire en plein hiver, la tête est maintenue sous l'eau jusqu'à l'évanouissement. On le ranime avec du cognac[15].

Plusieurs centaines de résistants et de juifs sont déportés ou massacrés dans ce département.

Lors des uniques combats du plateau des Glières en février-mars 1944, les forces vichystes déplorent une vingtaine de tués,

15. Archives du centre national Jean Moulin, Bordeaux.

le double de blessés, sans oublier trois Allemands tués et sept autres blessés.

Cette bataille connaît un grand retentissement dans le cadre de la guerre des ondes qui fait rage entre les collabos de Vichy et les Français libres de Londres. Tandis que Radio Paris passe sous silence l'intervention décisive des Allemands et glorifie la « victoire » des forces vichystes sur « un ramassis de lâches terroristes et étrangers » qui se seraient rendus sans résister, Maurice Schumann déclare à la BBC le 6 avril 1944 :

> Héros des Glières, quelle est votre plus belle victoire ? Pour tout dire, d'avoir déjà ramené Bir Hakeim en France[16].

Quant à lui, le résistant Romans-Petit note :

> Cette défaite des armes, mais victoire des âmes, persuade les Alliés que la Résistance française est capable de combattre à visage découvert. Ainsi reçoit-elle une aide accrue en parachutages d'armes[17].

La Résistance de Haute-Savoie libère seule le département le 19 août 1944, tout en capturant 3 500 soldats allemands.

De son côté, Jean-Louis Crémieux-Brilhac écrit :

> Une défaite des armes peut être une victoire d'opinion. Les combattants de Haute-Savoie ont défini et comme projeté vers l'extérieur l'image qu'ils souhaitaient donner d'eux-mêmes ; ils ont pu, à l'écoute de la BBC, suivre l'édification de leur propre légende[18].

La bataille des Glières a fixé d'importantes forces allemandes durant plusieurs jours : quatre bataillons de chasseurs de montagne de la 157e division, sans oublier un bataillon du 19e régiment SS de police et deux compagnies du 958e groupe anti-aérien motorisé ; preuves supplémentaires que la bataille a bien eu lieu. Enfin, les pertes réelles des Allemands seraient nettement plus lourdes que la dizaine de tués ou blessés. Il s'agit de chiffres donnés par le général Karl Pflaum,

16. *Ibid.*
17. *Ibid.*
18. *Ibid.*

un nazi convaincu : or on sait que les chiffres des pertes annoncés par le commandement allemand durant la Seconde Guerre mondiale ont toujours été sous-évalués pour des raisons de propagande. À titre d'exemple, juste après la campagne de mai-juin 1940, le commandement allemand annonce 27 000 soldats tués dans ses rangs, alors que l'on sait aujourd'hui avec exactitude, grâce à la consultation de toutes les archives militaires de Fribourg-en-Brisgau, qu'au minimum 49 000 soldats du Reich sont morts au combat durant cette période. Il est navrant de constater que de nombreux « historiens » français prennent pour « parole de vérité » les chiffres douteux issus de la propagande militaire hitlérienne.

7

La bravoure méconnue des soldats italiens

Peu d'armées n'ont été aussi injustement critiquées et méprisées que celle de l'Italie. Les victoires militaires italiennes sont souvent ignorées tandis que les défaites sont systématiquement mises en avant. L'historiographie anglo-américaine, par son italophobie pathologique, a largement contribué à cette légende noire frappant les soldats italiens.

Déjà, durant la Première Guerre mondiale, on ne retient de la participation militaire italienne que la défaite de Caporetto en octobre 1917, passant ainsi sous silence les authentiques exploits des troupes transalpines sur un front montagneux, facile à défendre pour l'adversaire austro-hongrois. La bataille de l'Isonzo, marquée par 11 offensives italiennes, est pourtant plus meurtrière que celle de Verdun en France, avec ses 800 000 soldats italiens et 600 000 soldats austro-hongrois tués, blessés et disparus. Verdun se solde par la mise hors de combat de 423 000 soldats français et de 420 000 soldats allemands. L'armée italienne aligne des troupes d'élite comme les *alpini* (chasseurs alpins), corps de montagne particulièrement bien entraînés, et les *bersaglieri* (tirailleurs), renommés pour leur endurance et la promptitude de leurs assauts à la baïonnette : 52 bataillons *d'alpini* et 67 de bataillons *bersaglieri* sont disponibles en mai 1915, lors de l'entrée en guerre de l'Italie contre l'Autriche-Hongrie. Ainsi que l'écrit Rudyard Kipling :

> Les *alpini* ont été, parmi les troupes spécialisées déployées sur tous les fronts, les plus courageux, les plus tenaces[1].

Ces qualités ne s'illustrent pas seulement par des coups d'éclat, comme la prise de certains sommets de nuit, à plus de 2 000 mètres d'altitude, mais par des tours de force logistiques, comme la mise en batterie à la force des bras et à plus de 3 000 mètres d'un canon de 149 mm, pesant neuf tonnes, sans compter les munitions. Sur les glaciers, sous un froid quasi polaire et plusieurs mètres de neige, cette guerre méconnue du grand public cause des pertes considérables, liées non seulement aux conditions climatiques et topographiques extrêmes, mais aussi à l'esprit offensif des troupes italiennes, contre des positions jugées imprenables par tous les experts militaires de l'époque, sans oublier la puissance meurtrière de l'armement moderne, avec ses mitrailleuses et ses canons de gros calibres, équipant en quantité l'adversaire austro-hongrois.

Sur les massifs du Marmolada et de l'Adamello, à plus de 3 000 mètres d'altitude, une lutte féroce se déroule sur les glaciers en 1915-1918 : les conditions hivernales sont épouvantables, les températures descendent par endroits à -42 °C ! Les troupes italiennes creusent des couloirs dans la glace pour conquérir les positions autrichiennes les plus escarpées. Le prix à payer par les *alpini* italiens est effarant lors de cette lutte en haute montagne : plus de 50 % des pertes. Sur plus de 240 000 recrues des bataillons *d'alpini*, on déplore 133 851 soldats hors de combat au total ! Les pertes autrichiennes sont aussi importantes.

Le front italien prend une importance tactique et stratégique de plus en plus importante pour les Alliés, en fixant une vingtaine de divisions austro-hongroises en 1915, une quarantaine en 1916, une cinquantaine en 1917 et une soixantaine en 1918. Autant de troupes ennemies qui ne peuvent intervenir sur le front français aux côtés des Allemands. La défection de la Russie en mars 1918 ne fait qu'accroître davantage l'importance du front italien au bénéfice des Alliés.

Le maréchal français Ferdinand Foch écrit que « sur le plateau du Carso, l'armée italienne a tenu pendant deux ans dans des conditions

1. Archives militaires italiennes, Rome.

physiques et morales si dures, que peut-être aucune autre armée au monde n'y aurait résisté[2] ». Le général autrichien Kraus écrit à propos de la troisième offensive de l'Isonzo :

> Dans le secteur d'un bataillon, les Italiens sont revenus sept fois à l'assaut et ont laissé 800 cadavres, preuve de l'énergie de leur attaque[3].

Le général autrichien von Pitreich relève la fureur de l'élan italien après la conquête de Gorizia :

> Avec une obstination qu'il faut reconnaître, les Italiens ont poursuivi leurs tentatives pour s'ouvrir de force la route de Trieste. Jour et nuit, en particulier sur le plateau du Carso, se sont livrés de furieux combats corps à corps. Les attaques italiennes en masse étaient conduites avec une ardeur absolument insensée[4].

L'archiduc Joseph, commandant le 7e corps d'armée autrichien, tient le même langage :

> Les Italiens font suivre les assauts sans interruption : nous ne réussissons à les contenir qu'au prix de pertes énormes… Ils viennent à l'attaque en masse compactes et subissent des pertes indescriptibles, mais continuent jusqu'à l'épuisement.

Son admiration pour ses adversaires ne fait que grandir, à mesure que la guerre se prolonge. Il écrit en novembre 1915 :

> De toute mon âme, je dois exprimer mon admiration pour les Italiens. Je n'avais jamais vu une semblable ténacité dans des attaques aussi meurtrières.

Et en septembre 1916 :

> Impartialement, nous devons noter comme dignes d'admiration la grande hardiesse et l'élan des Italiens. Un courage merveilleux

---

2. Archives militaires autrichiennes, Vienne.
3. *Ibid.*
4. *Ibid.*

dont on doit, même chez un ennemi, se souvenir avec le plus profond respect[5].

Le général autrichien Boroevitch, commandant de la 5e armée austro-hongroise engagée sur l'Isonzo, témoigne ainsi :

> Les troupes italiennes ont combattu avec une bravoure extraordinaire. Avec un esprit offensif téméraire, elles ont enlevé plusieurs de nos positions montagneuses, malgré l'immense difficulté du terrain, les pires conditions climatiques et la puissance de notre armement. Nos vaillants soldats ont plusieurs fois reculé devant la fougue des *bersaglieri*, des *alpini* et des fantassins italiens. C'est pour le soldat austro-hongrois un grand titre de gloire que d'avoir pris part à la bataille de l'Isonzo, dont les combats ont été aussi terribles qu'à Verdun et sur la Somme sur le front français[6].

De son côté, le général allemand Ludendorff rend hommage « à la tenace résistance italienne qui souvent doit être brisée par de terribles corps à corps » :

> J'exprime mon admiration pour les soldats italiens qui, en octobre 1917, attaqués par les meilleures troupes austro-hongroises, renforcées par d'excellentes divisions allemandes, résistent avec héroïsme et parviennent à se rétablir sur le fleuve du Piave en novembre 1917, malgré notre supériorité numérique de deux à trois contre un.

Il écrit également :

> La onzième offensive de l'Isonzo avait été riche de succès pour l'armée italienne. Les armées autrichiennes avaient courageusement résisté, mais leurs pertes sur les hauteurs du Carso et de la Bainsizza avaient été si considérables, leur moral tellement ébranlé, que les autorités politiques et militaires de l'Autriche-Hongrie en étaient venues à la conviction que leurs armées ne pourraient pas continuer la lutte et soutenir un douzième choc de l'Italie. L'une des causes principales de notre défaite fut la déficience de l'Autriche-Hongrie, que l'Italie serrait à la gorge de

5. *Ibid.*
6. *Ibid.*

> plus en plus fort. Si l'Autriche-Hongrie avait pu rendre disponible une partie de ses divisions et les envoyer sur le front français, la guerre aurait été gagnée par les Empires centraux, qui n'auraient pas craint les renforts américains[7].

L'armée italienne doit combattre dans des conditions topographiques défavorables à l'offensive, le long d'un front de 600 kilomètres, constitué de montagnes propices aux défenses ennemies et qu'il faut aborder de front. Cette guerre nécessite, dans les deux camps, un effort surhumain pour triompher des difficultés climatiques et établir des positions atteignant parfois 3 500 mètres d'altitude, les ravitailler par des galeries creusées dans la glace, des sentiers escarpés, des téléphériques, les disputer par des assauts acrobatiques.

En juin 1918, les troupes italiennes, commandées par le général Diaz, repoussent une puissante offensive austro-hongroise sur le Piave et dans le Trentin, qui se termine par la mise hors de combat de 85 000 soldats italiens (tués ou blessés) et de 180 000 soldats ennemis. Après ce succès défensif, l'armée italienne, reconstituée et bien commandée, se trouve en mesure de passer à son tour à l'offensive. La bataille de Vittorio Veneto d'octobre 1918, marquée par une semaine de lutte acharnée tuant ou blessant 40 000 soldats italiens et 70 000 soldats ennemis, se termine par une éclatante victoire italienne, avec la capture de 430 000 soldats austro-hongrois.

L'annonce de la défaite autrichienne de Vittorio Veneto plonge le commandement allemand dans le plus profond désespoir. En effet, 63 divisions austro-hongroises, fixées sur le front italien, ne sont plus en mesure de soutenir l'Allemagne dans sa lutte contre les Alliés. Bien davantage que les 16 divisions américaines, engagées en premières ligne sur le front français durant la fin de l'été et le début de l'automne 1918, l'apport tactique et stratégique de 51 divisions italiennes joue un rôle décisif dans la victoire finale des Alliés en novembre 1918. La perte d'une soixantaine de divisions austro-hongroises, battues par l'armée italienne, précipite la décision finale de l'Allemagne de signer l'armistice le 11 novembre 1918.

Le maréchal allemand von Hindenburg écrit à ce sujet :

> Beaucoup plus que l'engagement de quelques divisions américaines sur le front occidental, ce fut la défaite de notre allié

7. Archives militaires allemandes, Fribourg-en-Brisgau.

> austro-hongrois contre l'Italie qui nous poussa à conclure aussi rapidement un armistice avec les Alliés. La perte d'une soixantaine de divisions austro-hongroises était pour nous un désastre irrémédiable. De plus, il nous était désormais impossible de lutter à la fois contre les Alliés sur le front occidental et d'envoyer plusieurs de nos précieuses divisions dans le Tyrol pour s'opposer à la menace d'une cinquantaine de divisions italiennes. Toute l'Allemagne du sud était désormais menacée par l'armée italienne, tandis que l'on devait en même temps contenir les offensives alliées sur le front occidental[8].

Cet aspect, pourtant essentiel de la fin de la guerre en novembre 1918, est très souvent ignoré par de nombreux historiens, uniquement fascinés par le mythe du « sauveur américain ». L'élimination de 63 divisions austro-hongroises, l'apport de 51 divisions italiennes sont relayés au second plan dans la victoire finale des Alliés, au bénéfice des 16 divisions américaines engagées en première ligne sur le front français, dont seulement huit ayant l'expérience du combat. Il convient également de signaler la présence de 111 divisions françaises et de 63 divisions britanniques qui ont largement contribué à la défaite de l'Allemagne en 1918.

L'apport militaire italien de 14-18 ne se limite pas au front des Alpes, puisque 60 000 soldats italiens luttent avec héroïsme sur le front français en 1918. Il s'agit du 2e corps d'armée du général Alberico Albricci (brigades Napoli, Salerno, Brescia, Alpi). Le maréchal Pétain atteste :

> L'armée italienne a aidé l'armée française durant la bataille de la Marne de 1918 par sa belle résistance et ses contre-attaques. Je savais que je pouvais demander beaucoup à de semblables troupes. L'Italie peut être fière du général Albricci et des troupes qui, sous son commandement, ont victorieusement combattu sur le sol de France. Lors des combats de Bligny, le 15 juillet 1918, les troupes italiennes parviennent à stopper l'offensive ennemie au prix de 16 000 soldats hors de combat, empêchant l'armée allemande de s'emparer de son objectif sur ce secteur du front, à savoir la ville d'Épernay. En effet, le 2e corps d'armée italien, luttant à un contre trois, a par sa conduite héroïque contribué à barrer

8. *Ibid.*

aux Allemands la route d'Épernay. En septembre 1918, le même corps d'armée italien effectue une percée près de Chavonne et poursuit son avancée jusqu'à Rocroi et les rives de la Meuse[9].

Le général français Mangin est tout aussi admiratif :

> En septembre 1918, les vaillantes troupes italiennes ont reconquis le Chemin-des-Dames sur toute la largeur du front qui leur était assigné, et d'un seul élan atteint et même dépassé l'Ailette. Tous les soldats italiens du corps d'armée Albricci étaient des combattants d'élite, aguerris par plusieurs années de combats sur le front italien. La brigade Alpi était commandée par le colonel Peppino Garibaldi qui avait déjà combattu sur le front français en 1914-1915, à la tête de la Légion garibaldienne[10].

Or tous ces faits militaires italiens de 14-18 restent largement ignorés en France. On ne retient que la défaite militaire italienne de Caporetto en 1917 ! Les 780 000 soldats italiens tués et disparus, durant la Première Guerre mondiale, sont passés sous silence, voir méprisés !

*

Concernant la Seconde Guerre mondiale, l'image du soldat italien est encore plus sombre. Les Alliés anglo-américains cachent volontairement au grand public leurs défaites contre l'armée italienne. La propagande anglo-américaine présente les soldats italiens comme lâches et sans honneur. En Afrique du Nord et orientale, les troupes alliées subissent de nombreuses défaites toujours attribuées aux Allemands, alors que les troupes italiennes représentent souvent 80 % à 100 % des effectifs ! Sur les divers théâtres de guerre où elles sont engagées, les armées italiennes luttent partout avec bravoure. De nombreux témoignages d'officiers alliés et allemands attestent de la grande vaillance au combat des soldats italiens, souvent mal armés et mal équipés.

Sur les 73 divisions italiennes mobilisées en juin 1940, 19 seulement sont complètes, 34 ne disposent que de la moitié du matériel

9. Archives militaires françaises, Vincennes.
10. *Ibid.*

nécessaire, les autres manquent de tout ! Les divisions alpines et les régiments de *bersaglieri* sont les seules unités correctement équipées. Sur les 1 500 chars italiens disponibles, 70 seulement disposent d'un canon, le reste n'étant que de très vulnérables chenillettes L3 armées d'une ou deux mitrailleuses. La marine, puissante sur le papier, est dépourvue de radars et de porte-avions. L'aviation, réduite à 1 796 appareils en service, est en partie obsolète, avec des chasseurs et des bombardiers lents et mal armés. Pour le soldat italien, cette guerre impopulaire est celle du pauvre.

Sur les crêtes alpines

Sur le front des Alpes en juin 1940, 312 000 soldats italiens affrontent 185 000 soldats français, soutenus par les puissantes fortifications bétonnées de la ligne Maginot alpine. Appuyée par une faible artillerie lourde, l'armée italienne, qui doit passer en seulement quelques jours de la posture défensive à l'offensive, subit des pertes considérables sur un front montagneux fortifié. Sur une longueur de 400 kilomètres, la Maginot alpine comporte de nombreux ouvrages en béton, dont des casemates et des forts modernes.

Du 10 au 20 juin 1940, les soldats français et italiens s'observent sur les sommets, se livrent à quelques embuscades, des assauts acrobatiques et multiplient les patrouilles. Du 21 au 24 juin, les troupes italiennes passent partout à l'offensive. En Tarentaise, la division alpine Tridentina traverse la frontière sous une violente tempête de neige, monte à plus de 3 500 mètres sur des glaciers par -18 °C, descend, sous le feu de l'artillerie française, dans la vallée, en direction du fort de Seloges. Le 80e bataillon alpin de forteresse (BAF) lui oppose une farouche résistance. Les *alpini* du bataillon Tirano s'emparent du point d'appui de Bellaval, après un violent combat, mais ne peuvent déboucher. Partout sur le front des Alpes, les troupes italiennes attaquent avec une bravoure extraordinaire les positions fortifiées françaises, parfois à plus de 3 000 mètres d'altitude ! Les colonnes d'assaut débordent certains cols, encerclent des points d'appui, mais ne peuvent percer la position principale de résistance.

Le bataillon d'*alpini* Dronero, qui franchit le col de la Gyprière à 2 390 mètres d'altitude et descend vers le lac Premier en direction du vallon de Fouillouze, se trouve subitement plongé en enfer : les *alpini* débouchent sur la zone des plans de feu des ouvrages puissants et modernes de la position principale de résistance. Un véritable carnage commence. Les *alpini*, qui arrivent épuisés par une longue marche en montagne dans la neige et sur la glace, subissent un terrible déluge d'artillerie. Chaque mètre de terrain est battu, tout ce qui s'y trouve est écrasé. Décimé, le bataillon italien va passer deux jours et trois nuits sur la glace, au milieu de ses morts et de ses blessés, sans secours, sans ravitaillement, sans espoir. Pour comble de malchance, la tempête se déchaîne sur les hommes transis. Beaucoup meurent de froid. Les débris du bataillon Dronero se replient finalement sur les positions de départ de la frontière. Le bataillon d'*alpini* Val Dora subit un sort aussi tragique devant l'ouvrage du Pas-du-Roc.

Dans les Alpes-Maritimes, les combats sont aussi acharnés. Mussolini, désirant conquérir Menton, lance 80 000 soldats contre 38 000 soldats français. De nombreux ouvrages bétonnés défendent le secteur. Le choc est une fois de plus celui de la chair contre le béton. La division Cosseria et le 33e bataillon fasciste tentent de s'emparer de Menton. Le bilan de l'attaque italienne se solde par l'occupation de Fontan et de la moitié de Menton. La position française principale est intacte. Les troupes italiennes ont mené avec un grand courage cette bataille. Les unités d'assaut ont été conduites par des officiers pleins d'allant, qui sont souvent tombés à la tête de leurs hommes. Mais là encore, les troupes françaises se sont montrées inébranlables, dont l'héroïque garnison française de l'ouvrage du Pont-Saint-Louis qui repousse tous les assauts italiens.

L'armistice du 24 juin 1940, conclu entre l'Italie et la France près de Rome, stoppe l'ensemble des opérations militaires sur le front des Alpes. Les Italiens ont conquis quelques vallées alpines, mais la solide défense française leur a causé des pertes énormes. La position principale de résistance n'a jamais été enfoncée. En quatre jours de combat, sur l'ensemble du front des Alpes, les troupes de Mussolini ont perdu 6 028 soldats (tués, blessés, gelés, prisonniers ou disparus) contre 254 soldats français !

Sur le front albano-grec

En 1940-1941, sur le front albano-grec, l'armée italienne doit également livrer de terribles combats en montagne, sous un froid terrible en plein hiver, contre des forces grecques plus nombreuses et souvent mieux équipées. En effet, le commandement italien débute son offensive, fin octobre 1940, avec seulement 7 divisions contre une armée grecque qui peut aligner 15 divisions et 6 brigades. Les troupes italiennes, inférieures en nombre, se trouvent en plus face à un adversaire animé d'un très haut moral, admirablement entraîné à la guerre en montagne, bon fusil, grenadier émérite et disposant pour le soutenir dans ses attaques de l'excellent canon de 75 mm Danglis auquel, du propre aveu du comte Ciano, « on n'avait rien à opposer d'efficace[11] ».

La division alpine Julia, résistant avec héroïsme à trois divisions grecques, sauve l'offensive italienne d'un désastre, permettant aux autres troupes décimées de se rétablir sur une solide ligne de défense en montagne, en Albanie. Sur l'ensemble du front, 115 bataillons grecs s'opposent à 48 bataillons italiens. La non-intervention de la Bulgarie aux côtés de l'Italie permet au général grec Papagos d'envoyer en renfort la division d'élite du général Vrachnos, ainsi qu'une division de montagne. La supériorité des Grecs est désormais écrasante. Supportant les assauts enragés de 3 divisions grecques, les bataillons *d'alpini* Vicenza et Aquila, de la division Julia, résistent pendant trois jours : 2 400 *alpini* italiens contre 28 000 soldats grecs ! Le lieutenant Pietro Chiampo, du bataillon Aquila, contre-attaque à la tête de sa compagnie. Bien que blessé une première fois, il renouvelle plusieurs assauts à la baïonnette et tombe frappé d'une rafale de mitrailleuse. Il recevra à titre posthume la médaille d'or de la Valeur militaire. Le capitaine Francesco Canfalonieri, du bataillon Vicenza, organise une résistance énergique. Il repousse à la tête de ses *alpini* plusieurs assauts grecs. Gravement blessé, Canfalonieri perd son sang en abondance. Il refuse cependant d'être évacué et trouve la mort en servant lui-même une mitrailleuse. Il sera décoré de la médaille d'or de la Valeur militaire à titre posthume. La division Julia du général Girotti a perdu 2 264 hommes sur 9 000. Le bataillon alpin Morbegno, noyau de la division alpine Tridentina, est transporté en une seule nuit par une trentaine d'avions d'une rive à l'autre de l'Adriatique. Il est immédiatement engagé au secours de la Julia. Pressées par 14 divisions et quatre brigades grecques, les sept divisions italiennes sont obligées de retraiter dans des conditions particulièrement difficiles.

Les 2e et 5e régiments de *bersaglieri* couvrent avec panache la retraite de la division Centauro qui a perdu une centaine de blindés légers et environ 3 000 soldats. Retranchés derrière le fleuve Kalamas, les *bersaglieri* opposent une résistance farouche à trois divisions

11. Archives militaires italiennes, Rome.

ennemies : 6 000 *bersaglieri* opposés à 54 000 soldats grecs ! Les capitaines Fascetti et Monaco, les deux seuls officiers survivants du 2e régiment de *bersaglieri*, incitent leurs hommes à la lutte. Ils montrent l'exemple. Fascetti se fait tuer en menant une contre-attaque à la tête de sa compagnie. Monaco attaque l'ennemi à la grenade et tombe fauché par un éclat d'obus. Les *bersaglieri*, renforcés finalement par la division Siena, parviennent à contenir les assauts furibonds des trois divisions grecques durant plusieurs jours.

Le 14 novembre 1940, le rapport des forces est de 63 bataillons grecs contre 24 bataillons italiens. La division alpine italienne Tridentina, nouvelle venue en Albanie, monte en ligne avec seulement vingt-quatre heures de munitions ! Les camions chargés de ravitailler les unités italiennes s'embourbent dans des sentiers transformés en torrents. Mais il y a plus grave, la situation des dépôts et magasins des divisions italiennes est tout simplement catastrophique. Le général italien Scuero nous en donne une description saisissante :

> Vivres de réserve : zéro ; équipement : très peu ; vêtements de laine : zéro ; munitions d'infanterie zéro ; munitions d'artillerie : insignifiant ; armes et artilleries : disponibilités épuisées ; matériel de génie : pratiquement nul ; matériel sanitaire : insuffisant[12].

Au sujet du conflit italo-grec, le colonel suisse Eddy Bauer, spécialiste de la guerre en montagne, écrit :

> Le malheureux combattant italien, engagé dans des conditions abominables, a mille fois mérité la palme du martyr. À l'époque, les défaites de Mussolini en Grèce et en Albanie ont retenti comme autant de coups de tonnerre éclatant dans un ciel serein. À la réflexion, toutefois, on considéra qu'elles n'eurent rien que de logique et de légitime. En vérité, le commandement italien se débattait dans une situation pitoyable. Les erreurs d'appréciations du *Duce* et du comte Ciano avaient conduit les exécutants de leur politique dans un véritable traquenard, car c'est un fait que, deux mois durant, les Italiens se trouvèrent en état d'infériorité numérique. Le 12 novembre, ils combattaient à un contre trois.
>
> On s'était préparé à une mission d'occupation pacifique ou, tout au plus, à ce que les Français appellent un « baroud d'honneur »,

12. *Ibid.*

> destiné à faire « parler la poudre », pour précéder dignement la palabre convenue d'avance. Au lieu de cela, on se trouvait en face d'un adversaire animé d'un très haut moral, admirablement entraîné à la guerre en montagne. Sur le front, manquant de cartouches et de bandes de pansement, le combattant italien souffrit véritablement le martyre, par des températures atteignant souvent 25 degrés sous zéro. Aussi bien, jusqu'à la fin janvier 1941, vingt fois nous trouvons-nous devant le même schéma : faute de pouvoir tenir la montagne, les divisions du général italien Soddu s'établissent en hérisson aux défilés, mais les Grecs, s'infiltrant par les hauts généralement mal gardés, les contraignent à lâcher prise et à décrocher de quelques nouveaux kilomètres. La disposition du relief, qui dans cette région, oriente les crêtes du sud-est au nord-ouest favorisait cette perpétuelle tactique d'infiltration[13].

La situation difficile de l'armée italienne est parfaitement décrite par l'italien Emilio Faldella :

> Quotidiennement, les commandants étaient assaillis par la nécessité de rafistoler un dispositif morcelé, tamponnant de larges brèches de dizaines de kilomètres avec des troupes affluant aux compte-gouttes et employant même des unités qui se battaient ailleurs. Pour utiliser rationnellement les cargos, il fut indispensable de répartir sur différents navires les troupes d'une même unité, lesquelles débarquaient en partie à Durazzo et en partie à Valona, tandis que les bataillons aérotransportés atterrissaient à Tirana équipés seulement de leurs armes légères. Étant donné la nécessité de faire parvenir au front des renforts immédiats, il fallut envoyer vers les lignes les unités au fur et à mesure qu'elles débarquaient et les mélanger aux troupes qui combattaient déjà[14].

Les renforts jetés dans la bataille sont dispersés par le feu de l'artillerie grecque. Des *alpini*, transportés par les avions Junkers allemands, débarquent sur l'aérodrome de Koritsa et sont tués ou blessés par les tirs des batteries grecques au pied même des appareils, et rembarqués vers les hôpitaux de l'arrière dans les mêmes avions. Les canons grecs de 151 mm pilonnent le champ d'aviation. Les victimes italiennes se

13. Eddy Bauer, *La Guerre des blindés*, Payot, 1962.

14. Archives militaires italiennes, Rome.

comptent par centaines et même par milliers. Le sous-lieutenant italien Franco Sampietro doit prendre le commandement d'une importante troupe qui, après avoir été mise sur pied sur une piste de l'aérodrome, a déjà perdu le tiers de son effectif, et tous ses officiers. On compte 1 372 tués, 1 081 blessés et 650 disparus dans les rangs italiens !

Le 19 novembre 1940 dans la soirée, le général italien Soddu décide qu'une retraite en profondeur est inévitable. Les bastions de la défense de Koritsa doivent être abandonnés. Il s'agit de reporter la ligne de front à une quarantaine de kilomètres en arrière de la frontière. Pour atteindre le centre de l'Albanie, une attaque grecque sur quatre axes est planifiée : le premier dans la vallée de l'Osum, au point de jonction des 9e et 11e armées italiennes, le second vers Klissura, le troisième en direction de Tépéléni et le dernier vers le Val Sushiça.

Le 8 décembre 1940, au début de cette nouvelle bataille, les Grecs disposent d'une supériorité numérique de trois contre un. Les résultats obtenus sont cependant assez maigres du fait de la résistance acharnée des troupes italiennes. La division alpine Julia, bien que ne disposant plus que de la moitié de ses effectifs, se distingue particulièrement. Elle ne possède plus qu'une douzaine de canons, transportés à dos d'hommes en raison du manque de mules, toutes victimes de l'artillerie grecque. Le 9 décembre, les bataillons Val Tagliamento et Gemona subissent de plein fouet l'assaut grec qui parvient à franchir l'Osum. Les positions sont reprises le lendemain, grâce à une contre-attaque du bataillon Trento de la division alpine Pusteria, nouvelle venue sur le front albanais. Les soldats italiens font alors une importante moisson de prisonniers grecs et s'emparent d'un matériel de guerre conséquent. Le 11, c'est au tour du bataillon alpin Aquila de repousser plusieurs assauts grecs. Malgré ce succès défensif des Italiens, les Grecs parviennent à gagner du terrain sur le secteur du littoral et à se rapprocher de Valona, menaçant ainsi d'encerclement les positions italiennes du Val Sushiça.

> Les conditions météorologiques causent de graves soucis aux belligérants, surtout aux Italiens dont de nombreuses petites unités se trouvent désormais isolées et dans l'impossibilité d'être ravitaillées du fait des torrents de boue engloutissant les convois muletiers. Les blessés meurent en nombre[15].

15. David Zambon, in *Ligne de Front*, n° 5, mai-juin 2007.

Le 1er régiment d'*alpini* et le groupe Mondovi, à peine débarqués à Durazzo, accourent au Val Devoli pour soutenir la division alpine Tridentina en retraite dans une terrible tempête de neige. Le 2e régiment d'*alpini* et le groupe Pinerolo de la division alpine Cuneense, transportés en avion, sont employés au Val Sushiça sans convois muletiers, avec des soldats surchargés de matériels, dans des conditions climatiques extrêmes.

Un froid sibérien s'abat sur l'ensemble du front albanais. Les plateaux désertiques, dont l'altitude dépasse généralement 1 200 mètres d'altitude, sont balayés par un vent glacial et la température descend jusqu'à -20 °C. L'Albanie devient une préfiguration du front russe. Ni les Italiens, ni les Grecs n'ont de vêtements adéquats. Les mitrailleuses refusent de tirer. Les grands blessés du froid commencent à se multiplier. Les brancardiers s'enfoncent dans la neige jusqu'aux genoux et marchent ainsi pendant des heures pour atteindre les hôpitaux de campagne, où l'on ampute les membres gelés par centaines.

Malgré le temps épouvantable, les efforts militaires redoublent à partir du 22 décembre 1940. Le 23, les bataillons alpins italiens Aquila, Val Fella et le groupe d'artillerie Val Tanaro anéantissent plusieurs bataillons grecs à Qarishta-Fratarit. Cet objectif majeur est la cible d'une nouvelle attaque en force le lendemain, veille de Noël. La 4e division grecque, composée de troupes fraîches et soutenue par une abondante artillerie, enfonce les positions des bataillons Aquila et Vicenza. La nouvelle ligne de résistance italienne se déplace sur le Mali Topaianit, dont le sommet est atteint par les Grecs le 29. Ils en sont cependant chassés le même jour par une fougueuse contre-attaque du 9e régiment d'*alpini* et du bataillon Val Tagliamento. Les Italiens surprennent les éléments avancés grecs et leur arrachent le sommet dans un corps à corps furieux, mettant en fuite les survivants.

De telles actions se répètent et les actes de bravoure sont nombreux dans les deux camps. La division Julia, qui a perdu tous ses commandants de bataillon, est submergée par deux côtés sur l'Osum. Le front se stabilise finalement dans une lutte terrible en montagne, où les sommets sont enlevés, perdus et reconquis aux prix de pertes terribles des deux côtés. Le 141e bataillon de chemises noires perd ses 700 hommes en quelques heures seulement.

Le 29 décembre 1940, le général Ugo Cavallero, nouveau chef d'état-major de l'armée italienne, reçoit l'ordre de relever de son poste le général Ubaldu Soddu, commandant des troupes italiennes en Albanie. Le 1er janvier 1941, une lettre de Mussolini lui précise sa mission en Albanie :

> L'Allemagne est prête à envoyer une division de montagne en Albanie, pendant qu'elle organise une armée destinée, en mars, à opérer contre la Grèce à partir de la Bulgarie. Mon désir et ma certitude, c'est qu'en raison de votre intervention et de la valeur de vos troupes une aide directe de l'Allemagne sur le front d'Albanie se révélera superflue. Le peuple italien attend avec impatience que le vent souffle dans une autre direction[16].

Mais pour arriver à reprendre l'initiative, encore faudrait-il au général Cavallero les moyens nécessaires. Le 1er janvier 1941, il dispose sur un front de 250 kilomètres de 96 bataillons contre 135 bataillons grecs.

Les renforts italiens débarqués dans les ports de Durazzo et de Tirana sont envoyés vers la ligne de front dans des conditions désastreuses. C'est le cas de la division d'infanterie Lupi di Toscana, du général Ottavia Bollea, qui doit parcourir à pied, en une journée, 60 kilomètres. Engagée aussitôt pour colmater l'important carrefour de Klissura, le 9 janvier 1941, elle est prise sous une violente tempête de neige. Trois divisions grecques, manœuvrant par les hauteurs, lui tombent dessus et la taillent en pièce en 24 heures. La division Lupi di Toscana perd 3 000 hommes.

Le capitaine Andrea Costa, officier de cette division, raconte :

> Nous sommes engagés dans des conditions incroyables. À peine débarqués on nous ordonne de marcher sur le front de Klissura. La région est très montagneuse. Nous parcourons une longue distance à pied. Le ravitaillement a du mal à suivre. Avec seulement quelques heures de munitions, nous devons faire face à plusieurs divisions ennemies. Nos chaussures n'offrent aucune protection contre la pluie, le froid et la neige. La bourrasque qui éclate à l'improviste rend notre approche particulièrement éprouvante. Notre régiment d'artillerie doit hisser ses canons sur des sommets à mains nues ! C'est un véritable calvaire. Soudain, des milliers de soldats grecs surgissent du brouillard et nous attaquent à la baïonnette. J'organise ma compagnie en hérisson

16. Archives militaires italiennes, Rome.

> et nous tirons de tous les côtés. Dès cet instant, je ne me fais plus aucune illusion sur le sort de la bataille[17].

Un autre officier de la division Lupi di Toscana raconte au général Pricolo :

> Après une marche de 60 kilomètres, la division fut envoyée occuper des positions sans même que des officiers accompagnent les hommes à qui l'on avait promis qu'ils trouveraient des cantonnements chauds à leur arrivée. Après d'autres heures de marche encore, les troupes parvinrent aux localités marquées sur la carte, mais qui n'étaient guère reconnaissables sur le terrain, et dont une partie venait d'être déjà occupée par l'ennemi. La division, sans avoir pu même compléter son dispositif, dut combattre un attaquant acharné dès le matin et durant toute la journée suivante, dans une zone inconnue et sans que les conditions atmosphériques permettent un appui aérien[18].

Une nouvelle vague de froid fige le front à nouveau. Parmi les soldats de deux camps, la terreur de la « gangrène sèche » se répand : la mort blanche qui vient insidieusement, presque indolore. Un combattant grec raconte :

> Les jambes gonflent au-dessus de la cheville, les pieds deviennent insensibles, la chair prend une teinte violacée, puis noirâtre. De plus en plus souvent le chirurgien intervient. Le soldat est mutilé, condamné pour la vie à une invalidité totale et définitive[19].

Un soldat italien livre aussi son témoignage :

> Dans nos trous individuels, il faisait très froid. Ils n'étaient pas très larges : profondeur un mètre dix, largeur zéro mètre soixante. Plus c'est étroit et mieux c'est : juste la place pour s'encastrer. La terre humide imbibée de neige est mauvaise, les balles pénètrent plus facilement. Un avantage de l'étroitesse de nos trous, par exemple, est que les morts restent debout : ça peut faire illusion à l'attaquant. Un autre avantage encore, et énorme, c'est qu'ils

17. *Ibid.*
18. *Ibid.*
19. *Ibid.*

> constituent des fosses bien commodes pour le service de santé : il suffit d'envelopper le mort dans sa toile de camouflage et de combler le trou : grosse économie de main-d'œuvre et somme toute sépulture décente. Mon fusil était entouré de tissus. En cas d'attaque, j'aurais perdu du temps à dérouler les chiffons graisseux qui le protégeaient, mais il fallait garder les armes propres, surtout dans la boue. D'ailleurs, s'ils attaquaient et que je n'arrivais pas à épauler, aucune importance : je n'avais plus de cartouches. J'avais ma baïonnette contre une mitrailleuse. Les soldats grecs venaient de nuit ; des montagnards qui se battaient presque chez eux. Je venais de loin, moi, je ne connaissais rien à ce paysage, où on peut toucher des deux mains, en étendant les bras, chaque versant des vallées, mais pour aller de l'un à l'autre il faut des heures de glissades et d'escalades. J'avais l'impression désagréable de jouer – sans aucun atout – contre un adversaire qui voyait mes cartes. Pour eux, chaque arbre, chaque pierre était un abri ou un repère ; pour moi, un obstacle et un danger. Dès qu'on bougeait un peu, le tir des mitrailleuses recommençait. Alors, tant qu'à faire, il valait mieux rester tapi au fond du trou et attendre de mourir par congélation, ou d'un coup de baïonnette grecque entre les omoplates ; ou enseveli par un obus de mortier, ou, mieux, déchiqueté par une grenade. Les nôtres, de grenades, explosaient rarement : la neige était molle ; et comme elles éclataient à la percussion… Quand la corvée arrivait à passer – pas tous les jours –, nous mangions. Les boîtes de conserve étaient pour les hommes de la troupe ; les gradés et les officiers avaient un menu à part et du vin et de quoi fumer. On leur distribuait des bottes aussi. Nous, avec nos semelles pourries et nos uniformes déchirés, nous avions bonne mine. Mais comme il en avait toujours été ainsi, personne ne s'en étonnait, personne ne pensait à se révolter[20].

Le 25 janvier 1941, le froid étant un peu tombé, et compte tenu de l'urgence d'une victoire, le général Cavallero lance ses troupes à l'assaut de la cote 1923, vers Klissura, ainsi que par l'Aoos, vers Préméti et Mertzani. Le 26, les Italiens s'emparent brillamment des cotes 1620 et 1920, menaçant ainsi Klissura. Mais le jour suivant, le 2e corps d'armée grec réagit et lance cinq contre-attaques successives.

20. *Ibid.*

Les Italiens résistent avec acharnement. Le 29, dans la matinée, les soldats grecs enlèvent, baïonnette au canon, les cotes 1733 et 1923, repoussant les troupes de Cavallero au-delà de leurs positions de départ. Puis, dans l'après-midi, la neige se remet à tomber dru. Fin janvier, elle atteint 3 mètres d'épaisseur sur les sommets. Le froid sévit au-dessous de -20 °C. Pour le moment, ni l'offensive italienne ni la contre-offensive grecque n'ont la moindre chance d'aboutir. Après cinq jours d'actions locales, le front se stabilise dans une sordide guerre de position.

Afin de circonscrire la menace grecque, le général italien Carlo Rossi, commandant du 25e corps d'armée, dépêche en hâte le bataillon d'éclaireurs skieurs Monte Cervino, composé de l'élite des troupes de montagnes italiennes, sur le Mali Trebeshinës et le Mali Shindeli, à plus de 1 500 mètres d'altitude. Les 326 *alpini* et 14 officiers de ce bataillon repoussent, durant plusieurs semaines, les assauts enragés de trois bataillons grecs, au prix de pertes terribles, plus de 150 hommes hors de combat. Les Grecs laissent 600 cadavres sur les pentes gelées.

Le 25 janvier 1941, la division alpine Julia ne compte plus que 1 500 soldats valides sur les 9 000 du début de la campagne. Le bataillon alpin Cividale est réduit à 72 survivants sur 1 200 ! La division Julia est donc retirée du front pour se reconstituer. Elle reprend le chemin des premières lignes trois semaines plus tard.

Le 13 février 1941, le général grec Papagos cherche à exploiter son succès sur Klissura. Il lance devant Tepelenë ses 1er et 2e corps d'armée, sous les ordres du général Drakos : 72 bataillons grecs affrontent 32 bataillons italiens. Mais cette fois, le général Cavallero a bien organisé les défenses. Les hauteurs importantes sont tenues par les *alpini* des divisions Julia et Tridentina. Totalement renforcées, les deux divisions alpines italiennes repoussent toutes les attaques ennemies. Les combats se déroulent entre 1 700 et 2 500 mètres d'altitude.

Le massif Scindelli, qui protège directement Tepelenë, est l'objet de très violents combats. Sur la cote 1805 du Scindelli, le 54e RI de la division d'infanterie italienne Sforzesca s'oppose avec héroïsme aux assauts enragés de la division grecque Cretese. Après vingt-quatre heures de combat, les Grecs, repoussés, laissent 3 000 hommes tués ou blessés sur les pentes de la cote 1805. Durant plusieurs semaines, la division Sforzesca défend le massif Scindelli contre trois divisions grecques. Le capitaine Vittorio Luoni et le lieutenant Pirini forment une section d'assaut au sein du 54e RI de la division Sforzesca. Le capitaine Luoni et ses fantassins lancent un assaut furibond sur la montagne Punta Nord du Mali Scindelli, à 1 540 mètres d'altitude. Après une lutte féroce de plusieurs heures à l'arme blanche et à la grenade, le capitaine Luoni et ses soldats s'emparent du sommet de la Punta Nord.

Le 27 février 1941, une nouvelle attaque grecque menace l'imposant sommet du Golico. Les divisions italiennes Ferrara, Julia, le groupe alpin Pizzi, le 2e régiment de *bersaglieri* et la 26e légion de chemises noires affrontent les 5e, 17e et 2e divisions grecques, qui disposent d'une supériorité numérique de deux contre un. Les assauts grecs sont cependant repoussés. Les pentes du Golico sont jonchées de cadavres grecs et italiens. Attaques et contre-attaquent se multiplient.

Ce succès défensif italien donne au général Cavallero le répit nécessaire pour se renforcer. Du 29 décembre 1940 au 9 mars 1941, dix divisions d'infanterie, quatre bataillons de mitrailleurs et dix-sept bataillons de chemises noires passent d'une rive à l'autre de l'Adriatique. Tant et si bien qu'au début du mois de mars 1941, Cavallero aligne 156 bataillons contre 135 bataillons grecs. Ayant reconquis une légère supériorité numérique, Cavallero entreprend de passer à l'offensive. Il lui faut enfoncer le front avant l'intervention allemande.

Peu à peu, la logistique italienne permet de combler en partie l'importance des pertes. Les ports de Durazzo et de Valona peuvent désormais débarquer plus de 4 000 tonnes de matériel par jour. Plus de 130 kilomètres de routes ont été construits et 2 500 autres soumis à divers travaux. Les unités affluent d'Italie, afin de renforcer le dispositif. Début mars 1941, sur un front de 250 kilomètres, 560 000 soldats italiens font face à 540 000 soldats grecs. L'amélioration progressive de la météo laisse espérer un concours régulier de l'aviation italienne, même si la tactique adoptée s'avère décevante : comme sur le front des Alpes en juin 1940, les bombardements à haute altitude ne sont pas efficaces.

Le 2 mars 1940, Mussolini s'envole de Bari pour l'Albanie, pilotant lui-même un trimoteur Savoia-Marchetti S.M.79. Il est escorté par douze chasseurs Macchi M.C.200. Le *Duce*, vêtu de son uniforme de maréchal d'Empire, par-dessus lequel il a enfilé une combinaison d'aviateur, craint que les troupes ne l'accueillent plutôt froidement après les souffrances de l'hiver. À l'aéroport de Tirana, dans le matin glacial, le général Cavallero, le général Ranza, commandant de l'aviation italienne en Albanie et le général Jacomoni reçoivent le chef du fascisme sur la piste. Le *Duce* monte en voiture avec Cavallero. Du côté de Berati, ils croisent un détachement de la division Bari qui applaudit, et passent en revue la division Sienna cantonnée près de Roskovezza, où l'accueil est tout aussi rassurant. En parcourant la ligne de front, Mussolini assiste à un spectacle qui lui rappelle étonnamment ses expériences de bersaglier en 1915-1917 sur le front austro-italien : les colonnes de soldats à pied dans la boue et la neige, les tranchées creusées dans la roche et perchées sur les sommets montagneux, les chevaux et les mulets de bât. Il rend visite aux généraux Gambara et Geloso, dont les postes de commandement se trouvent côte à côte au village de Rehova. Cavallero expose d'une voix de stentor son dispositif offensif.

Ayant reconquis la supériorité numérique, le général Cavallero entreprend de passer à l'offensive en présence du *Duce.* Dès le 9 mars 1941, la 11e armée italienne du général Geloso, forte de 66 bataillons, doit attaquer l'imposant massif du Trebesina, dont les sommets culminent à près de 2 000 mètres d'altitude. Le secteur est défendu par 36 bataillons grecs. Les troupes italiennes doivent traverser la rivière torrentueuse de Mezgorani, qui coule au flanc du Trebesina, puis attaquer les lignes ennemies parfaitement aménagées. Une première position grecque longe la rivière, une deuxième est à mi-hauteur et enfin une troisième au sommet d'une véritable barrière montagneuse avec notamment les cotes 717, 731, 1816, 1874, 1902, 1923, 1085…

Dans son journal de guerre, le général Cavallero note :

> Le déploiement de l'artillerie grecque est puissant. Ses moyens actifs et passifs sont bien organisés en profondeur, en utilisant les positions dominantes ; les Grecs sont donc en excellentes conditions pour contenir une attaque et réagir par de vives actions de feu et de contre-attaques[21].

Le général allemand von Rintelen, présent aux côtés des dignitaires italiens, écrit :

> Aucune des divisions d'infanterie allemandes, même choisies parmi les mieux entraînées, n'aurait pu vivre et combattre sur un terrain et des conditions aussi difficiles[22].

Cavallero demande un délai de quatre jours à cinq jours pour achever la mise au point de ses préparatifs. Mussolini l'écoute, avalant sa salive et roulant des yeux. Dans le courant de la matinée suivante, le *Duce* se rend au siège du 25e corps d'armée du général Carlo Rossi,

---

21. *Ibid.*
22. Archives militaires allemandes, Fribourg-en-Brisgau.

où il passe en revue la division Lupi di Toscana, totalement reformée, dont les soldats arborent des uniformes neufs, les blessés légers des bandages propres, et les démonstrations continuent. Dûment stylées, les recrues fraîchement arrivées d'Italie, hurlent :

> Nous voulons l'offensive ! Donnez l'ordre, *Duce*[23] !

Le général Pricolo, présent, remarque cependant :

> Parmi les centaines de soldats qui poussaient des acclamations, mon regard fut attiré par un troupier qui, demeuré presque seul sur le bord de la route, continuait tranquillement à manger le contenu de sa gamelle. Il ne paraissait plus très jeune et arborait une barbe hirsute. Tout en portant sa cuillère à la bouche, il levait les yeux vers ses camarades agités et, parfois, son geste s'arrêtait à mi-chemin des lèvres, tant il était stupéfait de la scène qui visiblement paraissait incompréhensible à ses yeux. Tout à coup, il s'aperçut que je l'observais, continua de manger pendant un moment pour donner le change puis s'enfonça dans les broussailles et disparut[24].

Le 9 mars à 4 heures, Mussolini quitte le logement militaire qu'il s'est choisi, près de Devoli. Il fait nuit noire. Sur la route, des camions roulent, des chevaux hennissent. Le *Duce* monte en voiture, et à 6 heures parvient avec sa suite à la pente de l'observatoire de Komarit. Le jour s'annonce glacial, mais clair : un temps idéal pour l'aviation. L'observatoire domine l'âpre panorama du Val Desnizza et les monts du Trebesina. C'est une casemate en pierres cimentées devant lequel s'érige un petit belvédère protégé par des sacs de sable. Le général Geloso s'y tient en compagnie du général Ranza, dont la corpulence avoisine l'obésité. Le général Gambara porte une capote trois quarts empruntée à l'uniforme des *bersaglieri*. La vue s'étend au loin, vers les monts du Trebesina et l'Aoos, au-delà de Klissura, où sont les Grecs.

Soudain, le tir de l'artillerie italienne se déclenche : plus de 300 canons tirent ensemble. Les ravins et les vallées sauvages roulent le fracas des explosions. L'offensive du général Cavallero prend le départ. Très vite, la 1re division grecque se trouve isolée : téléphone coupé, munitions qui sautent, abris détruits, tranchées bouleversées.

23. Archives militaires italiennes, Rome.
24. *Ibid.*

On essaie le télégraphe optique, mais la brume matinale traîne dans les creux et on n'y voit rien. La préparation d'artillerie dure deux heures trente. En largeur et en profondeur, les positions grecques sont pilonnées par plus de cent mille obus. À 7 heures, les cotes 717 et 731 sont bouleversées au point que la neige disparaît. À 8 h 30, les bombardiers italiens font leur apparition pour lâcher leurs bombes sur les lignes grecques situées à l'arrière du front.

La cote 731 offre alors le spectacle de l'enfer de Verdun ou de l'Isonzo. Les obus labourent la terre, pulvérisent la roche en mille éclats. La cote 731 se transforme en un paysage lunaire. En tête du dispositif offensif, les *alpini* de la division Pusteria partent à l'assaut baïonnette au canon, appuyés par des lance-flammes et des lance-grenades. Les soldats grecs ripostent par des tirs de mitrailleuses qui fauchent par dizaines les assaillants.

À 9 h 30, les nouvelles semblent encourageantes pour les Italiens. Le bataillon alpin Feltre occupe le hameau de Sparadit. La division d'infanterie Puglie a enlevé la cote 700 et progresse en direction de la cote 731 de Monastir. À 10 h 30, la division Puglie se trouve à 100 mètres de Mezgorani. La cote 731 est en possession des Italiens. Les pertes sont lourdes des deux côtés : le 11e régiment d'*alpini* compte 400 tués ou blessés en une heure, un bataillon grec est anéanti ! Les divisions italiennes Sienna, Ferrara et Modena se distinguent également, en enlevant d'assaut plusieurs positions grecques.

Le 10 mars, l'artillerie grecque riposte et, sur la cote 717, deux bataillons chassent les soldats italiens qui ont pris pied. Un bataillon italien revient en force pour reprendre la position perdue. Les duels d'artillerie durent toute la matinée, forçant les soldats des deux camps à se terrer. Après des succès encourageants, l'offensive italienne semble piétiner. Les Grecs contre-attaquent partout. À l'observatoire de Komarit, le *Duce* ne lâche pas ses jumelles. Inquiet, il murmure devant le général Cavallero :

> Quand une offensive de ce genre ne réussit pas dans les trois heures, c'est qu'elle échoue[25].

Le reste de la journée se poursuit en bain de sang, attaques et contre-attaques se succèdent, rappelant les pires moments de Verdun et de l'Isonzo. La division Bari, maintenue en réserve, monte en ligne

25. *Ibid.*

durant la nuit. Mais sa fougue ne suffit plus à rendre de l'impulsion à l'attaque. De nombreux abris grecs creusés dans la roche ont résisté à l'artillerie italienne. La division Puglie ne peut se maintenir au sommet de la cote 731. Les circonstances atmosphériques se gâtent, gênant l'aviation italienne. La pluie tombe à nouveau, les soldats grecs et italiens se retrouvent pataugeant dans la boue et la neige. Les mortiers grecs font un carnage. L'offensive s'avère stérile.

Le 11 mars, tant dans le Val Desnizza que sur les hautes positions du Trebesina, l'offensive s'enlise dans la boue et le sang. Les pertes se multiplient dans les deux camps. Le 12, Mussolini prend à partie les généraux Gambara et Geloso :

> Il faut absolument poursuivre les assauts. Après quatre jours passés, il est impossible de changer de plan d'opérations. Neutraliser la cote 1308 du Trebesina et les pentes orientales, puis avancer à l'attaque. Il faut attaquer, sinon la troupe commencera à s'enraciner sur le sol et à s'imaginer que c'est la fin de l'action. Les Grecs doivent être tenus sous le feu pendant toute la journée. L'antidote de leurs mortiers, c'est la mobilité. Une victoire est absolument indispensable au prestige de l'armée italienne avant la fin du mois[26].

Mussolini tempête, figé dans son idée d'assener aux Grecs un coup décisif. Gambara soumet un plan pour la journée du lendemain. Le *Duce* en prend connaissance et téléphone à Cavallero qui se trouve au poste de commandement de la division Bari :

> J'ai lu le document. C'est très précis et très détaillé. Les commandants de divisions n'ont qu'à l'appliquer[27].

Le 13 mars, à nouveau confiant, le *Duce* regagne Komarit. Vers midi, l'enfer reprend de plus belle dans la vallée et sur les sommets. Gambara fait observer la perfection de son barrage d'artillerie :

> Remarquez la précision du tir sur les flancs et le rideau de feu en avant de l'infanterie qui s'avance[28].

---

26. *Ibid.*
27. *Ibid.*
28. *Ibid.*

Les fantassins de la division Bari s'élancent avec courage de la cote 717 vers la cote 731. Ils parviennent à s'y installer, mais une contre-attaque grecque les en déloge. Un ouragan de feu chasse les Grecs. Les Italiens reprennent possession de la cote 731, qui va changer de mains une trentaine de fois les 13 et 14 mars ! Les cadavres s'amoncellent par centaines.

Le 14, alors que la division Bari effectue une nouvelle tentative de s'emparer de la cote 731, deux avions de chasse grecs mitraillent l'observatoire de Komarit, et Mussolini est obligé de se réfugier dans un abri proche. Dégoûté, il dit à Cavallero :

> — Nous avons attaqué. La troupe s'est sacrifiée. Comment conclure ?
> Le général Cavallero hoche la tête :
> — L'ennemi a profité du temps que nous avons mis à déployer notre front pour organiser une défense systématique en profondeur. Si d'ici demain il s'effondre, nous pouvons continuer l'action avec une intensité maximale. Autrement, il faut renoncer.
> — Et alors ?
> — Si le succès ne se dessine pas, nous ne devons pas continuer à alimenter la lutte. Il convient de la suspendre[29].

Gambara, déçu, songe lui aussi à tout arrêter. Seul Geloso conseille la poursuite des opérations. Mais il faut considérer les pertes qui sont particulièrement lourdes en six jours : 12 000 soldats italiens tués ou blessés et 11 700 dans les rangs de l'armée grecque. Un véritable carnage !

Le 15 mars 1941, dans un dernier effort, le général Gambara jette toutes les forces dont il dispose sur la cote 731. Le Grec Costa de Loverdo le raconte :

> Il en résulte une boucherie indescriptible. Sur 400 mètres, les cadavres s'entassent par monceaux, les uns écartelés, les autres défigurés, les plaies béantes. Des membres arrachés jonchent par centaines le sol. Les soldats grecs et italiens, pêle-mêle, embrassent les barbelés dans des positions hallucinantes, figés dans l'immobilité de la mort. Les vautours, habitués au bruit des canons, volent bas, arrachent aux cadavres des lambeaux de chair[30].

---

29. *Ibid.*
30. Costa de Loverdo, *La Grèce au combat 1940-1941*, Calmann-Lévy, 1966.

Le 16 mars, Cavallero donne l'ordre d'arrêter le massacre. Cette nouvelle offensive italienne a échoué, malgré plusieurs succès locaux. Le front grec n'est pas enfoncé. Le *Duce* quitte son observatoire et durant quatre jours parcourt l'Albanie, passant des régiments en revue, saluant les bataillons qui l'applaudissent, puis, le 21 mars, à 7 h 45, son avion l'emporte vers Bari et Rome.

Les combats se poursuivent durant plus d'un mois dans une lutte stérile pour la conquête de pitons rocheux ou de tranchées. Dans une de ses actions, le lieutenant italien Carlo Borsani, de la division d'infanterie Venezia, forme un peloton de 40 fantassins et s'empare de la cote 1252 di Allonaqit, au prix de 37 hommes mis hors de combat ! Carlo Borsani, gravement blessé, recevra la médaille d'or de la Valeur militaire. Soucieux de rétablir la vérité historique sur la bravoure des troupes italiennes en Albanie, le lieutenant-colonel français Pierre Carle écrit :

> Les défaites de Koritsa et de Klissura n'entament pas le moral des unités italiennes, qui lancent de janvier à mars 46 opérations offensives[31].

Après avoir perdu du terrain, les soldats grecs parviennent à contenir la poussée de troupes de Mussolini. La vaillance des combattants grecs est systématiquement soulignée dans les journaux de marche des unités italiennes. Les evzones, soldats grecs d'élite, se voient confier les missions les plus périlleuses. Au courage des soldats grecs répond celui des soldats italiens dont les pertes sont effarantes.

Entre la fin du mois de février et la fin mars 1941, de violents combats se déroulent sur le mont Golico, une montagne majestueuse qui voit ses flancs se couvrir de milliers de cadavres de soldats italiens et grecs envoyés à l'assaut. Les bataillons alpins italiens Tolmezzo, Gemona et Cividale luttent dans des conditions épouvantables, les positions changeant de mains plusieurs fois. Le 18 mars, le bataillon Cividale perd 290 hommes, tués ou blessés, dans une attaque suicidaire. Lors de ces combats, la division alpine Julia compte 4 000 hommes hors de combat (tués, blessés ou disparus) supplémentaires en un mois.

En avril 1941, Hitler décide finalement d'intervenir aux côtés des Italiens contre la Grèce, afin de mettre fin à cette guerre dans les

31. Archives militaires françaises, Vincennes.

Balkans, tout en préparant également l'invasion de la Yougoslavie, jugée trop favorable aux Britanniques.

Les deux armées italiennes d'Albanie (9e et 11e) fixent sur leur front de 250 kilomètres les trois quarts des forces grecques (14 à 16 divisions). Cela avantage grandement la 12e armée allemande qui, partant de Bulgarie, entre facilement en Grèce le 7 avril 1941. Elle ne trouve en face d'elle que trois à cinq divisions grecques, occupant la ligne fortifiée Metaxas, s'étendant sur 160 kilomètres, des monts Belascia à l'embouchure du Nestos. À 50 kilomètres en arrière est installé le corps expéditionnaire anglais (deux divisions et deux brigades) venu au secours de la Grèce. Après de durs combats, les Allemands s'emparent du col de Rupel. La Luftwaffe bombarde sans relâche les valeureux défenseurs. Le 9 avril, la 2e *Panzerdivision* (division blindée), qui vient de Yougoslavie, encercle par l'ouest l'armée grecque du Vardar. Avec l'autorisation du commandement suprême grec, le général grec Bakopoulos capitule. Les Allemands font 70 000 prisonniers. Quinze divisions allemandes continuent de progresser vers la mer Égée, en se heurtant au reste des troupes grecques et au corps expéditionnaire britannique.

Sur le front d'Albanie, les Grecs tentent de s'emparer le 9 avril de la cote 1301. Cependant, l'attaque échoue devant la résistance opiniâtre des troupes italiennes. La 13e division grecque déplore 312 tués et un millier de blessés. Les deux armées italiennes d'Albanie passent à l'offensive. La division Arezzo gagne du terrain en direction d'Ochrida, les divisions Cuneense et Firenze en direction de Driba. Les Grecs résistent avec acharnement sur les hauteurs. Le bataillon alpin italien Mondovi essuie de lourdes pertes, y compris son commandant, le colonel Annoni, médaillé d'or à titre posthume. Néanmoins, la division alpine Cuneense enfonce les positions grecques, en faisant 1 500 prisonniers, dont trois généraux et 50 autres officiers. La division Venezia enlève d'assaut plusieurs tranchées et capture 2 000 soldats grecs. La division alpine Tridentina s'empare des monts Pupatit et Topit. Le 14 avril, la 9e armée italienne franchit le fleuve Devoli, s'empare de Koritsa, Përmet, Gjirokastër, Portë et Palermos. Le 15, la 11e armée italienne progresse sur le bastion du Trebesina. La division Sforzesca s'empare de la cote 1805. La cote 731 est définitivement conquise par les *alpini* de la division Julia. La division Venezia dépasse Koritsa.

La nature du terrain montagneux et les nombreux torrents ralentissent les unités italiennes, par ailleurs gênées par les arrière-gardes ennemies. Prisonniers grecs et matériel de guerre sont cependant capturés en grand nombre, à l'issue de combats féroces. Les Grecs font payer aux Italiens le plus cher possible chaque kilomètre de terrain gagné. Cette offensive italienne victorieuse se déroule dans des conditions particulièrement difficiles : sentiers effondrés et minés, marches forcées à cause de l'impossibilité d'utiliser des véhicules, soldats grecs motivés. Klissura est reconquis par les Italiens le 17 avril. La tête de pont grecque autour de Perati est éliminée par les divisions italiennes Bari, Cacciatori delle Alpi et Cagliari. Le matin du 22 avril 1941, une compagnie du 4e régiment de *bersaglieri* parvient au pont de Perati… où tout avait commencé le 28 octobre 1940 !

À Larissa, le 21 avril 1941, seize divisions grecques déposent les armes : les plénipotentiaires signent la capitulation de leur pays au poste de commandement de la 12e armée allemande du maréchal List. Cette nouvelle soulève l'indignation de Mussolini, si bien que le *Führer* devra faire répéter deux jours plus tard la même cérémonie, en présence des représentants italiens.

Les opérations italiennes ne cessent cependant qu'avec l'occupation des îles de Céphalonie, Zante et Ithaque, entre le 28 et le 30 avril 1941. La guerre italo-grecque prend officiellement fin, avec un goût amer pour les Italiens, du fait de l'énormité des pertes au regard des résultats obtenus, et de l'aide nécessaire de l'Allemagne, désormais solidement installée dans les Balkans.

En six mois de combats contre les soldats grecs, l'armée italienne compte 154 172 soldats tués ou blessés. Contre les Italiens, l'armée grecque déplore la perte de 120 146 soldats hors de combat. La totalité des pertes italo-grecques s'élève à 274 318 hommes. Environ 300 000 soldats grecs ont été faits prisonniers par les Allemands ou les Italiens, mais à l'exception des officiers, ils seront tous relâchés les jours suivants. Pour vingt-cinq jours de combat dans les Balkans (Grèce et Yougoslavie), les pertes militaires allemandes s'élèvent à 6 020 soldats tués, disparus et blessés. Contre les Allemands, les Grecs perdent encore 15 700 soldats tués ou blessés. Les Britanniques déplorent 3 712 soldats tués ou blessés, sans oublier 9 000 prisonniers.

Conséquences directes de cette campagne militaire, Hitler doit fixer d'importantes troupes dans les Balkans, ainsi que repousser de deux mois son offensive contre la Russie soviétique, tandis que Mussolini doit laisser une trentaine de divisions dans les Balkans pour faire face à la Résistance locale de plus en plus puissante. Le *Duce* devient de plus en plus dépendant des Allemands… Son revers en Grèce annonce son renversement en septembre 1943. Cependant, les Allemands n'ont eu à affronter que cinq divisions grecques, alors que les Italiens en ont combattu seize. Comme le souligne l'historien David Zambon, il est intéressant de se demander ce qu'aurait pu faire la Wehrmacht sur le front montagneux d'Albanie, en infériorité numérique et avec un ravitaillement arrivant au compte-gouttes, comme ce fut le cas de l'armée italienne durant les cinq premiers mois de cette campagne. L'offensive italienne d'avril 1941 fut un succès en Albanie, non seulement du fait de l'intervention allemande, mais parce que le ravitaillement se montra davantage à la hauteur des exigences de la guerre moderne. L'armée grecque se trouvait très affaiblie, alors que l'armée italienne n'avait cessé de se renforcer, en dépit de ses lourdes pertes. La défaite de la Grèce était donc inéluctable, avec ou sans l'aide allemande.

Résistance héroïque en Afrique orientale

Winston Churchill doit faire face, dès l'été 1940, à la menace italienne en Afrique du Nord, venant de la Libye contre l'Égypte, sans oublier l'Afrique orientale, où les colonies italiennes d'Éthiopie, d'Érythrée et de Somalie affrontent la présence britannique au Kenya, au Soudan et en Somalie anglaise. En juin 1940, le duc d'Aoste, gouverneur du vaste empire italien en Afrique orientale, aligne une force armée de 91 000 soldats italiens et de 100 000 indigènes, alors qu'au même moment les effectifs britanniques s'élèvent à seulement 22 000 hommes. Mais cette grande disparité des forces en présence ne doit pas faire illusion : les troupes indigènes italiennes sont souvent armées de surannés fusils modèle 1866 à un coup, l'artillerie repose pour l'essentiel sur de vétustes canons de la guerre 14-18. Il n'y a pas un seul char lourd italien, seulement les très vulnérables chenillettes Fiat-Ansaldo L3 de 3 tonnes, véritables « cercueils roulants », et une poignée de 34 tanks légers M11/39 de 11 tonnes, dont le canon de 37 mm est incapable de percer le blindage de 80 mm des chars lourds britanniques Matilda de 28 tonnes. L'aviation italienne dispose bien de 350 appareils en Afrique orientale, mais seulement 133 se trouvent en état de voler, contre une force aérienne britannique qui ne cesse de se renforcer et finit par atteindre la supériorité numérique à la fin de l'année 1940, et technique en 1941 avec le chasseur Hurricane, supérieur en vitesse et en armement à son rival italien, le Fiat CR42.

Le duc Amédée d'Aoste, cousin du roi d'Italie Victor-Emmanuel III, a la chance d'être entouré d'officiers remarquables, comme les généraux Carnimeo, Frusci, Nasi, De Simone, Lorenzini, tous de vieux coloniaux, habitués aux théâtres de guerre africains. Cependant, sa situation stratégique est précaire. Les colonies britanniques encerclent en grande partie son empire d'Afrique orientale, sans compter la supériorité navale de la flotte britannique dans les environs. Le duc d'Aoste doit compter sur ses propres forces, car le ravitaillement venant d'Italie ou de Libye se trouve fortement compromis par la puissance navale alliée.

Malgré une situation stratégique difficile, le duc d'Aoste décide de passer à l'offensive dès l'été 1940. Les troupes italiennes envahissent la Somalie britannique, menacent le Kenya, en occupant la ville de Kassala, située à vingt kilomètres à l'intérieur des terres, et s'emparent de plusieurs postes frontaliers au Soudan. Cependant, dès l'automne 1940, l'armée britannique, grâce notamment aux nombreux renforts venus d'Afrique du Sud et d'Inde, dispose désormais sur ce théâtre de guerre de 170 000 soldats bien équipés, avec notamment un régiment de chars lourds Matilda, dont le blindage est invulnérable aux canons italiens.

Contrainte désormais à la défensive, l'armée italienne d'Afrique orientale oppose cependant une résistance acharnée. Le général anglais Platt l'écrit :

> Wolkefit, Keren, Gondar, l'Amba Aladji… sont des lieux où les Italiens firent preuve d'un magnifique esprit combatif et d'une grande habileté tactique[32].

Généralement, on estime que la reddition des troupes italiennes à Gondar, le 27 novembre 1941, met fin à la guerre en Afrique orientale : rien n'est plus faux ! Près de 7 000 soldats italiens poursuivent la lutte jusqu'en octobre 1943, par une habile guérilla en Somalie, en Érythrée et en Éthiopie. Ces irréductibles soldats italiens parviennent à contrôler de vastes régions, comme les combattants des colonels Calderari, Di Marco ou encore Ruglio. Ils forcent les Britanniques à déployer de vastes moyens militaires, qui seraient plus utiles sur d'autres théâtres de guerre.

Les *bersaglieri*, les *alpini*, les chemises noires (miliciens fascistes italiens), les *askari* (tirailleurs africains de l'armée coloniale italienne), les grenadiers et autres troupes d'élite transalpines luttent comme des lions, malgré la supériorité matérielle de l'adversaire.

---

32. Général Platt, *La Guerre en Afrique orientale*, Payot, 1956.

L'historien Pierre Grumberg écrit que « les Italiens se battent, et férocement, comme à Keren, en Érythrée, en 1941[33] ». De son côté, le maréchal britannique Slim, héros de la reconquête de la Birmanie, tient à souligner :

> À côté des Italiens et de leurs *askari*, les Japonais étaient des boy-scouts[34].

Et l'historien anglais Brian Sullivan de renchérir :

> Que le soldat italien se soit battu pour une mauvaise cause en 1940-1943 est incontestable. Qu'il se soit battu héroïquement est indéniable[35].

En Éthiopie, à plus de 3 000 mètres d'altitude, sur le massif de l'Amba Aladji, le duc d'Aoste et 7 000 de ses vaillants soldats résistent à tous les assauts des troupes britanniques, pourtant trois fois plus nombreuses, du 5 avril au 19 mai 1941, jusqu'à l'épuisement total des munitions et des vivres.

Les combats les plus durs se déroulent en Érythrée, où intervient la brigade française libre d'Orient du colonel Magrin-Vernerey (dit Monclar). Pressés de tous côtés, les Italiens replient leurs troupes sur la ville de Keren, nœud de communication et véritable verrou sur la route d'Asmara, la capitale de l'Érythrée, et de Massaoua, leur principal port de guerre sur la mer Rouge. À ce titre, ils fortifient les abords de l'agglomération.

> La position de Keren, se situe sur un plateau élevé, entouré d'une couronne de montagnes dont les cols et les sommets constituent les points névralgiques de la défense. Ce terrain montagneux, dont les principaux sommets dépassent 2 000 mètres, est très découpé par des nœuds profonds où se trouvent de rares sources. Sous un climat aride, le problème du ravitaillement de l'eau devient donc primordial. D'autre part, de mauvaises pistes interdisent l'emploi des véhicules et réduisent celui des animaux de

33. *Guerre & Histoire* n° 2, publication *Science et Vie*, 2017
34. *Ibid.*
35. *Ibid.*

bât. Ces conditions naturelles accentuent considérablement les épreuves des combattants[36].

Du 2 au 13 février 1941, la 4e division britannique, venant d'Agordat, attaque en force le camp retranché de Keren, défendu par la division italienne Savoia. Toutes les attaques britanniques sont repoussées avec de lourdes pertes. La 5e division britannique, envoyée en renfort, est également tenue en échec. Les six bataillons italiens de *bersaglieri*, d'*alpini*, de chemises noires et les dix bataillons d'*askari* érythréens combattent avec une bravoure extraordinaire. Le bataillon d'*alpini* Uork Amba prend la position de la Roche-Percée et repousse trois bataillons britanniques ! Durant cette première phase de la bataille de Keren, les Britanniques comptent 4 000 soldats hors de combat contre 3 000 chez les Italiens.

Le front de Keren est finalement tourné par les Alliés, si bien que les troupes italiennes doivent se replier sur Massoua, où elles livrent une ultime bataille dans ce secteur en avril 1941.

Durant cette guerre oubliée en Afrique orientale, les cavaliers italiens du commandant Amedeo Guillet se distinguent particulièrement par leurs actions audacieuses et héroïques contre les troupes britanniques. Né le 7 février 1909 à Plaisance, au sein d'une famille de la noblesse piémontaise, Amedeo Guillet quitte l'académie militaire de Modène avec le grade de sous-lieutenant de cavalerie en 1931. Il incorpore le prestigieux régiment de cavalerie de Monferrato. Ses qualités équestres sont rapidement remarquées. Il est même sélectionné parmi les quatre cavaliers devant former l'équipe nationale italienne du concours d'équitation aux Jeux olympiques de Berlin en 1936. Il brille lors de divers concours hippiques à Rome et même en Grande-Bretagne.

Lors de la campagne d'Éthiopie en 1935-1936, le lieutenant Guillet renonce finalement à participer aux jeux olympiques de Berlin, afin de servir militairement son pays. Il participe aux premiers combats en qualité de commandant d'escadron de cavalerie dès octobre 1935. À la tête de son unité à cheval, particulièrement mobile, il mène des raids commandos sur les arrières de l'ennemi. Le 24 décembre 1935, il est grièvement blessé à la main gauche lors d'un combat. Au terme de cette campagne, il est décoré le 5 mai 1936, par le maréchal Italo

36. Jean-Noël Vincent, *Les Forces françaises libres en Afrique 1940-1943*, Service historique de l'armée de terre, 1983.

Balbo pour « sa conduite exemplaire et sa bravoure au combat[37] ». En août 1937, il combat en Espagne au sein du corps expéditionnaire italien, luttant aux côtés des troupes franquistes. Il se distingue particulièrement lors des batailles de Santander et de Teruel, à la tête d'une compagnie de chars de la division Fiamme Nere (Flamme Noire).

Peu avant l'entrée en guerre de l'Italie en juin 1940, le lieutenant Guillet est envoyé en Érythrée, où il prend le commandement du groupe de cavalerie Amhara, unité de cavaliers, forte de 1 700 soldats italiens, éthiopiens, érythréens et yéménites. Cette formation d'élite, à la taille d'un régiment de cavalerie, aurait dû être normalement commandée par un colonel, mais les qualités militaires exceptionnelles de Guillet poussent le commandement italien à lui confier le poste.

Le groupe de cavalerie Amhara agit avec une totale liberté d'action contre l'ennemi britannique. La majorité des cavaliers étant arabophones, Guillet décide d'apprendre leur langue, en fréquentant l'école coranique locale, assis à côté des enfants. Lors d'un combat dans la région de Dougur Dubà, il contraint l'ennemi à la lutte en terrain dégagé. Il mène alors une charge de cavalerie sabre au clair. Durant ce combat mémorable, son cheval est tué. Il se fait apporter un autre destrier qui est abattu à son tour. Il poursuit alors la lutte comme simple fantassin, armé d'une mitrailleuse, et contraint l'ennemi à prendre la fuite. Pour cette action de grande bravoure, il est décoré de la médaille d'argent de la valeur militaire. Ses cavaliers indigènes le surnomment « *commandante Daviolo* » (commandant Diable), car tous sont convaincus de son immortalité.

Sa renommée se répand dans toute l'Afrique orientale. Même les officiers britanniques admirent ce jeune lieutenant italien, qui traite les soldats indigènes avec dignité, en leur accordant une grande responsabilité. Il tombe amoureux de la fille d'un chef tribal influent d'Érythrée, la très belle Kadija, ce qui ressert ses liens avec les cavaliers indigènes de son unité. Il garde toujours avec eux un comportement respectueux et loyal, de véritable gentilhomme chevaleresque.

Le soir du 20 janvier 1941, alors qu'il rentre au fort de Cheru, après de longues missions commandos à cheval sur les arrières de l'ennemi, il reçoit l'ordre de repartir immédiatement, à la tête du groupe de cavalerie Amhara, afin d'affronter les troupes britanniques qui menacent d'encercler 15 000 soldats italiens qui se replient vers

37. Archives militaires italiennes, Rome.

Agordat. Il doit retarder d'au moins vingt-quatre heures la progression de l'adversaire, en le forçant à s'arrêter dans la plaine située entre Aicota et Barentù. À l'aube du 21 janvier, il charge sabre au clair et à cheval les fantassins et les colonnes blindées britanniques. Les officiers anglais, stupéfaits devant un tel courage, restent un long moment sans réaction. Les cavaliers italiens et indigènes effectuent une seconde charge. Les mitrailleuses et les blindés adverses fauchent mortellement de nombreux hommes et chevaux. Lors de cette action spectaculaire, l'adjoint de Guillet, le lieutenant Roberto Togni, est tué. On compte 800 tués ou blessés dans les rangs italiens sur un effectif initial de 1 700 cavaliers. Mais les pertes britanniques sont aussi lourdes. Ce sacrifice permet aux 15 000 soldats italiens menacés d'encerclement de se replier sans danger en direction de Keren. Les archives militaires britanniques présentent en termes élogieux cette charge de cavalerie italienne, l'une des dernières de toute l'histoire militaire :

> Lorsque nos troupes prirent enfin position, des cavaliers italiens et indigènes chargèrent par le nord, en dévalant du haut des collines. Animés d'un courage exceptionnel, ces soldats galopèrent jusqu'à trente mètres de nos canons et de nos blindés, en tirant debout sur les étriers, en lançant des grenades, en sabrant notre infanterie, alors que nos canons, tournés à 180 degrés, tiraient à zéro. Les nôtres durent avoir recours aux mitrailleuses[38].

Guillet et les survivants de son unité participent ensuite aux batailles de Cochen et de Teclesan, en multipliant des raids commandos sur les arrières de l'ennemi, jusqu'à la chute d'Asmara le 1er avril 1941.

Bien que le 3 avril 1941 Mussolini ordonne la reddition de son armée en Éthiopie, Guillet prend la décision de poursuivre la lutte contre les Britanniques en Afrique orientale. Afin de soulager les troupes italiennes qui luttent en Libye, il entend mener une vaste guérilla, en fixant d'importantes troupes britanniques en Érythrée et en Éthiopie. Il réunit autour de lui une centaine de ses fidèles cavaliers italiens et indigènes, dont même des Falashas, à savoir des juifs éthiopiens ! Sa légende croît au fur et à mesure que les Anglais déploient des forces de plus en plus nombreuses pour capturer ces adversaires insaisissables. En huit mois, de nombreux dépôts britanniques de

38. Archives militaires britanniques, Londres.

munitions sont détruits ou capturés, des patrouilles alliées tombent dans des embuscades, des postes radios sautent, ainsi que des convois ferroviaires et des ponts. Plus de 3 000 soldats britanniques et alliés sont spécialement mobilisés pour capturer ou anéantir Guillet et ses preux. Une récompense de plus de mille livres d'or est offerte à qui livrerait aux Alliés, mort ou vif, le *commandante Diavolo*. Fait incroyable, Guillet n'est jamais trahi par les chefs de tribus éthiopiens ou érythréens, dont certains sont pourtant en guerre contre les Italiens ! Tous respectent et admirent le *commandante Diavolo*.

Vers la fin octobre 1941, Guillet se fait passer pour un Arabe, grâce notamment à sa parfaite connaissance de la langue. Il étudie même le Coran, fréquente des confréries soufies, la voie mystique de l'islam. Ainsi, lorsque les Britanniques occupent un village où il se trouve alors, il peut continuer de se promener paisiblement, déguisé en indigène. Il s'installe à la périphérie de Massaoua, où il prend l'identité d'Ahmed Abdallah el Redai, tout en poursuivant des raids commandos avec ses derniers fidèles.

Activement recherché par les services secrets britanniques, il parvient à rejoindre le Yémen. Il devient palefrenier de la garde de l'imam Yahya, roi du Yémen, qui l'élève au rang de grand maréchal-ferrant de la cour. Il devient responsable et instructeur des gardes à cheval yéménites durant plus d'une année.

En juin 1943, Guillet retourne à Massaoua en Érythrée, trompant ainsi une nouvelle fois la vigilance des Anglais. Il parvient ensuite à embarquer sur un bateau de la Croix Rouge, en se faisant passer pour un simple civil. Après deux mois de navigation, il arrive finalement à Rome le 3 septembre 1943. Promu commandant pour mérites de guerre, il demande des hommes, des armes et des fonds pour retourner en Afrique orientale, afin de reprendre son action clandestine contre les Britanniques. Cependant, l'armistice du 8 septembre 1943 le surprend à Rome. Il traverse les lignes allemandes et arrive à Brindisi, où il se met à la disposition du roi d'Italie et de la nouvelle armée italienne qui lutte désormais aux côtés des Alliés, à la suite de l'occupation d'une partie de la péninsule par les troupes hitlériennes.

En septembre 1944, il épouse Beatrice Gandolfo à Naples. Il travaille comme espion pour le compte des services secrets italiens et alliés. Il accomplit alors plusieurs missions à très haut risque dans la partie de l'Italie occupée par les Allemands.

En 1950, Guillet est affecté à l'ambassade d'Italie au Caire, en qualité de secrétaire de légation. En 1954, il est nommé chargé d'affaires au Yémen, où il retrouve le fils du vieil imam. En 1962, promu ambassadeur en Jordanie, il prend l'habitude de monter à cheval en compagnie du roi Hussein. En 1967, il devient ambassadeur d'Italie au Maroc. Ambassadeur d'Italie en Inde en 1971, il intègre le cercle très restreint des confidents du premier ministre Indira Gandhi. Il est également sollicité pour instruire la garde montée présidentielle du Yémen. En 1975, il achève sa carrière diplomatique.

En 2000, Guillet retourne en Érythrée visiter les lieux où il avait combattu durant la Seconde Guerre mondiale. Il est reçu à Asmara par le président de la République érythréenne avec les honneurs réservés aux chefs d'État. Le 20 juin 2000, il devient citoyen d'honneur de la ville de Capoue en Italie. Le 2 novembre 2000, le président italien Carlo Azeglio Campi le décore de la Grande Croix des ordres militaires d'Italie, la plus haute décoration militaire de ce pays. Malgré son grand âge, il cultive sa passion pour les chevaux en Irlande. En 2009, à l'occasion de la célébration de son centième anniversaire, une fête somptueuse est organisée au palais Barberini de Rome, en présence du corps diplomatique, des frères Piero et Raimondo d'Inzeo, médaillés olympiques, et d'une importante délégation irlandaise. En octobre 2009, il retourne à Rome, auprès de ses deux fils, Alfredo et Paolo. Il décède le 16 juin 2010, à l'âge de 101 ans.

Winston Churchill voyait en lui « l'un des plus extraordinaires combattants de la Seconde Guerre mondiale : un des derniers chevaliers, respectueux des peuples et de la parole donnée, admirable cavalier, spécialiste des actions commandos à cheval, porté par un sens remarquable du sacrifice et une bravoure inégalée au combat[39] ».

Au sujet de la résistance héroïque des troupes italiennes en Afrique orientale durant la Seconde Guerre mondiale, l'historien britannique Compton Mackenzie, écrit avec justesse :

> Keren fut une des batailles les plus dures de la guerre de 1939-1945, et il doit être dit que jamais les Allemands et les Japonais ne combattirent avec la même détermination que les bataillons italiens d'*alpini*, de *bersaglieri* et de grenadiers de la division Savoia à Keren. La propagande de guerre britannique dépeignait les Italiens comme des soldats ridicules : or aucun ennemi qu'affrontèrent les troupes britanniques ne se battit avec autant de courage que les bataillons italiens à Keren, sans oublier

39. *Ibid.*

les redoutables régiments italiens de cavalerie en Érythrée, en Éthiopie et en Somalie. De plus, les troupes coloniales italiennes se battirent avec la même valeur et la même détermination, et leur loyauté fut un témoignage de l'excellence de l'administration italienne et de l'entraînement militaire en Érythrée[40].

Les as méconnus de l'aviation italienne

L'armée de l'air italienne, la Regia Aeronautica (l'Aéronautique royale) est la grande méconnue de la Seconde Guerre mondiale, reléguée au troisième rang derrière la Luftwaffe allemande et l'aviation japonaise. Souvent méprisée par l'historiographie, elle n'a pourtant pas démérité, malgré de nombreuses faiblesses techniques, tactiques et numériques.

Lorsque Mussolini entre en guerre contre la France et la Grande-Bretagne, le 10 juin 1940, la Regia Aeronautica ne peut se dire prête. Elle aligne seulement 1 796 avions en service (783 bombardiers légers, 594 chasseurs et 419 avions de reconnaissance). La réserve se limite à 554 appareils, disséminés dans les territoires africains. Les escadrilles de chasse comptent en majorité des vétustes biplans Fiat CR.32 ou CR.42, volant respectivement à 375 et 430 km/h, totalement dépassés contre les chasseurs français Dewoitine D-520 (530 km/h) et britanniques Hurricane (521 km/h) ou Spitfire (602 km/h). Les Fiat.50 Freccia (470 km/h) et Macchi M.C.200 (500 km/h) sont à peine plus rapides que leurs prédécesseurs italiens. Il faut attendre l'année 1941 et surtout 1942, pour que la chasse italienne soit enfin équipée d'appareils performants, comme le Macchi M.C.202 Folgore (595 km/h).

De juin 1940 à septembre 1943, la Regia Aeronautica (RA) déplore 22 693 aviateurs tués ou portés disparus au combat. Le 8 septembre 1943, la RA n'a plus que 670 avions disponibles. Au total, l'Italie ne peut produire que 13 853 avions (chasseurs, bombardiers, reconnaissance) de juin 1940 à septembre 1943, alors que durant la même période la Grande-Bretagne construit 85 034 appareils de tous types ! Il est donc incroyable qu'avec une telle insuffisance de moyens, la Regia Aeronautica ait pu opérer efficacement en Méditerranée, en Afrique, dans les Balkans et en Russie. La qualité exceptionnelle des

40. *Ibid.*

pilotes et des mécaniciens italiens a beaucoup contribué à la mise en valeur de cette aviation luttant parfois à 1 contre 20! Durant la campagne de Sicile de l'été 1943, 160 avions italiens affrontent 3 200 appareils alliés!

Les pilotes italiens de chasse Ugo Drago, Luigi Gorrini, Franco Lucchini, Mario Visintini et Adriano Visconti di Lampugnano illustrent parfaitement l'héroïsme méconnu de cette aviation durant la Seconde Guerre mondiale.

Ugo Drago est né à Arborio le 3 mars 1915. Passionné de sport depuis la plus tendre enfance, il obtient un diplôme d'éducation physique à Rome et travaille durant quelque temps comme professeur de cette discipline très prisée par le régime fasciste, qui entend faire des jeunes Italiens d'authentiques athlètes, tout comme l'ont été les légionnaires de la Rome impériale de l'Antiquité. Mussolini, ancien combattant de la Grande Guerre dans le corps d'élite des *bersaglieri*, montre lui-même l'exemple en pratiquant plusieurs disciplines sportives, ainsi que la majorité des chefs les plus insignes du régime, comme notamment le grand aviateur Italo Balbo.

Les exploits aériens d'Italo Balbo, qui rejoint Rio de Janero après un vol de 10 400 kilomètres en 1931 et les États-Unis en 1933 (19 900 kilomètres), font rêver Drago, qui espère également devenir célèbre en affrontant les dangers du ciel. Il n'a pas non plus oublié l'exploit de l'aviateur et écrivain Gabriele d'Annunzio qui, en août 1918, atteint Vienne, après un vol de 1 100 kilomètres, de même que les 34 victoires remportées par l'as des as italiens, Francesco Baracca, durant le premier conflit mondial.

Le 27 juin 1938, Ugo Drago obtient sa licence de pilote civile. En octobre de la même, il est reçu à l'école de l'air de la Regia Aeronautica à Caserta, avec le grade de sous-lieutenant pilote. Il poursuit son entraînement de pilote militaire à Capua, puis à l'école des pilotes de chasse de Castiglione del Lago. Le 19 mars 1939, il obtient son brevet de pilote militaire et le 16 mai reçoit sa première affectation à la 363e escadrille du 150e groupe de chasse :

> Après avoir volé durant les périodes précédentes sur des biplans Fiat CR.32, je découvrais le chasseur Fiat biplan CR.42, un appareil très maniable, mais pas assez rapide pour affronter les rivaux étrangers, malgré un armement correct composé de 2 mitrailleuses de 12,7 mm. On devait compenser ce handicap de la vitesse par nos qualités de pilotage, ce qui était beaucoup demander, car nos futurs adversaires étaient également

d'excellents pilotes. L'ivresse joyeuse et excitante du danger en plein ciel, la sensation de se surpasser à haute altitude, la beauté inoubliable du paysage, la fraternité et l'esprit de corps au sein de la même escadrille rendaient ma vie comparable à celle d'un chevalier du Moyen Âge. Nous formions une phalange de « chevaliers » pour la plus grande gloire de l'Italie impériale, renouant avec son glorieux passé de l'Antiquité.

Mon escadrille est engagée pour la première fois en juin 1940, lorsque Mussolini déclare la guerre à la France. Personnellement, je suis quelque peu meurtri par cet affrontement contre la « sœur latine ». Les souvenirs de mon père, ancien combattant de la Grande Guerre, luttant aux côtés des héroïques poilus français, marquent à jamais mon esprit. J'ai la désagréable sensation de frapper un adversaire déjà à terre, victime des coups portés par la puissante machine de guerre allemande quelques semaines auparavant. Par contre je n'ai que mépris pour l'ogre britannique, qui n'a de cesse de vouloir s'imposer en Afrique et en Méditerranée au détriment de l'Italie. On n'a pas oublié que la première puissance coloniale de l'époque, à savoir la Grande-Bretagne, s'est durement opposée à nos actions militaires en Afrique orientale, en Abyssinie, en osant même nous donner des leçons anticolonialistes : l'imposture n'a pas de limite.

Nos missions sur le front des Alpes occidentales, en juin 1940, consistent uniquement à escorter les bombardiers qui tentent de détruire des installations militaires françaises à haute altitude. Mon appareil n'offre qu'une protection limitée, avec son espace pilote en grande partie à ciel ouvert. Exposé au froid et aux balles, je suis une victime désignée en cas de combat contre la chasse française, récemment équipée du très moderne Dewoitine D520, volant à une vitesse supérieure de 100 km/h de celle de mon « coucou ». Le canon de 20 mm et les 4 mitrailleuses modernes de 7,5 mm de cet appareil français entièrement métallique surclassent aisément les deux mitrailleuses de 12,7 mm de mon biplan, très faiblement blindé. Même le chasseur français Morane-Saulnier 406, atteignant la vitesse de 485 km/h et armé d'un canon de 20 mm et de 2 mitrailleuses de 7,5 mm, entré en service pourtant un an auparavant avant l'avion que je pilote, représente un adversaire hautement redoutable. Il en va de même du Bloch MB 152, autre chasseur français moderne, puissamment armé avec ses 2 canons de 20 mm et ses 2 mitrailleuses de 7,5 mm, pouvant voler jusqu'à 515 km/h. Quant à un

> affrontement contre la chasse britannique en Méditerranée, ma chance de survie est également très mince, si j'en juge les remarquables performances des chasseurs Hurricane et Spitfire. Seul le biplan Gloster Gladatior, chasseur anglais légèrement plus lent que mon appareil, représente un adversaire que je peux combattre avec succès[41].

Malgré les faiblesses criantes de son avion de chasse, Ugo Drago reçoit la Croix de guerre de la valeur militaire le 13 juin 1940 pour son comportement au combat, après être parvenu à disperser une meute de Morane-Saulnier 406 menaçant les bombardiers Savoia-Marchetti SM79 qu'il devait protéger avec les équipiers de son escadrille.

Le 28 octobre 1940, alors qu'il a déjà accompli 20 missions de guerre, Ugo Drago et son escadrille sont transférés en Albanie. C'est sur ce théâtre de guerre que le sous-lieutenant Ugo Drago remporte, le 2 novembre 1940, sa première victoire aérienne. Ce jour-là, il conduit une section de 12 Fiat CR.42 qui assurent l'escorte d'une dizaine de bombardiers Savoia Marchetti SM-79 en route vers Salonika :

> Au-dessus de Salonika, j'aperçois 2 chasseurs PZL-24 de l'aviation grecque qui amorcent une manœuvre d'approche pour attaquer nos bombardiers. Accompagné de mon ailier, nous attaquons chacun l'un et l'autre les appareils ennemis. Le combat débute à 5 000 mètres et se termine à 2 000 mètres. Mon adversaire est un pilote coriace et habile. Il sait parfaitement utiliser les qualités manœuvrières de son chasseur qui atteint la vitesse maximale de 430 km/h et dispose d'un puissant armement, composé de deux canons de 20 mm et de deux mitrailleuses de 7,7 mm, puissance de feu bien supérieure à mes deux modestes mitrailleuses. Aussi rapide que mon propre appareil, mon rival dispose donc de la supériorité totale en armement. J'évite, lors de manœuvres tournoyantes, de me trouver sous les tirs de mon adversaire. Je parviens finalement à me trouver derrière lui pour lui asséner le coup de grâce, tout comme mon autre compagnon de chasse : les deux chasseurs grecs vont s'écraser au sol, mais les deux pilotes parviennent à sauter en parachute[42].

41. Archives militaires italiennes, Rome.
42. *Ibid.*

Le 14 novembre 1940, l'aérodrome de Koritza en Albanie, qui se trouve tout proche du front, subit une attaque aérienne en plein jour. Des bombardiers légers Fairey Battle grecs mitraillent et bombardent à basse altitude. Drago parvient à décoller malgré l'attaque en cours. Il affronte l'un des bombardiers qu'il endommage. Peu après, il est à son tour pris en chasse par cinq PZL-24 grecs, qu'il parvient à semer, malgré une vitesse identique à celle de ses poursuivants. Il doit faire preuve de toutes ses qualités de pilote pour échapper à ce terrible danger en plein ciel. Alors qu'il retourne sur Koritza, il aperçoit deux autres PZL-24 et décide de les mitrailler. S'engage alors un combat tournoyant, qui tourne dans un premier temps à l'avantage de Drago qui parvient à endommager l'un des PZL-24. Touché à son tour, il ne doit le salut qu'à l'intervention d'un second CR.42 qui retourne également à l'aérodrome.

Dans l'après-midi, alors que Drago assure la couverture du terrain d'aviation de Koritza au sein d'un groupe de quatre chasseurs Fiat CR.42 (pilotés également par le sous-lieutenant Trevesi, le sergent Manetti et le sergent Pirchio), cette section intercepte deux PZL-24 :

> Cette intervention de ces deux chasseurs grecs, raconte Ugo Drago, s'avère être un piège et sitôt notre attaque commencée, une dizaine d'autres PZL-24 interviennent à leur tour depuis une altitude supérieure. Lors de cette bataille aérienne tournoyante, je parviens à descendre deux adversaires à titre personnel et trois autres en collaboration avec mes trois collègues. De leur côté, les pilotes grecs abattent Trevesi, qui est tué, et Manetti qui parvient à sauter en parachute en territoire ami, alors que l'appareil de Pirchio est gravement endommagé lors de son atterrissage. Lors de ce combat, je constate une fois de plus la faiblesse de l'armement de mon chasseur qui doit s'approcher dangereusement de sa cible pour effectuer un mitraillage réellement efficace, alors que mon adversaire, avec ses 2 canons de 20 mm, peut tirer à une plus grande distance de sécurité. Mon Fiat est maniable, mais le PZL-24 est également très bon dans ce domaine. Je retourne à la base, nerveusement épuisé après cet affrontement en infériorité numérique criante[43].

43. *Ibid.*

Pour son action courageuse lors de ce combat, il est décoré par la suite de la médaille d'argent de la valeur militaire.

Le 18 décembre 1940, Drago abat un appareil ennemi, un Fairey Battle, qui s'écrase dans la région de Valona, puis le 13 février 1941, le même type d'appareil, lors d'une reconnaissance sur Tepelenë. Ce second appareil tombe en flamme dans la montagne, près d'Argyrokastro. À plusieurs reprises, son escadrille est clouée au sol par le mauvais temps, la neige et le froid hivernal.

Durant le mois de mars 1941, la 362e escadrille de chasse, où combat Ugo Drago, est enfin équipée d'un avion plus moderne, à savoir le Macchi M.C.200 Saetta, entrée en service en 1937, sensiblement plus rapide que le Fiat CR.42, avec une vitesse maximale de 500 km/h, mais dont l'armement reste insuffisant avec 2 mitrailleuses de 12,7 mm. Les missions aériennes se limitent à escorter des bombardiers et des avions de reconnaissance. Drago termine l'année 1941 avec 150 missions de guerre à son actif depuis le 10 juin 1940. Le 31 décembre 1941, il est promu lieutenant.

> Durant le même temps, à la mi-décembre, raconte-t-il, mon unité et moi-même sommes transférés en Afrique du Nord. Les missions ne changent guère, à savoir l'escorte des avions allemands et italiens bombardant les positions britanniques en Libye ou en Égypte. J'accomplis également des mitraillages en piqué contre des colonnes motorisées ennemies, m'exposant plusieurs fois aux tirs de la DCA alliée. Mon Macchi M.C.200 est alors inférieur en vitesse et en armement à tous mes rivaux de la chasse alliée, les Hurricane, les Spitfire et autres Curtiss P-40. Je me considère alors comme un véritable miraculé du ciel. J'estime qu'envoyer des pilotes italiens aux commandes de ce type d'appareil relève de l'irresponsabilité la plus complète. Même les principaux bombardiers alliés de cette période nous distancent facilement en vitesse[44] !

Pour sa participation à plusieurs opérations aériennes, entre janvier et mars 1942, il reçoit une seconde médaille d'argent de la valeur militaire. Le 7 mars 1942, les Allemands lui attribuent même la croix de fer de seconde classe. Il rentre ensuite en Italie le 10 novembre 1942, après avoir accompli 124 missions de guerre supplémentaires :

44. *Ibid.*

Le 1er janvier 1943, je prends le commandement de la 363e escadrille de chasse et participe à la bataille aérienne de Sicile de mai à juillet 1943. La totalité de mon unité est alors équipée de chasseurs allemands Messerschmitt 109 G. C'est un appareil remarquable, atteignant la vitesse maximale de 620 km/h et disposant comme armement d'un canon de 30 mm et de deux mitrailleuses de 13 mm. Cela n'a plus rien à voir avec nos vétustes Macchi M.C.200. Nous sommes désormais en mesure de pouvoir affronter à égalité technique et mécanique la chasse alliée de l'époque. Par contre notre infériorité numérique ne laisse peser aucun doute sur l'issu des combats : 165 avions italiens contre 3 200 appareils alliés ! Je dois cacher à mes hommes cette dramatique réalité, mais ils ne vont pas tarder à se rendre compte de cette situation catastrophique lors des prochains combats aériens.
Le 9 juin 1943, j'affronte un adversaire redoutable, un Spitfire Mark XII qui vole au large de l'île de Pantelleria. Cet appareil de la dernière génération atteint la vitesse de 632 km/h et aligne un puissant armement, avec deux canons de 20 mm et deux mitrailleuses de 7,7 mm. Après un duel tournoyant, je parviens à descendre mon adversaire. Plus tard, durant la même journée, j'affronte avec mon escadrille une force aérienne adversaire trois fois plus nombreuse. J'abats un second Spitfire mais suis ensuite touché à mon tour et dois sauter en parachute, où je suis ensuite récupéré en pleine mer par des pêcheurs de Pantelleria qui me sortent de l'eau. Je ne suis pas l'unique victime italienne, puisque les pilotes Veronesi et Craffia sont également descendus et sauvés dans les mêmes conditions. Nous retournons ensuite à Palerme, en Sicile, à bord d'un bombardier Savoia-Marchetti SM.81 quelques heures seulement avant la reddition de l'île de Pantelleria. Nous devons ensuite quitter la Sicile en juillet 1943, en laissant derrière nous tous les appareils non opérationnels.
Après une tentative infructueuse pour mettre sur pied une section de chasse au sein de la 363e escadrille, l'armistice est signé entre l'Italie et les Alliés le 8 septembre 1943. Durant les jours confus qui suivent, après m'être assuré du sort de mes hommes, je tente de regagner ma ville natale, mais je suis arrêté par les Allemands à Ferrara et envoyé au camp de concentration de Bologne. Comme je refuse de rejoindre la Luftwaffe, on décide de m'envoyer dans un camp de prisonniers en Allemagne avec de nombreux autres soldats italiens. Je parviens cependant à m'échapper, en sautant du train juste avant de passer la frontière italienne. Ce n'est

> qu'après avoir entendu à la radio l'invitation du colonel d'aviation Botto à reprendre le combat aux côtés des Allemands, que je me présente spontanément aux autorités militaires italiennes de la République sociale, fondée par Mussolini dans le nord du pays. Je suis alors promu commandant de la 1re escadrille du deuxième groupe de chasse de l'aviation nationale républicaine, et je dirige cette unité de mai 1944 à avril 1945. À la tête de cette formation, je réalise 81 missions de guerre, participe à 33 combats aériens et revendique 11 nouvelles victoires aériennes.
> Mon unité est la première à être équipée du nouveau chasseur Fiat G-55 Centauro, le meilleur avion italien du conflit, construit seulement à 108 exemplaires, volant à 620 km/h et armé de trois canons de 20 mm et de deux mitrailleuses de 12,7 mm[45].

Sa grande capacité de commandement est une fois de plus démontrée : il ne perd que deux pilotes au sein de son unité, qui multiplie les victoires aériennes contre un ennemi pourtant nettement supérieur en nombre. Ses qualités d'officier sont d'ailleurs récompensées par son élévation au grade de capitaine le 7 novembre 1944 et son attribution de la croix de fer allemande de première classe le 6 avril 1945. Du 24 juin 1944 au 23 mars 1945, Ugo Dagro abat quatre chasseurs Thunderbolt P-47, deux chasseurs Mustang P-51, quatre bombardiers B-24 et B-25, un chasseur Lightning P-38. Il raconte l'un de ses combats :

> Au soir du 16 novembre 1944, je conduis un groupe de 8 chasseurs italiens dans les environs d'Aviano. En l'air, je remarque la présence de plusieurs groupes de bombardiers américains B-17, escortés par de très nombreux chasseurs Mustang P-51 (vitesse maximale de 703 km/h et armement de six mitrailleuses de 12,7 mm), qui reviennent d'un raid sur l'Allemagne. Une demi-heure après avoir décollé, à une altitude de 24 000 pieds, nous interceptons les B17, toujours escortés par les Mustang. Le combat s'engage aussitôt entre les chasseurs de deux camps. Je parviens à abattre un Mustang, ainsi que le lieutenant Valenzano. Le combat se termine dix minutes plus tard alors que la nuit est tombée. Nous n'accusons aucune perte dans nos rangs.

---

45. *Ibid.*

> Le 1er février 1945, les escadrilles italiennes sont renumérotées pour se conformer au système allemand alors en vigueur. Ainsi l'unité dont j'assume le commandement devient la 4e escadrille. Le 3 mars 1945, à 10 h 30, je décolle depuis Aviano avec 21 autres appareils de mon groupe de chasse pour intercepter une centaine de bombardiers alliés Marauder, qui doivent bombarder Conegliano. La protection est assurée par le double de Spitfire. Nous allons donc affronter 300 appareils ennemis avec seulement 22 chasseurs dans nos rangs ! Nous apercevons l'imposante formation aérienne ennemie à 10 h 41 près de Pordenone. Très vite, sous nos mitraillages, la formation alliée éclate en plusieurs groupes, entraînant également la dispersion dans nos rangs. Le combat devient confus et, au-dessus de l'Adriatique, une section conduite sous mes ordres s'attaque à un groupe de six bombardiers, dont deux sont descendus par nos tirs. À 10 h 56, nous devons abandonner le combat et rentrer à la base. L'ensemble de notre groupe revendique ce jour-là la destruction de six Marauder et d'un Spitfire. On déplore de notre côté la perte de deux chasseurs[46].

Le 26 avril 1945, l'unité de chasse de Drago est dissoute à la suite de la décision de Mussolini de mettre fin à la guerre contre les Alliés. Ugo Drago termine la guerre avec 21 victoires aériennes, faisant de lui un des plus grands as de la chasse italienne de la Seconde Guerre mondiale. Ses victimes sont six chasseurs PZL-24, un chasseur Gloster Gladiator, un bombardier Fairey Battle, deux chasseurs Spitfire, quatre chasseurs Thunderbolt P-47, deux chasseurs Mustang P-51, quatre bombardiers B-24 et B-25, un chasseur Lightning P-38. Il totalise 385 missions de guerre, ainsi que les décorations militaires suivantes : quatre médailles d'argent de la valeur militaire, deux croix de guerre, la croix de fer allemande de première classe et celle de seconde classe.

Après la guerre, Ugo Drago émigre en Argentine et devient instructeur de vol au sein de l'armée de l'air de ce pays. En 1953, il retourne en Italie et intègre la compagnie aérienne civile Alitalia en tant que capitaine. En 1967, il remporte un record de vitesse lors d'un vol Rome-New York, aux commandes d'un Douglas DC-8, en

46. *Ibid.*

6 heures et 21 minutes. Il pilote ensuite des Boeing 747 jusqu'à sa retraite. Il est décédé à Rome le 22 avril 2007.

Autre pilote de renom, Luigi Gorrini est né à Alenso le 12 juillet 1917. Passionné d'aviation depuis l'adolescence, il s'engage dans la Regia Aeronautica en 1937. Il accomplit son premier vol sur Fiat CR.32 le 5 mai 1939 sur le terrain de Castiglione del Lagos :

> Je n'oublierai jamais ce jour inoubliable pour un pilote. Il faisait très beau. Le ciel était bleu et la température printanière rendait joyeux les plus pessimistes. J'étais fasciné par la beauté esthétique de mon avion, dont les couleurs de camouflage lui donnaient davantage une allure futuriste, bien qu'il soit un modèle biplan. Très maniable, je pouvais effectuer des exercices périlleux. J'avais comme instructeur un certain Giuseppe Ruzzin, qui venait de participer à la guerre d'Espagne. Il me prit sous son aile, afin de me transmettre son expérience acquise au combat. Aux commandes de mon biplan, j'avais la sensation d'être un dieu de l'Olympe, traversant les nuages et volant dans une sorte de puissance altière : ivresse de la vitesse, de l'altitude et de la beauté du ciel[47].

Son premier vol sur Fiat CR.42 a lieu le 8 novembre 1939 de l'aérodrome de Mondovis :

> Cet avion était aussi maniable que son prédécesseur le Fiat CR.32, avec en plus l'avantage de voler un peu plus vite, dit-il. Cependant, sa vitesse maximale n'atteignait que 430 km/h bien qu'il soit entré en service en 1939, alors que le Messerschmitt allemand 109 E, plus vieux d'une année (1938) volait déjà à 575 km/h! Il en allait de même du Morane-Saulnier français 406 (1938) avec ses 485 km/h et le Hurricane britannique (1937) et ses 521 km/h. Je ne parvenais pas comprendre les raisons de l'industrie italienne à lancer la sortie d'un tel avion, déjà dépassé face à ses principaux rivaux pourtant plus anciens que lui[48] !

Affecté à la 85e escadrille du 18e groupe de chasse, le sergent pilote Luigi Gorrini participe à la courte bataille de France en juin 1940.

47. *Ibid.*
48. *Ibid.*

Il escorte les bombardiers italiens qui tentent de s'en prendre à divers objectifs militaires français sur le front des Alpes occidentales. Il participe ensuite à la bataille d'Angleterre en novembre 1940. Son escadrille, basée à Ursel, prend part à une mission particulièrement périlleuse, le 11 novembre 1940, au-dessus d'Harwich.

> Nous devions escorter des bombardiers allemands et italiens, avec nos Fiat biplan CR.42, avec le risque d'affronter les appareils modernes les plus puissants de la chasse britannique, dont le Hurricane volant 91 km/h plus vite que nous et le redoutable Spitfire rapide de plus de 172 km/h ! Nous n'avions aucune chance de l'emporter contre ce dernier type de chasseur. Le 23 novembre 1940, une mission de chasse libre faillit me coûter la vie, contre la Royal Air Force britannique. L'extraordinaire maniabilité de mon appareil, les excellents conseils de Rizzin et mon expérience de pilotage me sauvèrent d'une mort certaine. Un Spitfire me prit en chasse et je pus lui échapper de justesse en l'entraînant dans des manœuvres étourdissantes qui finirent par le dérouter et le décourager.
>
> De retour en Italie en janvier 1941, mon escadrille est immédiatement envoyée en Libye dans des conditions logistiques et météorologiques déplorables. Nos chasseurs ne sont pas encore équipés de filtres tropicaux et les moteurs souffrent beaucoup en raison de l'infiltration du sable. Nous allons de nouveau affronter des chasseurs britanniques plus rapides et mieux armés. Nos premières missions consistent à escorter les bombardiers germano-italiens ou à mitrailler les colonnes motorisées britanniques.
>
> Le 16 avril 1941, je décolle de l'aérodrome de Derna, à 7 h 30, pour une patrouille au-dessus des ports de la côte maritime. Je parviens à atteindre une altitude de 3 500 mètres. Un second Fiat vole à mes côtés. J'aperçois alors un bombardier Beaufighter britannique, dont la vitesse maximale peut atteindre 515 km/h, soit 85 km/h de plus que mon biplan ! Malgré cette nette infériorité technique, je décide de l'attaquer avec mes deux mitrailleuses de 12,7 mm, alors que mon adversaire peut m'opposer quatre canons de 20 mm et deux mitrailleuses de 7,7 mm ! L'autre Fiat mitraille avec la même audace un second Beaufighter. Un duel sans merci m'oppose à mon adversaire plus rapide et mieux armé, mais plus maniable que lui, je parviens à éviter sa grande puissance de feu et tire 1 100 cartouches pour

> finalement le descendre en flamme : c'est ma première victoire aérienne ! L'autre Beaufighter est sérieusement endommagé par mon camarade de combat. Nous rentrons à la base de Derna à 9 h 15.
>
> Les missions se suivent durant plusieurs mois en escortes et attaques au sol. Le 29 juin 1941, je décolle de l'aérodrome de Benghazi, à 16 h 10, pour une patrouille au-dessus des navires amis, à une altitude de 8 100 mètres. Un appel radio me signale la présence d'avions ennemis. Je me lance à la poursuite de bombardiers britanniques Blenheim volant à 418 km/h. Pour une fois, avec mes 430 km/h de vitesse maximale, je suis légèrement plus rapide, mais surtout plus maniable. Après un combat intense, sous les tirs des mitrailleuses ennemies, je peux revendiquer une seconde victoire, après avoir utilisé 1 375 cartouches. Je finis par perdre ensuite conscience quelques instants en raison du manque d'oxygène. Je parviens finalement à me ressaisir et j'atterris à 18 h 15 à ma base[49].

Du fait de la vétusté de son avion, totalement dépassé par les chasseurs alliés mieux armés et plus rapides, Luigi Gorrini voit ses missions limitées aux escortes et aux interceptions des bombardiers plus lents. Cependant, au début de l'année 1943, son escadrille reçoit enfin un chasseur beaucoup plus performant, le redoutable Macchi M.C.202 Folgore, volant à 595 km/h et armé de deux canons de 20 mm et deux mitrailleuses de 12,7 mm. Cet appareil, construit à 1 500 exemplaires, peut rivaliser avec les chasseurs alliés les plus modernes de l'époque, tout en surclassant les Hurricane et les Curtiss P-40.

Le 2 janvier 1943, Luigi Gorrini remporte sa troisième victoire en abattant un Curtiss P-40, au-dessus de Syrte. Lors de ce même combat, il endommage également un Spitfire. Le 11 janvier, il participe avec toute son escadrille à une véritable bataille aérienne dans le secteur d'Uadi Tamet, dont la mission consiste à attaquer plusieurs aérodromes britanniques. Au cours cette opération particulièrement périlleuse, l'escadrille italienne est interceptée par des Spitfire trois fois plus nombreux. Un gigantesque combat s'engage dans le ciel à 6 000 et 7 000 mètres d'altitude. Une partie de l'escadrille italienne affronte avec une bravoure extraordinaire la chasse

49. *Ibid.*

adverse, tandis que les autres Macchi attaquent les objectifs au sol. L'opération italienne se révèle être un succès complet, marqué par la destruction d'importantes réserves de carburant, d'un appareil de transport surpris au décollage et d'une dizaine d'appareils parqués sur les aérodromes britanniques. Par ailleurs, six Spitfire sont revendiqués en combat aérien, dont une victoire attribuée à Luigi Gorrini. Neuf autres chasseurs britanniques sont également touchés. Soit un total de 26 avions britanniques détruits ou endommagés contre seulement trois chasseurs italiens perdus, dont les trois pilotes parviennent à sauter en parachute. Une incontestable victoire pour les ailes italiennes. Gorrini et son escadrille doivent finalement quitter la Tunisie en avril 1943 et retourner en Italie. Il raconte :

> En Italie, mon escadrille est équipée du très moderne Macchi M.C.205 Veltro, un appareil de chasse hautement performant, dont la vitesse de 640 km/h et l'armement extrêmement puissant (deux canons de 20 mm et deux mitrailleuses de 12,7 mm) rivalisent avec les meilleurs chasseurs alliés, comme le Mustang, le Lightning et le Thunderbolt.
>
> Le 19 juillet 1943, prenant part à la défense de Rome contre l'aviation alliée, je décolle de l'aéroport de Palidoro et parviens à descendre un bombardier B-24 et un chasseur Lightning P-38. Lors de ce même combat, j'endommage un autre P-38. Nous luttons alors à un contre dix. Le lendemain, je peux revendiquer deux autres P-38 à mon tableau de chasse. Le 13 août, je descends un B-24 au large des côtes à Ostia, dans la région de Lazio, mais je suis moi-même touché par les tirs défensifs d'un autre B-24 et je dois abandonner mon appareil en utilisant mon parachute. Le 26 août, je remporte une nouvelle victoire sur un Spitfire. Le lendemain, mon escadrille décolle dans son intégralité pour intercepter des bombardiers qui attaquent Cerveteri. Lors de ce combat, j'abats deux B-24. Bien que mon appareil soit endommagé, je parviens à me poser. Les 29 et 30 août, je remporte cinq nouvelles victoires, dont quatre sur des chasseurs P-38 et une sur un bombardier B-17. Le 31, un Spitfire et un P-38 sont victimes de mes tirs, mais je suis moi-même sérieusement blessé et dois accomplir un atterrissage forcé non loin de ma base à 12 heures 50. Blessé, je suis hospitalisé et ne peux reprendre le combat avant l'armistice du 8 septembre 1943.
>
> Le 23 décembre 1943, je rejoins la 1re escadrille du premier groupe de chasse de l'aviation de la République sociale italienne,

> restée fidèle à l'allié allemand. Placée sous le commandement du capitaine Visconti et basée sur l'aérodrome de Lagnasco, près de Cuneo, l'escadrille est équipée d'excellents chasseurs Macchi M.C.205. Ce jour-là, je décolle à 10 h 15 et suis ensuite déclaré apte au combat. Du 30 janvier au 25 mai 1944, je remporte cinq nouvelles victoires aériennes : deux chasseurs P-47, un chasseur P-38 et deux bombardiers B-17. Le 15 juin 1944, je suis de nouveau abattu et blessé lors d'un combat aérien contre la chasse alliée. Je ne revolerai plus jusqu'à la fin de la guerre.
> Je suis titulaire d'une médaille d'or de la valeur militaire, de deux d'argent, de la croix de guerre, de la croix de fer de première classe et de celle de seconde classe. Après la guerre, je rejoins la nouvelle armée de l'air italienne et reste à son service jusqu'en 1979[50].

Du 16 avril 1941 au 25 mai 1944, le sergent pilote Luigi Gorini totalise 34 victoires aériennes (24 homologuées et 10 probables). Il décède, à l'âge de 97 ans, le 8 novembre 2014. En 2011, la télévision italienne lui a consacré un émouvant documentaire, où il raconte ses souvenirs de guerre.

Franco Lucchini, quant à lui, est né le 24 décembre 1917 à Rome. Dès l'enfance, il se passionne pour l'aviation. Adolescent, il fait la connaissance de Gian Giacomo, directeur de l'école de pilotage de Cerveteri, et du colonel Bertolini, commandant de la base aérienne de Furbara. Ces deux aviateurs le poussent à rejoindre la Regia Aeronautica, ce qu'il fait en 1935 comme officier de réserve. Il accomplit alors sa formation à l'école de l'air de Foggia jusqu'en juillet 1936. Il est ensuite affecté à la 91e escadrille de chasse. En 1937, il se porte volontaire pour rejoindre l'aviation italienne qui combat en Espagne aux côtés des forces nationalistes du général Franco :

> J'embarque à Ostie sur un cargo en direction de Cadix. Arrivé en Espagne, je suis affecté à la 19e escadrille de chasse de l'aviation légionnaire italienne, basée à Torrido et équipée de chasseurs biplans Fiat CR.32. C'est un appareil maniable qui rivalise à l'époque en vitesse et en armement avec ses adversaires des forces aériennes républicaines espagnoles, appareils russes en majorité.

50. *Ibid.*

Le 21 février 1938, je remporte ma première victoire sur un Chato I-15. Le 22 juillet de la même année, je suis descendu par la chasse républicaine, alors que je viens d'abattre un bombardier Tupolev SB-2. Je saute en parachute et suis fait prisonnier. Je parviens à m'évader en février 1939. Je termine la guerre civile espagnole avec sept victoires aériennes, dont quatre Chato I-15, un Rata I-16, un SB-2 et un RZ-Rasante.
À la fin de ce conflit, je retourne à mon unité d'origine en Italie puis, en avril 1940, je suis transféré à la 90e escadrille de chasse. Le 10 juin 1940, c'est la guerre contre la France et la Grande-Bretagne. Nous sommes désormais équipés de chasseur Fiat CR.42 et envoyés en Libye. Le 21 juin 1940, lors d'un vol dans les environs de Tobrouk, j'ouvre le feu sur un hydravion britannique Short Sunderland qui, fortement endommagé, doit accomplir un amerrissage forcé près des côtes, puis est capturé par notre marine de guerre. Le 4 août, lors d'un combat aérien au-dessus d'El Adem, j'abats un chasseur Gloster Gladiator.
Durant les trois premiers mois de ma guerre en Libye, je peux revendiquer cinq victoires confirmées, dont un Short Sunderland, deux Gloster Gladiator et deux Bristol Blenheim. On me décore de la médaille d'argent de la valeur militaire (VM) et deux médailles de bronze de la VM.
Au début de l'année 1941, la 90e escadrille de chasse retourne en Italie pour y être équipée du nouveau chasseur Macchi M.C.200 Saetta. Un appareil capable d'affronter le Hurricane, mais dépassé contre le Spitfire. Le 19 mai, je suis promu au grade de capitaine et le 16 juin nous nous trouvons à Trapani en Sicile, afin de participer aux opérations au-dessus de l'île de Malte. Le 27 juin, j'affronte un Hurricane que je parviens à descendre, ainsi qu'un second en collaboration. J'abats quatre autres Hurricane au-dessus de Malte durant l'été, bien que ma vitesse maximale de 500 km/h soit inférieure à celle de ce type d'appareil atteignant 521 km/h. En septembre, je reçois à nouveau une médaille d'argent de la VM. Le 30 novembre, je prends le commandement de la 84e escadrille de chasse à Udine, qui doit être équipée du performant chasseur Macchi M.C.202, pouvant rivaliser avec le Spitfire.
Le 2 avril 1942, de retour en Sicile depuis peu, je vole au-dessus de Malte. Le 9 mai, je parviens à descendre mon premier Spitfire, lors d'une escorte de cinq bombardiers Cant Z.1007bis. Le 15, je détruis un autre Spitfire et le 19 nous retournons en Italie

> pour équiper nos chasseurs de filtres contre le sable. Le 26 mai, je me trouve de nouveau en Libye. Le 4 juin, j'abats un Curtiss P-40 au-dessus de Bir Hakeim et le 12 un Spitfire au-dessus d'Acroma. Nouvelle victoire contre un P-40 le 17 juin au-dessus de Sidi Rezegh. Du 4 au 18 juillet 1942, j'accumule les victoires en abattant quatre P-40 au-dessus d'El Alamein. Du 5 août au 24 octobre, j'ajoute à mon tableau de chasse, toujours au-dessus d'El Alamein : quatre Curtiss P-40, deux Spitfire, un Hurricane, un Douglas Boston et un B-25 Mitchell. Blessé à la jambe et au bras au combat, je suis envoyé à l'hôpital de Fuka puis je rentre en Italie pour une période de convalescence. Pour mes actes de bravoure en Libye et en Égypte, je suis décoré de la croix de fer allemande de 2e classe.
>
> En mars 1943, je retourne en unité, afin de participer à la défense de la Sicile, au sein du 10e groupe de chasse, équipé de M.C.202 Folgore et de M.C.205 Veltro. Le 20 juin, je prends le commandement de cette formation aérienne[51].

Le 5 juillet 1943, le capitaine Franco Lucchini, aux commandes de son Macchi M.C.202 Folgore, décolle avec 26 autres chasseurs pour intercepter une importante formation de bombardiers B-17, escortés par une cinquantaine de Spitfire. Après avoir descendu un chasseur d'escorte, sa 36e victoire, il attaque des bombardiers. Son avion est vu pour la dernière fois à quelques kilomètres à l'est de Catane. Tué au combat, son corps ne sera retrouvé que deux jours plus tard. En 1952, il est décoré à titre posthume de la médaille d'or de la valeur militaire.

Autre pilote remarquable, Mario Visintini voit le jour le 26 avril 1913 à Parenzo. Il obtient la licence de pilote civil à Taliedo, près de Milan, en juin 1936, et rejoint ensuite la Regia Aeronautica, en tant qu'élève officier pilote. Le brevet militaire en poche en décembre 1936, il intègre avec le grade de sous-lieutenant la 91e escadrille de chasse, basée à Gorizia. Il s'entraîne alors sur des Fiat CR.30 et CR.32 :

> Volontaire pour combattre en Espagne, je rejoins le 8 novembre 1937 la 25e escadrille de chasse, équipée de Fiat CR.32. Nous escortons les bombardiers lors de nombreuses missions et

51. *Ibid.*

> affrontons la chasse républicaine, équipée de chasseurs soviétiques. Du 25 mai au 5 septembre 1938, je peux revendiquer dix victoires aériennes, dont huit chasseurs I-16 et deux chasseurs I-15. Le 20 septembre, je retourne en Italie, décoré de la médaille d'argent de la valeur militaire. Je m'entraîne alors au pilotage des bombardiers Caproni Ca.133 et Savoia-Marchetti S.M.79. Durant la conquête de l'Albanie, du 7 au 9 avril 1939, je transporte des troupes et du matériel de combat aux commandes d'un Caproni Ca-133. En janvier 1940, je suis promu au gade de lieutenant.
> Au début de l'année 1940, la 412e escadrille autonome de chasse, équipée de Fiat CR.42, est formée à Gorizia sous les ordres du capitaine Antonio Raffi. Je suis nommé vice-commandant de cette unité, destinée à combattre en Afrique orientale. Le personnel quitte Naples le 5 avril, arrive à Massaoua en Érythrée le 13 avril. La base de la 412e escadrille est celle de Gura, à 30 kilomètres au sud d'Asmara, toujours en Érythrée[52].

C'est alors que Mario Visintini, promu au grade de capitaine, devient une légende vivante de l'aviation italienne de la guerre en Afrique orientale contre les Britanniques. Du 14 juin 1940 au 11 février 1941, il abat ou endommage 58 avions ennemis ! Parmi ses victimes se trouvent six chasseurs modernes Hurricane volant à 521 km/h alors que son Fiat CR.42 ne dépasse pas 430 km/h. Virtuose de la voltige et de l'acrobatie aériennes, il se lance seul en pleine bataille aérienne contre des adversaires cinq à six fois plus nombreux et en sort à chaque fois vainqueur ! Il devient la terreur de la Royal Air Force britannique qui en même temps admire ses qualités exceptionnelles de pilote de chasse. Outre les 6 Hurricane descendus, ses victimes (appareils détruits ou endommagés) sont 26 Wellesley, 8 Blenheim, 6 Gladiator, 5 Vincent, 1 Valentia, 5 Hardy et 1 Lysander. Si on y ajoute ses victoires en Espagne, on obtient un total de 68 avions ennemis descendus ou endommagés. Un record dans l'histoire de la chasse italienne. Toutes ces victoires auront été remportées sur des chasseurs biplans Fiat CR.32 et CR.42 contre des adversaires souvent plus rapides.

C'est en voulant secourir deux aviateurs italiens abattus près du mont Nefasit, que le capitaine Mario Visintini s'écrase avec son

52. *Ibid.*

avion, en raison d'une défaillance technique, le 11 février 1941. Il est décoré à titre posthume de la médaille d'or de la valeur militaire (VM). Il est également titulaire d'une médaille d'argent de la VM et d'une de bronze.

Autre pilote émérite, Adriano Visconti di Lampugnano, issu d'une célèbre famille de l'aristocratie italienne, est né à Tripoli en Libye, le 11 novembre 1915. Il est le fils de Galeazzo Visconti di Lampugnano et de Cecilia dall'Agio, arrivés en terre africaine en 1911. Passionné depuis l'enfance par l'aviation, il s'engage dans la Regia Aeronautica comme élève pilote le 21 octobre 1936, au sein de l'école militaire d'aviation de Caserta, près de Naples, où il obtient son brevet pour piloter.

En 1939, Visconti est affecté à la 159e escadrille d'attaque au sol, équipée de bombardiers légers Breda Ba.65, volant à 430 km/h, armés chacun de 2 mitrailleuses de 12,7 mm, de 2 mitrailleuses de 7,7 mm et transportant 1 000 kg de bombes. En juin 1940, Visconti et son unité sont transférés à Tobrouk en Libye. Il accomplit alors ses premières missions de guerre, en attaquant avec une audace incroyable des colonnes motorisées alliées, soutenues par des chasseurs, ainsi que des positions terrestres, défendues par une puissante DCA et une chasse omniprésente. Durant la période de juin à décembre 1940, il est décoré de deux médailles d'argent de la valeur militaire et d'une de bronze. Il raconte :

> Nous attaquons toujours un adversaire puissamment retranché, défendu par une puissante DCA et pouvant bénéficier du soutien de la chasse britannique à tout moment. Véritables missions suicides, que nous menons lors d'actions en piqué, avec un sang-froid incroyable. Je reviens souvent avec mon appareil percé de balles et d'éclats en divers endroits. Lors d'une attaque, je parviens à détruire une colonne d'une dizaine de véhicules ennemis. Je suis ensuite pris en chasse par une dizaine de Spitfire, bien plus rapides que moi, mais que je parviens à les semer grâce à la plus grande maniabilité de mon appareil[53].

En janvier 1941, Visconti est transféré à la 76e escadrille de chasse, équipée de Macchi M.C.200 et engagée contre l'île de Malte et en

53. *Ibid.*

Afrique du Nord. Il se distingue particulièrement par son courage. Le 29 avril 1943, dans le ciel tunisien, le lieutenant Visconti guide 12 chasseurs Macchi M.C.202 du 7e groupe contre 63 Spitfire et Curtiss P-40. Il abat un P-40, tandis que quatre autres chasseurs alliés sont descendus par ses équipiers. Promu capitaine peu après cette action, il prend le commandement de la 310e escadrille de chasse, équipée de Macchi M.C.205, basée près de Rome.

Après la signature de l'armistice de l'Italie le 8 septembre 1943, Visconti rejoint la République sociale italienne (RSI), fondée par Mussolini dans le Nord de l'Italie, et participe activement à la création de l'aviation de la RSI. Il commande la 1re escadrille du groupe de chasse « Asso di bastoni ». L'ensemble de cette formation, chargée de défendre les villes italiennes du Nord, contre les bombardements aériens alliés, aligne des chasseurs Macchi M.C.202 et 205, ainsi que des Messerschmitt 109 G-10. Visconti affronte dans le ciel un adversaire toujours plus nombreux. Il lutte parfois à 1 contre 100. Le 25 avril 1945, il signe la capitulation du groupe de chasse « Asso di bastoni » et se constitue prisonnier de guerre. Conduits dans une caserne de Milan le 30 avril, Visconti et l'adjudant Valerio Stefanini sont assassinés par des partisans communistes. On attribue à Visconti 26 victoires aériennes, faisant de ce pilote exceptionnel un des grands as italiens de la Seconde Guerre mondiale. 19 victoires ont été obtenues au sein de la Regia Aeronautica en 1941-1943, puis 7 victoires au sein de l'aviation de la RSI en 1943-1945. Il est titulaire de quatre médailles d'argent de la valeur militaire (VM) et de deux de bronze.

Les exploits des avions torpilleurs italiens

Les pilotes italiens des avions torpilleurs (*aerosiluranti*) accomplissent de véritables exploits en Méditerranée contre la puissante flotte britannique. L'as des *aerosiluranti*, Carlo Emmanuele Buscaglia, mérite une attention particulière. Il voit le jour le 22 septembre 1915 à Novare, dans la région du Piémont, entre à l'école de l'armée de l'air italienne (Regia Academia Aeronautica) en octobre 1934, obtient le brevet de pilote militaire et le grade de sous-lieutenant en juin 1937. Le mois suivant, il est affecté à la 50e escadrille de bombardement, équipée de bombardiers Savoia-Marchetti S.M.81, qui sont rapidement remplacés par les plus maniables Savoia-Marchetti S.M.79, formant l'épine dorsale des forces aériennes italiennes. Cet appareil, mis en service dès 1936 et volant à 435 km/h, est armé de trois mitrailleuses de 12,7 mm, d'une mitrailleuse de 7,7 mm et transporte 1 250 kg de bombes, avec un équipage de quatre hommes et une autonomie de 2 000 kilomètres.

En 1937, trois S.M.79 gagnent la course Istres-Damas-Paris. Durant la Seconde Guerre mondiale, le S.M.79, à la ligne futuriste et élégante, se distingue comme avion torpilleur (*aerosilurante*), comme bombardier classique, comme appareil de reconnaissance et de transport sur les divers fronts où sont engagées les forces armées italiennes.

En avril 1939, Buscaglia est promu au grade de lieutenant. En février 1940, on le transfère à la 252e escadrille de bombardement. Avec cette unité, il participe à sa première mission de guerre, le 21 juin 1940, en bombardant le port français de Marseille.

La situation géographique de la péninsule impose à l'aviation italienne une guerre essentiellement tournée vers la mer. L'attaque des convois alliés en Méditerranée va être la mission principale des avions torpilleurs italiens.

En juin 1940, les *aerosiluranti* sont lourdement pénalisés par le manque de porte-avions au sein de la marine de guerre italienne. Le commandant italien Di Bella en convient parfaitement :

> Ceux qui disaient que l'Italie était elle-même un porte-avions oubliaient les dimensions de la Méditerranée et la faible autonomie de l'avion : cent vingt minutes pour décoller, se rendre sur le lieu d'action, combattre, revenir et atterrir[54].

Tout combat prolongé condamne l'appareil à l'amerrissage forcé. De plus, la transmission de l'aviation italienne est défectueuse. Le commandant Di Bella écrit également :

> Les aviateurs italiens ne pouvaient pas communiquer en phonie avec leur base. Ils devaient chiffrer leurs messages, qu'ils envoyaient en radiotélégraphie et qui devaient être ensuite déchiffrés. Le même système était employé pour la réponse, de sorte que chaque échange durait une demi-heure, soit le temps de parcourir 105 kilomètres à bord d'un avion vétuste ou 300 kilomètres à bord d'un avion moderne. Autant dire que

54. *Ibid.*

> les communications entre l'avion et la base cessaient d'exister aussitôt l'avion décollé[55].

Le général Stefano Cagna, créateur des *aerosiluranti* et médaillé d'or de la Valeur militaire à titre posthume, tente lors d'une attaque contre les navires alliés de déposer une bombe dans la « fumée du bateau »! L'emploi de bombes contre les bâtiments de guerre condamne les pilotes italiens aux suicides collectifs. Aussi, les chefs de l'aviation italienne décident que la torpille serait une arme plus efficace pour ce genre de mission.

L'aviation de Mussolini aligne, durant l'été 1940, 16 escadres de bombardement sur la péninsule. Les avions sont pour une large part des bombardiers trimoteurs Savoia-Marchetti S.M.79, aménagés pour recevoir des torpilles.

Le 25 juillet 1940, Buscaglia se porte volontaire afin de faire partie, en tant qu'officier, du corps d'élite des *aerosiluranti*, constitué sous la forme du Reparto Speciale Aerosiluranti, unité composée de pilotes chevronnés et d'officiers de la Regia Marina, spécialisés en armes sous-marines. La première base opérative de cette force aérienne est fixée à Gorizia, avec notamment les officiers pilotes Vincenzo Dequal, Henry Fusco, Carlo Copello et Guido Robone. L'unité est ensuite déplacée à El Adem en Libye, alors qu'elle se trouve toujours en formation.

Le 15 août 1940, à 21 h 30, cinq appareils du Reparto Speciale Aerosiluranti effectuent la première mission de guerre de ce corps d'élite. L'objectif est la base navale d'Alexandrie, en Égypte, dont la situation particulière impose aux pilotes italiens, dont Buscaglia, de suivre un axe où ils se trouvent sous le feu concentré de la DCA britannique. Les cinq bombardiers S.M.79 se présentent de nuit, à très basse altitude, accueillis par l'illumination des projecteurs et des milliers de projectiles d'une centaine de canons à tir rapide. Les Anglais, admiratifs devant un tel courage, s'écrient : « Ils sont fous! » Deux avions, qui n'ont pu lancer une première fois leurs torpilles, accomplissent un second passage. Un bâtiment de guerre français est touché. Un avion italien est abattu. Le 23 août suivant, quatre *aerosiluranti* attaquent à nouveau la base d'Alexandrie, sans cependant obtenir de résultats.

55. *Ibid.*

Début septembre 1940, l'unité prend le nom de 278e escadrille d'avions torpilleurs, sous le commandement du capitaine Erasi. Le 17 septembre, deux S.M.79, commandés par Buscaglia et Robone, endommagent légèrement la canonnière britannique Ladybyrd, au large de Marsa Matrouh. Le soir même, à 23 h 55, au large de Bardia, les deux mêmes appareils italiens, guidés également par Buscaglia et Robone, attaquent le croiseur *Kent*, en lançant plusieurs torpilles à seulement 450 mètres de distance. Une des torpilles frappe gravement le croiseur britannique, près des hélices, provoquant un incendie, des dégâts considérables et la mort de trente marins. Pris en remorque par le destroyer *Nubiah*, le *Kent* est difficilement transporté à Alexandrie. Pour cette action audacieuse, Buscaglia est décoré de la médaille d'argent de la valeur militaire.

Le 3 décembre 1940, Buscaglia et Erasi, à bord de deux S.M.79, lancent à 300 mètres de distance des torpilles sur le croiseur britannique Glasgow, ancré dans la baie de la Sude, en Crète. Le navire, endommagé, doit être réparé à Alexandrie. Le 26 du même mois, Buscaglia torpille un navire allié de transport en Méditerranée.

Entre le 9 et le 11 décembre 1940, la 278e escadrille *d'aerosiluranti* est transférée à Catane, en Sicile, afin de participer à une attaque contre la flotte britannique, aux abords de Malte. Lors de cette action, le porte-avions anglais *Illustrious* est gravement endommagé. En février 1941, l'unité se pose à Tripoli, puis sur l'île de Pantelleria, où Buscaglia reçoit une permission de quinze jours, après huit mois de guerre intense.

Le 5 mars 1941, la 281e escadrille *d'aerosiluranti* est formée à la base Grottaglie, dans le sud de l'Italie. Buscaglia, promu capitaine, rejoint cette nouvelle unité, dont il prend en partie le commandement, pour participer notamment à l'attaque du porte-avions britannique Formidable, lors de la bataille du Cap de Matapan. Basée ensuite sur l'île de Rhodes le 20 mars, cette escadrille participe à diverses actions contre la flotte alliée aux environs de la Crète, notamment le 2 avril, avec le torpillage d'un cargo de 15 000 tonnes. Le 8 mai, les *aerosiluranti* de Buscaglia endommagent sérieusement le croiseur *Rawnsley* et coulent trois navires de transport. Le 4 juillet 1941, quatre Savoia-Marchetti S.M.79, pilotés par Buscaglia, Faggioni, Cimicchi et Mazzelli, attaquent un important convoi naval allié, qui déplore la perte de plusieurs navires de transport. Le 9 juillet, Faggioni et Buscaglia torpillent un cargo de 5 000 tonnes, ancré dans la baie de Famagouste. Le 19 juillet, les deux mêmes hommes torpillent un navire allié au large de Marsa Matrouh.

Le 23 juillet 1941, neuf appareils SM79 de la 283e escadrille, basée en Sardaigne, reçoivent l'ordre d'attaquer un important convoi naval britannique qui, parti de Gibraltar, se trouve au nord de la côte africaine. Il comprend le porte-avions *Ark Royal*, les cuirassés *Nelson*, *Renown*, les croiseurs *Leander*, *Liverpool* et plusieurs pétroliers. Le général italien Vespignani qui commande l'aviation italienne de Sardaigne et le capitaine Grossi, chef exécutif de l'attaque, ont composé l'escadrille de la façon suivante : la patrouille de Grossi doit attaquer les cuirassés, la patrouille de Mojoli le porte-avions et celle de Pandolfi s'en prendra aux croiseurs et aux pétroliers ; l'attaque se fera sans appui de la chasse ! Décollant à 8 heures, les 9 bombardiers découvrent à 9 heures les premières fumées de navires ennemis. Cette bataille du 23 juillet 1941, connue sous le nom de bataille de Galite, vu la proximité de la petite île de Galite, nous est racontée par le commandant Di Bella, lieutenant à l'époque, qui prit part à l'opération :

> Les navires marchands du convoi naviguaient en trois files, chacun d'eux protégé par un navire de guerre. De plus, le pourtour du convoi était défendu par des bâtiments légers pourvus d'un armement antiaérien formidable. Quand leurs mitrailleuses à huit canons tiraient une rafale, nous distinguions un cercle de feu. Malgré le tir et malgré les explosions toutes proches des projectiles, nous allâmes de l'avant. Pandolfi, Cipriani et moi (patrouille n° 3), nous avions choisi la file du centre et nous nous glissions entre les navires pour aller à l'attaque. Nous volions très bas, et à mesure que nous nous rapprochions de la file interne le feu diminuait d'intensité. Pourquoi diminue-t-il ? me demandai-je. Peut-être les navires attendent-ils de me voir de plus près pour intensifier leur tir. Mais non, il y avait une autre raison à laquelle je n'avais pas pensé. Des navires tirant à hausse zéro vers l'intérieur du convoi se seraient canonnés les uns les autres.
>
> Pandolfi volait à un kilomètre devant moi et Cipriani à 600 mètres. Comme nous nous approchions du centre, Cipriani s'éleva subitement, vira à 90 degrés et lança sa torpille contre un cargo. Puis il ramena vivement son avion à fleur d'eau, se glissa entre deux navires et sortit du convoi. Après quelques secondes, sa torpille toucha le cargo, qui sauta. Il était certainement chargé de munitions. L'explosion fut si violente que le souffle nous secoua rudement, ballottant nos appareils d'un bord sur l'autre. Une colonne de fumée s'éleva à plus de 100 mètres de hauteur. Aussitôt après, Pandolfi lança sa torpille contre un croiseur

qu'il atteignit. Mais je compris qu'il avait lui-même été touché. Moi-même, arrivant à la hauteur du porte-avions, je décidai de l'attaquer. Je tirai sur le manche, montant à 70 mètres, et quand j'arrivai à l'angle de pointage convenable j'attendis d'être à bonne distance pour lancer. À ce moment, un destroyer et un torpilleur qui se trouvaient entre le porte-avions et moi ouvrirent sur moi un feu infernal que, si je n'étais pas redescendu au ras de l'eau, ils me renvoyaient au créateur avant que j'eusse pu lancer ma torpille.
En effectuant ma manœuvre, j'avisai, entre le destroyer et le torpilleur, un gros cargo moins bien défendu et placé à ma convenance. Je me mis en position de lancement. Le second pilote ôta la sécurité de la torpille, attendant mon ordre. Je me trouvais encore un peu loin : 1 500 mètres. Le feu des navires de guerre était toujours très intense.
Enfin arrivé à bonne distance, 800 mètres, je fis signe de lancer. À peine la torpille lâchée, l'avion s'éleva d'un petit bond : il était plus léger d'une tonne. Je me trouvai si près du cargo sur lequel je venais de lancer que je n'avais plus la place de virer. Je bondis par-dessus le navire, puis je tirai violemment et je revins au ras de l'eau pour éviter les projectiles.
Cette manœuvre m'amena tout contre le porte-avions, si près de lui que je l'effleurai de mon aile, sans être atteint par son tir. L'*Ark Royal* était une masse de plus de 22 000 tonnes, haute de 29 mètres. Quand je l'effleurai ainsi de mon aile gauche, j'eus un instant l'impression de voler à la hauteur du premier étage d'un gratte-ciel. Sa longueur n'en finissait pas : 243 mètres.
Aussitôt passé le porte-avions, il s'agissait pour moi de franchir le barrage d'artillerie. Je zigzaguai et changeai continuellement de hauteur pour ne pas me laisser encadrer. Enfin sorti de la zone de tir du convoi, je me rapprochai de Pandolfi, dont l'avion perdait de l'essence. Je me mis à patrouiller à sa droite et lui signalai de ne pas se diriger vers la Sardaigne, mais plutôt vers l'Afrique, à dix minutes de vol. Sa vitesse diminuant, je dus le quitter et je vis peu après qu'il avait amerri. Je fis le point et j'envoyai un S.O.S. demandant un hydravion de secours. Je restai encore dix minutes sur les lieux, puis je repris la direction du retour[56].

56. *Ibid.*

Effectuant une mission véritablement suicidaire, puisque sans protection de la chasse italienne, les *aerosiluranti* ont attaqué un important convoi britannique qui maintenait en vol, grâce au porte-avions *Ark Royal*, plus de dix chasseurs Hurricane ou Spitfire ; sans oublier le feu terriblement dévastateur de la DCA qui se trouvait sur les navires de guerre. À la suite de cette action audacieuse, l'amiral anglais Sommerville doit reconnaître les pertes suivantes : le destroyer *Fearless* coulé, un autre endommagé, un croiseur endommagé, un transport endommagé et un cargo coulé. Six appareils italiens sont abattus, Grossi sort du sien couvert de sang. Di Bella, Cipriani et Robone recevront la médaille d'argent de la Valeur militaire.

Le 6 août 1941, Buscaglia, Graziani et Forzinetti attaquent deux bâtiments alliés au large de Marsa Matrouh, et font de même, le 20 août, contre trois destroyers au large d'Alexandrie. Lors de ces deux actions, certains de ces navires sont endommagés durant plusieurs mois, dont le destroyer *Protecteur*.

Le 36e groupe italien de bombardiers livre, le 27 septembre 1941, une attaque d'une audace incroyable au milieu des projectiles de la DCA et des chasseurs anglais. Cette opération demeure un des exploits de la guerre aérienne. L'objectif choisi est un imposant convoi naval allié, comprenant des navires de commerce, des pétroliers, les cuirassés *Nelson*, *Renown*, *Prince of Wales*, le porte-avions *Ark Royal*, des croiseurs et des destroyers. Le 36e groupe est équipé de bombardiers torpilleurs S.M.84 aux qualités médiocres : faible autonomie, moteur douteux, commande hydraulique fragile. La plupart des escadrilles préfèrent le robuste S.M.79. Les onze bombardiers du 36e groupe partent pour l'attaque en deux formations, l'une est commandée par le colonel Riccardo Emo Seidl, l'autre et sous les ordres du commandant Arduiro Buri.

Le correspondant de guerre britannique John Evans, embarqué sur le porte-avions *Ark Royal*, nous raconte l'attaque italienne :

> Enfin nous vîmes ce que nous nous attendions à voir : le sillage des torpilles dirigées vers le navire. À travers mes jumelles, je vis les appareils italiens prendre de la hauteur et s'éloigner après avoir terminé leur attaque. L'un d'eux passa près d'un croiseur, où je vis s'allumer une lueur rougeâtre : le coup frappa l'avion qui explosa en l'air. Une colonne de fumée d'une trentaine de mètres marquait l'endroit où l'avion s'abattit en pièces. Deux minutes plus tard arriva une seconde vague, dirigée cette fois contre le flanc de notre convoi. Un pilote italien, passant au milieu des tirs

> entrecroisés, se mit en position d'attaque. Je vis la torpille noire tomber dans l'eau comme du plomb : une colonne d'eau s'éleva au flanc du *Nelson* qui, quelques minutes plus tard, annonça qu'il était touché. L'avion n'était plus qu'à 500 mètres de nous. J'entendis alors une voix hurler qu'un autre avion arrivait sur la droite. En effet, un avion s'approchait de nous, manœuvrant pour lancer. Immédiatement encadré par nos tirs, il fut atteint. Nous le vîmes continuer son vol pendant quelques mètres, puis brûler en l'air avec une grande flamme.
> Pendant que l'artillerie du navire ouvrait le feu, un officier annonça l'arrivée de quatre avions torpilleurs italiens. Un de ceux-ci attaqua un destroyer qui, aussitôt, sauta en l'air. Les appareils de chasse décollèrent de l'*Ark Royal* et engagèrent l'ennemi. Avec une rapidité surprenante, une seconde attaque italienne fut organisée. Quatre ou cinq ombres bondissaient vers nous, basses sur l'eau, à travers un terrible barrage. La fumée produite par notre artillerie se dissipa et nous vîmes un avion qui plongeait vers le Nelson. Une colonne d'eau s'éleva contre le flanc du cuirassé[57].

L'avion qui a torpillé le Nelson est celui du commandant Buri, que le britannique John Evans présente comme un authentique héros :

> Son plan était évidemment de se lancer directement contre le Nelson et, avec beaucoup de précision immédiatement devant le cuirassé et à faible distance, il lança sa torpille. Le navire en évolution lui offrait une très faible cible, mais la torpille tomba devant et l'atteignit à la proue. Le pilote vola très près du Nelson, si près qu'il constituait une cible très difficile contre laquelle il fut impossible de tirer. Du poste de contrôle antiaérien, je pus le voir à l'intérieur de son appareil. Il passa sur la poupe du navire, et je pense que tous souhaitaient qu'un tel homme puisse vivre encore longtemps pour combattre. Le Nelson retourna à Gibraltar et fut retiré d'activité pendant six mois[58].

Lors de cette journée du 27 septembre 1941, les *aerosiluranti* lancent 22 torpilles qui touchent le *Nelson*, l'*Ark Royal* et plusieurs autres navires. Le 36e groupe perd six appareils sur les onze du départ.

57. Archives militaires britanniques, Londres.
58. *Ibid.*

Le colonel italien Seidl, tué au cours de l'action, reçoit la médaille d'or de la valeur militaire à titre posthume.

Le 23 novembre 1941, les S.M.79 de Buscaglia et de Rovelli décollent de Rhodes et attaquent, aux abords de Marsa Matrouh, le navire de débarquement Glenroy, transportant 80 soldats britanniques et protégé par le croiseur *Carliste* et deux destroyers. Le Glenroy est sévèrement touché par une torpille de Buscaglia, malgré l'intervention dans le ciel de trois chasseurs alliés Curtiss P40. Cette action incroyable démontre une fois de plus la bravoure extraordinaire des pilotes italiens des *aerosiluranti*, affrontant à la fois la puissante DCA des navires et les avions de chasse. Le 17 décembre 1941, la 281ᵉ escadrille attaque un important convoi naval aux abords de Malte : plusieurs bâtiments alliés sont endommagés lors de ce combat et un avion italien est abattu par la DCA adverse. Buscaglia sort indemne de cette opération téméraire. Il totalise à cette époque quatre médailles d'argent de la valeur militaire et la croix de fer allemande de 2ᵉ classe.

Le 1ᵉʳ avril 1942, Buscaglia prend le commandement du 132ᵉ groupe d'avions torpilleurs (*aerosiluranti*), basé en Sicile, regroupant les 278ᵉ et 281ᵉ escadrilles. Le 132ᵉ groupe entre la première fois en action le 14 juin, en attaquant deux convois britanniques près de l'île de Pantelleria. Lors de cette importante opération, Buscaglia et ses pilotes sont protégés par quinze chasseurs Reggiane R.2001 de 20ᵉ groupe de chasse. La marine de guerre italienne participe également à l'action. Le bombardier S.M.79, piloté par le lieutenant Giannino Negri est touché par la DCA et explose avec toutes ses torpilles. Le lendemain, trois S.M.79 de la 281ᵉ escadrille, sous les ordres de Buscaglia, endommagent sérieusement le destroyer britannique *Bedouin* et le vapeur *Burdwan*. Durant ces deux jours de combat intense, la flotte alliée déplore la perte de deux contre-torpilleurs, de cinq cargos et de deux croiseurs.

Le 12 août 1942, 14 S.M.79 du 132ᵉ groupe attaquent plusieurs convois alliés, non loin de l'île de Pantelleria. Le destroyer britannique *Prospective* est coulé par les avions italiens. Le même jour, Buscaglia et le grand as allemand Hans-Joachim Marseille sont reçus à Rome par Mussolini. À cette occasion Buscaglia est promu au grade de major, en conséquence de son expérience cumulée lors des combats.

Les 8, 9, 10 et 11 novembre 1942, plusieurs assauts aériens sont menés par Buscaglia et ses braves, avec leurs vieux S.M.79, contre de nombreux navires alliés en Méditerranée, qui maintiennent en l'air de nombreux avions de chasse, dont notamment des Spitfire. Le pilote

Faggioni estime que « les avions torpilleurs revenus indemnes de ces missions suicides sont des miraculés[59] ».

Le 12 novembre 1942, lors d'une attaque aérienne contre la rade de Bougie, en Algérie, le Savoia-Marchetti S.M.79 de Buscaglia est intercepté et descendu par un Spitfire britannique. Buscaglia est alors déclaré « mort au combat » et, en sa mémoire, on le décore de la médaille d'or de la valeur militaire, la plus haute distinction de l'armée italienne. En réalité, il a survécu, bien que grièvement blessé et brulé. Récupéré par les Alliés, il est soigné dans un hôpital militaire en Algérie, puis envoyé dans un camp de prisonniers de guerre aux États-Unis, à Fort Meade, dans l'État du Maryland. À cette époque, il totalise à son actif 32 navires alliés coulés, représentant un tonnage de 100 000 tonnes. De nombreux officiers alliés, admiratifs, lui rendent visite pour le féliciter de son héroïsme au combat.

Le 8 septembre 1943, l'Italie signe avec les Alliés un armistice. La moitié de la péninsule est alors envahie par les troupes allemandes. Buscaglia décide de combattre aux côtés des Alliés et s'engage dans la nouvelle armée de l'air italienne luttant contre les Allemands. Par ironie du sort, beaucoup de ses anciens camarades de combat font le choix inverse, en ralliant l'aviation italienne de la République fasciste de Mussolini, qui se trouve au nord du pays et poursuit la lutte aux côtés des troupes allemandes. Ils choisissent même le nom de « Buscaglia », qu'ils croient mort, comme nom pour leur unité d'avions torpilleurs !

Le 15 juillet 1944, Buscaglia, de retour en Italie, assume le commandement du 28e groupe de bombardement, équipé de bombardiers moyens américains Martin-Baltimore, basés au terrain d'aviation de Campo Vesuvio près de Naples. Le 23 août 1944, malgré les difficiles conditions de l'aérodrome, Buscaglia décide de voler seul à bord de son appareil. Dès le décollage, l'avion dévie dangereusement vers la gauche et prend feu. Bien que grièvement blessé, Buscaglia parvient à s'extraire de l'appareil en flamme. Immédiatement secouru, il est dirigé à l'hôpital militaire de Naples. Il meurt le lendemain des suites de ses blessures. Ce grand aviateur est titulaire d'une médaille d'or de la valeur militaire, de quatre d'argent et de la croix de fer allemande de 2e classe. Après la guerre, plusieurs escadrilles italiennes portent son nom[60].

59. Archives militaires italiennes, Rome.

60. *Ibid.*

Une élite sous-marine

En juin 1939, un entretien secret se déroule en Allemagne entre l'amiral Raeder, commandant de la Kriegsmarine, et l'amiral Cavagnari, chef d'état-major de la Regia Marina (marine guerre italienne). Il aboutit à un accord sur l'appui éventuel de la flotte de Mussolini en cas de conflit en Europe. Hitler ne cache pas son admiration pour la puissante marine du *Duce*, surtout pour sa flotte sous-marine estimée être la plus puissante de l'époque avec 115 submersibles. Malgré la capitulation de la France en juin 1940, le Führer a besoin de l'aide de Mussolini pour remporter dans l'Atlantique la guerre maritime contre l'empire britannique. Le dictateur italien, flatté dans son orgueil, répond favorablement à la demande allemande.

Le 27 juillet 1940 voit la création du commandement supérieur de la force sous-marine italienne dans l'Atlantique, et le port de Bordeaux est choisi comme base pour accueillir les submersibles italiens. Le bassin à flot n° 1 de Bacalan, en communication directe avec la Garonne, est débarrassé en août de tous les navires arrivés lors de la débâcle de mai-juin 1940. Le 1er septembre 1940, l'amiral Angelo Parona prend son poste de commandant supérieur de l'ensemble de la base, appelée Betasom, « Beta » pour la lettre B (Bordeaux), « som » pour *sommergibili*, « sous-marins » en italien. Les problèmes matériels, de personnels et d'administration sont pris en charge par le haut commandement de la marine italienne à Rome, tandis que les opérations en mer dépendant de l'amiral allemand Doenitz. Deux officiers sont chargés d'effectuer les liaisons entre les deux commandements avec, d'un côté le capitaine de corvette Roesing, remplacé en 1942 par le capitaine de corvette Becker, de l'autre côté le capitaine de frégate Sestini.

Le périmètre de sécurité de la base se trouve sous les ordres du capitaine de frégate Capone. Le bataillon de fusiliers marins San Marco, du commandant Orgera, a la charge de la surveillance des abords, ainsi que la 282e section des carabiniers mobiles du lieutenant Sottiletti. De La Spezia arrivent également 400 ouvriers marins chargés de la maintenance et de la réparation des sous-marins. Autour du bassin à flot se dressent des batteries germano-italiennes de DCA et de nombreux ballons. Vingt-sept sous-marins italiens, provenant des bases de La Spezia, Naples et Tarente, sont destinés à la Betasom. Le passage Méditerranée-Atlantique se fait dans des conditions périlleuses, du fait de l'existence d'un courant très violent et de la surveillance britannique exercée depuis la forteresse de Gibraltar. Il s'effectue de nuit, submersible après submersible. Vingt-cinq bâtiments parviennent à atteindre Bordeaux sans encombre, mais le *Brin* et le *Michelle Bianchi*, qui ont raclé le fond rocheux du cap Malabata, doivent faire escale à Tanger durant 24 heures pour des réparations sommaires, avant de repartir. Le 4 septembre 1940, le premier sous-marin qui arrive à Bordeaux est l'*Alessandro Malaspina*, le vingt-septième et dernier étant le *Mocenigo*, le 26 décembre.

La Betasom aligne alors des effectifs italiens importants : 1 800 sous-mariniers, 700 fusiliers marins et carabiniers, 400 ouvriers marins et 35 officiers supérieurs, soit un total de 2 935 hommes. Les 27 sous-marins forment le 11e groupe italien de sous-marins. Construits uniquement pour la lutte en Méditerranée, les sous-marins italiens souffrent de certains défauts de conception dans l'Océan atlantique :

> Vitesse en surface et rayon d'action assez faibles, rapidité d'immersion insuffisante, rayon giratoire élevé. En outre les kiosques sont beaucoup trop volumineux[61].

Le tonnage des sous-marins italiens varie de 695 à 2 060 tonnes ; la vitesse nautique est en général de 17-18 nœuds ; l'autonomie va de 5 200 à 13 460 milles ; l'armement comprend un à deux canons de 100 à 120 mm et six à quatorze tubes lance-torpilles. En dépit de certaines faiblesses techniques du matériel, les sous-mariniers italiens, audacieux et individualistes, remportent de nombreux succès dès 1940. La première zone d'opération assignée est l'Atlantique central, près de la péninsule ibérique. Dès le 12 août, l'*Alessandro Malaspina*, commandé par le lieutenant de vaisseau Leoni, coule le premier navire, le pétrolier anglais *British Fames* de 8 406 tonnes. Une douzaine de navires alliés sont ainsi envoyés par le fond par les sous-marins italiens qui opèrent dans le secteur de la péninsule espagnole jusqu'au 21 décembre 1940. L'ensemble représente 43 393 tonnes de navires coulés. Le sous-marin Dandolo du capitaine de corvette Riccardo Boris remporte à lui seul deux victoires.

Le sous-marin *Faà di Bruno*, aux ordres du lieutenant de vaisseau Enrici, quitte La Spezia le 28 août 1940, passe le détroit de Gibraltar le 2 septembre, et arrive à Bordeaux le 5 octobre. Il participe à trois attaques au sud des Açores. Le 8 novembre, le navire anglais *Havelock*

61. *Ibid.*

le prend en chasse et parvient à le couler à l'ouest de l'Irlande. Il est alors le premier submersible italien de la Betasom perdu en mer. L'équipage comptait sept officiers, huit sous-officiers et 40 marins, soit un total de 55 hommes morts au combat.

Avec des renforts venus de l'Afrique orientale (sous-marins *Perla*, *Archimede*, *Ferraris* et *Guglielmotti*), la Betasom totalise 32 sous-marins en mai 1941. Du 9 novembre au 20 mai 1941, les sous-marins italiens de la Betasom engagés dans l'Atlantique nord, à l'ouest de l'Irlande, coulent une vingtaine de navires alliés, dont le *Baltistan* de 6 803 tonnes. Le *Bianchi*, du capitaine de corvette Adalberto Giovannini, inscrit à son tableau de chasse trois bateaux; le *Torelli*, commandé par le capitaine Primo Longobardo, en compte quatre, l'*Argo*, du lieutenant de vaisseau Alberto Crepas, deux. Trois submersibles italiens (*Nani*, *Marcello* et *Faà di Bruno*) sont coulés durant la même période.

Le 5 mai 1941, les amiraux Doenitz et Parona s'entendent pour élargir le théâtre des opérations des sous-marins de la Betasom. Ceux-ci vont désormais rayonner dans tout l'Océan Atlantique et adopter la tactique des « meutes », visant à engager un combat avec plusieurs sous-marins sur la même cible. Les résultats accomplis du 19 mai au 11 septembre 1941 sont importants : 44 navires alliés sont coulés, soit un total de 254 874 tonnes, pour la perte limitée de deux sous-marins (*Veniero* et *Bianchi*). Les convois alliés sont particulièrement visés à l'ouest de Gibraltar, surtout ceux des 5 et 7 juin 1941. Les submersibles italiens se distinguent également près de la côte de l'Amérique Centrale et de l'Amérique du Sud, aux alentours de l'Irlande et de l'Islande, des îles du Cap Vert et de l'ouest de l'Afrique. Le 13 juin, le sous-marin *Brin*, commandé par le capitaine de corvette Longanesi Cattani, parvient à se glisser entre deux convois et torpille deux navires (*Djurdjura* de 3 460 tonnes et *Kyriadikes* de 3 781 tonnes), malgré la présence de nombreux bâtiments d'escorte. Le pétrolier britannique *Auris* (8 030 tonnes) est envoyé par le fond le 28 juin par le submersible *Da Vinci* du capitaine de corvette Ferdinando Calda. Le sous-marin *Morosini* (capitaine de corvette Athos Fraternale) coule le navire *Lady Somers* de 8 194 tonnes, le 15 juillet. Le *Torelli* (lieutenant de vaisseau Antonio de Giacomo) règle son sort au cargo *Knudsen* de 8 193 tonnes, le 21. Le pétrolier *Horn Shell* (8 272 tonnes) est victime du sous-marin *Barbarigo* (capitaine Francesco Murzi).

À la fin de l'année 1941, quatorze sous-marins italiens restent à la Betasom, tandis que les autres rejoignent la Méditerranée, à la demande de Mussolini. Durant l'année 1942, la quasi-totalité des sous-marins italiens de la Betasom opèrent dans la mer des Antilles et devant les côtes du Brésil, où ils doivent affronter non seulement la flotte britannique, mais également celles des États-Unis et du Brésil, désormais en guerre contre l'Axe. Les sous-marins italiens trouvent des conditions favorables dans ces eaux, car les cargos ne sont pas encore organisés en convois ; de plus, les frégates américaines sont dirigées par des hommes manquant d'expérience. C'est ainsi qu'en mars 1942, les submersibles italiens établissent un record en coulant 14 navires alliés, dont le *Charles Racine* de 9 957 tonnes, l'*Athelqueen* de 8 780 tonnes et le *Mac Cobb* de 7 452 tonnes. Le sous-marin *Tazzoli*, du capitaine Carlo Feccia di Cassato, compte à son tableau de chasse 6 bateaux pour le seul mois de mars. 46 bateaux alliés sont coulés (près de 300 000 tonnes) par les sous-marins italiens de la Betasom en 1942. Un des faits marquants reste, le 9 octobre, le torpillage par l'*Archimede* (lieutenant de vaisseau Saccardo) du puissant bâtiment britannique *Oronsay* de 20 043 tonnes. Le même sous-marin récidive le lendemain en coulant le *Nea Hellas* de 16 991 tonnes. Le bilan de l'année 1942 est d'autant plus surprenant que les pertes de la Betasom se limitent à deux submersibles (*Calvi* et *Morosini*).

En février 1943, la dizaine de sous-marins italiens encore présents à Bordeaux effectuent de nombreuses missions dans l'Atlantique occidentale et méridionale, ainsi que dans l'Océan indien. Ils coulent une douzaine de navires alliés jusqu'en avril. À bord du *Leonardo da Vinci*, le lieutenant de vaisseau Gianfranco Gazzana Priaroggia envoie par le fond six bateaux en un mois, dont l'*Empress of Canada* de 21 517 tonnes, le *Doryssa* de 8 078 tonnes et le *Manaar* de 8 007 tonnes. Le *Da Vinci* est cependant coulé à son tour le 23 mai, au large des îles des Açores avec 63 hommes d'équipage, dont 9 officiers. Le sous-marin *Barbarigo*, du lieutenant de vaisseau Rigoli, totalise trois navires coulés pour le seul mois de mars, dont le *Stag Hound* de 8 591 tonnes. Le lieutenant de vaisseau Mario Rosseto (submersible *Finzi*) compte à son tableau de chasse deux navires en trois jours, dont le *Celtic Star* de 5 575 tonnes. Le sous-marin *Cagni*, commandé successivement par les officiers Liannazza et Lorenzini, coule trois bateaux alliés.

La capitulation militaire de l'Italie en septembre 1943 met fin à l'action des sous-marins italiens de la Betasom. La garnison de 2 000 marins italiens reste cependant fidèle à Mussolini et l'Allemagne, sous la contrainte évidente de finir dans des camps de prisonniers en cas de refus. Trois bataillons de fusiliers marins y sont formés, dont le bataillon Longobardo qui rejoint l'Italie de Nord pour lutter contre les partisans yougoslaves de Tito. Tandis que les deux autres bataillons se battent aux côtés des troupes allemandes sur le front de l'Atlantique jusqu'à la fin de la guerre.

D'août 1940 à septembre 1943, les 32 sous-marins italiens de Bordeaux-Bacalan ont coulé 124 navires alliés. Quinze sous-marins et 751 marins italiens ne sont pas rentrés à la Betasom. La 12e flottille allemande (équipée de 43 sous-marins performants), qui se trouve également à Bordeaux sur une période identique, coule de son côté 104 navires alliés pour la perte de 36 submersibles et 1 800 hommes. Ainsi, malgré la faiblesse technique du matériel et un nombre inférieur de sous-marins, les sous-mariniers italiens de Bordeaux ont coulé plus de navires que l'unité allemande rivale.

La prestigieuse Decima MAS

Au début de la Seconde Guerre mondiale, les nageurs italiens de combat sont regroupés au sein de la Decima MAS (moyens d'assaut de surface ou sous-marin), dont les initiales sont également dues au poète soldat Gabriele d'Annunzio, qui a donné aux vedettes lance-torpilles italiennes de la Grande Guerre une fière devise, lourde à porter : *Memento Audere Semper* (Souviens-toi d'oser toujours). En créant cette flottille, Mussolini se décide à donner droit de cité aux armes navales nouvelles, comme les torpilles pilotées (*maïali*) et les canots explosifs (*barchini*). Les torpilles pilotées, munies de moyens de conduite avec un volant, sont chevauchées par un ou deux nageurs, tandis que les canots explosifs, dont la coque avant contient une forte charge explosive, sont conduits par un homme qui doit sauter au dernier moment, juste avant que la cible soit touchée. Placée sous le commandement du prince Valerio Borghese, la Decima MAS va faire preuve d'une redoutable efficacité. À ce sujet, le Français Albert Vuillez devait écrire :

> La Decima MAS a fourni, et presque en série, un produit d'une rare essence : l'héroïsme à l'état pur. Seuls, après les hommes torpilles italiens, les kamikazes japonais nous ont donné d'autres exemples d'un dévouement comparables[62].

62. *Ibid.*

Lorsque les hostilités s'ouvrent entre l'Italie et la Grèce, le 28 octobre 1940, les Anglais utilisent les nombreux mouillages de ce pays pour intercepter les trafics italiens. Une importante base navale est aménagée à la Sude, en Crète. En décembre 1940, une flottille de canots explosifs (*barchini*) se trouve à Pertenis (île de Léros) pour mettre fin aux trafics alliés entre la Crète et l'Égypte. Le commandant Moccagatta, adjoint du prince Borghese, a mis au point l'opération. Deux contre-torpilleurs sont choisis pour le transport des *barchini*. Le choix de l'attaque pour le mois de mars 1941 est judicieux; une reconnaissance aérienne indique, le 25, la présence dans la baie de la Sude de deux contre-torpilleurs, de neuf vapeurs et d'un croiseur de 10 000 tonnes. Le soir même, les navires italiens atteignent le point initial qui est fixé à dix milles de la côte ennemie. Les *barchini* sont aussitôt mis à l'eau. Les six pilotes (Faggioni, Cabrini, de Vito, Tedeschi, Beccati et Barberi) avancent en formation serrée. Ils ont à parcourir 6 milles marins dans un bras de mer dont les bords sont occupés par l'adversaire et à franchir trois filets de barrage, le tout sans se faire repérer!

Le temps et la visibilité sont satisfaisants, légère brise de sud-ouest, houle longue. En arrivant à l'entrée de la baie, les Italiens réduisent l'allure pour que le bruit de leurs moteurs n'alerte pas l'ennemi. Ils font route pour franchir le premier barrage au centre de l'ouverture existant entre Punta Suda et Forte Suda. Faggioni embouque le passage entre deux bouées et le franchit facilement, les autres le suivent sans difficulté. Quelques minutes plus tard, ils aperçoivent le second barrage et font route pour le franchir plus près de l'îlot du fort, où affleurent des rochers qu'on peut aisément confondre avec des *barchini*.

Faggioni passe avec aisance. Barbari qui le suit, éprouve au contraire quelques difficultés. Pour ne pas perdre la liaison, Faggioni s'arrête et attend dans la zone d'ombre de l'îlot. Peu de temps après, il les revoit tous les cinq. Il reprend la tête et poursuit l'approche en se tenant au milieu de la baie. Nous sommes le 26 mars 1941, à 2h45; le crépuscule doit commencer à 5h18. Faggioni augmente de vitesse pour tenir compte d'une éventuelle perte de temps au troisième barrage. Dix minutes plus tard, deux projecteurs explorent longuement le centre de la baie sans les découvrir. Ils gagnent le milieu de la baie; au bout de quelques minutes, Faggioni signale de stopper et réunit son équipe autour de lui. Il est 4h46 : ils sont en avance sur le moment des conditions de lune les plus favorables. Ils décident d'attendre. Le croiseur est mouillé environ 200 mètres à l'intérieur du barrage, les vapeurs sont disséminés plus au fond de la baie ; l'un d'eux est à une centaine de mètres sous le vent. Faggioni fait une observation très soigneuse avec ses jumelles pour choisir les cibles les plus intéressantes et passe ensuite à l'orientation de leurs objectifs. Il est à peu près 5 heures.

On sonne alors la diane à bord du croiseur ; les Italiens entendent des sifflets et voient une lanterne se promener sur le pont. Un peu de fumée sort de la cheminée. Peu après, ils aperçoivent un feu alternativement rouge et vert à la porte du barrage. Faggioni donne l'ordre de départ à Cabrini et à Tedeschi, destinés au croiseur.

Les *barchini* se lancent à plein moteur et, au bout de quelques secondes qui paraissent fort longues, se produit une explosion unique, immédiatement suivie par le feu des canons anti-aériens qui tirent sur des avions imaginaires. À droite, Faggioni entend tout à coup une autre déflagration qu'il croit due à l'attaque de Barberi. Beccati est à sa droite et lui demande de partir vers un gros pétrolier. Faggioni lui dit d'attendre et ils s'en approchent. Quand il distingue nettement, Beccati fonce à son tour, l'explosion se produit à l'arrière.

Le croiseur *York* de 10 000 tonnes et trois navires de commerce de 32 000 tonnes au total sont coulés pour le restant de la guerre. Cette action a été le fruit d'une organisation parfaite, d'un matériel amélioré et surtout des qualités des pilotes qui donnent à la Decima MAS sa première victoire.

Le 20 septembre 1941, des nageurs de combat du prince Borghese (Vesco, Zozzoli, Catalano, Gianonni), chevauchant des torpilles pilotées, s'infiltrent dans la baie d'Algésiras, à Gibraltar, parviennent à déjouer les défenses portuaires et placent des explosifs sous les coques de plusieurs navires. Quatre cargos, totalisant un tonnage de 35 000 tonnes, sont coulés. Tous les opérateurs sont indemnes sur la côte espagnole et peuvent retrouver un agent italien chargé de les cacher.

Fin novembre 1941, le prince Borghese prend la décision de mener une attaque sur Alexandrie, la puissante base navale britannique se trouvant en Égypte. L'opération est préparée avec un soin minutieux. Les torpilles pilotées sont choisies comme arme d'attaque et le sous-marin *Scirè* comme bâtiment d'approche. Le 3 décembre, le *Scirè* quitte le port italien de La Spezia et, dans la nuit du 18, l'opération commence. Les hommes-torpilles italiens évoluent dans une eau glaciale, Durand della Penne et Bianchi contournent un bateau français et se dirigent vers le cuirassé britannique *Le Valiant* de 32 000 tonnes. Au cours de la manœuvre de descente sous la coque, le *maïale* (torpille pilotée) coule par 17 mètres de profondeur. Durand della Penne parvient par un effort surhumain à le rattraper et constate que son coéquipier a disparu ! Il s'est en vérité évanoui et flotte en surface comme une bouée. Durand della Penne décide néanmoins de continuer seul. Arrivé au centre du bateau, il déclenche l'amorce du détonateur pour 5 heures, puis remonte à la surface. Bientôt une voix s'élève et l'appelle ; pris sous la lumière d'un projecteur et la menace d'une mitrailleuse, il est contraint de se rendre et retrouve son compagnon Bianchi, repêché. Malgré un interrogatoire en règle et des menaces de mort des officiers britanniques, les deux hommes ne parlent pas.

Le deuxième équipage (Marceglia et Shergat) attaque avec audace le cuirassé *Queen Elizabeth* de 32 000 tonnes, après avoir franchi les pare-torpilles. Les deux hommes se portent en plongée sous la carène et placent au centre des charges explosives. Puis ils déclenchent les amorces. Il est 3 h 15, heure italienne. Le dernier équipage (Martellota et Marino) arrive à 2 h 55 sous la poupe d'un pétrolier de 16 000 tonnes et amorce les charges explosives. Les deux hommes sont pris alors qu'ils débarquent sur les anciens quais.

À 6 h 15, plusieurs explosions retentissent dans la rade d'Alexandrie. La Xe flottille MAS vient de remporter une incroyable victoire. Les deux cuirassés de 32 000 tonnes, les derniers dont les Britanniques puissent disposer en Méditerranée pour le moment, sont coulés avec un gros pétrolier de 16 000 tonnes, pour le prix de six prisonniers de guerre.

Pour la première et unique fois, la marine de guerre italienne contrôle la Méditerranée. Ce qui permet à l'Afrikakorps du général Rommel et aux unités italiennes en Libye de recevoir un important ravitaillement, leur donnant ainsi les moyens de chasser de Cyrénaïque les troupes britanniques.

Durant l'invasion de la Russie soviétique par les troupes de l'Axe en 1941, la Xe flottille MAS engage en mer Noire la colonne Moccagatta, qui arrive à destination le 22 mai 1942 au port de Foros, sur la côte méridionale de Crimée. Le 10 juin, elle s'illustre avec le *barchino* explosif de Massarini qui touche le croiseur russe *Tachkent*, le 11 c'est Todaro qui attaque un torpilleur russe puis, le 13, Massarini et Grillo coulent un navire à moteur de 13 000 tonnes bien qu'escorté d'un torpilleur et de deux vedettes. Ces actions facilitent la conquête de Sébastopol par les forces de l'Axe, qui tombe peu de temps après. Les marins italiens de Borghese participent ensuite à la conquête du fort russe de Gorki.

En décembre 1942, la Decima MAS entreprend une action commando contre Alger, avec des torpilles pilotées (*maïali*) et le sous-marin *Ambra* comme bâtiment d'approche. Après cette attaque, l'Amirauté britannique avoue la perte de quatre navires totalisant 22 000 tonnes pour le prix de 16 prisonniers italiens. En mai 1943, la Xe flottille MAS s'illustre une nouvelle fois de plus lors d'une expédition sur Gibraltar. Du bâtiment l'*Oltera*, navire pourtant réquisitionné depuis le début de la guerre par les Espagnols, les Italiens parviennent à faire partir, à la barbe de l'occupant, des torpilles pilotées qui coulent plus de 20 000 tonnes de bateaux alliés. Le 10 juin 1943, le pavillon de la Decima MAS reçoit la médaille d'or de la Valeur militaire, la plus haute distinction militaire italienne.

Le 8 septembre 1943, alors que la Decima MAS s'apprête à mener de nouvelles actions, dont une attaque contre New York, le gouvernement italien du maréchal Badoglio capitule. Bien que la presque totalité de la Marine royale italienne refuse de rester fidèle à Mussolini et à sa République sociale, formée dans le nord de l'Italie, la Decima MAS fait exception à la règle et rejoint la nouvelle armée fasciste du *Duce*. Fait surprenant lorsque l'on sait que Borghese, esprit très indépendant, n'a jamais adhéré au parti fasciste italien.

Durant la période de mars 1941 à août 1943, la Decima MAS coule cinq navires de guerre d'un tonnage total de 75 690 tonnes et 27 navires marchands de 189 662 tonnes : soit un ensemble de 265 532 tonnes de navires alliés coulés.

Reformée dans le nord de l'Italie à la fin de l'année 1943, la Decima MAS du prince Borghese dispose de 25 000 combattants d'élite, dont 14 000 forment une division d'infanterie de marine à deux régiments d'assaut et un régiment d'artillerie. La troupe restante embarque sur une trentaine d'engins d'assaut (*barchini*, *maïali* et sous-marins de poche). Le long de la frontière italo-yougoslave, sur un front montagneux, les fusiliers marins italiens de Borghese opposent une farouche résistance aux troupes partisanes de Tito, en parvenant à repousser toutes leurs attaques, notamment à Tarnova et Gorizia. Plus au sud, sur les fronts de Nettuno et du Senio, des bataillons de la Decima MAS luttent contre les troupes alliées jusqu'à la fin de la guerre. Plusieurs navires alliés sont également coulés dans l'Adriatique par les nageurs italiens de combat du prince Borghese.

Tobrouk, Bir-el-Gobi, El Alamein et la Tunisie

L'entrée en guerre de Mussolini, le 10 juin 1940, contre la France et la Grande-Bretagne, ouvre un nouveau théâtre de guerre en Méditerranée. Le maréchal Rodolfo Graziani prend le commandement des troupes italiennes en Libye durant l'été, à la suite de la mort accidentelle du maréchal Italo Balbo le 26 juin. Pressé par Mussolini, il lance le 11 septembre 1940 une offensive contre l'Égypte qui s'essouffle rapidement du fait des limites matérielles de son armée. Les 80 000 soldats italiens, participant aux opérations, ne sont appuyés que par 120 chars légers de médiocre qualité, alors que les 36 000 Britanniques peuvent compter sur 220 chars. L'historien David Zambon écrit :

> Toutefois, nous gardons une fausse image de ce début de campagne africaine. En réalité, l'action menée par Graziani fut parfaitement coordonnée. La maîtrise du ciel joua alors un grand rôle et bien que les Anglais n'eussent que peu de fois accepté le combat, les gains territoriaux furent non négligeables pour des pertes minimes et seulement quelques jours de combat[63].

Après une progression de 120 kilomètres, les Italiens s'emparent de Sidi Barrani. Ils s'y fortifient en attendant des renforts, notamment en chars.

Ces renforts tant attendus vont être... britanniques, avec 56 chars lourds Matilda, dont le blindage de 80 mm n'a rien à craindre des petites pièces antichars italiennes. Fort désormais de 275 chars, le général anglais Wavell lance une contre-offensive, le 9 décembre 1940, contre les unités italiennes retranchées en Égypte. Le général Pietro Maletti est tué à Nibeiwa et si les fantassins italiens renoncent assez vite à ce combat inégal, il n'en est pas de même des artilleurs qui se font tuer sur place après avoir mis hors de combat la moitié des blindés britanniques engagés. À Siddi Barrani, la 4e division de chemises noires oppose une farouche résistance, mais les chars anglais enfoncent les positions dépourvues d'armes antichars efficaces. À Buq Buq, les blindés écrasent les canons et leurs servants italiens, sacrifiés pour la gloire... Le bilan est lourd pour Graziani, qui a perdu 37 523 hommes en 15 jours !

63. *Histoire de guerre* n° 20, novembre 2001.

Après trente jours de campagne, en janvier 1941, les troupes de Mussolini, toujours aussi dépourvues d'armes antichars efficaces et de chars lourds, sont chassées de toute la Cyrénaïque : les places fortes de Bardia et Tobrouk tombent après de violents combats. Les chars Matilda ont raison des frêles chenillettes L3 et des tankettes M11/39, dont les obus ricochent lamentablement sur leur blindage. David Zambon poursuit :

> La contre-offensive de Wavell fut couronnée de succès grâce à cet avantage indiscutable. L'infanterie n'était plus la reine des batailles, les Italiens venaient de l'apprendre à leurs dépens[64].

Le 6 février 1941, pour éviter d'être encerclés, les Italiens livrent d'âpres combats le long de la route Benghazi-Beda Fomm. Au cours de leurs tentatives répétées pour rompre le cercle qui s'est rapidement formé autour d'eux, ils perdent plus de 80 chars M11/39 ou M13/40, dont le blindage n'offre aucune protection aux obus antichars des canons britanniques. À ce sujet, Rommel déclarera plus tard :

> Il y a de quoi avoir les cheveux dressés sur la tête quand on voit avec quel armement le *Duce* envoie ses hommes se battre. Les tankistes italiens font des miracles dans des blindés à bord desquels nos soldats refuseraient de s'embarquer[65].

De son côté, le général australien Mackay a reconnu « que, dans cette campagne, chaque char Matilda représentait la valeur d'un bataillon d'infanterie[66] ».

Mussolini, qui risque de perdre la totalité de la Libye, se trouve dans l'obligation de demander l'aide militaire à son allié Hitler. Rommel raconte :

> Le 6 février 1941, le maréchal von Brauchitsch me fait part de ma nouvelle mission. Pour remédier à la situation critique de nos alliés italiens en Afrique du Nord, deux divisions, une motorisée et une blindée, doivent partir pour la Libye où elles leur prêteront main-forte. On me charge d'assumer le commandement des deux unités, et je suis invité à me rendre en Libye dans les délais

64. *Ibid.*
65. Archives militaires allemandes, Fribourg-en-Brisgau.
66. Archives militaires britanniques, Londres.

> les plus brefs, afin de reconnaître les diverses possibilités d'utilisation de nos forces. L'arrivée des premiers contingents est prévue dans près d'une semaine, et celle des derniers de la 5e division légère motorisée pour mi-avril. À la fin mai, les derniers éléments de la 15e *Panzerdivision* seront à pied d'œuvre. Il est aussi prévu que certaines unités italiennes d'Afrique seront placées sous mes ordres. Dans l'après-midi, je me suis rendu auprès du *Führer*, qui a tenu à me décrire la situation militaire en Afrique[67].

Le 12 février 1941, l'avion qui amène le général Rommel atterrit à Tripoli vers midi. Le lieutenant-colonel Heggenreiner, officier de liaison, lui expose la situation des forces italiennes, et, une heure plus tard, Rommel se présente au général Italo Gariboldi, le nouveau commandant en chef en Libye. Ce dernier ne compte pas attaquer les Britanniques avant d'avoir résolu le problème du ravitaillement. En effet, 7 000 camions italiens font quotidiennement la navette entre Tripoli et les premières lignes (plusieurs centaines de kilomètres) pour fournir les troupes en vivres, eau et munitions. Ces véhicules manquent cruellement à l'infanterie italienne « motorisée à pied »... De ce fait, Gariboldi craint qu'une offensive prématurée entraîne la capture des divisions italiennes, trop peu mobiles pour manœuvrer. Les renforts arrivent cependant, dont les deux divisions mécanisées allemandes, ainsi que la division blindée italienne Ariete et la motorisée Brescia ; à cela s'ajoutent diverses unités italiennes d'infanterie. Les troupes disponibles s'élèvent à 37 000 Italiens et 9 300 Allemands. Les forces britanniques, épuisées et décimées par les durs combats de décembre et janvier, se trouvent limitées à moins de 20 000 hommes et à quelques chars dépareillés.

Rommel obtient l'accord de Gariboldi pour la mise sur pied de quelques opérations localisées, à échelle réduite, destinées à « tester » les défenses adverses. À l'aube du 24 mars 1941, un bataillon de la 5e division motorisée attaque El Agheila. Les soldats britanniques qui s'y trouvent se replient sur Marsa el Brega sans combattre. Le 1er avril, les unités germano-italiennes délogent les Britanniques de Marsa el Brega, faisant du même coup 800 prisonniers. Parallèlement, Rommel lance le reste de la 5e division motorisée ainsi que les divisions Ariete et Brescia dans le sillage des troupes ennemies en retraite. Le 2 avril, Agedabia tombe entre les mains de l'Axe. Cette nouvelle défaite

67. Archives militaires allemandes, Fribourg-en-Brisgau.

oblige les Britanniques à se retirer sur la solide position d'El Mechili. Les colonnes motorisées italiennes Fabris, Montemurro et un groupe allemand de la 5e division motorisée encerclent El Mechili, défendu par des débris de la 2e division mécanisée britannique, la 3e brigade motorisée indienne, une batterie du Royal Horse Artillery et une unité du 3e régiment antichars australien. Le 8 avril, les Britanniques tentent une sortie, mais se heurtent à la solide résistance du 8e régiment de *bersaglieri* (tirailleurs motorisés de l'armée italienne). L'estocade est donnée par le colonel Fabris qui oblige les défenseurs, battant en retraite, à se jeter sur les canons de Montemurro, qui font pleuvoir sur eux un déluge de feu. Les généraux Gambier-Parry et Vaughan, commandant la garnison britannique, se rendent avec 1 700 hommes au colonel Ugo Montemurro. Les troupes de l'Axe capturent également 500 véhicules divers.

Les Britanniques abandonnent Benghazi pour se réfugier dans la forteresse de Tobrouk, mieux défendue. Une colonne motorisée allemande, sous les ordres du lieutenant-colonel Ponath, capture les généraux Neame, Combe et O'Connor, décapitant ainsi tout le commandement des forces britanniques en Afrique du Nord !

> La place forte de Tobrouk était une véritable épine dans le pied de Rommel. Pouvait-il la contourner la ville et foncer tout droit vers l'Égypte ? Non, à cause de l'importance de la garnison, qui pouvait menacer les arrières en effectuant une sortie. De plus, la « perle » de la Libye avait un port dont la capacité n'était pas négligeable, sans compter qu'elle interrompait la principale voie de communication, la via Balbia. Pour continuer leur route, les véhicules devaient effectuer un détour d'une cinquantaine de kilomètres, sur terrain accidenté (il fallut attendre la construction de la route de l'Axe, quelques mois plus tard pour que le problème soit résolu). Enfin, contraindre l'Axe à une bataille statique, en utilisant au mieux les magnifiques défenses que les Italiens ne surent pas mettre en valeur quelques mois plus tôt, offrait de nombreux avantages ; une bataille mobile eût probablement été défavorable aux Britanniques[68].

Rommel, exalté par ces récents succès, entrevoit déjà une offensive sur le delta du Nil à partir de l'oasis de Siwa et de Mersa Matruh

68. David Zambon, in *Histoire de guerre* n° 20, *op. cit.*

en cas de chute rapide de Tobrouk. C'est sous-estimer la capacité de résistance de la garnison britannique de Tobrouk, qui dispose de 36 000 hommes, d'une cinquantaine de chars, de quatre régiments d'artillerie lourde et deux régiments antichars. Pour encercler Tobrouk, Rommel aligne, à la mi-avril 1941, trois divisions italiennes (Brescia, Trento, Ariete) et la 5e division motorisée allemande, dont l'ensemble représente 39 000 hommes. La 15e *Panzerdivision* doit arriver par la suite, à la fin du mois. Durant plus d'un mois attaques et contre-attaques vont se suivre, sans que Rommel parvienne à faire capituler la solide garnison britannique, renforcée par des champs de mines étendus en profondeur et de nombreuses casemates. En mai et en juin, les Britanniques lancent depuis l'Égypte deux offensives (Brevity et Battleaxe) pour contraindre Rommel à abandonner l'encerclement de Tobrouk. Ces deux opérations échouent devant l'efficacité redoutable des batteries antichars germano-italiennes, qui détruisent près de 600 blindés. Rommel écrit :

> Le vrai centre de gravité de la bataille de juin a été la passe d'Halfaya, défendue avec une grande opiniâtreté par les artilleurs du commandant Bach. Si nos canons de 88 mm firent encore une fois de plus merveille, le commandant Pardi, à la tête d'une compagnie d'artilleurs italiens, s'est tout aussi brillamment comporté. La preuve était faite que le soldat italien est capable de bien se battre quand il est conduit par un chef digne de ce nom et qu'il est bien équipé. Le sort de la bataille a donc tenu à la solide résistance des artilleurs, tant allemands qu'italiens, dans la passa d'Halfaya[69].

Les lourdes pertes de part et d'autre et la chaleur caniculaire de l'été 1941, en plein désert, obligent les combattants des deux camps à interrompre pour un temps les opérations.

Le 18 novembre 1941, sous la conduite du général Cunningham, l'armée britannique, forte de 735 chars, lance une vaste offensive pour libérer les assiégés de Tobrouk. Les forces de l'Axe n'ont que 390 chars à opposer. La totalité des effectifs britanniques représente six divisions et cinq brigades, alors que l'Axe aligne deux divisions allemandes et sept divisions italiennes (aux effectifs réduits d'une brigade). Le premier choc de cette opération, surnommée Crusader,

69. Archives militaires allemandes, Fribourg-en-Brisgau.

se produit à Bir el-Gobi, protégeant le front sud des positions de Rommel. La 22e brigade blindée anglaise (150 chars) attaque les positions défendues par la division italienne Ariete (146 chars). La bataille fait rage toute la journée. Les assauts anglais sont brisés devant l'énergique résistance des soldats du *Duce*. Les canons antichars et les blindés italiens, très bien camouflés, tirent au dernier moment, provoquant une véritable hécatombe parmi les Anglais. Malgré la plus grande mobilité des chars Crusader britanniques, les M13/40 italiens se révèlent, entrent les mains d'excellents tankistes, des tanks efficaces face à des blindés au faible blindage. Mais ce sont surtout les canons antichars qui ont fait la différence. L'Ariete détruit ainsi 75 chars pour la perte de 34 tanks de son côté. Ce succès italien sauve Rommel d'un danger d'encerclement par le sud.

Tandis qu'à l'aile gauche, les Italiens remportent la victoire de Bir el-Gobi, à l'aile droite, des chars de la 21e *Panzerdivision*, nouvelle venue en Afrique, se ruent sur les blindés britanniques. Le 21 novembre, dans le secteur de Sidi Rezegh, les chars de Rommel détruisent 113 tanks ennemis. Le 28, les assiégés de Tobrouk tentent une sortie et parviennent à faire leur jonction avec l'armée du général Cunningham. Mais Rommel parvient, le 28, à assiéger de nouveau Tobrouk dans les mêmes conditions qu'avant le 28 novembre. Les positions de Bir el-Gobi sont de nouveau attaquées par la 11e brigade mécanisée indienne. Le régiment italien Giovani Fascisti, tenant le secteur, repousse durant cinq jours les assauts. Si cette unité d'élite compte 216 hommes hors de combat, la brigade indienne a perdu 1 076 soldats et 80 blindés divers. Mais le général Ritchie, successeur de Cunningham, dispose encore de nombreuses réserves, alors que Rommel ne peut compter que sur ses propres forces déjà en ligne. La supériorité en chars et en avions des Britanniques est écrasante. Rommel envisage alors une retraite tactique, avant d'être en mesure de reprendre l'offensive. Le 9 décembre 1941, il a une réunion avec son homologue italien, le général Ettore Bastico, successeur de Gariboldi. Les deux hommes ont une explication assez vive : Bastico ne veut pas entendre parler de retraite. Mais, à la fin de l'entretien, l'Italien cède.

Rommel fait évacuer le secteur de Tobrouk le 16 décembre. Lors des combats des semaines précédentes, les forces de l'Axe ont subi de lourdes pertes en hommes et en matériel divers, dont une grande partie de leurs chars. Le 25, les troupes anglaises entrent à Benghazi. Le bilan de l'opération Crusader a coûté 800 chars aux Britanniques, alors que les Germano-Italiens ont en perdu 340. Rommel, qui attend les renforts promis, décide de faire retraite vers Agedabia, plus proche de ses bases de ravitaillement.

Le 20 juin 1942, les forces italo-allemandes se trouvent de nouveau aux portes de Tobrouk, en Libye. Sans avoir attendu des renforts, Rommel décide d'investir la forteresse, alors défendue par 35 000 hommes, appartenant à la 2e division d'infanterie sud-africaine, à la 29e brigade hindoue, à la 201e brigade de la Garde et à la 32e brigade blindée. Rommel a confié le déroulement de l'opération à un brillant et distingué général italien, Navarrini. La division blindée italienne Littorio, nouvelle venue en Afrique, les divisions Ariete et Trieste, la 15e *Panzerdivision* – soit moins de 30 000 soldats, dont 20 000 Italiens – s'élancent à l'assaut, à l'aube du 20, contre les positions fortifiées de Tobrouk. Malgré l'équilibre des forces, la résistance britannique s'effondre en quelques heures. Le lendemain même, à 9 h 40, le plus jeune général du Commenwealth, Klopper, se rend avec l'ensemble de la garnison. Les vainqueurs capturent 33 000 Britanniques, 2 000 véhicules en état de marche, 2 000 tonnes d'essence, ainsi que 5 000 tonnes de vivres.

Dans la soirée du 21, Hitler téléphone à Rommel pour l'informer qu'il va recevoir son bâton de maréchal du Reich. Mais cette nouvelle ne l'enthousiasme guère, et il déclare à ses officiers :

> Ce serait bien mieux de m'envoyer une division blindée[70].

Ses forces ont en effet subi des pertes importantes, certaines divisions n'ont plus qu'une poignée de chars. Il redoute que les Britanniques puissent se renforcer en Égypte et soient ainsi en mesure de résister. Il ne cesse de réclamer des chars et des avions à Hitler, mais ce dernier concentre ses moyens militaires sur le front russe. Rommel peste d'avoir perdu tant de temps à réduire la forteresse de Bir-Hakeim.

Mussolini saisit l'occasion pour demander à Hitler de mettre à exécution le projet d'invasion de l'île de Malte, afin de couper la route des convois alliés vers l'Égypte :

> Je pense, et vous pensez certainement comme moi, qu'il faut consolider et accroître au plus vite les résultats acquis. Au cœur de notre action stratégique, il y a la question de Malte, pour laquelle nous avons pris en son temps les décisions que vous

70. *Ibid.*

> savez. Aujourd'hui, afin de conserver nos avantages en Libye et de pourvoir à nos besoins futurs, il est indispensable d'assurer en toute sécurité les transports maritimes qui nous sont nécessaires. L'occupation de Malte, non seulement résoudra le problème de la circulation en Méditerranée, mais rendra disponibles toutes nos forces aériennes[71].

Mussolini propose à son allié un projet que le commandement italien étudie depuis longtemps et dont il prépare également l'exécution. C'est le plan d'opération « C 3 », qui a pour promoteur le général Cavallero, chef d'état-major italien, et le maréchal Kesserling. Les deux hommes se sont rendu compte de l'importance de Malte dans le déroulement du conflit en Méditerranée et sur les opérations de Rommel en Afrique.

Le plan a été étudié dans les moindres détails. Les soldats italiens du corps de débarquement ont suivi une instruction méticuleuse sur la côte rocheuse de Calafuria, au sud de Livourne, qui ressemble à celle de Malte, puis ont été transférés en Sicile au mois d'avril, pour y attendre l'ordre de départ. Mais Rommel a demandé la priorité et obtenu d'Hitler l'autorisation d'attaquer Tobrouk. Les Italiens se sont contentés de son engagement formel de s'arrêter après la conquête de Tobrouk, pour permettre ensuite l'invasion de Malte. Mais Rommel n'entend pourtant pas s'en tenir là. Submergé par son enthousiasme, il est persuadé d'avoir éliminé le gros des forces britanniques. Plus tacticien que stratège, il ne se rend pas compte de l'importance de Malte. Il semble pour lui plus important de marcher sur Alexandrie, sans perdre de temps.

Pour trancher la question, Rommel s'adresse directement à Hitler et lui fait miroiter une incroyable progression sur Suez et l'occupation, en fait impossible, des puits de pétrole du golfe Persique. Très sensible au charme de son général préféré, et surtout enthousiasmé par les projets grandioses du plan qu'il lui propose, Hitler finit par faire sienne l'opinion de Rommel. Toutefois, il lui reste à persuader son allié italien, qui vient de lui demander expressément d'intervenir sur Malte.

Hitler écrit alors à Mussolini :

> Le destin, *Duce*, nous offre une occasion unique qui ne se représentera plus dans le cadre de cette guerre. La 8e armée britannique

71. Archives militaires italiennes, Rome.

> est pour ainsi dire détruite, mais les installations portuaires de l'Égypte sont, elles, presque intactes. Si nous ne poursuivons pas tout de suite sans relâche les restes de la 8e armée, il risque de nous arriver ce qui est arrivé aux Anglais lorsqu'ils s'arrêtèrent en vue des portes de Tripoli pour envoyer des renforts en Grèce, en février 1941. Nous pouvons enfin, sous certaines conditions, arracher l'Égypte à l'Angleterre. Mon conseil est le suivant : ordonnez la poursuite des opérations jusqu'à l'anéantissement total des troupes britanniques. La chance au combat ne sourit qu'une fois aux *condottieri* : celui qui ne la saisit pas la perd pour toujours[72].

La lettre d'Hitler remplit d'orgueil Mussolini, qui décide dans le sens voulu par Rommel : il repousse l'opération « C 3 » et ordonne en plus de mettre à la disposition du général allemand tous les moyens et les hommes du corps de débarquement. Ainsi, la division d'élite italienne Folgore, unité parachutiste, est envoyée dans les sables d'Afrique. Au grand quartier général italien, c'est la consternation ; alors que Mussolini se voit déjà entrer triomphalement au Caire, sur un magnifique cheval blanc, l'épée de l'Islam à la main.

Le grand rêve africain semble se réaliser : le 29 juin 1942, le 7e régiment de *bersaglieri* enfonce les défenses de Marsa Matruh et capture 6 000 soldats britanniques. Les Italo-Allemands ont pénétré de plus de 150 km en territoire égyptien. Le même jour, Mussolini s'envole pour la Cyrénaïque aux commandes de son avion personnel. Rommel est tout aussi euphorique. Il ne tient pas compte des recommandations de son adjoint Bastico, qui lui demande de ralentir son avance. Or, après plusieurs mois de campagne, ses forces se trouvent réduites au minimum.

La division Ariete ne compte plus que 15 chars, 15 pièces d'artillerie et 600 *bersaglieri*. La division Trieste aligne 1 500 hommes et quatre chars ; la Littorio 1 000 *bersaglieri* et 30 chars ; la Brescia est réduite à deux bataillons et la Pavia à un seul. Le groupe de soutien du général Navarrini dispose d'un bataillon de grenadiers, de quatre bataillons de la division Trento et de huit groupes d'artillerie. Les forces allemandes sont également très affaiblies. Les 15e, 21e *Panzer-divisionen* et la 90e motorisée totalisent 58 chars.

72. *Ibid.*

Du 26 mai au 3 juillet 1942, les Italo-Allemands ont fait plus de 60 000 prisonniers et détruit ou capturé 2 000 blindés. Rommel se trouve à moins de 160 kilomètres d'Alexandrie. Il lui reste à enfoncer les défenses d'El Alamein, dernier rempart avant la victoire finale.

Nulle position ne semble plus capable, à tous égards, de recueillir les débris de la 8e armée britannique et de leur promettre, avec un peu de chance un succès défensif. Tactiquement, la nouvelle ligne de résistance, partant de la Méditerranée, arrive à la dépression de Kattara, dont les marécages sont infranchissables aux chars. Les Britanniques ont leur aile gauche solidement appuyée, et l'ennemi se trouve acculé à tous les inconvénients d'une attaque purement frontale, opération toujours risquée en raison du puissant armement antichars britannique. Du point de vue stratégique, la solution du général Auchinleck donne au maréchal Rommel la lourde servitude du ravitaillement de plusieurs divisions dont quatre blindées, avec 400 kilomètres de désert dans le dos. De plus, la 8e armée anglaise se voit considérablement renforcée par la 9e division australienne et la 2e division néo-zélandaise venues du Proche-Orient, la 51e division métropolitaine et la 8e division blindée qui ont quitté la Grande-Bretagne, entre le 15 mai et le 15 juin, et la 4e division hindoue qui arrive de Chypre. Le seul inconvénient, c'est que l'étranglement d'El Alamein est la dernière position tenable avant Alexandrie. La bataille d'El Alamein va être décisive. Si Rommel gagne, la route du Caire est ouverte à Mussolini.

À la mi-juillet 1942, la division parachutiste italienne Folgore arrive en Afrique pour combattre à El Alamein. Elle va bientôt entrer dans la légende. Cette unité d'élite comprend 6 000 hommes, dont deux régiments de ligne (186e et 187e), un régiment d'artillerie, le 8e bataillon du génie d'assaut, deux compagnies d'armes lourdes (mortiers de 81 mm et canons antichars de 47 mm) et deux compagnies de sapeurs du génie.

Le général Frattini, commandant de la Folgore, se souvient :

> En juillet 1942, la Folgore était prête. En Afrique du Nord, il fallait de toute urgence des renforts ; c'est alors que me parvint l'ordre inattendu de nous transporter immédiatement par voie aérienne sur le front égyptien. La nouvelle fut accueillie dans mes bataillons avec un enthousiasme délirant. Ces parachutistes étaient tous volontaires, tous soldats dans cette arme depuis plus de deux ans. Ils avaient déjà combattu sur plusieurs fronts ; ils étaient fascinés par leurs nouvelles responsabilités, par le fait merveilleux de se distinguer, par le rôle exceptionnel qu'ils

> étaient appelés à jouer. Il faut ajouter que les épreuves auxquelles ils avaient été soumis avaient été dures, effrayantes.
> Ainsi, sur 1 000 volontaires arrivés à l'école parachutiste de Tarquinia, 500 en général renonçaient au bout de quinze jours et abandonnaient le cours d'entraînement au saut. Ceux qui restaient étaient des hommes exceptionnels, vraiment choisis, des hommes qui ne craignaient aucun risque et qui, plus tard au combat, ne furent obsédés que par une seule pensée : se comporter de façon telle que le compagnon d'armes qui est à vos côtés ne puisse jamais penser que vous ayez peur. Tous, dans la division qui volait vers l'Afrique, pensaient qu'en Égypte ils allaient sauter sur les arrières des Anglais. Ils furent très déçus ! À peine débarqués, ils reçurent l'ordre de déposer les parachutes, et furent enrôlés dans les unités normales d'infanterie, retranchées dans le sable, derrière des champs de mines. La déception fut grande, mais elle fut vite surmontée[73].

La division Folgore est massée à l'extrémité sud du dispositif germano-italien, son flanc droit appuyé à la dépression de Kattara. Avec seulement 80 canons sur un front de 15 kilomètres, la Folgore fait face à trois divisions d'infanterie et une division blindée, dont l'ensemble représente 60 000 soldats britanniques, 400 canons, 400 chars et 150 automitrailleuses ! Les paras italiens se retranchent derrière des réseaux de barbelés et des champs de mines. Une terrible guerre de position commence.

On peut se demander comment une seule division a pu tenir tête à quatre divisions ennemies : 6 000 hommes contre 60 000 ! Surtout que les Britanniques connaissaient parfaitement bien le système de défense de la Folgore, car les champs de mines étaient ceux qu'ils avaient eux-mêmes piégés, et dont les paras s'étaient emparés durant la dernière offensive de Rommel.

> Les soldats britanniques étaient sûrement des combattants courageux, bien entraînés, écrit le général Frattini. Mais nos parachutistes avaient acquis dans les combats quotidiens la certitude de leur propre supériorité guerrière, ils savaient que leur combativité, leur audace, leur intelligence stratégique avaient fait naître chez l'adversaire un sentiment de crainte et

73. *Ibid.*

> de prudence. Supériorité psychologique, morale donc, poussée jusqu'à la conviction que, dans cet affrontement des qualités humaines, même le blindage des chars – instruments guidés par les hommes – ne comptait pas beaucoup. Tous portaient la patrie et le drapeau dans le cœur, tous étaient parfaitement préparés au combat et à la mort. Chacun était anxieux dans l'épreuve et les cœurs battaient à l'unisson. Tous étaient de la même trempe, sûrs de la solidarité absolue de leurs camarades, animés par la même volonté obstinée de résister à l'adversaire, quel qu'en fût le prix. Ils étaient constamment sur le qui-vive, rapides à répondre à l'attaque brutale, toujours prêts à la contre-attaque, s'approchant de l'ennemi le plus possible, lançant des grenades à main[74].

Les renforts alliés se sont multipliés, notamment en chars lourds Grant et Sherman, capables de rivaliser avec les Panzer IV de Rommel. Le 10 juillet 1942, une puissante offensive britannique va malmener quelques unités italiennes au nord d'El Alamein. La division Sabratha perd 1 500 hommes dans la journée. Il faut l'intervention de deux divisions blindées (15e *Panzer* et Littorio) pour arrêter les Australiens. Renforcé en chars, Rommel attaque à son tour le 13 juillet mais se heurte à un sérieux barrage de mines devant les canons antichars. Le 22 juillet, le général anglais Auchinleck, malgré sa supériorité de trois contre un en hommes, en chars et canons, essuie un cuisant échec.

Rommel déclenche le 30 août 1942 une attaque sur un large front. Tous les assauts de l'Axe sont repoussés avec de lourdes pertes. Rommel est bel et bien stoppé à El Alamein. Lors de ces opérations de l'été 1942, les paras de la Folgore se taillent une solide réputation. Le 5 août, une patrouille du lieutenant Stasi capture deux blindés et une vingtaine de soldats britanniques. Le 30, le groupement du colonel Ruspoli enlève la cote 78, dans la dépression de Kattara. Les paras italiens rassemblent une trentaine de prisonniers et soignent les blessés qui souffrent d'atroces brûlures. Un officier allemand de liaison suggère de les achever. Dégoûté, le colonel Ruspoli répond :

> Monsieur ! Vous déshonorez l'uniforme. Sachez que ces hommes sont prisonniers de l'armée italienne. À ce titre, ils recevront tous les soins nécessaires.

74. *Ibid.*

Le regard dédaigneux, il ajoute :

> Vous pouvez disposer[75] !

Dans la journée du 31, le groupement Ruspoli reçoit le renfort du 19e régiment d'infanterie de la division Brescia. Les Italiens ont creusé des trous individuels dans le sable rocailleux et subissent le tir incessant des canons britanniques. Ils souffrent également des mouches, du soleil et de la soif. La chaleur monte à 55 °C ! C'est l'enfer. Dans la soirée, les chars de la 3e brigade néo-zélandaise chargent les positions. La résistance italienne est acharnée. Les stocks d'obus antichars et de torpilles des mortiers épuisés, les paras italiens sortent des trous et attaquent à la grenade les tanks ennemis. Les Britanniques sont repoussés et laissent 40 blindés calcinés devant les lignes italiennes !

Comme le rappelle le général Frattini :

> En tant qu'unité parachutiste, la Folgore n'avait pas de véhicules. Comme nous étions massés dans la zone la plus éloignée des bases de ravitaillement, qui se trouvaient toutes sur la côte, nous étions ravitaillés par les autres divisions. Celles-ci faisaient de leur mieux pour nous aider. Mais, souvent, elles ne pouvaient nous apporter plus d'un demi-litre d'eau par personne, pour toute une journée. Eau rare et saumâtre, nourriture en conserve, soleil brûlant, vie dans les trous creusés dans le sable, intermèdes de bombardement le jour et la nuit, patrouilles nocturnes : voilà qu'elle était notre vie dans les tranchées du désert égyptien. Trois mois de cette vie avaient infligé à nos hommes de dures souffrances, avaient diminué leur résistance physique, mais n'avaient absolument pas entamé leur moral. Et, lorsque l'attaque ennemie se déchaîna contre les hommes de la Folgore, ils résistèrent. L'ennemi arrivait pourtant avec des troupes neuves, bien supérieures aux nôtres en nombre et en moyens[76].

Le 22 septembre 1942, le maréchal Rommel, malade, doit transmettre le commandement de l'Afrikakorps au général Stumme, arrivé pour le remplacer, alors que ce dernier souffre de troubles cardiaques !

Pendant que Rommel se soigne en Allemagne, les Britanniques ne cessent de se renforcer à El Alamein, et les forces italiennes, formant le

75. *Ibid.*
76. *Ibid.*

gros des troupes engagées, se battent comme des lions. Le 3 octobre, le 10e bataillon de la Folgore, aux ordres du commandant Grossi, repousse une charge mécanique de la 6e brigade néo-zélandaise. Vingt chars lourds Grant sont mis hors de combat. Le commandant Rossi, armé d'une grenade, est tué en voulant grimper sur la tourelle d'un Grant.

Le 12 octobre 1942, le groupement Ruspoli relève des éléments de la division Trieste sur les cotes 103 et 125 dans l'Himeimat. C'est l'enfer dans toute son horreur. Les Italiens semblent avancer dans l'haleine d'un four. La nourriture et l'eau manquent. Le scorbut, les insolations, la dysenterie causent des pertes importantes dans les rangs italiens. Malgré cela, les paras du colonel Ruspoli stoppent encore toutes les attaques adverses. On assiste même à des mutineries au sein de l'armée britannique. Des troupes australiennes refusent de monter de nouveau en ligne après les effroyables pertes subies devant les positions de la division Folgore dans le secteur de l'Himeimat.

Le général Montgomery, successeur d'Auchinleck, sait qu'il ne pourra vaincre les soldats d'élite de l'Axe qu'en attaquant avec des moyens considérables à El Alamein. Le 20 octobre 1942, il prépare une grande offensive. La 8e armée britannique dispose d'une supériorité écrasante : 220 000 soldats britanniques et Alliés contre 96 000 soldats italo-allemands, 1 600 chars contre 200 chars allemands et 300 tanks italiens, plus de 1 000 canons contre 480 chez l'adversaire, 600 avions contre 300 appareils italo-allemands, 1 400 pièces antichars alors que l'Axe n'en a que 744.

À El Alamein, la majorité des troupes de l'Axe sont italiennes : divisions Littorio, Trieste, Trento, Bologna, Brescia, Ariete, Folgore et Pavia ; pour seulement quatre divisions allemandes (15e et 21e *Panzer*, 90e motorisée et 164e d'infanterie), sans oublier la brigade parachutiste Ramcke. Les fantassins italiens ont pour mission de défendre les positions alors que les éventuelles percées ennemies sont confiées aux blindés allemands et italiens qui souffrent d'être trop disséminés le long du front, perdant ainsi leur impact.

Dans la nuit du 22 au 23 octobre 1942, les troupes britanniques gagnent leurs positions de départ. La nuit est froide, 220 000 hommes attendent la levée de la lune pour commencer la bataille. Le 23 octobre, à 21 h 10, un millier de canons britanniques pilonnent les positions de l'Axe. Le bombardement dure vingt minutes, puis 70 000 hommes et 600 chars avancent contre les 7 000 Italiens de la division Trento. Devant un coup aussi puissant, la ligne italienne ne semble pouvoir tenir bien longtemps. Mais le matin du 24, en dépit d'une écrasante supériorité, l'attaque anglaise est repoussée !

L'historien anglais Correlli Barnett n'a pas eu peur de présenter les raisons de cet échec :

> Les forces, accumulées sur un front étroit, n'avaient pas la place de combattre, à la manière d'un épéiste pris dans une foule. L'infanterie n'avança pas jusqu'à la bordure occidentale du système défensif ennemi, les sapeurs ne déblayèrent pas un passage pour les chars ; ceux-ci demeurèrent donc bloqués derrière les fantassins, dans les culs-de-sac déjà pratiqués. Sur cette masse immobile, toute l'artillerie italienne ouvrit un feu précis.
>
> Durant toute la journée, le grand assaut piétina dans les étroits couloirs. Plus au sud, la diversion effectuée par le 13e corps d'armée échoua complètement devant les parachutistes italiens de la division Folgore[77].

Corelli Barnet va même plus loin :

> Étant donné l'immense disproportion des forces entre les deux adversaires, l'étonnant n'est pas que nous ayons gagné la bataille d'El Alamein mais que nous ayons bien failli la perdre ! On peut surtout s'étonner que les divisions italiennes, soutenues par quelques divisions allemandes, aient réussi à tenir pendant douze jours devant une supériorité aussi gigantesque. Le commandement ennemi avait déployé l'équivalent de six divisions d'infanterie, soit 89 000 hommes, sur un front de 70 kilomètres, autrement dit 1 200 hommes au kilomètre. En 1940, sur la Dyle, en Belgique, 55 000 hommes de trois divisions britanniques occupèrent un front de 27 kilomètres, donc une densité de 2 000 hommes au kilomètre, avec six autres divisions en réserve. Personne n'a cependant considéré ce front comme fortement tenu.
>
> Le système de défense germano-italienne (y compris les champs de mines) avait seulement huit kilomètres de profondeur, alors qu'il atteignait de quinze à trente en Russie (dans les deux camps). Il n'existait pas de « zone tampon » ou retardatrice. Bien loin d'être d'une étendue immense, il pouvait être entièrement battu par l'artillerie à partir des lignes de départ britanniques.

77. Correlli Barnett, *Les Généraux du désert*, Pocket, 1965.

> Montgomery lui-même comptait ouvrir deux couloirs en moins de douze heures.
> Le commandement italo-allemand n'était pas libre de son choix en ce qui concernait l'emplacement à donner à ses blindés. Une extrême pénurie de carburant interdisait les concentrations lointaines des anciens jours ; il fallait poster des chars là où l'on prévoyait qu'il leur faudrait combattre. Par conséquent, au lieu de se rassembler assez loin en arrière, près de Daba par exemple, pour obtenir plus de souplesse, ils furent placés très près du front et, comme cette même pénurie de carburant ne permettait pas de les faire roquer d'un flanc à l'autre, ils furent coupés en deux ; la 21e *Panzer* et l'Ariete au sud, la 15e *Panzer* et la Littorio au nord[78].

Au sud, du 23 au 25 octobre, la division Folgore repousse les assauts de la 44e division d'infanterie et de la 7e division blindée britanniques, de même que ceux de la 1re brigade française libre.

Rommel, toujours en Allemagne, est tenu au courant du déroulement des opérations. Le 24 octobre, il reçoit un coup de téléphone du maréchal Keitel, l'informant que le général Stumme est porté disparu. Il a été en réalité victime d'une crise cardiaque lors d'un bombardement. Rommel se doit de retourner au plus vite en Afrique. Dès son arrivée, le 26 octobre, il constate que la situation est particulièrement délicate. Il a en face de lui un chef énergique, en la personne de Montgomery, qui a décidé d'enfoncer les positions de l'Axe sans tenir compte des pertes ; ses réserves en munitions et en chars semblent inépuisables.

La bataille fait rage. En certains endroits, les soldats italiens stoppent les chars adverses avec des bouteilles enflammées. Les maigres forces blindées germano-italiennes tentent de repousser les puissantes divisions mécaniques alliées qui sont parvenues à enfoncer certaines des positions. C'est une lutte à mort.

Le 3 novembre, la division blindée Ariete reçoit l'ordre de contre-attaquer. Après un combat de plusieurs heures, chars M13/40 de 13 tonnes contre Sherman de 32 tonnes, l'Ariete est anéantie :

> Au sud-est et au sud du PC, on apercevait d'immenses nuages de poussière. Ils marquaient l'endroit où se déroulait une lutte

78. *Ibid.*

désespérée entre les petits chars de l'Ariete et une centaine de chars lourds britanniques, qui avaient débordé le flanc droit des unités italiennes. Ainsi que me le signala par la suite le commandant von Luck, que j'avais envoyé avec sa compagnie obturer la brèche ouverte entre les Italiens et l'Afrikakorps, les troupes italiennes, qui, à ce moment, constituaient le gros de nos formations blindées, firent preuve d'une remarquable bravoure. Dans la mesure de ses moyens, von Luck avait tenté d'intervenir, mais il n'avait pu, malgré tout, modifier le destin de l'Ariete. L'un après l'autre, les chars explosaient ou prenaient feu, cependant que les positions tenues par l'infanterie italienne étaient pilonnées par l'artillerie ennemie. Vers 15 h 30 nous parvint le dernier message radio de l'Ariete : « Chars ennemis ont réussi une percée au sud du secteur tenu par l'Ariete. L'Ariete est tournée. Sommes actuellement à cinq kilomètres au nord-ouest de Ber-el-Abd. Les blindés de l'Ariete poursuivent le combat. » Le soir du 4 novembre, après une lutte héroïque, l'Ariete fut anéantie. La destruction de l'Ariete signifiait la perte de nos plus anciens camarades de combat italiens ; nous leur avions toujours demandé plus d'efforts qu'ils ne pouvaient en fournir avec leur armement défectueux. Malgré cela, l'Ariete ne m'a jamais déçu. Si le soldat du Reich a étonné le monde par sa bravoure, le soldat italien a étonné le soldat allemand par son héroïsme[79].

Malgré l'ordre formel d'Hitler de résister jusqu'au bout, Rommel, qui ne veut pas sacrifier inutilement la vie de ses hommes, décide de rompre le combat le 4 novembre. Il n'a plus que 32 chars en état de combattre alors que les Alliés peuvent encore en mettre en ligne un bon millier.

Alors que les unités allemandes, plus mobiles, peuvent retraiter sans danger, les troupes italiennes, dépourvues de véhicules, risquent l'encerclement. Les divisions Trieste et Trento tentent d'échapper aux Britanniques. La Trento est encerclée, le 5 novembre, dans la région de Fouka, par deux divisions ennemies. Les munitions épuisées, le général Francesco Scotti, qui la commande, se résout à déposer les armes. La Trieste, plus heureuse, brise l'étau et parvient à rejoindre les Allemands.

79. Maréchal Rommel, *La Guerre sans haine*, Nouveau Monde éditions, 2010.

Les soldats italiens du secteur sud attendent anxieusement, dans la nuit du 3 au 4 novembre, l'arrivée des camions chargés de les emmener. Ils ne viendront jamais. Sans eau, sans ravitaillement, sans munitions, encerclés par trois divisions et deux brigades, les débris des divisions Pavia, Brescia et Folgore doivent finalement capituler le 5. Le général Priederi, commandant de la Brescia, refusant de se rendre se fait tuer l'arme à la main, ainsi que le général Ferraro Orsi, commandant du 10e corps.

Le général Frattini, de la Folgore, rencontre son principal adversaire, le général anglais Hugues, de la 44e division. L'Anglais se met au garde à vous devant l'Italien pour le saluer. Hugues prend la parole :

> Divers rapports me forçaient à croire que vous étiez mort. Je constate avec soulagement qu'il n'en est rien.

Avant de se retirer, Hugues ajoute :

> Durant toute ma carrière de soldat, je n'ai jamais rencontré de meilleurs soldats que ceux de la Folgore[80].

Face à un tel hommage, Frattini est ému jusqu'aux larmes. La division Folgore, partie de Tarquinia avec 6 000 hommes, ne compte plus que 32 officiers et 262 soldats ! Elle a tenu tête pendant près de quatre mois à des forces ennemies dix fois supérieures.

Les soldats italiens ont combattu à El Alamein avec un courage qui a forcé l'admiration de Rommel et de Montgomery.

Du fait des lourdes pertes subies à El Alamein, dont un millier de chars détruits, le général Montgomery a bien du mal à suivre les forces de l'Axe en retraite. Rommel dispose sur ses arrières des barrages antichars qui stoppent facilement les détachements avancés alliés. La forteresse de Tobrouk est évacuée le 12 novembre. Après le débarquement anglo-américain au Maroc et en Algérie, survenu le 8 novembre, Rommel ne se fait plus d'illusion sur la défense de la Libye. Il pense que la guerre va se porter en Tunisie.

Le 19 novembre 1942, Rommel écrit :

> Il est bien évident qu'on va procéder dans les deux camps à une forte concentration de forces à Mersa el-Brega. Les Alliés sont

80. Archives militaires britanniques, Londres.

> dans la nécessité d'organiser leur ravitaillement. L'issue de cette prochaine bataille dépend encore de l'approvisionnement. Les divisions d'infanterie italiennes Giovani Fascisti, Pistoia et Spezia ont été incorporées dans la ligne défense, et elles ont commencé à la construire, sous la direction du maréchal Bastico. Des éléments de la division blindée Centauro, récemment arrivés, ont été déployés en arrière de la ligne de front. On a également groupé des parachutistes, notre 164e division motorisée et ce qui reste du 20e corps italien. Les unités de l'Axe non motorisées sont une proie facile pour les chars des divisions alliées[81].

Pendant que Rommel retarde avec succès les Alliés en Libye, malgré un rapport de force défavorable d'un contre trois, d'autres unités italo-allemandes occupent la Tunisie. Les redoutables chars lourds Tigre I, promis pour la bataille d'El Alamein, sont enfin attendus.

Dans la matinée du 15 décembre 1942, les troupes italiennes sont assaillies par une force très importante à l'est d'El Agheila, en Libye. Pendant près de dix heures, 80 chars lourds alliés essayent de percer les positions. Rommel écrit :

> La résistance des Italiens fut magnifique, et elle mérite les plus grands éloges. Au soir, une contre-attaque du régiment blindé de la division Centauro a enfin réussi à refouler les Anglais, qui laissèrent sur le terrain 22 tanks et deux automitrailleuses[82].

En Tunisie, l'Axe repousse les attaques de la 1re armée britannique. Dans le secteur de Tebourba, les prisonniers anglais sont nombreux. Les pluies torrentielles paralysent l'offensive britannique en direction de Tunis. Un régiment américain subit de très lourdes pertes lors d'une contre-attaque italo-allemande. Les troupes françaises, engagées sur le front tunisien, se comportent avec bravoure malgré leur manque de matériel lourd moderne. Le 31 décembre 1942, Rommel semble retrouver un peu d'espoir grâce à ces divers succès.

En collaboration avec le général italien Messe et le général von Arnim, Rommel lance le 15 février 1943 une puissante offensive en direction de Kasserine et Tebessa, en Tunisie. Les troupes américaines, peu expérimentées, sont enfoncées par les soldats italiens

81. Maréchal Rommel, *La Guerre sans haine*, *op. cit.*
82. *Ibid.*

et allemands. Le 5e régiment de *bersaglieri* capture à lui seul plus de 3 000 Américains, tandis que la 21e *Panzerdivision* détruit une centaine de chars adverses pour des pertes légères de son côté. C'est la débandade générale au sein du 2e corps américain et de la 1re division blindée US. Rommel envisage de concrétiser cet avantage et de chasser les Alliés de Tunisie et d'Algérie. Le commandement américain, humilié, se rend compte que ses hommes sont peu combatifs, conséquence d'un manque évident d'expérience de la guerre.

Après une semaine de combat, Rommel et von Arnim, rassemblant leurs blindés, décident de nouveau de passer à l'attaque. Le plan prévu par Rommel est audacieux. Profitant de sa position centrale entre les forces alliées, il compte détruire les divisions américaines avant de se retourner contre les Britanniques et les Français, puis foncer sur Tebessa et atteindre Bône dans la foulée. Pour éviter l'écrasement, la 1re armée anglaise et le 19e corps français seront obligés d'abandonner la Tunisie. Mais von Arnim, très inquiet pour ses propres positions, décide de retirer, au cours des opérations, la moitié de la 10e *Panzerdivision* et le bataillon de chars Tigre, rendant impossible une pénétration plus profonde dans les lignes alliées. La bataille de Kasserine a coûté aux Alliés plus de 10 000 hommes.

Alors que les soldats américains ne font pas le poids devant les soldats italiens et allemands, qui ont une solide expérience de quatre années de guerre, les soldats français du 19e corps et les Anglais de la 1re armée résistent mieux aux attaques de la fin février 1943. En raison de la grande faiblesse de ses moyens antichars, le 19e corps français doit se replier sur une seconde position. Les canons de 75 mm modèle 1897 ne peuvent rien contre le blindage de 110 mm des chars Tigre I engagés contre eux. Les véhicules français sont écrasés par les mastodontes de 55 tonnes. La division de marche du Maroc a perdu 2 600 soldats. Les Britanniques, mieux équipés en moyens antichars et appuyés par la 6e division blindée, résistent avec nettement plus de facilité aux troupes italo-allemandes.

Pour contrer la 8e armée britannique, se trouvant en Libye, aux portes de la Tunisie du sud, Rommel tente le 6 mars 1943 une offensive dans le secteur de Medenine. Voulant dégager la ligne Mareth, en contournant les forces de Montgomery, il lance la 10e *Panzerdivision* vers le sud-ouest, avec ordre de reprendre Medenine et de se rabattre ensuite sur le golfe de Gabès. Mais Montgomery a eu le temps de rassembler ses unités, et Rommel se retrouve avec 160 chars contre 600 tanks britanniques, qui disposent en plus de la suprématie aérienne. Il ne reste même plus à Rommel l'effet de surprise :

les Alliés ont réussi à décoder ses messages et à repérer la concentration des chars. Quand les chars attaquent, Montgomery les attend sur de solides positions. Les blindés de Rommel se heurtent à des champs de mines et à un puissant barrage antichars. Les pertes sont lourdes, avec 52 chars détruits. L'échec allemand est total. Le général italien Messe lui avait déconseillé cette opération, jugeant plus utile de conserver ces rares et précieux chars pour défendre les positions italiennes de la ligne Mareth. Mais Rommel n'en a fait qu'à sa tête.

Début mars 1943, la supériorité matérielle des Alliés est écrasante en Tunisie : sept contre un pour les véhicules blindés, vingt contre un pour les chars et trois contre un pour l'artillerie !

La comparaison des moyens entre une division d'infanterie italienne et une britannique est tout aussi significative :

- La division italienne dispose de 7 000 hommes, 248 armes automatiques, 18 mortiers, 120 pièces d'artillerie de campagne et antichars, 16 pièces de DCA et 360 véhicules.
- La division britannique aligne 16 000 hommes, 1 500 armes automatiques, 220 mortiers, 208 pièces d'artillerie de campagne antichars, 48 pièces de DCA et 2 550 véhicules.

Malgré l'écrasante supériorité des Alliés, et aussi incroyable que cela puisse paraître, les troupes de l'Axe, surtout italiennes, remportent encore de nombreux succès sur le terrain en Tunisie. Ce que confirme le général anglais Alexander, commandant l'ensemble des troupes alliées engagées sur ce théâtre de guerre :

> En Tunisie, l'ennemi contre-attaque continuellement et réussit à arrêter notre avance au prix de très lourdes pertes. Nous remarquons que les Italiens se battent particulièrement bien, même mieux que les Allemands qui sont en ligne avec eux. Malgré de sévères pertes infligées par nos barrages d'artillerie, l'ennemi persiste dans ses contre-attaques, et il devient évident qu'une avance dans ce massif inextricable, celui des montagnes tunisiennes, sera coûteuse[83].

Le 16 mars 1943, la 8e armée britannique, du général Montgomery, lance une puissante offensive contre la 1re armée italienne, du général Messe, défendant la ligne Mareth. On constate une fois de plus que les unités italiennes (divisions Pistoia, Spezia, Trieste, Giovani Fascisti,

83. Archives militaires britanniques, Londres.

Centauro, brigade Imperiali, régiments blindés Lodi et Nizza Cavalleria) représentent la grande majorité des troupes de l'Axe sur la ligne de front, alors que les troupes allemandes sont réduites (90e division motorisée et 21e et 15e *Panzerdivisionen*). En termes d'effectifs, la supériorité britannique est écrasante : 160 000 hommes, 610 chars, 1 410 pièces d'artillerie, 803 avions. Le général Messe ne peut opposer que 80 000 hommes, 150 chars, 640 pièces d'artillerie et 123 avions.

Malgré la disproportion des forces en présence, la 8e armée britannique échoue du 16 au 27 mars 1943 face à la 1re armée italienne, dont les soldats rivalisent de bravoure. Au Nord, la 1re divisions blindée américaine, qui engage 3 000 hommes appuyés par des chars, ne parvient pas à avoir raison de 270 soldats italiens et 80 Allemands près de Maknassy. L'objectif de Montgomery d'anéantir sur ses défenses la 1re armée italienne est un échec cuisant, qui lui coûte 200 chars. Messe parvient non seulement à éviter l'encerclement de son armée, mais peut la faire retraiter sans danger vers le fleuve Akarit.

À Takruna, un bataillon italien du 66e régiment d'infanterie, une compagnie des grenadiers de Sardaigne et les deux compagnies survivantes de la Folgore résistent pendant plusieurs jours à tout un corps d'armée britannique. Le général néo-zélandais Freyberg doit avouer que « les unités italiennes montrent un mordant remarquable, dont ils forcent l'admiration de la 8e armée britannique. L'approche de la défaite renforce encore l'élan des unités d'élite comme les *bersaglieri*[84] ».

Grâce à ces sacrifices, les troupes de l'Axe peuvent encore reculer vers le nord sans danger, sur une nouvelle ligne de défense d'Enfidaville jusqu'au Djebel Mansour : 215 kilomètres de front. Durant tout le mois d'avril 1943, le général Messe parvient à contenir l'offensive alliée. Montgomery doit interrompre l'attaque de sa 8e armée contre la ligne d'Enfidaville. Parallèlement, la 1re armée britannique, commandée par le général Anderson, lance une série d'attaques sur les hauteurs sud-ouest de Tunis. Le 5e corps britannique se dirige vers la vallée de la Medjerda, avec l'intention de marcher sur Tunis. Le 2e corps américain attaque en direction de Mateur, alors que le 19e corps français, sous les ordres du général Juin, s'élance en direction de Pont-du-Fahs.

Le 6 mai 1943, 100 batteries de la 1re armée anglaise ouvrent le feu sur un front de 2 500 mètres de largeur ! La division allemande

84. *Ibid.*

Hermann Goering est rapidement enfoncée et sa débandade découvre la 1re armée italienne dans toute sa profondeur. En vain, le général Messe tente-t-il de refermer cette brèche à l'aide du régiment blindé italien Lodi, qui assume cette mission désespérée dans le plus bel esprit cavalier. Le 9, la 6e division blindée britannique parvient au golfe d'Hammamet et le 19e corps français pousse en direction du massif de Zaghouan, à 1 293 mètres. En revanche, le 20e corps italien repousse encore toutes les attaques de la 8e armée de Montgomery. Dans la soirée du 11 mai, la division italienne Superga, faute de munitions, est contrainte de se rendre à la division française d'Oran dans la région de Sainte-Marie-du-Zit. La fin est proche.

Le colonel suisse Eddy Bauer, spécialiste reconnu de la Seconde Guerre mondiale, écrit :

> Le général Messe, qui avait vraiment galvanisé ses troupes par son exemple et sa capacité, et qui avait repoussé deux sommations des Alliés, n'avait plus, dans ces conditions, qu'à obtempérer à l'ordre de Mussolini qui lui télégraphiait le 12 mai à 18 h 45 : « Cessez le combat. Vous êtes nommé maréchal. Honneur à vous et à vos preux ! » Le feu s'éteignit donc en Afrique dans la matinée du lendemain, et l'on relèvera que le nouveau maréchal d'Italie trouva auprès du général Montgomery le traitement que méritaient à tous égards, sa forte personnalité militaire et son caractère chevaleresque[85].

Le 13 mai, les combats cessent. Le nombre de prisonniers italo-allemands capturés est compris entre 130 000 et 150 000, et non 250 000 comme l'affirment après la guerre Alexander et Churchill. Quoi qu'il en soit, c'est une défaite peut-être aussi grave que Stalingrad, car elle ouvre directement la voie à l'invasion de l'un des pays de l'Axe, l'Italie, tout en privant les Italo-Allemands d'une grande partie de leurs combattants les plus aguerris.

Sur le front de l'Est

En juin 1941, les armées allemandes envahissent la Russie soviétique, avec l'ambition d'arriver à Moscou avant l'hiver. Mussolini,

85. Eddy Bauer, *La Guerre des blindés*, *op. cit.*

allié d'Hitler, décide de participer activement à cette « croisade antibolchevique » en y envoyant plusieurs divisions. En juillet, un corps expéditionnaire italien est envoyé en Moldavie, dans le nord de la Roumanie, pour occuper l'Ukraine. L'ensemble, placé sous le commandement du général Giovanni Messe, se compose de trois divisions motorisées (Celere, Torino et Pasubio), de la légion de chemises noires Tagliamento, du 30e groupe d'artillerie, de deux régiments de cavalerie (Savoia et Lancieri di Novara), du groupement blindé San Giorgio, d'un service de ravitaillement spécial à deux groupes de transport motorisé et de 11 sections de carabinieri. La totalité de cette force armée représente 3 000 officiers, 59 000 soldats, 60 chars légers, 5 500 véhicules, 220 pièces d'artillerie et 4 600 chevaux. L'aviation italienne est également présente avec 83 appareils, comprenant des chasseurs, des bombardiers et des avions de transport. Les chars légers italiens L3 de 3 tonnes et L6/40 de 7 tonnes n'ont aucune chance de l'emporter en combat face aux puissants T34 (28 tonnes) et KV1 (44 tonnes) de l'armée soviétique. Les canons antichars italiens de 47 mm sont également impuissants contre l'épais blindage de ces pachydermes.

Entre le 10 juillet et le 5 août 1941, les troupes italiennes se concentrent en Hongrie et en Roumanie, puis participent victorieusement, aux côtés des troupes de l'Axe, aux combats sur les fleuves du Dniestr et du Boug, en Ukraine. En septembre 1941, les pièces italiennes d'artillerie du corps expéditionnaire repoussent une puissante attaque russe aux alentours de la localité de Kamenka, puis les trois divisions motorisées italiennes et la légion fasciste contre-attaquent avec fougue à Petrikovka, anéantissent trois divisions soviétiques d'infanterie (255e, 261 et 273e DI), en faisant 10 000 prisonniers, pour des pertes limitées de leurs côtés (200 tués ou blessés). C'est un brillant succès pour l'armée italienne, qui démontre ainsi à ses alliées de l'Axe (Allemands, Hongrois, Bulgares et Roumains) leurs qualités militaires.

La campagne d'été se solde pour le général italien Messe par une avance de 1 400 kilomètres, de nombreux combats victorieux, 12 619 prisonniers, 33 avions abattus et 1 500 véhicules capturés.

Entre le 13 et le 19 octobre 1941, le corps expéditionnaire italien participe activement à la conquête du bassin du Donetz, en occupant notamment la ville de Stalino. Début novembre, les soldats italiens s'emparent de Gorlovka et de Rykovo. Ils livrent de terribles combats à Ubeschitche le 19 novembre et à Katzepetovka du 5 au 15 décembre, dans des conditions climatiques difficiles. Entre le

18 et le 25 décembre, les trois divisions italiennes et la légion Tagliamento repoussent les assauts enragés de six divisions soviétiques dans le secteur de Stalino. Les *bersaglieri* et les légionnaires fascistes contiennent des forces cinq à six fois supérieures en nombre, avant de s'élancer à leur tour pour occuper les faubourgs de Vorochilova, où se livrent les combats les plus sanglants. L'ensemble du corps expéditionnaire italien compte 6 500 morts et 3 600 cas de gelures graves.

Le général Messe écrit :

> La collaboration des Italiens et des Allemands ne devait pas amener les premiers à adopter les règles brutales et plus d'une fois dangereuses à l'égard des prisonniers et de la population civile russe, et c'est aux Italiens que va la plus haute cote établie par les Russes touchant l'humanité des troupes qui combattirent sur leur sol. Mes hommes reçurent un accueil plutôt favorable d'une population restée très attachée à la foi chrétienne orthodoxe. Je ne manquai pas de faire rouvrir les églises et j'assistai à de nombreux offices. Mais nos efforts militaires et humains ne sont pas les seuls à considérer, il faut se rendre compte aussi des difficultés psychologiques et physiologiques exercées par l'hiver russe, atteignant 52 °C au-dessous de zéro qui, en déprimant mes troupes, servaient l'offensive russe soutenue de surcroît par une habile et constante propagande. Avec l'automne, le temps se gâta et la boue succéda à la poussière. Puis arriva la neige. Mes hommes étaient mal équipés pour faire face au froid terrible qui s'était abattu si durement. Des milliers de cas de gelures furent signalés. Nos pertes étaient effroyables[86].

Le général russe Sciocolov reconnaît :

> Les unités italiennes du général Messe étaient très mal équipées pour l'hiver. Il est de fait que peu d'unités ont autant souffert que le corps expéditionnaire italien en Russie. Malgré cela, les soldats de Messe accomplirent très correctement les missions qui leur furent confiées par l'état-major allemand. Les soldats italiens nous opposèrent une résistance héroïque[87].

86. Archives militaires italiennes, Rome.
87. *Ibid.*

Entre janvier et mai 1942, les troupes italiennes maintiennent leurs positions et parviennent à contrer les attaques ennemies. Le bataillon Monte Cervino, formé de l'élite des troupes alpines italiennes, fait son apparition sur le front russe en février 1942, dans la région de Jassinovataïa, aux ordres du colonel Maria D'Adda et du capitaine Giuseppe Lamberti. Les *alpini* du Monte Cervino se taillent rapidement une solide réputation de farouches guerriers auprès des soldats soviétiques, qui les surnomment les « diables blancs ». D'autres renforts viennent s'ajouter aux troupes existantes, comme le 6e régiment de *bersaglieri* et le 120e régiment d'artillerie motorisée. De mai à juillet 1942, les troupes italiennes participent activement à la conquête du bassin du Donetz.

Après le premier hiver de la campagne de Russie, le général Messe demande le rappel de son corps expéditionnaire au bord de la paralysie complète, compte tenu de l'état des hommes et du manque de ravitaillement. Messe supporte mal l'attitude arrogante de certains officiers allemands :

> Ils nous volaient nos camions, notre essence et avaient en plus le culot de nous demander de multiplier notre effort militaire. J'exprimai très clairement mon idée de ne pas augmenter l'effort italien en Russie et je développai très fermement cet avis à Rome[88].

Le 9 juillet 1942, le corps expéditionnaire italien est renforcé par la division d'infanterie Sforzesca et se trouve rattaché à la 17e armée allemande. Furieux, le général Messe demande à être relevé de son poste. Le général Italo Gariboldi lui succède et mène ses soldats à la grande bataille du Don. On pourrait croire le général Messe en disgrâce. Or, il n'en est rien. Les Allemands ont apprécié ses indéniables qualités militaires, aussi éclatantes que ses colères. Hitler donne son accord pour qu'il soit rappelé au service, mais cette fois en Afrique du Nord.

Entre le 11 et le 22 juillet 1942, les troupes italiennes participent à la rupture du front entre Debaltsevo et Nikitino, occupent Ivanovka et ouvrent la route pour la conquête du bassin minier de Krasnilutk. Le 26 juillet, la division motorisée Celere est la première unité de l'Axe à traverser le Donetz, sur un pont que seul le génie italien parvient à mettre en œuvre. Les 3e et 6e régiments de *bersaglieri* de

88. *Ibid.*

la division Celere rejoignent par étapes de plus d'une trentaine de kilomètres à pied par jour les environs de Serafimovitch, sous un soleil de plomb, incommodés par la fine terre noire ukrainienne qui s'infiltrent dans les vêtements et la peau.

Pour la campagne d'été 1942, Hitler demande à tous les pays engagés dans la « croisade antibolchevique » un effort en hommes et en matériel infiniment plus important que celui de l'effort fourni en 1941. Les Italiens transforment leur simple corps d'armée en une puissante armée. La 8e armée italienne est officiellement constituée le 19 août 1942 et intègre le dispositif sud de l'armée allemande sur le front russe. Cette armée italienne comprend quatre divisions d'infanterie (Vicenza, Sforzesca, Cosseria et Ravenna), trois légions de chemises noires (Tagliamento, 23 Marzo et Montello), trois divisions alpines (Tridentina, Julia et Cuneense), trois divisions motorisées (Pasubio, Torino et Celere), deux régiments de cavalerie (Savoia et Novara), le bataillon d'*alpini* Monte Cervino, un bataillon et 41 sections de carabinieri. L'ensemble représente 7 130 officiers, 221 875 sous-officiers et soldats, 22 300 véhicules, 25 000 quadrupèdes, 960 canons de campagne, 380 canons antichars, 31 chars légers et 19 chasseurs de chars. La couverture aérienne est assurée par 23 avions de reconnaissance et 41 chasseurs. Comme on peut le constater par les chiffres, la participation italienne à la campagne de Russie est considérable.

À la fin du mois d'août cette importante force avance en direction du Don, par des étapes à pied de 18 à 40 kilomètres par jour. Les Italiens du général Gariboldi traversent un vaste territoire, la steppe semble sans fin.

La 8e armée italienne doit défendre un front de près de 300 kilomètres, sur le Don, entre Novo Kalitva et Serafimovitch, où chaque division se voit attribuer un secteur de 30 kilomètres, alors que ce type d'unité ne peut théoriquement défendre que 3 à 5 kilomètres de position. Le corps alpin italien du général Nasci, initialement prévu pour être engagé au Caucase, est envoyé sur le Don par Hitler. Le capitaine Donato Turrini témoigne ainsi :

> L'ordre aberrant d'Hitler de nous diriger sur le Don fut extrêmement négatif. Nos *alpini* (chasseurs alpins) étaient entraînés et équipés pour lutter en montagne et non dans la steppe poussiéreuse. Nos armes portables et notre artillerie devenaient bien modestes face à un adversaire parfaitement mécanisé. Nous étions les montagnards des Dolomites, harnachés pour l'escalade

> et qu'on faisait avancer dans la plaine, qu'on envoyait avec des armes légères, des piolets et des cordes, affronter l'acier des chars russes[89] !

Les divisions alpines Julia, Tridentina et Cuneense, du corps alpin, accomplissent ainsi en cinq jours une marche de 300 kilomètres à pied de Jsyum au Don, pour renforcer le reste de la 8e armée italienne.

Le 20 août 1942, les 63e et 21e armées soviétiques attaquent violemment les divisions italiennes d'infanterie Cosseria, Ravenna et Sforzesca. Les troupes russes bénéficient d'une supériorité numérique de dix contre un. *Alpini*, *bersaglieri*, cavaliers et chemises noires sont envoyés en renforts pour soutenir les braves fantassins italiens, qui luttent comme des lions sur le front Jagodny-Bolchoï. Malgré la disproportion des forces en présence, les assauts soviétiques sont repoussés ! Le 23, à Izbutsenkyi, dans la boucle du Don, se déroule l'une des dernières charges de cavalerie de l'histoire. Le régiment Savoia, commandé par le colonel Bettoni, charge avec 600 chasseurs à cheval 2 000 soldats russes armés de mortiers et de mitrailleuses, pour permettre aux Italiens et aux Allemands de combler une brèche ouverte entre la 6e armée allemande et la 8e armée italienne. Les cavaliers italiens mettent l'ennemi en déroute. Sabres et grenades contre mortiers et mitrailleuses : le prix de cette victoire est élevé.

Le capitaine de Leone, qui prit part à cette action, écrit :

> Le régiment s'élance comme une seule masse d'armes au cri de « Savoia » ! Les mitrailleuses russes nous causent des pertes importantes, mais nous continuons à charger. Je sabre plusieurs ennemis et lance des grenades à droite et à gauche. Finalement notre effort porte ses fruits. Plus de 500 Russes se rendent, 150 autres ont été tués et 300 blessés, le reste décide de se replier en catastrophe. Nous ramassons après la bataille les corps de 32 des nôtres, dont trois officiers et déplorons également 260 blessés. Le plus bel éloge nous sera donné par le général allemand Hollidt, inspectant notre régiment : « Vous avez accompli l'impossible[90] ! »

Au même moment, les divisions Pasubio et Torino repoussent les assauts de plusieurs divisions soviétiques. Le 26 août, une nouvelle

89. *Ibid.*
90. *Ibid.*

offensive soviétique fait voler en éclats le 54e régiment d'infanterie de la division Sforzesca qui accuse des pertes terribles : 1 679 tués ou disparus et 1 500 blessés ! Six bataillons italiens sont ainsi anéantis par vingt-sept bataillons soviétiques. Une brillante contre-attaque, menée par les *bersaglieri* et les *alpini*, permet de stopper la percée des assaillants. Dans la nuit du 31 août au 1er septembre les *alpini* des bataillons Val Chiese et Vestone s'élancent sous une pluie de projectiles et livrent un combat sans merci. On compte 100 % d'officiers hors de combat dans certaines compagnies italiennes, 6 120 soldats italiens ont été tués et 12 000 blessés. Les pertes soviétiques s'élèvent à 10 000 tués et 20 000 blessés. Plus de 8 000 Soviétiques ont été capturés.

De septembre à octobre 1942, les troupes italiennes repoussent encore toutes les attaques ennemies et renforcent leurs positions. La 8e armée italienne, positionnée entre la 2e armée hongroise et la 3e armée roumaine, défend un front de 300 kilomètres avec seulement quatre corps d'armées : le corps alpin (divisions Trentina, Julia et Cuneense), le 2e corps d'armée (divisions Cosseria, Ravenna et 3e régiment d'*alpini*), le 28e corps d'armée (la 298e division allemande d'infanterie et la division Pasubio), le 35e corps d'armée (divisions Torino, Celere, Sforzesca et légions Montello, Tagliamento). Une seule division, la Vicenza, représente les réserves de l'armée italienne, aucune force mobile mécanisée n'est donc apte à contre-attaquer un assaut des blindés russes.

En novembre 1942, la légion de chemises noires Tagliamento repousse plusieurs attaques locales. Sur les arrières, les troupes italiennes s'opposent à la barbarie nazie, comme à Brest-Litovsk, où des *alpini* de la division Tridentina défendent des enfants juifs menacés d'être exécutés par les nazis. Sur tous les fronts, de la Côte d'Azur à l'Ukraine, les soldats italiens ont protégé les juifs de la déportation et des massacres : Simon Wiesenthal en personne en a témoigné, ainsi que Léon Poliakov.

Le Don offre à la 8e armée italienne, durant l'automne 1942, une défense de deux à dix mètres de profondeur et de cinq à dix mètres de large ; mais avec l'hiver, il se transforme en un fleuve de glace où même les chars lourds peuvent se risquer sans danger. Les Italiens ont établi une ligne de défense avec des tranchés, des abris, des barbelés et des casemates. Les 380 canons antichars italiens se révèlent impuissants contre l'épais blindage des chars russes T34, sauf en les frappant aux chenilles. Enfin, l'hiver qui s'abat sur les unités italiennes est terrible.

Le capitaine Cassandrini nous a laissé un extraordinaire récit du calvaire des soldats italiens sur le Don durant l'hiver 1942-1943 :

> Nous nous rassemblions autour des poêles d'argile ; nous nous regroupions dans un même abri. Épaule contre épaule, nous attendions. Puis il fallait sortir, la respiration gelait. Elle formait sur la barbe des grumeaux blancs, comme de grosses dents. Le vin gelait. Le corps gelait et le sang sous la peau paraissait couler glacé ; peau qui restait collée à l'acier, laissant les doigts et les paumes dépouillés, à vif, peau comme un gant arraché. Les jambes devenues pierres, les doigts qui se fragmentaient, restant dans les chaussures comme des morceaux de matière. Le silence. Nous sortions pour quelques minutes. Le temps d'un tour de garde. Long comme une agonie. La glace sur le Don, réfléchissant le ciel bas. Désormais les chars pouvaient passer[91].

C'est sous -40 °C que les soldats de Mussolini attendent l'offensive soviétique. L'orage qui gronde éclate d'abord sur les 3e et 4e armées roumaines et non sur les Italiens, le 10 novembre 1942, ce qui entraîne rapidement l'effondrement du front et l'encerclement des troupes allemandes du général von Paulus à Stalingrad. À la suite de la déroute roumaine, le front se stabilise à l'ouest du Don. De l'est vers l'ouest, le nouveau dispositif comprend les débris de la 3e armée roumaine, le détachement allemand du général Hollidt, la 8e armée italienne et la 2e armée hongroise. Dans la journée du 12 décembre 1942, Hitler estime que l'attaque russe va se porter sur l'armée italienne, où il n'existe aucune unité blindée allemande disponible pour la soutenir. Les dix divisions italiennes sont étirées sur 300 kilomètres, soit une densité de troupes particulièrement faible.

Le 16 décembre 1942, le général russe Golikov attaque avec 15 divisions d'infanterie, deux corps blindés de la Garde, une brigade blindée, deux régiments blindés indépendants et 12 bataillons motorisés le secteur qui est défendu par le 2e corps d'armée italien (divisions Ravenna et Cosseria) : 300 000 soldats soviétiques contre 28 000 soldats italiens ! C'est le choc de la massue contre le pot d'argile. Les 2 000 chars russes, pour la plupart des T34 flambant neufs de la 1re armée de la Garde, font littéralement voler en éclats les positions italiennes. Le 2e corps italien, qui lutte farouchement pour défendre ses positions, perd 10 000 hommes en une heure ! Le général Renato Dario Lupa, commandant de la division Ravenna, se fait bravement tuer au milieu de ses hommes.

91. *Ibid.*

Le lendemain, la foudre tombe sur le 35e corps italien qui est attaqué par l'armée russe du général Vatoutine, forte de 800 chars. Le 35e corps italien parvient cependant à se dégager et évite même l'encerclement. L'héroïque division Sforzesca retraite dans la neige, sous un froid épouvantable et défend avec les soldats allemands le verrou vital de Millerovo. Durant dix-huit jours, la division Sforzesca oppose une résistance admirable, avec d'autres unités italiennes. Le capitaine Vittorio Luoni, qui s'est déjà distingué en Albanie, organise des sections d'assaut. Ces troupes d'élite mettent en échec les assauts soviétiques. Sous -40 °C, les *arditi* (troupes d'assaut) de Luoni contre-attaquent à la baïonnette et à la grenade un ennemi très numériquement supérieur. Les *alpini* de la division Julia et du bataillon Monte Cervino viennent épauler les fantassins italiens, défendant un important carrefour, constitué par les localités de Selenyar, Komarov, Ivanovka, Deresovka et Kriniknaïa, qui défendent le flanc droit des unités de l'Axe.

Pendant un mois, les *alpini*, juchés sur les caisses de quelques blindés allemands, luttent comme des lions pour défendre des positions d'une grande importance stratégique. Le général allemand Guderian, admiratif devant tant de courage, écrit que « les divisions alpines italiennes sont les seules formations d'infanterie qui enthousiasment un militaire[92] ». Le général allemand Eibl ne tarit pas d'éloges à l'égard des *alpini* :

> Mes panzers sont les chasseurs alpins italiens[93].

À un contre dix, les *alpini*, les *bersaglieri*, les *arditi* et les fantassins italiens tiennent, mais à quel prix ! Le bataillon alpin Aquila ne compte plus que 290 soldats et 3 officiers valides sur les 1 600 soldats et 53 officiers au début des combats... Les autres unités italiennes ont subi des pertes aussi lourdes. L'aviation italienne intervient dans la bataille, en abattant 88 appareils soviétiques pour la perte de 15 chasseurs de son côté. Les divisions Ravenna, Torino, Celere, Pasubio et Sforzesca, encerclées pour un temps, luttent durement pour s'ouvrir un passage vers les lignes amies, en affrontant divers barrages russes. Elles parviennent à atteindre les nouvelles positions allemandes au début du mois de janvier 1943. Les débris de la 8e armée italienne s'accrochent entre le Donetz et le Don.

---

92. Archives militaires allemandes, Fribourg-en-Brisgau.
93. *Ibid.*

Le corps alpin italien, en grande partie intact, occupe le Don de Kalitva à Balka, où commence le front de la 2e armée hongroise. Cette dernière est rapidement écrasée par une offensive en règle des Russes, si bien que le corps alpin italien se trouve menacé par une vaste manœuvre d'encerclement de l'Armée rouge. La division Julia couvre la manœuvre des divisions Cuneense et Tridentina qui doivent enfoncer les positions soviétiques. Pendant quinze jours de lutte sauvage, sous un froid sévère, au milieu des chars ennemis, 55 000 *alpini* se dirigent en direction du Donetz.

Sur cette retraite, aussi tragique que celle de l'armée de Napoléon en 1812, Fulvio Pedrazzini témoigne :

> Nous avons abandonné nos abris et leur chaleur précaire et nous avons marché dans la neige, une neige glacée, hérissée de lances. Lorsque le vent soufflait, une grêle d'aiguilles nous déchirait la peau du visage. Notre immense colonne s'étendait sur la steppe gelée, à perte de vue. Un mulet tombait, épuisé, des hommes se précipitaient dessus, arrachaient la viande crue pour la mordre. Nous traversions des villages, où les cris des blessés entassés dans des isbas qui brûlaient nous rendaient presque fous. Il fallait se battre à la grenade contre les tanks russes qui écrasaient nos traînards sur la glace, les laissant comme une tache noire dans le sol. Des camions passaient devant nous, chargés de soldats allemands qui tiraient sur ceux d'entre nous qui voulaient monter ou s'agripper. Les *alpini* qui tombaient épuisés ne se relevaient pas et devenaient durs comme de la pierre. C'était affreux, j'avais l'impression de vivre en enfer[94].

Le 25 janvier 1943, le général Nasci donne l'ordre à son corps d'armée alpin de forcer, à Nikolajewka, l'encerclement soviétique. La bataille de Nikolajewka, qui a opposé la division Tridentina à deux divisions sibériennes, est un des plus étonnants faits d'armes de la Seconde Guerre mondiale. Le général Reverberi, commandant de la Tridentina, monte sur la carcasse d'un char allemand et se met à crier : « *Tridentina avanti !* » Les *alpini*, qui ont marché jour et nuit sous un froid polaire, le ventre presque vide, les membres gelés, les vêtements parfois en lambeaux, se redressent subitement, galvanisés par l'appel de leur général. L'incroyable se produit ! Le bataillon

94. Archives militaires italiennes, Rome.

Edolo charge à la baïonnette les positions soviétiques, défendues par des orgues de Staline et des mitrailleuses lourdes. L'Edolo est bientôt suivi par tous les autres bataillons de la Tridentina. C'est une charge furibonde et sanguinaire. Des centaines d'*alpini* s'écroulent, frappés à mort par les tirs des armes ennemies. Mais les autres continuent d'avancer, avec une seule idée en tête : passer! Les officiers à la tête de leur bataillon crient : « *Avanti Tridentina! Viva l'Italia!* » Pendant dix heures, vague par vague, la Tridentina tente de briser l'étau soviétique. Elle y parvient finalement le 26 janvier 1943 et sauve ainsi par son héroïsme le corps alpin de l'anéantissement. Les Soviétiques, bousculés, se dispersent dans la steppe enneigée.

Les drapeaux des divisions Tridentina, Julia et Cuneense recevront la médaille d'or de la valeur militaire. Du Don à Nikolajewka, les *alpini* ont parcouru à pied une distance de 400 kilomètres et enfoncé à onze reprises les positions soviétiques. La division Tridentina a perdu sur le front russe 9 790 soldats (60 % de ses effectifs), la division Cuneense 13 470 soldats (80 % de ses effectifs). La division Julia, partie pour la Russie avec 16 000 hommes, reviendra en Italie avec 3 200 survivants! L'ensemble de la 8e armée italienne accuse des pertes terribles : 114 520 soldats hors de combats (tués, blessés, disparus) sur un effectif de 229 005 soldats! Les pertes matérielles sont également très élevées : 18 177 véhicules détruits ou perdus, ainsi que 260 canons antichars, 940 canons de campagne et 55 chars.

Cette retraite par un froid horrible, au milieu des masses ennemies, achève par un haut fait de bravoure et d'endurance la participation malheureuse de l'Italie à la guerre sur le front oriental. Mussolini demande le rapatriement de ses troupes pour défendre la métropole, menacée. Le maréchal allemand Keitel refuse les moyens de transport ferroviaires : c'est à pied, 1 000 kilomètres sur des routes épuisantes, que les survivants de la 8e armée italienne doivent s'extraire de la Russie.

Le jeune lieutenant alpin Manlio Francesconi nous a laissé un terrible et émouvant témoignage du calvaire des prisonniers italiens sur le front russe[95]. Le jeune officier quitte son Frioul natal, le 2 août 1942, pour prendre position sur le Don avec le corps d'armée alpin. Les Italiens sont encerclés à la fin de l'année. Après une marche de 300 kilomètres et en dépit du sacrifice de deux bataillons, Manlio Francesconi tombe aux mains des Russes dix jours plus tard. Alors commence un effroyable cheminement, dans la neige et dans la

95. *Ibid.*

nuit, qui, au bout de 700 kilomètres, amène les rescapés au camp de Grenovaia. Puis l'auteur est transféré à Oranki, non loin de Gorki ; il surmonte une attaque de typhus et, exsangue, ne pesant plus que 40 kg, incapable de parler, hanté par l'unique désir de manger, il rejoint, le 12 avril 1943, ses camarades d'infortune. Ces semaines ont été affreuses ; le long des pistes enneigées, dans des abris de hasard, 90 % des prisonniers italiens sont morts de faim, de froid, d'épuisement, ou sous les coups d'une escorte impitoyable.

L'histoire de l'armée italienne en Russie relève à la fois de la tragédie et de l'épopée. Le maréchal soviétique Joukov a tenu à rendre hommage au courage des soldats italiens :

> Il est intéressant de constater que, lorsque les troupes de l'Axe arrivent sur les rives du Don, l'armée italienne, peu motorisée, est dans des conditions bien meilleures que l'armée hitlérienne. Abstraction faite de toute considération politique qui, lorsqu'il s'agit de juger de la qualité d'une armée, a une faible importance, il est juste de reconnaître que l'armée italienne a donné, sur le front russe, des preuves magnifiques de courage, de résistance et de combativité, et s'est fait massacrer, bien qu'inutilement, avec un esprit de sacrifice et un sens du devoir admirables. C'est dans les plaines de l'Ukraine que l'armée italienne fut honteusement abandonnée par les Allemands sur le front du Don pour couvrir leur propre retraite. Les *alpini* ont été une excellente troupe. Dans les steppes gelées du Don, les *alpini* se sont révélés bien supérieurs à l'infanterie allemande elle-même[96].

Notons que jusqu'à aujourd'hui, et de tous les combattants de l'Axe sur le front oriental, seuls les Italiens ont été autorisés par le gouvernement ukrainien à ériger un monument aux morts sur ses terres.

Dans les Balkans

La conquête des Balkans en avril 1941 par les troupes de l'Axe nécessite l'immobilisation d'une force armée considérable. Partout, la Résistance s'organise et ne cesse d'augmenter ses effectifs. Après la défaite de l'armée royale yougoslave, les troupes allemandes sont, en

96. *Ibid.*

partie, rapidement retirées en vue de l'invasion de l'Union soviétique. Il en résulte un désarmement incomplet des troupes yougoslaves. Plus de 15 000 hommes, essentiellement Serbes, se constituent alors en mouvement de résistance sous les ordres du colonel royaliste Mihajlovic. Cette véritable petite armée se fait appeler *Tcheknik*, terme qui évoque les vieux souvenirs historiques de la lutte contre les Turcs. Les tchekniks mènent rapidement une lutte sans merci à l'occupant fasciste. De son côté, le communiste Tito dispose au début de 12 000 partisans, chiffre qui triplera à partir de 1942. Les partisans deviennent de redoutables combattants contre les soldats de l'Axe. Mais entre l'officier royaliste Mihajlovic et l'ouvrier marxiste Tito, l'incompatibilité est totale. Les diverses tentatives d'unification des tchekniks et des partisans vont toutes échouer. Les uns et les autres se montreront parfois plus hostiles entre eux qu'à l'encontre des Italiens. En Grèce et en Albanie, Mussolini doit également faire face à une résistance qui se développe et devient audacieuse dans ses coups de main. Trois armées italiennes sont stationnées dans la péninsule balkanique.

En Yougoslavie, la 2e armée italienne réunit huit divisions d'infanterie et une division motorisée. Elle est épaulée par quatre divisions allemandes. En Albanie, la 9e armée italienne encadre 11 divisions d'infanterie et une division alpine. Le maintien de l'ordre en Grèce et dans les îles Ioniennes incombe à la 11e armée mixte, qui aligne sept divisions italiennes et quatre divisions allemandes. La Crète réclame encore une division italienne et les Dodécanèses deux. On arrive à 31 divisions italiennes réparties dans les Balkans. La création d'un État croate fasciste donne aux troupes de l'Axe, à la fin de l'année 1941, 6 divisions et 46 bataillons.

Une vive rivalité existe entre les Allemands et les Italiens pour le contrôle de la Yougoslavie. Les tchekniks et les partisans tentent d'en tirer avantage. Les mesures successives prises par les Italiens en Yougoslavie visent continuellement à gêner l'allié allemand. Mussolini espère ainsi se venger du peu de sympathie marquée par le peuple croate à l'encontre de l'Italie fasciste. En effet, dès que cette hostilité est constatée, Mussolini ne fait rien pour soutenir l'État croate, favorable aux nazis, qu'il a pourtant contribué à créer. La Dalmatie et les ports les plus importants de l'Adriatique sont annexés par l'Italie. La souveraineté croate sur ces territoires n'existe plus. En outre, de nombreuses divisions italiennes sont stationnées sur le territoire dalmate. Ne recevant aucun approvisionnement d'Italie, elles doivent vivre essentiellement sur le pays. Cela provoque un afflux continu de produits alimentaires venant de toutes les autres régions de Croatie vers la zone italienne. La Croatie, qui avait été l'un des pays agricoles les plus riches d'Europe, ne cesse ainsi de s'appauvrir.

L'armée italienne prend également toutes les mesures nécessaires pour s'opposer à la déportation des populations juives, placées sous son contrôle, dans la péninsule balkanique. Cela entraîne de nombreux incidents avec les troupes allemandes et croates. En Yougoslavie, le général italien Roatta refuse de livrer les juifs, présents dans les zones italiennes, aux autorités croates et allemandes. En Grèce, les autorités italiennes refusent de faire porter l'étoile jaune aux juifs, malgré les protestations allemandes. Dans la région de Salonique, le consul italien Guelfo Zamboni n'hésite pas à envoyer des officiers dans les camps de transit afin d'en faire sortir plusieurs centaines de juifs. Il en profite pour en « italianiser » 329 qui lui doivent ainsi la vie. Pour cet acte admirable et totalement désintéressé, il a été honoré comme « Juste parmi les nations » par le comité israélien de Yad Vashem.

L'hostilité des Italiens à l'encontre des Allemands va même plus loin, frôlant la trahison. Ainsi, durant l'été 1942, la Feldgendarmerie allemande arrête un courrier communiste en route vers le quartier général italien de la 2e armée. Son interrogatoire n'apprend pas grand-chose, sinon qu'il prouve que l'homme a déjà fait plusieurs fois l'aller et retour entre Tito et le général italien Roatta ! Toutefois, l'idée d'une coopération entre le commandant en chef italien et le chef communiste semble si incroyable aux personnalités allemandes de Zagreb qu'on n'attache pas une grande importance à la découverte de cette liaison. Mais peu après, durant l'été 1942, on a l'occasion d'en savoir davantage. Une vaste opération anti-guérilla est alors en préparation. Le général Roatta indique à l'état-major de liaison allemand que l'offensive italienne aura lieu en direction de Sarajevo. Puis, tout à coup, sans aucune nécessité militaire, Roatta laisse vide de toute troupe un passage de 80 à 100 kilomètres de large, au sud de la ligne de démarcation germano-italienne. Les partisans de Tito se précipitent bien entendu dans l'espace libre d'obstacles. Par la suite, les autres mouvements des partisans s'effectuent d'une telle façon qu'on peut découvrir un parfait synchronisme entre eux et les mouvements des troupes italiennes !

> En dépit de manque de preuves formelles, des faits transforment presque en certitude la présomption du haut commandement allemand que Roatta était en train de comploter, aussi bien avec

> les tchekniks qu'avec les partisans de Tito, et cela aux détriments des Allemands comme de l'État croate[97].

Ces faits ne peuvent occulter la participation active de l'armée italienne à la lutte contre la résistance yougoslave, dont les civils font parfois les frais. En octobre 1941, la division italienne Murge du général Paride Negri remporte quelques succès locaux contre les partisans. À la fin de l'année 1941, le 1er régiment des grenadiers de Sardaigne et le 4e bataillon de chemises noires encerclent et anéantissent le bataillon de partisans Ljubo Sercer. Un régiment italien de la division Isonzo fait de même avec un groupe de résistants.

Afin de porter un coup fatal aux partisans, une vaste opération militaire italienne est déclenchée en Dalmatie et en Slovénie, s'étendant sur 16 semaines à partir de la mi-juillet 1942. Plus de 71 000 soldats italiens sont engagés, dont les divisions Cacciotari delle Alpi et Macerrata, la légion fasciste Montagna et le 4e bataillon fasciste Mussolini. Les succès sont non négligeables, plusieurs unités partisanes sont écrasées. Au début de la bataille de Notranjska, plus de 300 partisans sont tués, alors que les Italiens ne déplorent que des pertes légères. La division Lombardia s'occupe de traquer les rebelles de la région de Metkila avec succès. Durant la seule période allant du 16 juillet à la fin août 1942, les archives militaires italiennes donnent les chiffres de 1 053 partisans tués, 1 383 prisonniers et 1 236 fusillés, alors que les forces militaires italiennes déplorent, pour la seule année 1942, 678 tués, 1 114 blessés et 111 disparus.

En Slovénie et en Dalmatie, la répression militaire italienne est particulièrement sévère. Les différentes études estiment qu'entre mai 1941 et septembre 1943, plus de 8 000 partisans ont trouvé la mort, plus de 1 000 otages ont été fusillés et environ 800 villages ou hameaux détruits. Dans les camps où sont concentrés des civils, la mortalité est effrayante en raison du manque total de ravitaillement et d'hygiène. L'exemple le plus évocateur est celui de l'île de Rab, en Dalmatie, où 1 267 personnes décèdent en dix mois (4 741 selon certaines commissions d'enquête).

De juin 1941 à août 1943, le général Roatta lance plusieurs opérations d'envergure contre Tito et ses partisans. Durant la même période, 82 926 soldats italiens sont tués ou blessés dans le guêpier balkanique. Un bon nombre de soldats italiens qui ne sont en rien des

---

97. Georges Bernard, *La Yougoslavie dans la guerre*, Fayard, 1968.

criminels nés, mais qui ne sont pas préparés à affronter une guérilla, appliquent les mesures répressives, ordonnées par le général Roatta. Naturellement, bien des soldats italiens n'ont pas versé dans les extrémités des Allemands et des Croates, en faisant preuve d'humanité, même au plus fort des combats. La barbarie s'exerce dans les deux camps, comme en témoignent les corps de nombreux soldats italiens découverts dénudés et émasculés au Monténégro.

La bataille de Neretva, en février 1943, est particulièrement coûteuse en vies humaines. La division italienne Murca compte 2 000 tués ou blessés, en deux jours de combat, contre les partisans titistes. La division italienne Messina, qui opère dès avril 1941 dans le Monténégro, mène une lutte sans merci à la guérilla. À Priepolje, en août 1942, la division Messina, forte de 13 000 soldats, tient tête à 30 000 partisans durant plusieurs jours. Le terrain montagneux et la pauvreté du réseau de communication facilitent grandement la résistance locale. Les ponts, les voies ferrées, les routes sont constamment exposées aux embuscades de toutes sortes. Les troupes de Mussolini subissent des attaques meurtrières. Les garnisons italiennes s'enferment dans les cités et autres localités. En juin 1943, Tito a 250 000 partisans sous les armes et bénéficie désormais de l'appui de Staline et de Churchill. Les soldats de Mussolini doivent opérer le plus souvent sans aviation contre l'une des résistances les plus puissantes d'Europe.

Un scénario identique se déroule en Grèce, où la Résistance est également bien organisée et active. Le 30 mai 1941, deux étudiants, Glentzos et Landas, abattent le drapeau allemand de l'Acropole. En novembre, une base secrète s'organise à Raffina (Attique) : première des vingt filières pour l'évasion des volontaires grecs devant combattre aux côtés des Alliés en Afrique du Nord et en Méditerranée. Le 28 mars 1942, à 22 h 45, en raison d'informations données par la Résistance grecque aux Alliés, le cargo italien *Galilea* est torpillé en mer Ionienne. Celui-ci transporte une grande partie du bataillon Gemona de la division alpine Julia, qui revient en Italie afin de constituer le corps alpin qui doit être envoyé en Russie : 21 officiers, 18 sous-officiers et 612 *alpini* périssent, victimes des eaux glacées et du peu de familiarité de ces montagnards avec la natation. Le 25 novembre, des partisans grecs et des commandos britanniques font sauter le pont de la « Rivière Rapide » de Gorgopotamos, coupant la voie stratégique Salonique-Athènes (Le Pirée), que suit le ravitaillement du général Rommel pour ses troupes en Afrique du Nord. Le 4 mars 1943, une grève générale éclate à Athènes, où plus de 100 000 manifestants tiennent tête, avec des bâtons et des pierres, aux blindés italiens et allemands pendant une heure et quart. On compte des dizaines de morts et de blessés. Le 10 mars, on assiste à une offensive générale des partisans grecs qui dynamitent les ponts de Stéfanossa, du fleuve Pénée, du fleuve Morova, les mines de bauxite de Kaniani et de Sainte-Anne. Les partisans font également sauter de nombreux trains. Le 5 mai, les partisans dynamitent le pont du fleuve Acheloos. Le 7, ils font sauter les mines de manganèse de Messénie. Le 30 mai, la Résistance fait sauter un train militaire italien : on compte 550 morts ! Le 15 juillet, les partisans crétois détruisent les dépôts d'essence de la Wehrmacht de Messara.

Après la conquête de la Crète par les parachutistes allemands en mai 1941, Hitler prépare activement l'invasion de la Russie soviétique, repoussée fin juin. Pour avoir les mains libres, le *Führer* laisse le soin à Mussolini d'assurer l'occupation de la Grèce continentale, des îles de la mer Égée et la mer Ionienne. Une compagnie du 2e bataillon de parachutistes italiens saute sur l'île de Céphalonie, la plus importante de l'archipel ionien, située presque en face du golfe de Patras, au sud-ouest de la Grèce continentale, entre les îles de Leucade et de Zantes. L'île de Céphalonie présente une forme triangulaire, large au maximum de 40 kilomètres et longue de 60 kilomètres. L'ensemble est dominé au sud par le mont Enos qui culmine à près de 1 700 mètres d'altitude. La ville portuaire d'Argostoli est la principale localité de l'île.

En juin 1943, la division d'infanterie de montagne Acqui, forte de 11 500 soldats et 525 officiers, occupe la totalité de l'île de Céphalonie. Cette unité de l'armée italienne, placée sous le commandement du général Antonio Gandin, aligne trois régiments d'infanterie (17e, 18e et 317e RI) et le 33e régiment d'artillerie. L'Acqui dépend de la 11e armée italienne du général Vecchiarelli, dont le PC se trouve à Athènes. La garnison italienne de Céphalonie compte également trois groupes d'artillerie de corps d'armée, des unités de DCA, des détachements de la marine de guerre et de l'aviation, une compagnie de *carabinieri*, une compagnie de la police douanière et divers soutiens en transmissions, intendance et service de santé. La totalité des forces italiennes représente 13 000 hommes, répartis en six bataillons d'infanterie, dix-sept batteries d'artillerie, trois batteries de marine, ainsi que des moyens antichars et antiaériens. L'occupation italienne de l'île se fait en souplesse, avec le souci d'éviter tout affrontement avec la population civile.

Deux ans plus tard, le 25 juillet 1943, Mussolini est arrêté par le roi d'Italie Victor-Emmanuel III, puis le 8 septembre, le maréchal Badoglio signe avec les Alliés un armistice qui sort théoriquement l'Italie du conflit. Cette nouvelle situation fait de l'Italie un pays neutre qu'Hitler refuse de reconnaître. Craignant un renversement d'alliance de l'Italie, le chef du IIIe Reich envisage de désarmer les forces militaires italiennes au plus vite, en occupant également la péninsule, menacée par un débarquement des armées alliées. Avant la date du fatidique du 8 septembre, le *Führer* a déjà fait entrer en Italie 17 divisions allemandes, dont trois *Panzerdivisionen.* Le 9 septembre, le roi d'Italie et le maréchal Badoglio quittent Rome pour Pescara, au sud de la péninsule. Au même moment, les Alliés débarquent à Salerne. Les troupes italiennes, souvent laissées à elles-mêmes, se trouvent placées dans une situation tragique : se faire désarmer par les anciens alliés allemands ou résister avec le risque de représailles massives. Le commandement allemand annonce que les unités italiennes désarmées seront démobilisées et pourront retourner à la vie civile. C'est en fait un piège pour éviter une résistance générale de l'armée italienne. Les premiers soldats italiens désarmés par les Allemands sont immédiatement dirigés en Allemagne comme prisonniers de guerre.

En septembre 1943, une dizaine de divisions italiennes occupent le sud-est de la France et la Corse, vingt-quatre se trouvent dans la péninsule italienne et en Sardaigne, une trentaine dans les Balkans. Une quarantaine de divisions italiennes ont été détruites au combat en trois années de guerre, en Afrique et en Russie. Près de 6 500 avions italiens ont été perdus, ainsi que 161 navires de guerre. Une quarantaine de divisions allemandes doivent capturer l'ensemble des troupes italiennes, en Italie et dans les Balkans.

On a souvent affirmé que l'armée italienne s'était laissé désarmer par les Allemands sans résister. Rien n'est plus faux. En Vénétie julienne, la division Torino défend Gorizia et tous les ponts de l'Isonzo durant tout le mois de septembre. La division alpine Alpi Graie défend héroïquement le port de la Spezia et permet ainsi à la flotte italienne de prendre la mer pour se réfugier dans le port de la Valette à Malte. À Rome, le régiment des lanciers de Montebello et le régiment des grenadiers de Sardaigne combattent pendant trois jours les troupes allemandes. Le bataillon parachutiste Adra maintient durant plusieurs jours la souveraineté italienne sur les aérodromes de Tarquinia, Cerveteri et Viterbe. Dans le Trentin Haut-Adige, la division alpine Tridentina, rescapée du front russe, bloque pendant plusieurs jours les divisions allemandes qui tentent de passer la frontière. Refusant de capituler, elle devient la division partisane Garibaldi qui se distinguera jusqu'à la fin de la guerre dans une guérilla sans merci contre l'occupant allemand.

En Sardaigne, la vive réaction des troupes italiennes contraint les unités allemandes à se réfugier, après huit jours de combat, en Corse. En Corse même, les troupes italiennes participent activement à la libération de l'île, aux côtés des troupes françaises. Dans les Balkans, les garnisons italiennes montrent le même courage : les ports de Zara, Valona, Durazzo, Rhodes, Scarfanto et Zante ne capitulent qu'après plusieurs jours de combats acharnés contre les troupes allemandes. La division Cuneo résiste dans l'île de Spodari jusqu'au mois de novembre.

Dans le Monténégro, les divisions Emilia, Taurinense et Venezia se battent durant plusieurs semaines contre les Allemands. Le 2 décembre 1943, les survivants des divisions Venezia et Taurinense forment la division partisane Garibaldi. Les trois brigades qui la composent participent aux combats contre les forces allemandes aux côtés des partisans titistes jusqu'au mois de février 1945. En mars, les combattants de cette division sont rapatriés en Italie après avoir perdu plus de 10 000 des leurs, tués, blessés ou disparus. La division Garibaldi reçoit les plus hautes distinctions yougoslaves et les éloges de Tito.

En Grèce, les divisions Pinerolo, Casale, Forli, Lancieri Aosta défendent avec acharnement la Thessalie tout le mois de septembre. Le groupement alpin Manfredi refuse de se rendre et se retire dans les montagnes de l'Épire pour poursuivre la lutte contre les Allemands. La garnison de l'île de Corfou, commandée par l'héroïque colonel Lusignani, capitule seulement le 26 septembre. En Albanie, la division Firenze s'oppose aux Allemands jusqu'à la fin du mois de novembre. En Dalmatie, la division Emilia défend avec acharnement la Bouche de Cattaro contre trois divisions allemandes et croates. À Argyrocastro, la division Perugia affronte avec l'énergie du désespoir les Allemands. Le général Giuseppe Amico, commandant de la division Marche, est fusillé par les Allemands le 13 septembre 1943.

Le manque de ravitaillement, la passivité des Alliés et la supériorité matérielle des Allemands obligent les troupes italiennes à finalement déposer les armes. L'affrontement germano-italien de septembre-novembre 1943 coûte à la seule armée italienne 30 000 tués et 100 000 blessés. On dénombre 535 000 prisonniers, dont 30 000 vont mourir en captivité dans les camps allemands. Les prisonniers militaires italiens, considérés comme des parias et des traîtres par les Allemands, subissent le même traitement que les prisonniers soviétiques. Cent mille soldats italiens rejoignent les maquis albanais ou yougoslaves, 17 500 y trouveront la mort, en menant une lutte féroce contre les Allemands et les Croates.

C'est dans l'île de Céphalonie que la résistance italienne prend une tournure particulièrement dramatique. Début septembre 1943, le général italien Antonio Gandin et ses 13 000 soldats sont opposés à 2 000 soldats allemands, issus de trois bataillons de montagne. Même si Gandin dispose pour le moment d'une large supériorité numérique et contrôle la plus grande partie de l'île, les Allemands alignent un armement lourd bien supérieur, notamment en blindés, et peuvent compter sur leurs troupes en Grèce continentale, plus de 300 000 hommes, avec un appui aérien de près de 400 avions.

L'annonce de l'armistice du 8 septembre 1943 provoque d'abord l'enthousiasme au sein des troupes italiennes de Céphalonie. Les Italiens sont persuadés de leur retour chez eux. Mais très vite, ils apprennent que plusieurs garnisons italiennes, qui ont déposé les armes devant les Allemands, ont été dirigées en Allemagne dans des camps de prisonniers de guerre.

Les ordres venus d'Italie du maréchal Badoglio et de son commandement sont pour le moins confus. Le général Gandin rencontre le 10 septembre son homologue allemand, le lieutenant-colonel Barge. Une remise complète des armes italiennes est prévue le lendemain à 10 heures Après le départ de Barge, Gandin convoque en conseil de guerre ses commandants d'unité pour étudier l'opportunité de cette remise. Les avis sont partagés, le colonel d'artillerie Romagnoli et le capitaine de frégate Mastrangelo s'y opposent. Gandin décide finalement de repousser la demande allemande de désarmement. Le 11, il rencontre de nouveau le lieutenant-colonel Barge qui exige que les Italiens abandonnent aux Allemands leurs positions pour assurer la défense de l'île. De nombreux renforts allemands sont acheminés par hydravions. Gandin convoque un nouveau conseil italien de guerre qui approuve majoritairement la décision allemande.

Totalement isolé, sans communications avec les îles voisines de Zante, Corfou, Leucade, ainsi qu'avec Athènes et l'Italie, Gandin n'ignore pas cependant la présence de 300 000 soldats allemands en Grèce continentale. Le 12 septembre, nouvelle rencontre italo-allemande : le désarmement de la division Acqui se fera le lendemain. Mais dès le 10 septembre, des officiers italiens, craignant le pire et refusant de se rendre aux Allemands, prennent des contacts avec la résistance grecque locale. La grande majorité des officiers italiens reste cependant dans la discipline, consciente que résister aux Allemands se terminerait par un massacre.

Le 11 septembre, la résistance locale répand de nombreux tracts annonçant l'internement de la garnison italienne de l'île de Leucade, malgré la remise des armes aux Allemands. De nombreux soldats et officiers italiens commencent à fraterniser avec les partisans grecs de Céphalonie. Le 12, les Allemands désarment des Italiens à Luxuri, à l'ouest de l'île, et se saisissent des canons de deux batteries du 33e régiment d'artillerie sur la presqu'île de Paliki. Des soldats italiens, refusant de se faire désarmer, sont abattus par les Allemands. Gandin, furieux, exige que Barge face arrêter l'envoi des renforts allemands dans l'île. Divers officiers et soldats italiens, outrés par l'arrogance germanique, menacent Gandin de mort s'il accepte les exigences allemandes.

Le 13 septembre au matin, sur les ordres du capitaine italien Apollonio, trois batteries du 33e régiment d'artillerie, suivies de deux batteries de la Marine, ouvrent le feu sur des navires allemands de transport de troupe, se dirigeant vers le port d'Argostoli. Remis de leur surprise, les Allemands répliquent avec leurs armes de bord. Un navire allemand est coulé, l'autre, fortement endommagé, brandit un drapeau blanc. Une quinzaine de soldats allemands ont été tués ou blessés. Des partisans grecs, guidés par le capitaine Apollonio, s'emparent du PC du génie allemand de l'île et tuent un officier.

Malgré ces incidents, le commandement allemand entreprend encore de négocier. Il cherche en vérité à gagner du temps, afin de faire débarquer dans l'île un maximum de troupes. Le colonel de la Luftwaffe, Busch, nouvellement arrivé, propose au général Gandin que la division Acqui se retire au plus vite dans la partie sud-est de l'île, avec toutes ses armes. Or, entre-temps, le général Lanz, commandant le 22e corps allemand de montagne, rejoint Céphalonie en hydravion pour exiger le désarmement immédiat des troupes italiennes. Mis au pied du mur, Gandin se range aux propositions allemandes. La remise des armes se fera le 14 septembre à midi. Alors qu'une issue semble aboutir, le commandement italien de l'Italie du Sud, placé sous les ordres du maréchal Badoglio, donne l'ordre aux garnisons italiennes de Céphalonie, Corfou et autres îles, de s'opposer à la remise des armes. Badoglio annonce à la radio que les troupes allemandes ne respectent pas les clauses de reddition des armées italiennes :

> Nos braves soldats, désarmés, ne sont pas libérés de leurs obligations militaires mais envoyés dans des camps en Allemagne. Je donne l'ordre à toutes les unités italiennes de ne pas déposer les armes et de résister si nécessaire[98].

98. Archives militaires italiennes, Rome.

Le 14 septembre 1943, le général Gandin annonce au commandement allemand que la division Acqui ne remettra pas les armes. La réponse allemande ne se fait pas attendre. Dès le 15, des bombardiers Stuka bombardent les positions italiennes. La bataille de Céphalonie commence. Les Allemands disposent désormais dans l'île d'une dizaine de bataillons de montagne, issus de la 1re division de montagne, de la 104e division de chasseurs et du 22e corps de montagne. Après le bombardement aérien de la Luftwaffe, la division Acqui réagit avec promptitude. En fin de journée, deux bataillons italiens du 17e régiment d'infanterie (RI) attaquent et capturent la garnison allemande d'Argostoli, puis repoussent plusieurs tentatives de débarquement de la Wehrmacht. À Pharsa, deux bataillons italiens du 317e RI repoussent les Allemands sur Kardakata. La première phase de la bataille de Céphalonie se termine victorieusement pour les Italiens : deux bataillons allemands de montagne ont été défaits. Manquant de véhicules, les Italiens ne peuvent profiter de ce premier succès pour occuper l'ensemble de l'île.

Les Allemands se réorganisent, en faisant débarquer de nouvelles troupes à Mitika et Akrotiri. Alors qu'il aurait fallu prendre de vitesse les Allemands, les Italiens perdent deux jours à regrouper leurs forces. Ils ne se remettent en mouvement que le 17 septembre. Il est vrai que l'aviation allemande, maîtresse du ciel, attaque sans répit les déplacements des troupes italiennes. Un bataillon italien du 17e RI et deux du 317e RI bousculent les Allemands aux abords de Pharsa, Kardakata et Kuruklata. Les braves fantassins italiens, presque totalement dépourvus de blindés, attaquent avec une fougue extraordinaire les unités motorisées allemandes.

Le 18 septembre, après une résistance héroïque, le 1er bataillon italien du 317e RI est anéanti près du pont Kimoniko par les attaques aériennes, les contre-attaques des blindés et des chasseurs allemands de montagne. Le bataillon italien, fort de 600 hommes, compte 400 tués ! Hitler a donné l'ordre de ne faire aucun prisonnier.

Le 19, le général Gandin demande en vain à Badoglio un appui de l'aviation italienne. Incapable de l'aider, Badoglio lui ordonne en retour d'infliger aux Allemands les pertes les plus lourdes possible. Les Alliés s'opposent à soutenir la division Acqui, puisque l'Italie n'est pas encore en guerre contre l'Allemagne. Abandonnés à eux-mêmes, les soldats italiens doivent vaincre ou mourir.

Le 21, les troupes italiennes renouvellent une attaque en direction de Kardakata. Trois bataillons des 17e et 317e RI se lancent vaillamment à l'assaut, mais ils sont encerclés par six bataillons allemands de montagne, appuyés par de nombreux blindés et l'aviation. Après une journée de bataille furieuse, les trois bataillons italiens sont anéantis. Combinant combat au sol et appui aérien, les troupes allemandes se dirigent vers Dillina pour tourner les positions du 33e régiment italien d'artillerie. Les artilleurs italiens retournent leurs pièces et luttent avec rage jusqu'à l'épuisement total des munitions, en infligeant des pertes terribles aux assaillants. Gandin renouvelle en vain sa demande d'appui aérien et réclame d'urgence des renforts en infanterie et en artillerie. À Valsameta, trois bataillons allemands brisent la résistance d'un bataillon italien, qui perd 400 hommes. Sur les six bataillons italiens de l'île, un premier a été anéanti le 18 septembre, trois viennent d'être détruits le 21. Deux bataillons italiens, rescapés des combats, doivent s'opposer à une dizaine de bataillons ennemis, appuyés par les blindés et l'aviation.

Le 22, devant Argostoli, le 3e bataillon du 17e RI livre à deux bataillons allemands un ultime combat qui se solde par la mort de 200 soldats italiens. Le dernier bataillon lutte jusqu'à l'épuisement total des munitions dans Argostoli même. La bataille de Céphalonie ne peut que prendre fin. Le général Gandin fait hisser le drapeau blanc. En une semaine de combat, l'héroïque division Acqui compte 1 646 soldats tués. Les Allemands déplorent 1 500 soldats tués, 19 avions abattus et 17 navires coulés. La résistance italienne a été acharnée.

La supériorité en chars et en avions des Allemands, ainsi que l'absence de tous secours italiens extérieurs ont déterminé l'issue des combats. De Bari, le commandement allié a interdit à une escadre italienne de se porter dans les eaux de Céphalonie par crainte de la voir passer aux côtés des Allemands ! La capitulation des Italiens a pour épilogue le déchaînement de la barbarie germanique contre les prisonniers. À Saint-Théodore, tous les officiers italiens, y compris le général Gandin, sont massacrés impitoyablement. Se présentant face au peloton d'exécution, Gandin jette à ses pieds les deux décorations allemandes qu'il portait en l'interpellant :

> Lâches, tirez et visez juste, vive l'Italie[99] !

Pour nier ultérieurement de tels crimes, les services de propagande du docteur Goebbels ordonnèrent d'incinérer les cadavres,

99. *Ibid.*

mais quelques corps furent décemment ensevelis par la population grecque, en dépit des sévères injonctions de l'occupant allemand. Près de 3 000 prisonniers italiens de l'Acqui sont entassés sur des pontons dans une zone minée et périssent victimes des explosions ; les mitrailleurs allemands abattent méthodiquement les rescapés. Les Allemands massacrent encore 5 000 autres prisonniers de l'Acqui les jours suivants. En ajoutant les 1 646 soldats et officiers morts au combat, on peut porter à 9 646 le nombre des victimes de la division Acqui. Cette division a été quasiment anéantie, victime de la barbarie allemande. Les rescapés de cet enfer se réfugient dans les montagnes et grossissent les rangs des partisans grecs. Ils participent activement à la libération de l'île en septembre 1944, puis sont rapatriés en Italie en novembre. La bataille de Céphalonie symbolise parfaitement le destin tragique des divisions italiennes dans les Balkans durant la Seconde Guerre mondiale.

Premières actions avec les Alliés

La première unité militaire du royaume du sud de l'Italie, luttant aux côtés des Alliés, est formée le 28 septembre 1943, sous la dénomination de 1er groupement motorisé, fort de 295 officiers et de 5 387 soldats. Sa première action à Monte Lungo, secteur de Cassino, a pour effet de briser la méfiance qu'inspire le soldat italien à ses nouveaux alliés : les *alpini* et les *bersaglieri* luttent avec fougue et courage.

Combattant d'abord dans le cadre de la 5e armée américaine, le 1er groupement motorisé est réorganisé puis transféré à l'armée polonaise, à l'aile gauche de la 8e armée britannique.

Le 17 avril 1944, le groupement, désormais fort de 22 000 hommes, prend le nom de corps italien de libération, sous les ordres des généraux Utili et Fucci. Ses effectifs augmentent considérablement par l'afflux de nombreux volontaires, portant la totalité des unités combattantes à six divisions légères, fortes chacune de 9 000 soldats et 400 officiers, soit un total de 56 400 militaires. Les six divisions légères italiennes participent activement à la libération de l'Italie du centre et du nord, aux côtés des Alliés jusqu'à la fin de la guerre. Les soldats italiens se distinguent particulièrement lors de divers combats contre les troupes allemandes, notamment à Ancona, Monte Granaro, Monte Scanno, Imola, Bologna. Le 10 avril 1945, la division légère Friuli du général Scatini se trouve en tête du dispositif des troupes alliées.

La marine italienne cobelligérante, luttant aux côtés des Alliés, représente une force considérable, avec 5 cuirassés, 8 destroyers, 33 contre-torpilleurs, 39 sous-marins, 12 vedettes lance-torpilles, 22 escorteurs, 3 mouilleurs de mines, unités auxquelles doivent être ajoutées quatre escadrilles d'hydravions. Le commandement en chef de la marine italienne, établi à Tarente, envoie trois de ses croiseurs en Atlantique Sud pour y chasser les briseurs de blocus. D'autres navires accomplissent diverses missions en Méditerranée. La marine italienne remplit aussi un rôle primordial en participant à la remise en état de ses ports. Durant la même période, des plongeurs italiens rejoignent les équipes britanniques de torpilles humaines et coulent deux croiseurs et le porte-avions *Aquila*, bloqués dans les ports contrôlés par les Allemands.

Autre aspect majeur de la participation italienne à la victoire alliée, les partisans regroupent 270 000 volontaires, répartis dans les brigades Garibaldi, Justice et Liberté, Matteoti, Mazzini, Autonomes..., dans les équipes d'action patriotique, les groupes d'action patriotique. Les partisans italiens multiplient les embuscades et les sabotages dans toute l'Italie du Nord, libèrent diverses localités, avant même l'arrivée des Alliés. Il se produit des soulèvements spontanés qui ne sont pas encadrés, ou après coup, par une Résistance organisée, notamment lors des quatre journées de Naples (28 septembre au 1er octobre 1943), qui voit la population napolitaine attaquer les Allemands qui occupent la ville et les mettre en déroute avant l'arrivée des Alliés. De 1943 à 1945, la Résistance italienne déplore 15 197 partisans tombés au combat et 20 000 blessés, sans oublier 8 000 prisonniers politiques jamais revenus des camps nazis.

Les combattants de la République fasciste de Mussolini

La libération de Mussolini, le 12 septembre 1943, par un commando allemand, entraîne la création d'une armée italienne luttant aux côtés des Allemands en Italie du Nord. Outre la division Decima MAS du prince Borghese, l'armée républicaine fasciste, placée sous les ordres du maréchal Rodolfo Graziani, parvient à aligner 400 000 soldats, répartis notamment dans quatre divisions (division de *bersaglieri* Italia, division de grenadiers Littorio, division alpine Monte Rosa et division d'infanterie de marine San Marco), une dizaine de régiments et une vingtaine de bataillons indépendants. Les forces paramilitaires fascistes reposent sur 254 000 hommes, articulés autour d'une dizaine de régiments, de 16 bataillons et d'une dizaine de brigades à l'effectif réel pour chacune d'un bataillon ou d'un régiment.

Les troupes paramilitaires fascistes luttent contre les partisans italiens et yougoslaves, tandis que les unités militaires régulières du maréchal Graziani sont surtout engagées contre les soldats alliés et les partisans yougoslaves.

Les 670 avions italiens disponibles le 8 septembre 1943, lors de l'armistice avec les Alliés, sont pour l'essentiel engagés dans la lutte contre l'Axe. Cependant, 175 de ses appareils, se trouvant en Italie du Nord, combattent aux côtés des Allemands de janvier 1944 à avril 1945, au sein de la République fasciste de Mussolini, et parviennent à abattre 300 avions alliés, dont des bombardiers B17 et B24.

De 1943 à 1945, les pertes de la République fasciste de Mussolini sont lourdes : 13 021 soldats tués lors des combats, 15 000 miliciens fascistes tués par les partisans au cours de la guerre civile.

Une histoire particulière

Reconstituée dans le nord de l'Italie à la fin de l'année 1943, la Decima MAS du prince Borghese dispose de 25 000 combattants d'élite, dont 14 000 forment une division d'infanterie de marine à deux régiments d'infanterie et un régiment d'artillerie. La troupe restante embarque sur une trentaine d'engins d'assaut (torpilles pilotées, vedettes lance-torpilles, canots explosifs et sous-marins de poche). Le long de la frontière italo-yougoslave, sur un front montagneux, les fusiliers marins italiens de Borghese opposent une farouche résistance aux troupes partisanes de Tito, en parvenant à repousser toutes leurs attaques, notamment à Tarnova et Gorizia, en 1944-1945. Plus au sud, sur les fronts de Nettuno et du Senio, des bataillons de la Decima MAS luttent comme des lions contre les troupes alliées jusqu'à la fin de la guerre. Plusieurs navires alliés sont également coulés dans l'Adriatique par les nageurs italiens de combat du prince Borghese.

L'histoire singulière et incroyable de Gino Boiardi entre dans cette seconde phase de l'histoire de la Decima MAS, marquée par la constitution de plusieurs bataillons de fusiliers marins en 1944.

Né le 19 mars 1922 à Regio-Emilia en Italie, Gino Boiardi appartient à une famille d'émigrés italiens ayant fui le régime fasciste de

Mussolini pour se réfugier à Paris en 1925. Bien qu'issu d'une famille antifasciste, il n'accepte pas l'armistice italien de septembre 1943, considéré comme une véritable trahison à l'encontre de l'allié allemand. Il décide alors de rejoindre la nouvelle armée italienne reformée dans le nord de la péninsule, sous la houlette du maréchal Graziani et de Benito Mussolini, dont la Decima MAS est l'un des maillons essentiels. En effet, bien que la presque totalité de la Marine royale refuse de rester fidèle à Mussolini et à sa République sociale italienne (RSI), formée dans le nord de l'Italie, la Decima MAS fait exception à la règle et rejoint la nouvelle armée fasciste du *Duce*. Fait surprenant lorsque l'on sait que Borghese, esprit très indépendant, n'a jamais adhéré au Parti fasciste italien. Il en va de même du jeune Gino Boiardi, qui n'est pas le seul puisque plus d'un demi-million d'Italiens luttent également dans les rangs de la RSI :

> Mourir sous les bombes anglo-américaines en allant travailler en Allemagne, ou mourir en soldat italien pour l'honneur de la parole donnée à l'allié allemand, le choix était relativement simple pour moi[100].

Le 4 mars 1944, Gino Boiardi se met à la disposition des autorités de la RSI et en particulier du Faisceau républicain de Paris, récemment ouvert dans la capitale. Les volontaires franco-italiens sont dirigés sur Bordeaux. La base sous-marine de cette ville est en partie constituée d'une importante flottille de sous-marins italiens depuis septembre 1940, dont l'ensemble comprend 1 800 sous-mariniers, 700 fusiliers marins et carabiniers, 400 ouvriers marins et 35 officiers supérieurs, soit 2 935 militaires italiens. Les 32 sous-marins présents forment le 11e groupe italien de sous-marins.

La capitulation militaire de l'Italie en septembre 1943 met fin à l'action des sous-marins italiens. La garnison restante de 2 000 marins italiens survivants reste cependant fidèle à Mussolini et l'Allemagne, sous la menace évidente de finir dans des camps de prisonniers en cas de refus. De septembre 1940 à septembre 1943, les 32 sous-marins italiens de Bordeaux ont coulé 124 navires alliés dans l'Atlantique ou ailleurs.

En mars 1944, le bataillon de fusiliers marins italiens Longobardo, portant le nom d'un héroïque officier sous-marinier mort au combat,

100. Entretiens de l'auteur avec Gino Boiardi en mars 1994.

est créé à Bordeaux, avec l'arrivée de 150 volontaires franco-italiens. Ces *volontari di Francia* (volontaires de France) doivent s'habituer, pour certains, à leur langue maternelle qu'ils connaissant parfois à peine. En effet, une bonne partie d'entre eux sont nés en France avec la nationalité française et ont effectué toute leur scolarité dans le même pays. Comme pour Gino Boiardi, les parents de la majorité d'entre eux ont fui le régime fasciste italien durant les années 1920. La motivation politique est souvent absente pour un grand nombre de ces volontaires, la raison de leur engagement est, pour eux, « une question de sauver l'honneur de l'Italie ». Gino Boiardi se souvient :

> L'aube grise et humide nous accueille en gare de Bordeaux. Ridicule volée de conscrits disparates, nos pauvres valises à la main, nous piétinons dans la brume du matin, lorsqu'un superbe autocar vient nous quérir.
> « Quai de Bacalan ! Tout le monde descend ! » Un long cheminement autour de vieux bâtiments, quelques passerelles de bois jetés au-dessus du bassin de radoub, et on nous mène dans notre casernement. À peine sommes-nous installés que, contrordre, nous repartons vers une immense bâtisse. À l'intérieur, nous découvrons avec stupéfaction des centaines de lits à deux étages, sur lesquels sont mollement étendus des individus vêtus de treillis gris-bleu. D'autres vaquent, sans hâte, à de vagues occupations.
> On nous distribue des treillis blancs de la marine, avec un petit béret noir. Dans l'immense chambrée, j'ai choisi de dormir à l'étage supérieur... Je me sens perdu, complètement perdu, isolé, sans personne à qui dire « bonne nuit », sans aucune intimité, au milieu de trois ou quatre cents individus qui me sont totalement étrangers. Le vide, un vide horrible se fait en moi ; j'ai soudain envie de pleurer et la tentation de foutre le camp, de rentrer tout de suite à la maison. Je me rends compte que je viens de faire la plus grosse connerie de ma vie...
> Après la sonnerie du rassemblement, on nous donna des mousquetons avec la baïonnette incorporée, comme en 1914. On maniait donc le mousqueton, on présentait les armes, on marchait au pas, comme un petit chien qui apprend à faire le beau.
> Nos rangs s'étaient épaissis. Un groupe de Marseillais, forts en gueule, débarqua en voulant tout casser. De gros paysans du Gers arrivèrent et roulaient les « r » comme un roulement de tonnerre. Nous fûmes bientôt 150. On commençait à parler

> de bataillon. Et puis, les arrivés cessèrent. Les Marseillais avaient annoncé d'importants renforts : « C'est la sardine qui bouche le port ! » rétorquèrent les Parisiens. On commençait à se regarder en chiens de faïence. Les bons géants du Gers ne disaient rien et semblaient étonnés de tout…
> Un jour, on nous retira de l'inhumaine caserne du début, où des lampes ne s'éteignaient qu'au petit jour, pour nous loger dans des chambrées de trente ou quarante lits, où il faisait bon vivre et rigoler.
> Le commandant Enzo Grossi, nouveau commandant de la base sous-marine italienne de Bordeaux, s'était rallié aux Allemands après la capitulation du 8 septembre 1943, pour deux raisons : primo, le souci de préserver la vie de ses hommes, loin de la mère patrie ; secundo, le souci aussi légitime, celui-là, de ne pas ternir une glorieuse page de l'histoire de notre marine dans l'Atlantique[101].

Gino Boiardi croit mourir de honte la première fois qu'il sort de la caserne, flanqué de ses camarades. Au lieu du costume bleu ou seyant des marins, à peu près identique dans toutes les marines du monde, on lui a alloué l'uniforme des fusiliers marins du bataillon San Marco, se composant d'une vareuse, gris-vert, au col largement échancré pour y insérer le col bleu, la cravate noire et le cordon blanc pendant au travers de la poitrine en deux courbes égales et réglementaires. Mais, là où cela se gâte, c'est pour le bas ! Une culotte de cheval, comme dans la cavalerie, curieusement terminée par de superbes bandes molletières, ridicule héritage de la Grande Guerre… Sur la tête, un béret noir, avec une une ancre de marine sur fond rouge.

> C'était plutôt baroque, et assez peu flatteur. Mais, le comble, c'est que le magasin d'habillement n'avait pas assez de bandes molletières *« grigio-verde »* en stock. On délivra provisoirement à la bleusaille une bonne vingtaine de paires de bandes molletières noires ! Une horreur ! Comme par hasard, je touchais une paire de ces bandes molletières noires. Ma situation était la suivante : ou bien sortir avec ces saloperies et visiter Bordeaux que je ne connaissais pas, ou moisir à la caserne. Je n'hésitais pas un instant. Ivre de soleil et d'une liberté passagère recon-

101. *Ibid.*

> quise, je montais dans le tramway qui desservait le quai Bacalan. Je n'eus pas à payer ma place[102]...

Le dimanche 19 mars 1944 est l'anniversaire de Gino Boiardi : 22 ans ! Au petit matin, les marins, les fusiliers marins, ainsi que les 150 *volontari di Francia* s'ébranlent en une longue colonne. Ils frappent le pavé inégal de Bordeaux de leurs centaines de « godillots », au pas cadencé, en chantant des airs de marche. Si les vieux briscards savent défiler, les bleus des *volontari di Francia* perdent la cadence au fil de la marche. Leur supplice dure dix-sept kilomètres, sans la moindre pause, toujours au pas cadencé, toujours en chantant. On ne fait pas les choses à moitié dans l'armée italienne, pour une première marche... Après avoir traversé Bordeaux et ses faubourgs, la colonne se trouve en pleine nature. Le camp où elle débouche est inondé par le même soleil qui la brûle depuis plus d'une heure. On la fait s'aligner en carré autour d'une sorte d'autel, dressé au pied d'un mât où flotte le drapeau vert-blanc-rouge. C'est là que Gino Boiardi et ses compagnons doivent prêter serment de fidélité à la nouvelle République sociale italienne (RSI).

L'un après l'autre, les marins, les fusiliers du bataillon San Marco défilent devant l'autel, signent devant leur nom et, figés au garde-à-vous, le bras droit levé, jurent solennellement de servir la cause de la nouvelle Italie. Le tour des *volontari di Francia* arrive. On s'aperçoit que la moitié sont incapables de lire à haute voix le texte italien qui lie à jamais leur jeune existence. On lit pour eux, ensuite, levant le bras à la romaine, ils articulent « *Giuro* » (je le jure).

Le capitaine Cuirone, brave homme à la tête de bon père de famille, s'est mis en tête de former à sa façon cette troupe disparate. Contrairement à ce que certains peuvent penser, la discipline est de fer dans l'armée italienne, et en particulier dans la Marine. Il apprend sérieusement aux *volontari di Francia* à marcher au pas, en colonne par trois. Avec une ardeur nouvelle, ils manipulent les mousquetons à grand renfort de claquements de paumes sur les crosses. Les commandements, mal perçus au début, deviennent vite familiers. Gino Boiardi raconte à nouveau :

> Je n'ai jamais pu m'orienter à Bordeaux... J'avais beau consulter le plan de la ville, je reconnaissais bien les rues et les places, mais

102. *Ibid.*

ne trouvais pas la direction de Paris. En plus, j'avais l'étrange impression que la Garonne coulait à l'envers… ou bien, la marée remontait-elle jusque-là ? Je n'osais pas poser la question, et je n'eus jamais la réponse que je désirais.

Le long du quai de Bacalan, des navires de haute mer bien que de faibles tonnages, étaient accostés, amarrés là depuis leur arrivée. Certains marins murmuraient que c'était des briseurs de blocus, et qu'ils avaient ramené des antipodes de très précieuses marchandises indispensables à l'effort de guerre allemand. Repartiraient-ils un jour ? La vie à bord semblait figée. Durant tout mon séjour bordelais, je n'ai jamais constaté le moindre mouvement visible sur ces petits navires marchands.

Si je cherchais à me durcir les muscles, je n'aimais pas beaucoup certaines formes d'entraînement telles que les parcours du combattant. Le capitaine Cuirone me faisait parfois grimper sur des panneaux de bois. Je devais courir, donner un violent coup de pied dans les planches, me propulser en l'air avec la vitesse acquise, agripper le haut avec les mains et basculer en souplesse de l'autre côté. J'essayai une fois, deux fois. Cela ne m'amusait pas du tout. Je n'arrivais pas à frapper assez violemment du pied droit et n'arrivais pas de ce fait à sauter assez haut. Je me retrouvais pendillant avec les doigts accrochés et meurtris là-haut. Heureusement, j'étais en excellente forme physique et j'avais fait beaucoup de gymnastique. J'effectuais le rétablissement qui me permettait de franchir l'obstacle, et de sauver la face vis-à-vis des copains. De même, l'exercice qui consistait à sauter du haut d'un mur de plus de quatre mètres, me paraissait des plus idiots.

À Bordeaux, pour les *volontari di Francia*, les ordres étaient formels : il fallait parler italien ! Facile à dire ! Quel boulet pour la plupart d'entre nous, et Dante et Pétrarque durent se retourner plus d'une fois dans leur tombe. Mais, tandis que je découvrais la belle place des Quinconces, la rue Sainte-Catherine, si animée, si gaie, si vivante, le stade vélodrome, la piscine et tous les bordels de la ville, le secret ne dura pas bien longtemps. Le groupe de Parisiens (baratineurs nés), dont je faisais partie, et le groupe de Marseillais (toujours forts en gueule) ne purent s'empêcher de courtiser les filles, ou de chercher à éblouir facilement les putains. Et bientôt, la voix se répandit partout : « Attention, ne déconnez pas devant les Italiens, il y en a qui parlent français mieux que nous ! »

> Nos rapports avec la population étaient très corrects et facilités par la parfaite connaissance de la langue. Chose remarquable : il n'y eut jamais le moindre attentat contre les *volontari di Francia*, bien que nous fussions tous absolument désarmés lors de nos sorties, et que nous eussions souvent l'habitude de circuler la nuit, isolés ou par petits groupes. Les Allemands, par contre, ne sortaient que baïonnette au côté, fusil ou mitraillette en bandoulière[103].

Au début du mois d'avril 1944, les 150 *volontari di Francia* sont scindés en deux groupes. L'un est affecté au camp militaire d'entraînement de Canéjan, dans la proche forêt landaise, l'autre rejoint le château de Lormont, de l'autre côté de la Garonne. Gino est de ces derniers. Dans ce château, qui n'est en réalité qu'une grande maison bourgeoise, située au sommet d'une colline, elle-même dominant le fleuve, au milieu de grands près très verts, Gino mène une vie de « châtelain » durant plusieurs semaines. Il fait connaissance à nouveau avec de nouveaux lits individuels, avec des draps bien blancs ! Seule corvée, la garde nocturne à l'entrée du vestibule, dont la porte est soigneusement verrouillée chaque soir. L'armement défensif pour cette soixantaine d'hommes se limite à une vieille baïonnette quelque peu rouillée !

Chaque matin, vers 6 heures, après un frugal petit-déjeuner, un lieutenant allemand vient les chercher. Encadrés par deux sous-officiers italiens et suivis ou protégés par deux fantassins allemands casqués et armés, ils défilent au pas cadencé dans les rues désertes de Lormont. Les habitants de la petite bourgade qui, encore au lit, profitent gratuitement de cette aubade, leur rendent publiquement hommage en trouvant qu'ils chantent bien. Ce compliment fait plaisir à la demi-compagnie des *volontari di Francia*. Par contre ce qu'ils ne goûtent que très modérément, c'est l'accompagnement allemand.

> Bien sûr, c'était une escorte utile, puisque nous étions désarmés, hormis nos deux sous-officiers, mais, cela nous humiliait. La réflexion de certains civils nous rongeait intérieurement : « Dans le fond, vous êtes comme des prisonniers… »
> Drôles de volontaires, traités comme des prisonniers. Nous n'aimions pas ça du tout. Au pas cadencé, nous allions

103. *Ibid.*

quotidiennement rejoindre l'emplacement où devaient être mises en batteries d'énormes pièces d'artillerie de la défense côtière allemande. C'était un renforcement du mur de l'Atlantique.
Nous creusions à la pioche et à la pelle deux grandes plates-formes circulaires et y coulions ensuite des flots de béton. Mon voisin de lit semblait à la fête. Visiblement du métier, et profitant de ses connaissances de la langue germanique – souvenir du STO –, il faisait fonction de chef de chantier. Il dirigeait les copains, mettait volontiers la main à la pâte, devant les sous-officiers et les officiers allemands médusés. Il semblait au comble du bonheur. Les Chleuhs le laissaient faire à sa guise, extasiés par tant de zèle, de célérité et de compétence… Pour une fois, le tire-au-flanc, ce n'était pas lui, mais moi. Je n'étais pas venu ici pour creuser des trous pour les Allemands. On m'avait demandé de creuser également, outre deux immenses plates-formes, des abris individuels pour les futurs servants des pièces d'artillerie, de deux mètres de profondeur, contre les bombardements aériens, et surtout contre les éclats des bombes. J'en avais repéré un terminé, je m'y laissais glisser, et, accroupi au fond, somnolant dans l'ombre, j'attendais que cela se passe. Ou bien, je demandais l'autorisation d'aller pisser, et me promenais une heure dans la nature. Les Allemands n'avaient qu'à se trouver de la main-d'œuvre bon marché ailleurs. Je n'étais pas leur larbin. Je ne voulais plus être le serviteur de personne.
Une chose me gênait davantage, et je ne parvenais jamais à m'y habituer, c'était le salut dans l'armée de la RSI. Cette façon de saluer le bras levé, c'était peut-être pour prêter serment, mais, en fait, depuis 1922, c'était devenu le salut fasciste. Je ne reconnaissais aucun droit à ce régime inique et abrutissant. Je ne voulais être qu'un soldat de l'honneur. J'aurai aimé saluer comme mon père avait salué ses supérieurs entre 1915 et 1918[104].

Au mois de mai 1944, la demi-compagnie italienne stationnée à Lormont rejoint son nouveau camp d'entraînement, situé à Canéjan, localité desservie par un prolongement des tramways bordelais. Gino Boiardi et deux camarades débarquent par une torride journée à la station terminus. Un long chemin poussiéreux conduit au camp. La chaleur presque insupportable et la soif font

104. *Ibid.*

qu'ils cherchent désespérément à se désaltérer. Voici qu'à l'orée d'un bois longeant le sentier ensoleillé, se dévoile une grande rangée de cerisiers, gorgés de beaux fruits, frais et tentants. Réaction instinctive, les trois gaillards commencent la cueillette. Ils n'ont pas le temps de savourer la chair rafraîchissante des cerises, qu'une voix inconnue les interpelle. Un officier italien d'une unité qu'ils ne connaissent pas, les invite fermement à cesser de prendre ce qui ne leur appartient pas. Juché sur une vieille bicyclette, il repart vers le camp, sans rien ajouter. Disciplinés, ils obéissent aussitôt et reprennent leur route en maugréant. Ils n'ont pas fait deux cents mètres qu'un piquet de quatre hommes armés et casqués, commandé par un sergent, surgit au détour du chemin. Gino et ses deux compagnons franchissent la porte du camp, sous bonne garde, et sont aussitôt transférés dans le bureau du commandant. Surgit un diable de sous-lieutenant, maigre et nerveux, une fine moustache sous le nez aquilin, portant le ruban de la campagne de Russie, qui les injurie, les traite d'assassins et leur crie : « Je vais vous faire fusiller ! »

De vociférations en vociférations, le jeune sous-lieutenant Giuseppe Parello se calme tout de même un peu, juste assez pour leur infliger quinze jours d'arrêts de rigueur. On leur retire leur ceinturon, leurs bretelles, leurs lacets de chaussures et, semblables à des condamnés à mort, on les enferme dans une cabane en bois de trois mètres sur deux. Il y a place là-dedans pour deux lits à étage et un étroit couloir de cinquante centimètres. Comme il y a déjà deux prisonniers au crâne entièrement rasé, ils se demandent comment ils vont pouvoir dormir à cinq dans cette cabane. Autant il fait chaud dans cette cabane à lapins placée en plein soleil, autant il fait froid la nuit. Pas de matelas, une seule couverture par prisonnier. Comme oreiller : la paire de godillots.

Le lendemain, les deux crânes rasés s'en vont. Ils restent entre eux. Pas moyen de marcher de long en large. Les lits prennent toute la place. Le temps s'écoule lentement, interminablement, sans qu'ils puissent évaluer la fuite des heures. Soudain, un grattement, un chuchotement furtif : une avalanche de paquets de cigarettes dégringole entre deux planches. Les copains ne les ont pas oubliés !

Le troisième jour, la porte s'ouvre brusquement : clignant des yeux sous le soleil rayonnant qui les éblouit, ils clopinent jusqu'à leur cantonnement, où ils apprennent qu'ils viennent d'être graciés.

> La vie au camp de Canéjan était beaucoup plus animée qu'à la base sous-marine. Le sous-lieutenant Parello pétait le feu. Pris

> par l'enthousiasme des Parisiens qui menaient la danse et entraînaient les autres, il s'était juré de forger une unité d'élite de ces 150 gaillards venus pourtant d'horizons si divers. Il nous faisait manœuvrer avec une habileté diabolique. Ces mouvements en *« ordino chiuso »*, qui ne servent qu'à la parade, peuvent paraître inutiles au profane, mais donnent indubitablement l'esprit de corps à ceux qui y participent. Ses commandements précis, hurlés d'une voix mordante, à l'intonation fière et souvent rageuse, nous prenaient tous jusqu'au plus profond de nos fibres[105].

Le sous-lieutenant Parello est un rescapé du front russe, où il a combattu avec héroïsme au sein de la prestigieuse division alpine Julia. Gino Boiardi admire profondément le sous-lieutenant Parello et reconnaît la qualité de l'instruction qu'il dispense à la troupe :

> Lorsque 150 paires de godillots se bloquent net à leur fraction de seconde, après un sec aboiement et s'immobilisent dans un lourd relent de sueur fauve, alors que la poussière monte en un fin nuage de chaque côté du chemin après la rude course, les hommes, haletants, fourbus, la poitrine en feu, ruisselants sous le masque à gaz, se sentent fiers d'eux et de leur chef jusqu'aux tréfonds de leurs tripes !
> Nous avions faim. Nous avions toujours faim. L'air de la forêt landaise et l'exercice continuel nous creusaient les entrailles. Nous mangions des poulpes. À midi. Le soir. Les cuistots essayaient de les préparer de façons différentes, et ils y réussissaient, les bougres, mais c'était toujours le même refrain, des poulpes, toujours des poulpes. De plus, la ration de pain gris était toujours trop faible pour calmer suffisamment les tiraillements désespérés des estomacs.
> Lorsque je rentrais de ma permission, je trouvais ma part de poulpes refroidie, légèrement visqueuse, intacte, soigneusement gardée par mes camarades. Jamais, malgré l'appétit endémique qui travaillait les viscères, jamais quelqu'un n'aurait eu l'idée de me faucher la ration. Le sous-lieutenant Parello était parvenu à nous souder du même acier. C'était cela la fraternité de ces 150 pauvres gars promis au désastre, car nous allions au désastre et nous le savions. Mais l'esprit de sacrifice suprême

105. *Ibid.*

> était suffisamment grand en nous pour transcender la situation militaire de plus en plus mauvaise pour l'Axe.
> Le camp de Canéjan, ou villagio Todaro, se composait d'une douzaine de constructions en bois, contenant chacune une quarantaine de lits. Ses baraques, situées de part et d'autre d'une large allée centrale, possédaient un jardinet situé juste devant la porte d'entrée. Le sous-lieutenant Parello nous avait encouragés à y faire pousser des fleurs. C'était net et coquet. L'air y était vif et sentait bon la résine.
> On commençait à s'exercer sérieusement. Je savais démonter un fusil Carcano, le fusil-mitrailleur Breda ne me faisait plus peur. On allait au tir, dans un champ spécialement aménagé à cet effet. Le cérémonial était assez impressionnant. Les mousquetons et les fusils claquaient avec un vacarme effrayant. Des vétérans basanés du bataillon San Marco étaient placés derrière les cibles. Ils étaient protégés par une sorte de repli naturel du terrain. Un clairon sonnait le début ou le cessez-le-feu.
> Harnachés de pied en cap, en tenue de guerre avec le casque italien d'acier modèle 1933, à la forme très moderne, nous avions une allure assez martiale. Lors d'une inspection en mai 1944 de notre camp et de la troupe, les officiers allemands et italiens notèrent l'excellente tenue du bataillon Longobardo[106].

Fin juin 1944, le bataillon Longobardo quitte Canéjan et rejoint l'Italie par voie ferrée. Six jours plus tard, les *volontari di Francia* arrivent à Venise, toujours sous le commandement du sous-lieutenant Parello, afin d'assurer la défense de la cité avec d'autres unités italiennes.

Fin juillet 1944, le bataillon Longorbardo est dissous afin de former la 5e compagnie du bataillon Barbarigo de la prestigieuse Decima MAS, qui aligne plusieurs autres bataillons de fusiliers marins (bataillons Lupo, Nuatatori Paracadusti, Fulmine, Sagitario, Valanga, Freccia et Castagnacci), sans oublier les groupes d'artillerie Colleoni et Da Giussano. Outre ces unités formées en une division d'infanterie de marine, la Decima MAS compte également huit autres bataillons et cinq compagnies autonomes, sans oublier une trentaine d'engins d'assaut pour la lutte en mer. La Decima MAS bénéficie d'une profonde admiration des Allemands et des Alliés, sans doute à

106. *Ibid.*

cause de son chef, véritable *condottiere*, mais aussi parce qu'il a réussi à bâtir une force redoutable, parfaitement organisée, très disciplinée, qui a multiplié les exploits militaires sur terre et en mer.

Gino Boiardi et ses camarades logent dans un couvent à Venise mais doivent se rendre dans une caserne en ville, toute proche, pour se faire servir leurs repas, midi et soir :

> Comme, dans un cliquetis de gamelles et de quarts, on piétinait en rangs dans la cour, un chant s'éleva d'un détachement voisin. Lent, puissant et mélancolique, il dégageait une impression de tristesse mêlée de honte, puis, soudain déterminé et rageur, il clamait la volonté de ces jeunes garçons de laver l'horrible trahison du 8 septembre 1943 :
>
> *Lorsque la Rome antique paraissait vaincue*
> *Surgit l'invaincue dixième légion !*
> *Elle vainquit le barbare ennemi*
> *Rome obtint la paix dans l'honneur !*
> *Lorsque l'ignoble 8 septembre*
> *Abandonna la Patrie au traître*
> *La Dixième Flottille MAS sortit de la mer*
> *Et prit les armes au cri*
> *Pour l'honneur !*
> *Decima, notre Flottille*
> *Qui ridiculisa l'Angleterre,*
> *Victorieuse à Alexandrie,*
> *Malte, Souda et Gibraltar !*
> *À présent, sur la terre*
> *Tu vaincras !*
> *Navires d'Italie qui nous furent ravis*
> *Non en combattant mais par trahison,*
> *Nos frères prisonniers ou morts,*
> *Nous vous faisons ce serment :*
> *Nous vous jurons que nous retournerons*
> *Là où Dieu voulut le Tricolore*
> *Nous vous jurons que nous combattrons*
> *Tant que nous n'aurons pas la paix dans l'honneur.*
>
> En entendant ce chant, je sentis un frisson me parcourir tout le corps. J'avais la chair de poule. Je réalisais soudain ce que je n'osais croire, ce que je n'osais vraiment espérer ! C'était trop

> beau : notre unité faisait bien partie de la légendaire Decima MAS.
> Moi l'émigré que l'on avait traité à Paris de « lâche et de sale italien », j'avais sursauté de joie et de fierté devant les incroyables exploits des marins de la Decima flottiglia Mas, ces types formidables, capables de violer les rades anglaises les mieux défendues, les mieux gardées du monde, Malte, Alexandrie, Souda, Gibraltar, voici que je côtoyais ces héros[107] !

Les *volontari di Francia* forment ensuite en août 1944 la 3e compagnie du bataillon Fulmine à Ivrea. Commencent alors pour eux de nombreuses opérations contre les partisans communistes italiens et les paras alliés. Durant tout l'été et le début de l'automne 1944, les ratissages se succèdent. Les pertes sont peu importantes, car les partisans et les paras refusent souvent le combat frontal.

À la fin de l'automne 1944, le bataillon Fulmine stationne à Turin. De nombreux *volontari di Francia* sont décorés de la croix de Guerre italienne pour leurs actions combattantes. Le 20 décembre 1944, le bataillon est envoyé à Gorizia, avec la mission de défendre la Vénétie julienne, menacée par le 9e corps d'armée du général Tito. Ayant chassé de la totalité de son territoire les forces allemandes, Tito ordonne à ses partisans yougoslaves de s'emparer de Trieste, Gorizia, puis de s'enfoncer en terre italienne jusqu'à Venise. L'annexion de toute la Vénétie julienne doit être terminée, selon Tito, avant l'arrivée des troupes américaines et britanniques.

Pour parer à une telle éventualité, la Decima MAS, les *bersaglieri* du bataillon Mussolini, les *alpini* des bataillons Valanga et Tagliamento, la 7e légion de la garde nationale républicaine, ainsi que d'autres unités italiennes de la RSI défendent avec héroïsme la frontière italo-yougoslave pendant plusieurs mois, sans céder un pouce du territoire national, en préférant se faire tuer sur place plutôt que reculer.

Gorizia est un symbole des glorieux combats de l'armée italienne de la Première Guerre mondiale. En reprenant cette ville aux Autrichiens en 1916, et les montagnes qui l'entourent en 1917, 800 000 soldats italiens ont été tués ou blessés lors des onze offensives de l'Isonzo de juin 1915 à septembre 1917.

107. *Ibid.*

Le 9 janvier 1945, le bataillon Fulmine rejoint Tarnova à quelques kilomètres au nord-est de Gorizia. Tarnova est un petit hameau composé de quelques maisons de pierres et de petits blockhaus. C'est une mission suicide qui est confiée à l'évidence au bataillon Fulmine. En effet, le commandement italo-allemand s'attend à une puissante offensive yougoslave dans ce secteur en pointe. Laurent Berrafato le raconte :

> Tarnova est un des passages obligés pour rejoindre la route de Gorizia. Le bataillon Fulmine doit donc retenir les Yougoslaves pendant plusieurs jours, afin de permettre l'arrivée de renforts[108].

Sur un plateau couvert de neige, entouré de sombres forêts et de sévères montagnes, Tarnova semble être oublié du reste du monde. Pour conquérir Tarnova, Tito engage 2 000 partisans, alors que le bataillon Fulmine se trouve réduit à 214 fusiliers marins ! Une lutte à dix contre un ! De plus, les Yougoslaves disposent d'un armement bien supérieur à celui des Italiens, avec notamment des mitrailleuses MG 42, prises sur les Allemands, des fusils-mitrailleurs Bren et des mitraillettes Sten parachutés par les Alliés, sans oublier des dizaines de mortiers lourds. Les fusils-mitrailleurs Breda modèle 1930, que leur opposent les *volontari di Francia*, s'enrayent souvent. Le bataillon Fulmine possède cependant six mitrailleuses Breda modèle 1937, armes assez fiables et précises, trois mortiers de 81 mm, quelques mortiers légers Brixia de 45 mm, un fusil-mitrailleur antichar Solothurn, et surtout d'excellentes mitraillettes Beretta modèle 1938. Les munitions et les vivres du bataillon Fulmine n'ont, en revanche, été prévus que pour deux jours. La neige, le brouillard et une température tombant à -25 °C rendent la défense encore plus pénible. Gino Boiardi témoigne :

> La position que je dois tenir est une maison vidée de ses occupants, qui fait fonction de fortin, au nord-ouest du village de Tarnova, juste en face du cimetière. Un peu plus haut, flanquant la route de Gorizia, une colline domine l'entrée de Tarnova.
> Suivant les ordres, j'installe mon fusil-mitrailleur Breda sur la meurtrière face au cimetière. Sûr de moi, je lorgne le monticule, légèrement sur ma gauche. Un peu partout, des bunkers, sortes

108. *La Gazette des Uniformes* n° 143, juillet 1993.

de fortins, sont occupés par de petits groupes de notre bataillon. Ces bunkers, malgré leur nom rassurant, ne sont en réalité que des cabanes de rondins, semi-enfouies dans le sol, recouvertes de terre et de neige. Il y en a tout autour de Tarnova.
Je me sens mal à l'aise dans ces fortins improvisés. Les meurtrières qui ont été aménagées par nos prédécesseurs, ceux du bataillon Valanga, sont conçues en dépit du bon sens. On ne peut s'y tenir debout, parce qu'elles sont trop basses, ni à genoux, parce qu'elles sont trop hautes ! Ce doit être crevant de rester à observer ce qui se passe dehors, toute une journée, tordu en deux, ou à demi accroupi ! En outre, il siffle un courant d'air glacial entre les deux meurtrières de la pièce que j'occupe, avec mon fusil-mitrailleur et mes deux servants.
Dans ce coin perdu, nous nous sentons abandonnés. En plus, la nourriture est tout à fait infecte. Il n'y a plus de café. On touche deux boîtes de conserve allemandes ne contenant qu'une bouillie de flocons d'avoine et autres cochonneries. Le pain se limite à des galettes, guère plus épaisses que deux crêpes et de la taille d'une grande biscotte. Aucun goût. Cela résiste sous la dent. Sans faire d'études de chimie très poussée, il est facile d'en déterminer les trois éléments principaux : un tiers de son, un tiers de sciure et un tiers de poussière concentrée ! Très bourratif, mais pas quatre étoiles ! Avec ce froid, cette neige, rien de bon à se mettre sous la dent, pas un seul repas chaud, pas de soupe, pas le moindre bouillon ! Ni café, ni vin, ni gnôle ! Rien de rien !
Les premières journées passaient longues et mornes. Nous nous sentions isolés, perdus, paumés, dans un pays hostile. Ce haut plateau, toujours balayé par le vent, ce plateau de la Baïnsizza avait vu nos pères se battre farouchement contre les Autrichiens, lors de la 11e offensive de l'Isonzo, où 166 000 soldats italiens et 120 000 soldats ennemis avaient été tués ou blessés du 18 août au 15 septembre 1917 ! Notre bataillon, maigre bataillon de 214 affamés, se trouvait bien esseulé, perdu au milieu des bois et de l'immense forêt de Tarnova, qui s'étendait ininterrompue jusqu'à Ljubliana, en pleine Yougoslavie[109].

Le 19 janvier 1945, Tito donne l'ordre à 2 000 partisans de son 9e corps d'armée de s'emparer de Tarnova. Déjà depuis quelques

109. Entretiens avec Gino Boiardi en mars 1994.

jours, des escarmouches ont eu lieu. Le bataillon Fulmine est très vite encerclé. Les tirs des mortiers lourds yougoslaves sont incessants. Par chance, avec la neige présente depuis plusieurs jours, certains obus n'explosent pas. Le bataillon Fulmine se bat à un contre dix! Gino Boiardi poursuit :

> Les Yougoslaves ont pris les deux tiers du village. Ils attaquent en masse à l'arme blanche, en poussant des hurlements de bêtes sauvages; ils attaquent par centaines, en vagues successives comme les soldats soviétiques, sans relâche, jusqu'à ce qu'ils aient débordé les positions avancées. Je ne cesse de tirer avec un fusil-mitrailleur Breda qui, heureusement bien huilé, ne s'enraye pas. Je l'entretiens de mon mieux. Malgré ses défauts techniques, l'arme est d'une grande précision. Je balance également avec mes deux servants des grenades. J'utilise en combat rapproché la remarquable mitraillette Beretta qui fait des ravages dans les rangs adverses. Je tire sans réfléchir, comme un automate, simplement pour sauver ma peau et celles de mes hommes.
>
> Le lieutenant Vittorio, le chef du 3e peloton des *volontari di Francia*, attend calmement que la première vague d'assaut saute sur les mines, juste avant les barbelés qui protègent son bunker. Mais les Yougoslaves, taches noires sur la neige, avancent toujours par bonds vers sa position. Il est presque trop tard lorsqu'il ordonne d'ouvrir le feu à volonté. Certaines de nos sections sont littéralement écrasées sous le nombre. Quelques rescapés parviennent à rejoindre la position de repli. La première et la seconde compagnie sont presque totalement anéanties. Désormais, le bataillon Fulmine, ou ce qu'il en reste, ne tient plus que quelques maisons. Et voici l'artillerie yougoslave qui commence le tir de destruction. Cette fois, ce ne sont plus des mortiers qui tirent, mais des canons. On dirait des obus de marine. Cela fait un barouf terrible. La terre se met à trembler.
>
> Le bombardement et la fusillade durent d'une façon ininterrompue depuis trente-six heures. Nous sommes à moitié inconscients, à moitié abrutis. Nous sommes presque sourds, avec les mains et les pieds presque congelés. L'espoir, le faible espoir d'un renfort s'évanouit progressivement[110].

110. *Ibid.*

La bataille de Tarnova dure une semaine, avec trois jours d'incessants combats. Les *volontari di Francia* paient lourdement le prix du sang de la « dette d'honneur » qu'ils sont venus contracter. Les combats en viennent au corps à corps, au poignard de combat, à la baïonnette. Le groupe de radio télégraphiste du bataillon Fulmine est exterminé dans la maison qu'il occupe : tous sont morts à leur poste de combat en essayant en vain de demander des secours. Les tentatives de dégager le bataillon Fulmine, effectuées courageusement par les bataillons Saggitario, Valanga, Barbarigo et Nuatatori Paracudisti, présents à quelques kilomètres de Tarnova, se révèlent infructueuses. Les Allemands effectuent également une tentative de dégagement à l'aide de trois chars lourds Tigre. La route menant à Tarnova étant truffée de mines, aucun secours ne peut dégager les assiégés. Un camion de bataillon Valanga saute sur une mine avec ses occupants.

Le lieutenant Roberto Valbusa est encerclé dans une maison. Tous ses hommes ont été tués. On lui demande de se rendre, mais il préfère se suicider avec la dernière balle qui lui reste de son pistolet. À plusieurs reprises, les Yougoslaves proposent une reddition honorable aux survivants italiens. Mais c'est un mot qui n'appartient pas au répertoire des volontaires de la Decima MAS, dont le bataillon Fulmine.

> La nuit du 20 au 21 janvier 1945, on entend toujours le même fond sonore : rafales, coups isolés, détonations, explosions… Je me bouche les oreilles avec mes poings serrés dans les moufles couvertes de givre. J'ai l'impression que ma tête va éclater sous mon casque d'acier.
> Le lieutenant Verney grimpe prestement jusqu'à notre perchoir pour nous annoncer qu'il n'y aura pas de renfort et qu'il va falloir percer ! Percer ! Mais il est fou. Percer avec quoi ? Combien reste-t-il d'hommes valides ? Avec quelles armes ? Quelles munitions ?
> La situation devient intenable. Le bataillon Fulmine ne tient plus que six ou sept maisons, et les flammes se lèvent hautes, très hautes, tout autour de la nuit. La première maison, derrière nous, sur la route de l'évacuation, flambe déjà. Presque toutes les maisons que j'aperçois brûlent aussi. Les Yougoslaves attendent qu'on sorte pour nous achever[111].

111. *Ibid.*

Le 24 janvier 1945, les survivants du bataillon Fulmine, à cours de munitions, tentent de briser l'encerclement. Les mines, les barbelés et les mitrailleuses des Yougoslaves sont des obstacles qui semblent insurmontables. Un blockhaus, occupé par les Yougoslaves, bloque la retraite des rescapés du bataillon Fulmine. Le lieutenant Vittorio et le soldat Themis se portent volontaires pour ramper sous le feu ennemi et lancer une grenade à manche allemande, entourée de grenades à main italiennes, dans la meurtrière du blockhaus. « J'ai vu leurs yeux épouvantés qui me regardaient, au moment où je leur balançais tout le paquet[112] », racontera Themis. Cet exploit réussi, les survivants italiens peuvent se replier et rejoindre les lignes amies.

> On marche, on marche toujours, dans l'épais silence de la forêt. Sans un mot, je peine dans le noir. Les 12 kg de mon fusil-mitrailleur endolorissent mon épaule. En outre, je suis en surcharge : depuis Tarnova, j'ai des chargeurs de rechange sur moi, au cas où je me serais trouvé séparé de mes pourvoyeurs. Tout cela, à la longue, c'est bien lourd à traîner. Le cerveau complètement figé par le froid, malgré le casque protecteur, je ne suis plus qu'un automate. Je soulève un pied, puis l'autre, et cela recommence sans cesse, sans le moindre répit, et cela ne finira jamais. Je ne sens plus rien, ni le froid, ni la fatigue, ni le sommeil. J'avance pas à pas, trébuchant parfois dans la neige, fantôme parmi les fantômes qui titubent dans la nuit sans fin…
> On continue d'avancer et quelques soldats allemands, visiblement ahuris, nous regardent arriver. J'ai eu envie de les embrasser, de crier, de hurler, de tout lancer en l'air ! C'est pas vrai ! On s'en est tiré !
> On défile silencieusement en formation de combat, sous le regard admiratif des Allemands. Un officier allemand ordonne à ses hommes de nous rendre les honneurs militaires : nous sommes devenus des héros ! Je croise le regard d'un soldat allemand qui contemple la maigre colonne de spectres barbus. Il lève les yeux sur le haut plateau de Tarnova, d'où nous venons. Une lueur d'incrédulité brille dans ses prunelles lorsqu'il les abaisse sur la poignée de gamins hirsutes qui passent sans mot dire devant lui[113].

112. *Volontari di Francia*, Italo Svevo, 2006.
113. Entretiens avec Gino Boiardi en mars 1994.

Sur 214 soldats du bataillon Fulmine engagés à Tarnova, 86 ont trouvé la mort et 50 ont été blessés : 136 hommes hors de combat au total ! Les pertes yougoslaves s'élèvent à 600 tués ou blessés. Grâce à cette résistance héroïque, la ville de Gorizia et toute la Vénétie julienne sont sauvées de l'invasion yougoslave. Le fanion du bataillon Fulmine reçoit la Médaille d'argent de la valeur militaire.

À la fin du mois d'avril 1945, à la suite de la capitulation de la RSI, le bataillon Fulmine se dissout à Schio et se rend à la 88e division américaine. Ne désirant pas croupir dans un camp de prisonnier, Gino Boiardi et deux compagnons parviennent, grâce à des vêtements civils, à s'évader. Après bien des péripéties, Boiardi rejoint la France à la fin septembre 1945.

Que sont devenus les rescapés de Tarnova ? Gino Boiardi le raconte :

> Ils devinrent de bons citoyens forts pacifiques, se marièrent, travaillèrent et eurent de beaux enfants. La plupart se firent naturaliser français : là était leur vie[114] !

Gino Boiardi est décédé à Dinard il y a une dizaine d'années.

*

La totalité des pertes militaires italiennes (terre, air, marine) de 1940 à 1945 s'élève à 360 000 soldats tués ou portés disparus, sans oublier 100 000 civils. Sur tous les fronts, les soldats italiens ont combattu avec honneur et courage, faisant souvent l'admiration des Allemands et des Alliés.

---

114. *Ibid.*

8

Mussolini : un dictateur belliqueux, fanatique et allié de toujours à Hitler ?

L'historiographie marxiste et anglo-américaine d'après-guerre a présenté le fascisme italien comme un régime réactionnaire, pro-hitlérien, résolument hostile à la France et à la Grande-Bretagne. Il a fallu attendre les publications des ouvrages remarquables du professeur italien Renzo De Felice, durant les années 1965-1997, pour avoir enfin une image plus juste et nuancée du fascisme italien et de Benito Mussolini[1]. Les historiens Emilio Gentile, Philippe Foro, André Brissaud, Michel Ostenc, Pierre Milza, Frédéric Le Moal, Laurent Berrafato et bien d'autres ont par la suite apporté une admirable contribution à la véracité historique de cette période controversée[2].

1. Renzo De Felice, *Mussolini* (9 tomes), Enaudi, 1965-1997.
2. Emilio Gentile, *Qu'est-ce que le fascisme ? Histoire et interprétation*, Gallimard, 2004. Philippe Foro, *L'Italie fasciste*, Armand Colin, 2016. André Brissaud, *Mussolini* (3 tomes), Perrin, 1983. Michel Ostenc, *Mussolini : une histoire du fascisme italien*, Ellipses, 2013. Pierre Milza, *Mussolini*, Fayard, 1999. Frédéric Le Moal, *Histoire du fascisme*, Perrin, 2018.

Le fascisme de Mussolini

On sait aujourd'hui que le fascisme de Mussolini fut populaire au sein de la majorité des habitants italiens de 1922 à 1938, et qu'il fallut attendre 1943 pour assister en partie à un basculement de l'opinion publique en défaveur de ce régime et de son chef. Il convient également de souligner que Mussolini conserva dans le nord de l'Italie un soutien non négligeable de la population jusqu'à la fin de la guerre, comme l'atteste l'importance des troupes paramilitaires et militaires de la République sociale italienne, fortes de 654 000 hommes et femmes en 1943-1945. Les bombardements aériens alliés sur les villes italiennes de 1943 à 1945 ont largement contribué à la baisse de popularité du fascisme et du *Duce*, de même que le désaveu de Mussolini par les principaux chefs de ce régime en juillet 1943, lors d'une réunion décisive du Grand Conseil fasciste. En réalité, les principaux leaders fascistes, hostiles depuis toujours à une alliance avec Hitler, attendaient la moindre occasion pour sortir de la guerre. Ainsi le charismatique Italo Balbo, aviateur mondialement reconnu et chef fasciste de la première heure, détestait Hitler et le nazisme, et condamnait l'antisémitisme. Nous pourrions multiplier les exemples à ce sujet.

Dès sa prise du pouvoir en octobre 1922, légalement instituée à la demande du roi d'Italie et non par un coup d'État, Benito Mussolini (ancien leader du Parti socialiste italien, interventionniste en faveur des Alliés en 1915, courageux combattant dans un régiment d'élite des *bersaglieri* dès 1915, blessé sur le front du Carso en 1917, directeur d'un journal favorable aux Alliés pendant la Grande Guerre), défend une politique étrangère hostile à l'Allemagne. En décembre 1922, il se rend à Londres afin d'assister aux conversations sur les réparations allemandes. Il défend la position de fermeté de la France. Le diplomate français François-Charles Roux télégraphie à Paris que « les dispositions de Mussolini sont très favorables à la France, qu'il vient d'appuyer à propos des réparations. Son attitude est aussi serviable que possible et telle qu'on ne pouvait en attendre de pareille des Anglais[3] ».

Dès mars 1923, Benito Mussolini, en partie fidèle à son passé socialiste, entreprend d'importantes réformes sociales en faveur des classes défavorisées. La journée de travail est limitée à huit heures

3. Archives nationales, Paris.

et la semaine passe de 72 heures à 48 heures. Le travail de nuit est interdit aux filles et aux garçons de moins de 18 ans. De nombreuses dispositions sont prises concernant l'hygiène dans les usines et les entreprises. L'assurance contre les risques du travail est mise en place, ainsi que les allocations familiales, celles du chômage et l'assurance contre les maladies. Dans le cadre de la Santé publique, Mussolini crée les premières colonies de vacances pour les enfants pauvres, les terrains de camping et de jeux, les vacances populaires. La dépense annuelle des allocations familiales est fixée à 344 millions de lires, dont 215 millions sont à la charge des patrons. Cette politique sociale très avancée est appréciée par la population.

En décembre 1923, le ministre italien des Finances, Alberto De Stefani, liquide la quasi-totalité de la fiscalité de guerre et d'après-guerre : abolition de la surtaxe de guerre sur les hauts salaires et des impôts spéciaux pesant lourdement sur les ouvriers, suppression de la plus grande partie des impôts payés sur les profits de guerre, surtaxe touchant les gros revenus répartis sur l'année, abolition de la taxe sur les héritages, instauration de l'impôt progressif sur le revenu et d'une taxation sur les marchandises, forte diminution des dépenses de l'État – qui passent de 35 milliards de lires en 1922 à moins de 21 milliards en 1923 –, augmentation des salaires de 10 %. Le nombre des chômeurs passe de 541 000 en 1921 à 122 000 en 1923. La relance de l'économie entraîne la reprise de la consommation et le pays se lance dans de grands travaux.

Le 30 décembre 1923, le *Times* fait ainsi l'éloge de Mussolini :

> Il est incontestable que l'Italie n'a jamais été aussi forte et unie qu'aujourd'hui. Le monde a été frappé par le fait que le fascisme n'est pas seulement un système politique qui a réussi, mais aussi une révolution spirituelle. Le *Duce* (Mussolini) a simplifié le système fiscal et fortement réduit le déficit. Il a grandement amélioré les services publics, en particulier les chemins de fer. Il est parvenu à réduire une bureaucratie excessivement abondante, sans augmenter le chômage. Bien au contraire, le nombre de chômeurs n'a jamais été aussi bas en Italie [...]. Sa politique sociale, en faveur des plus défavorisés, est remarquable. Grâce à Mussolini, l'Italie est devenue une grande puissance que le monde admire[4].

4. Cité par André Brissaud, *Mussolini*, *op. cit.*

Dès le 30 novembre 1923, Mussolini déclare que son gouvernement ne voit aucun obstacle à reconnaître la Russie soviétique. Il propose des échanges économiques portant sur l'achat en URSS de charbon et de matières premières, alors que l'Italie fournira du matériel d'équipement et des produits chimiques. Le 8 février 1924, le traité de commerce est conclu entre les deux pays. Cet accord désoriente totalement les communistes et les socialistes italiens, qui comptaient sur l'opposition antifasciste de Moscou. Déjà à cette époque, Mussolini veut établir une solide alliance avec la France, la Grande-Bretagne, la Russie soviétique et son pays pour encercler l'Allemagne. Il craint un retour du pangermanisme. L'avenir lui donnera raison.

Le 5 décembre 1924, afin de rassurer les catholiques italiens, Mussolini déclare dans la presse que « le fascisme respecte le Dieu chrétien des ascètes, des saints, des héros et même le Dieu qui voit et prie le cœur ingénu du peuple. Au contraire du communisme, le fascisme ne cherche pas à effacer Dieu des âmes[5] ». En février 1929, Mussolini signe avec le Vatican les accords du Latran, mettant fin ainsi aux différends entre l'État italien et l'Église catholique. Le pape reconnaît la légitimité de l'État politique italien sur toute l'Italie, Rome comprise, et abandonne ses droits sur les anciens États pontificaux. En contrepartie, l'État italien reconnaît au pape la souveraineté sur la cité du Vatican, les bâtiments ecclésiastiques de la ville, et promet la liberté d'accès aux diplomates étrangers. La religion catholique est reconnue comme religion d'état. Mussolini accorde au pape le versement de deux milliards de lires. Le pape est libre de communiquer avec tous les catholiques du monde entier.

En mai 1925, dans sa conception des obligations d'assistance et d'éducation envers les citoyens, notamment les plus pauvres, Mussolini met en place 10 000 groupes musicaux, culturels et folkloriques, 2 500 théâtres populaires, 3 500 bibliothèques populaires, 750 centres d'enseignements gratuits pour les pauvres et 10 000 clubs sportifs. Ses loisirs populaires sont offerts à trois millions d'Italiennes et d'Italiens. Des voyages collectifs sont organisés à travers le pays, avec des camps d'été ou d'hiver, des croisières populaires et des courses cyclistes.

En avril 1926, l'Œuvre pour la protection de la maternité et de l'enfant assure, à la fille-mère qui reconnaît son enfant, une pension

5. Archives du Vatican, Rome.

alimentaire pendant la première année, susceptible d'être prolongée durant les deux années suivantes. Cette mesure fait diminuer considérablement les présentations d'enfants illégitimes aux hospices. L'Œuvre prend également à sa charge les consultations prénatales, multiplie les constructions de crèches et de maternités.

Le 15 janvier 1927, Winston Churchill, ministre anglais des Finances, ne cache pas son admiration pour Mussolini, après l'avoir rencontré à Rome :

> Le génie romain, personnifié par Benito Mussolini, le plus grand législateur vivant, a montré à de nombreuses nations que l'on peut résister au communisme; il a tracé la route qu'une nation peut suivre quand elle est menée avec courage. Avec le régime fasciste, Mussolini a établi une orientation centrale que les pays engagés dans la lutte contre le communisme ne devraient plus hésiter à prendre comme guide. Si j'étais italien, je suis sûr que j'aurai soutenu Mussolini depuis le début jusqu'à la fin. C'est une sottise de prétendre que le pouvoir italien ne repose pas sur une base populaire ou qu'il ne reste pas au pouvoir avec le consentement actif de la grande masse de la population italienne. J'ai été fasciné, ainsi que beaucoup d'autres, par le comportement très simple de Mussolini, par le calme et la sérénité qu'il garde malgré tant de charges et de dangers. Il ne pense, de toute évidence, qu'au bien-être durable du peuple italien. Il a fait de son pays une puissance admise et respectée dans le monde. L'Italie retrouve la grandeur impériale de son passé[6].

En décembre 1927, Dino Grandi, ministre italien des Affaires étrangères, rencontre à Venise le comte Bethlen, qui envisage de faire intégrer l'Allemagne à l'entente italo-hongroise. Bethlen déclare aussi que la base de cette entente devrait être le consentement italien à l'annexion de l'Autriche par l'Allemagne. Mussolini, défenseur acharné de l'indépendance de l'Autriche, se met en colère :

> Bethlen est un fou! Il ne voit pas la réalité en face. Le jour où, hélas, l'annexion de l'Autriche se fera, ce sera la Seconde Guerre mondiale à brève échéance... et la Hongrie sera à son tour satellisée par Berlin! Il faut empêcher, même par la force, un retour

6. Cité par André BRISSAUD, *Mussolini*, *op. cit.*

> du pangermanisme. La France se fait de graves illusions sur la volonté allemande de préserver la paix en Europe. Ce peuple n'aspire qu'à la revanche. Il faut rester fort pour empêcher que l'Allemagne se militarise à nouveau. La paix repose sur notre force. Il ne faut jamais oublier cela. L'Italie et la France unies sont les meilleurs garants de la paix en Europe. Les Britanniques doivent également nous soutenir. Il faut éviter un nouveau désastre[7].

En mai 1928, l'office autonome de la route est fondé par Mussolini. Il est chargé de la construction des autoroutes, qui seront les premières d'Europe. Les travaux prévus reposent sur un total de 700 kilomètres dans toute la péninsule. L'Office doit également effectuer la réfection complète de 21 000 kilomètres de routes nationales et en construire 700 kilomètres de plus. Près de 6 000 kilomètres de routes secondaires sont prévus et plus de 400 ponts seront nécessaires. Des sociétés privées sont mobilisées pour épauler l'Office. Ces travaux donnent du travail aux Italiens les plus pauvres. Les lignes ferroviaires seront électrifiées.

En décembre 1928, une loi, lancée par Mussolini, porte sur la conquête de nouvelles terres cultivables, par l'assèchement, le drainage, l'irrigation, alliés aussi à un reboisement. C'est l'objet de la Bonification intégrale, qui doit aménager 5 700 000 hectares avant dix ans. Sous l'impulsion d'Arrigo Serpieri, ingénieur hors du commun, les terres abandonnées ou incultes sont rapidement assainies puis colonisées par 78 000 paysans venant des régions les plus pauvres d'Italie. Les travaux portent sur les secteurs inondables du Pô inférieur, les plaines marécageuses du littoral. Désolés depuis des siècles par la malaria, les 60 000 hectares des marais pontins sont asséchés et découpés en 3 000 exploitations pour les pauvres. Des villes nouvelles y sont également construites.

Mussolini encourage la construction de cliniques et d'hôpitaux dans les différentes villes du pays. Entre 1922 et 1930, le chiffre a quadruplé. C'est sur le terrain de la tuberculose que le régime obtient une réussite spectaculaire. Jusqu'en 1925, l'Italie voyait mourir une moyenne annuelle de 70 000 de ses enfants. La mortalité tombe à 20 000 en 1930. Le même effort est entrepris dans la lutte contre la malaria, l'alcoolisme, les maladies vénériennes, le trachome, l'usage

7. Archives de l'État italien, Rome.

de la drogue et le cancer. Les enfants les plus défavorisés peuvent faire du sport gratuitement, profiter de l'air pur de la montagne, lors de séjours pris en charge par l'État, se balader au bord de la mer dans des conditions aussi avantageuses. Cette politique sociale généreuse vaut à Mussolini les louanges du monde, dont celles de Freud et de Gandhi.

En mars 1932, interrogé par l'écrivain allemand Emil Ludwig, Mussolini condamne fermement les théories nazies sur le racisme et l'antisémitisme :

> Il n'y a plus de races à l'état pur. Même les juifs ne sont pas demeurés sans mélange. Ce sont précisément ces croisements heureux qui ont très souvent produit la force et la beauté d'une nation. Je ne crois pas qu'on puisse apporter la preuve biologique qu'une race est plus ou moins pure, plus ou moins supérieure. Ceux qui proclament la noblesse de la race germanique sont, par un curieux hasard, des gens dont aucun n'est réellement germain… Une chose analogue ne se produira jamais chez nous. La fierté ne nécessite pas un état de transe provoqué par la race, l'antisémitisme n'existe pas en Italie. Les juifs italiens se sont toujours bien comportés comme citoyens et bravement battus comme soldats. Ils occupent des situations éminentes dans les universités, dans l'armée, dans les banques. Il y en a qui sont officiers supérieurs : le commandant de la Sardaigne, le général Modena, un amiral de la flotte, un général d'artillerie et un général des *bersaglieri*[8].

Mussolini ouvre les portes de l'Italie aux juifs étrangers. Il a des amies juives cultivées, comme Balabanoff et Sarfatti.

Dans le cadre de l'anniversaire de la prise du pouvoir, le *Duce* inaugure en 1932 le Forum Mussolini, vaste ensemble sportif près de Rome qui, achevé, doit s'étendre sur une zone de 850 000 mètres carrés.

---

8. Emil Ludwig, *Entretiens avec Mussolini*, présentation de Maurizio Serra, Perrin, 2016.

L'évolution des relations avec le *Führer*

En juin 1933, Mussolini reçoit à Rome les ministres français et anglais des Affaires étrangères afin de neutraliser, par une solide alliance, le pangermanisme du nouveau chancelier allemand, à savoir Adolf Hitler. L'année suivante, en juin 1934, Mussolini reçoit Hitler à Venise pour mieux sonder ses intentions sur l'Autriche. La veille de la rencontre, Mussolini ironise sur le fait que les Lapons, se trouvant plus au nord que tous les autres peuples, doivent constituer la plus supérieure des races… Dans le même esprit, le *Duce* demande à la presse de réserver un bon écho à la visite que lui a faite le grand rabbin de Rome. Il accueille Hitler en grand uniforme de la milice fasciste, le visage rayonnant. Hitler fait piètre figure dans un costume civil qui lui va mal. Lorsqu'il salue Mussolini, c'est l'élève qui salue le maître. La rencontre est un échec retentissant pour Hitler. Mussolini lui déclare que l'Autriche doit conserver son indépendance et sa totale liberté. Après cette rencontre, il juge sévèrement Hitler :

> Ce raseur m'a récité *Mein Kampf*, ce livre indigeste que je ne suis jamais parvenu à lire intégralement. Je ne me sens aucunement flatté de savoir que cet aventurier de mauvais goût a copié sa révolution sur la mienne. Les Allemands finiront par ruiner notre idée. Hitler est un être féroce et cruel qui fait penser à Attila. Les Allemands resteront les barbares de Tacite, les éternels ennemis de Rome[9].

Le 25 juillet 1934, lors d'une tentative de coup d'État, les nazis assassinent le chancelier autrichien Dollfuss, ami de Mussolini. Ce dernier réagit immédiatement en ordonnant à quatre divisions italiennes de se préparer à franchir la frontière pour venir au secours de l'Autriche. Il compte également sur Paris et Londres pour l'appuyer militairement. Mais les Franco-Britanniques, aveuglés par un pacifisme béat, ne bougent pas ! Sa réaction courageuse a suffi à faire reculer Hitler, dont le coup d'État se solde par un échec, et le 28 juillet Mussolini déclare à la presse :

> Le chancelier allemand avait promis de respecter l'indépendance de l'Autriche. L'édifiante chronique de ces derniers jours

9. Archives de l'État italien, Rome.

> a démontré comment Hitler a observé les engagements pris devant l'Europe. On ne traite pas sur un même pied d'égalité morale celui qui manque, avec un tel cynisme, aux lois élémentaires de l'honneur. Mais je suis également déçu par la France et l'Angleterre. Quelle apathie! Quelle lâcheté! Il a suffi que je montre les dents pour qu'Hitler désavoue la tentative de putsch nazi. Mais je ne suis pas dupe : Hitler est une menace pour la paix[10].

En août 1934, à Ostie, Mussolini déclare, au cours d'un entretien avec la presse et des amis autrichiens :

> Hitler est un affreux dégénéré sexuel et un fou dangereux. Le national-socialisme en Allemagne représente la barbarie sauvage et ce serait la fin de notre civilisation européenne si ce pays d'assassins et de pédérastes devait submerger le continent. Toutefois, je ne puis être toujours seul à marcher sur le Brenner[11].

Un rapprochement franco-italien est inauguré par un discours prononcé le 6 octobre 1934 à Milan, où Mussolini déclare souhaiter une entente avec la France. Il veut s'assurer la neutralité bienveillante de la France en cas de guerre contre l'Éthiopie, puis réaliser contre Hitler un front diplomatique qui l'empêche de renouveler son entreprise contre l'Autriche. Les avances du *Duce* sont accueillies favorablement par Pierre Laval, le nouveau ministre français des Affaires étrangères, qui a succédé à Louis Barthou, assassiné à Marseille par des Croates. Le 1er novembre, Laval affirme que « l'Italie doit être amenée à prendre des responsabilités en vue du maintien de la paix en Europe[12] ».

Le 16 mars 1935, la décision d'Adolf Hitler de dénoncer les clauses militaires du traité de Versailles et de rétablir le service militaire pousse davantage Mussolini dans le camp des Franco-Britanniques. Il décide d'organiser une conférence à Stresa. Le 11 avril, la France est représentée par Flandin et Laval, l'Angleterre par MacDonald et sir Simon, l'Italie par Mussolini et Fulvio Suvich. Les trois pays affirment leur attachement à l'indépendance de l'Autriche, déclarent que la sécurité de l'Europe ne peut être assurée que par la négociation et blâment les

10. *Ibid.*
11. *Ibid.*
12. Archives nationales, Paris.

initiatives allemandes. Ils se disent également prêts à s'opposer par tous les moyens à une nouvelle répudiation des traités. Cependant, en juin 1935, la Grande-Bretagne signe à l'insu de la France et de l'Italie un accord de réarmement naval avec Hitler, établissant une parité pour les sous-marins et certains autres navires. Par cet accord, les Britanniques semblent passer l'éponge sur le réarmement terrestre et aérien de l'Allemagne, formellement contraire au traité de Versailles. Ce même accord enlève à la Grande-Bretagne, première puissance coloniale de la planète, toute autorité pour s'opposer aux visées de Mussolini sur l'Éthiopie, sphère d'influence italienne depuis la fin du XIXe siècle.

L'invasion de l'Éthiopie, en octobre 1935, est suivie en novembre de sanctions économiques franco-britanniques à l'encontre de l'Italie. Dégoûté de voir les deux grandes puissances coloniales de l'époque donner des leçons d'anticolonialisme à l'Italie, Mussolini dénonce, en décembre, les engagements pris à Stresa en avril contre l'Allemagne. Hitler s'est bien gardé de s'associer au mouvement de sanctions votées contre l'Italie. Il fournit même au *Duce* du charbon, de l'acier et des produits chimiques.

Le 7 mars 1936, en violation du traité de Locarno, les troupes allemandes réoccupent la Rhénanie. Les conseils de prudence des Britanniques ayant eu raison des velléités de résistance de la France, le coup de force réussit. Mussolini renforce sa garnison du Brenner tout en poursuivant ses opérations militaires en Éthiopie, qui se terminent par l'occupation totale du pays en mai. En août, Mussolini tente de se rapprocher de nouveau de la France, mais Léon Blum, arrivé au pouvoir avec le Front populaire, refuse l'offre italienne. Profondément déçu par la fin de non-recevoir du gouvernement français, Mussolini décide de se tourner vers l'Allemagne. Georges Bonnet estime que « si odieuse que soit l'invasion italienne de l'Éthiopie, on ne peut inscrire au débit du fascisme italien des atrocités comparables à celles du nazisme. En poussant Mussolini dans les bras d'Hitler, les Franco-Britanniques commettent une grave erreur[13] ».

Mussolini se rend à Berlin en septembre 1937, puis en mai 1938 rend son invitation à Hitler, en l'accueillant avec faste à Rome, puis à Naples, afin de l'intimider en lui montrant la puissance de la flotte italienne. De nombreux chefs fascistes italiens condamnent cette

13. *Ibid.*

alliance contre nature avec les nazis, dont Italo Balbo et Dino Grandi. En août, ce rapprochement entre Mussolini et Hitler s'accompagne de mesures infâmes contre les juifs se trouvant en Italie. Elles frappent d'abord les juifs étrangers, qui ne peuvent plus entrer en Italie, puis les juifs italiens qui ne peuvent plus exercer certaines professions. Mais comme l'écrivent les historiens Pierre Milza et Serge Berstein, « le régime multiplie les exemptions pour les familles juives fidèles au fascisme ou celles dont l'un des membres est mort à la guerre. Si bien que peu de juifs italiens sont finalement touchés par la législation raciale[14] ». Il n'empêche que ces mesures fascistes sont une véritable honte à un moment où les juifs sont victimes des terribles persécutions nazies en Allemagne.

En mars 1938, Mussolini est l'instigateur des accords de Munich qui évitent un conflit armé en Europe, au détriment cependant de la Tchécoslovaquie qui doit céder à Hitler des territoires germanophones. Mais en écartant la guerre en 1938, Mussolini vient de rendre un service inestimable à la France et à la Grande-Bretagne, car leurs moyens militaires demeurent très insuffisants pour engager la lutte contre une Allemagne déjà puissante en aviation et en blindés. À l'époque, la France ne peut opposer qu'une division légère mécanisée à six *Panzerdivisionen* ! À son retour en Italie, Mussolini est accueilli comme un héros qui vient d'éviter une guerre mondiale. Il peut se rendre compte que son peuple n'aspire qu'à la paix. Peu désireux de s'engager dans un conflit armé, Mussolini prévoit une Exposition universelle à Rome pour l'année 1942. En décembre 1938, le Vatican, avec qui Mussolini a signé un accord historique en février 1929, condamne la dérive raciste et antisémite du régime fasciste.

En mars 1939, à la suite de l'entrée des troupes allemandes à Prague, Mussolini entre dans une violente colère et déclare à son gendre, le comte Ciano, alors ministre des Affaires étrangères :

> L'alliance avec l'Allemagne serait une absurdité contre laquelle toutes les pierres se révolteraient !

Mais sa colère retombe rapidement. Résigné, il ajoute :

> L'Allemagne est trop puissante. L'Italie doit rester à ses côtés malgré ce mauvais tour. Nous ne pouvons maintenant changer

14. Pierre Milza et Serge Berstein, *L'Italie contemporaine*, Armand Colin, 1973.

> de politique. Nous sommes 42 millions d'Italiens contre plus du double d'Allemands. De plus, les Français et les Britanniques sont trop faibles pour résister à Hitler[15].

En mai 1939, à Berlin, la signature du pacte d'acier entre Ciano et Ribbentrop semble sceller l'alliance italo-allemande. Mais pour Mussolini ce pacte doit être avant tout défensif, afin de retenir Hitler. Par prudence, il a fait spécifier que « les deux contractants assurent vouloir éviter pendant trois années toute démarche pouvant conduire à la guerre[16] ». Il compte bien organiser à Rome son Exposition universelle en 1942. Il a déjà fait dépenser des sommes importantes en vue de sa réalisation. Il espère ainsi tenir Hitler sous son contrôle. Il se trompe lourdement.

Le 22 août 1939, une dépêche informe Mussolini qu'Hitler a signé avec Staline un pacte de non-agression. Bien qu'allié de l'Allemagne, il n'a même pas été prévenu. Cet événement très inattendu doit lui permettre de se désengager en refusant de suivre Hitler, qui ne respecte pas le pacte d'Acier et menace ouvertement la Pologne d'une invasion militaire. Devant Ciano, il compare Hitler à « un fauve enragé » et à « un dangereux assassin »[17]. Dès le 25 août, il télégraphie à Hitler :

> Si l'Allemagne attaque la Pologne et si les Franco-Britanniques décident de contre-attaquer, l'Italie ne prendra pas part à la guerre[18].

Il rappelle que l'invasion de la Pologne est en pure violation avec le pacte d'Acier qui stipulait que la guerre devait être évitée durant plusieurs années. Et il communique à Hitler une liste, délibérément gonflée, des moyens dont son pays aurait besoin pour faire la guerre. Le 31 août, dans un dernier effort pour sauver la paix, Mussolini propose à la France, à l'Angleterre et à l'Allemagne la tenue d'une conférence en Italie. La France donne son accord, mais Hitler, ne voulant pas d'un nouveau Munich, refuse de faire reculer son armée qui menace la Pologne. Le tout dernier espoir de paix vient de s'évanouir. En cas de conflit, Mussolini a déjà ordonné à son état-major

15. Archives de l'État italien, Rome.
16. *Ibid.*
17. *Ibid.*
18. *Ibid.*

de fortifier la frontière de l'Italie du nord face à l'Allemagne, depuis l'annexion de l'Autriche en mars 1938. Le général Arturo Monti a la lourde charge de construire une puissante ligne défensive.

La suite, nous la connaissons : après l'écroulement militaire de la France en juin 1940, Mussolini, pensant s'emparer d'une partie du sud-est de la métropole et de certaines colonies françaises, s'engage finalement, après bien des hésitations, dans la guerre aux côtés de l'Allemagne.

Mussolini et les juifs

Il convient de souligner que, contrairement à Staline, Hitler et Mao, responsables de la mort de plusieurs dizaines de millions de personnes, le bilan de la répression fasciste est modeste en Italie de 1922 à 1943. La police secrète fasciste fait exécuter 25 opposants. D'après les chiffres des socialistes et des communistes italiens, le régime fasciste a fait condamner 5 619 opposants à des peines de prison, en moyenne de cinq ans, 42 opposants ont été condamnés à mort et 3 aux travaux forcés à perpétuité. La répression fasciste italienne a donc frappé 5 689 personnes. Les familles des accusés, demeurées en Italie, touchaient une pension de l'état. Les opposants les plus durs se trouvaient souvent en résidence surveillée, parfois dans les îles italiennes de la Méditerranée ou au sud de la péninsule, dans des conditions cependant difficiles mais pas inhumaines comparées aux camps nazis et aux goulags staliniens. L'historien italien Renzo De Felice affirme :

> En réalité, l'opposition au régime de Mussolini était bien moins répandue qu'on l'affirme communément : elle n'avait pas la force de se regrouper et de se manifester. Mais il serait plus grave encore de croire que le régime tenait debout contre la volonté des Italiens et par la répression féroce qu'il devait exercer sans trêve. En juin 1940, la situation particulière de l'Italie se caractérise par l'existence d'un grand consensus et la faiblesse de l'antifascisme[19].

Durant l'Occupation de l'Europe par les Allemands et les Italiens, Mussolini et son armée s'opposent à la déportation des juifs. À ce sujet,

19. *Renzo* De Felice, *Mussolini, op. cit.*

l'historien Pierre Milza, grand spécialiste de l'histoire italienne et du fascisme, écrit :

> Il reste avéré que, partout où ils se sont trouvés pendant la guerre en présence de communautés juives menacées d'extermination par les Allemands et par leurs Alliés, les responsables militaires et les agents diplomatiques italiens [...] ont fait ce qu'ils pouvaient pour éviter le pire. En France, dans les neuf départements occupés par l'armée italienne après le débarquement allié en Afrique du Nord, et surtout à Nice où, à la suite des consignes très strictes données par le général Ambrosio, chef d'état-major général, on vit le commandant des carabiniers ordonner à ses hommes de s'opposer par la force aux policiers de Vichy venus arrêter, devant la synagogue du boulevard Dubouchage, les juifs réfugiés dans la ville. En Albanie, où avaient fui de nombreux juifs yougoslaves et bulgares. En Libye, où des instructions avaient été données dès 1940 pour que soit facilitée l'entrée des juifs tunisiens et français résidant dans ce pays. En Grèce également, où, de la même façon qu'à Nice, le général Geloso, commandant de la 2e armée, finit lui aussi par faire garder la synagogue par des soldats italiens pour éviter des violences de la part des étudiants favorables aux nazis. À Larissa, il suffisait de se présenter au commandant italien et de dire que l'on était juif pour obtenir aussitôt l'autorisation de circuler dans un train militaire se rendant à Athènes. En Yougoslavie enfin, la zone d'occupation italienne – qui comprenait la moitié de la Croatie, la Dalmatie et le Monténégro – devint le refuge de juifs pourchassés par les Allemands ou par les oustachis croates d'Ante Pavelic. Là aussi les Allemands et les Croates se heurtèrent à une double résistance italienne : celle de l'armée et celle des Affaires étrangères [...]. S'agissant des militaires, les cas sont nombreux d'initiatives individuelles allant dans le sens de la protection des juifs. Citons par exemple le cas d'une unité blindée de l'armée italienne qui, en 1941 en Croatie, simula une opération contre des bandes de partisans parfaitement inexistantes, pour atteindre un groupe de juifs en proie aux représailles des nationalistes croates, et les ramener en lieu sûr dans les chars[20].

20. Pierre Milza, *Mussolini*, *op. cit.*

Benito Mussolini s'oppose à la déportation des juifs. L'avocat Serge Klarsfeld l'a clairement souligné dans un article du *Monde* du 11 mai 1985 :

> Après l'invasion de la zone libre par les Allemands, en novembre 1942, les autorités militaires italiennes protègent dans leurs nouvelles zones d'occupation les juifs français et étrangers contre les mesures de Vichy, ainsi qu'en empêchant, au besoin par la force, les arrestations de juifs. Des pressions allemandes s'exercent sur Mussolini qui décide, le 18 mars 1943, de transférer aux autorités françaises les pouvoirs de police sur les juifs dans la zone d'occupation. Le lendemain même, il se ravise sous l'effet d'un document relatant les atrocités nazies à l'Est contre les juifs. Le *Duce* confie le traitement de la question juive dans sa zone d'occupation italienne à sa police civile. L'inspecteur général Spinoso, chargé de cette mission, se fait conseiller par un Angelo Donati, juif italien dont l'efficacité fut remarquable, et il continue à protéger systématiquement les juifs.

Au cours du procès Eichmann à Jérusalem, voici ce qu'ont révélé les débats, d'après *Le Monde* du 13 mai 1962, sous le titre « Le gouvernement fasciste italien s'est toujours opposé à la déportation des juifs » :

> Hier jeudi, les débats ont permis de rendre hommage à l'Italie pour une attitude encore plus méritoire que celle du Danemark. Car l'Italie, alliée de l'Allemagne, a formellement refusé l'alliance sur le terrain de la déportation raciale. Cette attitude, relativement facile jusqu'en 1943, demeura la même lorsque le gouvernement fasciste, replié dans le Nord, vit lui aussi le territoire envahi. Les documents produits ont amplement monté le sujet de préoccupation que fut pour le Reich ce qu'il appelait : le mauvais exemple italien. Les plaintes se succèdent pour démontrer le comportement de l'allié récalcitrant, dont l'influence se fait sentir en Croatie, en Bulgarie, en Slovaquie, où l'on refusa également la déportation des juifs.

Au total, grâce à l'action courageuse de Mussolini et de la population, 83,5 % des juifs se trouvant en Italie ont été sauvés de la déportation, faisant de ce pays le deuxième d'Europe pour l'importance du sauvetage des juifs, après le Danemark et devant la

France. L'action italienne en faveur des juifs s'est également étendue à toute l'Europe. En Hongrie, durant l'Occupation allemande, Giorgio Perlasca, ancien combattant des troupes fascistes italiennes en Éthiopie et en Espagne de 1935 à 1939, sauve 5 200 juifs de la déportation avec l'aide de l'ambassade d'Espagne. Nous pourrions multiplier les exemples.

L'historien Jean Lopez écrit :

> Le fascisme italien, comme son chef Mussolini, n'a jamais approché la cruelle et inhumaine violence du nazisme ou du bolchevisme. Avec peu de sang, il a obtenu, au moins jusqu'en 1936, un consensus quasi général dans la société, réduisant à rien l'antifascisme[21].

*

Après son arrestation par le roi d'Italie en juillet 1943, Mussolini est libéré en septembre par un commando allemand, puis envoyé à Munich. Mussolini retrouve ensuite Hitler à Rastenberg et lui déclare qu'en se retirant de la politique, il éviterait la guerre civile en Italie. Hitler s'y oppose avec force et lui ordonne, sous la menace de représailles massives contre la population italienne, de former rapidement un nouveau gouvernement fasciste en Italie du Nord, alors occupée par l'armée allemande. Mussolini n'est plus que l'otage des nazis. Il tente de maintenir en Italie du Nord un semblant de souveraineté italienne, mais toutes ses décisions sont contrecarrées par celles des nazis. Cependant certaines unités militaires italiennes, comme la Decima MAS du prince Borghese, défendent avec panache la partie nord-est de l'Italie d'une annexion yougoslave par les troupes de Tito – ces mêmes troupes titistes qui commettent un véritable génocide ethnique contre 20 000 à 40 000 italophones peuplant la Dalmatie.

L'exécution de Mussolini, en avril 1945, par des partisans communistes italiens, à la solde des services secrets britanniques, arrange beaucoup de monde. Un procès de son vivant aurait obligé de nombreuses personnalités alliées à s'expliquer sur les déclarations d'admiration qu'elles avaient tenues pour cet homme et son

21. In *Guerres et Histoire* n° 43, juin 2018.

régime durant les années 1920-1930. Mussolini conservait les lettres élogieuses de Churchill et de bien d'autres en monnaie d'échange. Jusqu'en 1935, Mussolini a entretenu les meilleures relations avec les démocraties occidentales, en s'opposant avec force à Hitler. L'accord de Munich de 1938, dont le *Duce* est le grand instigateur, a même offert aux Franco-Britanniques un sursis inespéré d'un an dans leurs préparatifs militaires. Mussolini a signé le pacte d'Acier avec Hitler pour l'empêcher de faire la guerre durant plusieurs années. Il préparait une Exposition universelle à Rome en 1942. Le même Mussolini s'opposa à la déportation des juifs, alors que la France de Vichy en fit déporter 76 000. Bref, un passé qu'il fallait à tout prix ne pas voir resurgir et qui aurait risqué, lors d'un procès, de troubler l'ordre manichéen de l'époque…

9

Les vérités méconnues de la bataille de Normandie

Les films historiques les plus récents traitant du débarquement de Normandie en juin 1944, comme notamment *Il faut sauver le soldat Ryan* de Steven Spielberg (récompensé par cinq Oscars en 1998), mettent en avant l'héroïsme déployé par les soldats américains, laissant ainsi entendre que cette gigantesque opération amphibie aurait été avant tout une affaire américaine. Il est d'ailleurs significatif de constater que le film de Spielberg fait totalement l'impasse sur la participation britannique et canadienne, sans parler du rôle joué par d'autres Alliés et la Résistance française. Consacré par les critiques et plébiscité par les spectateurs à l'échelle internationale, ce film a si profondément et durablement marqué les esprits du monde entier que la mémoire collective est, aujourd'hui, persuadée que les troupes américaines ont été les uniques unités engagées massivement en Normandie. De même, on peut remarquer que lors des commémorations anniversaires de cette bataille, en juin 2009, le gouvernement français n'avait pas trouvé opportun d'inviter une haute personnalité britannique, fixant surtout son intention sur la présence du président américain, ce qui avait provoqué un véritable tollé médiatique en Grande-Bretagne.

Quel contraste avec le remarquable film de Cornelius Ryan, *Le Jour le plus long*, de 1962, portant sur le même sujet mais mettant en valeur tous les Alliés, aussi bien Américains, que Britanniques et Français. Cette approche objective et pluraliste a cédé le pas à un américano-centrisme forcené, faisant ainsi l'impasse sur l'honnêteté intellectuelle pourtant indispensable pour connaître l'histoire dans son ensemble. Les médias passent généralement sous silence les films de guerre osant relater des faits militaires où la toute-puissance américaine n'est pas concernée. On juge cela trop « franco-français », voire ringard…

L'historiographie récente tombe souvent dans ce piège de la pensée unique, par une mise en valeur de l'armée américaine à tous les niveaux et un dénigrement de ce qui vient d'autres pays alliés.

On ignore généralement le rôle capital joué par les divisions britanniques et canadiennes qui ont fixé la majorité des *Panzerdivisionen* présentes en France, facilitant ainsi la percée victorieuse de l'armée américaine, sans parler de l'apport tactique de la Résistance française dans le succès de ce débarquement.

Ce chapitre entend remettre « les pendules à l'heure », afin de faire connaître dans son ensemble la bataille de Normandie, qui a joué un rôle essentiel dans la défaite de l'Allemagne hitlérienne.

L'entrée en guerre des États-Unis, en décembre 1941, permet à la Grande-Bretagne, poursuivant la lutte contre l'Axe, d'envisager un jour la libération de l'Europe de l'Ouest par un débarquement. Depuis la même année, des commandos britanniques sont intervenus sur les côtes du Calvados, afin de tester la résistance des défenses allemandes. L'opération canadienne sur Dieppe, le 19 août 1942, permet de tirer nombre d'enseignements.

Le 24 janvier 1943, Roosevelt, Churchill, les généraux de Gaulle et Giraud se rencontrent à Casablanca, et décident de préparer un débarquement sur les côtes nord-ouest de l'Europe. Grâce aux précieux renseignements fournis par la Résistance française, le choix du site du débarquement se porte finalement sur les côtes normandes, moins défendues que celles du Pas-de-Calais, également en raison du fait que les plages sont d'accès facile et que la météo semble plus clémente. Portant le nom de code d'Overlord, l'opération est confiée au général Eisenhower, qui prend pour adjoint les officiers supérieurs Tedder, Ramsay, Bedell-Smith, Bradley et Montgomery.

En février 1944, Eisenhower confie à Montgomery le soin de réviser le plan de débarquement : le front est élargi de 40 à 80 kilomètres, depuis l'estuaire de l'Orne (Calvados) jusqu'aux dunes de Varreville (Manche), et doit être enfoncé par cinq divisions d'infanterie et trois divisions aéroportées. Dans le même temps, l'opération franco-américaine de débarquement en Provence est reportée au 15 août 1944.

Afin de tromper les Allemands sur leurs intentions, les Alliés mettent d'abord en place l'opération Bodyguard, faisant croire que le débarquement aura lieu en juillet et que l'endroit choisi demeure indéterminé. Puis vient l'opération Fortitude, qui doit convaincre les Allemands que le débarquement allié se déroulera dans le Pas-de-Calais. Pour ce faire, une armée fantôme est créée de toutes pièces à l'aide de leurres, dont des chars en caoutchouc gonflable. L'ensemble, positionné au sud de l'Angleterre, semble menacer les côtes du Pas-de-Calais. Les espions nazis tombent dans le piège.

Le rapport des forces au moment du débarquement est le suivant : les Allemands disposent de 66 divisions en France, dont 11 divisions blindées, 165 bombardiers et 335 chasseurs. Les unités allemandes se trouvent positionnées principalement sur les côtes de l'Atlantique, de la Manche et de la Méditerranée. Si certaines divisions n'ont que la moitié des effectifs théoriques, les troupes d'élite concentrent une puissance de feu et une expérience de la guerre parfois sans équivalent. De leurs côtés, les Alliés engagent 86 divisions, dont 25 blindées et 55 motorisées, 3 100 bombardiers et 5 000 chasseurs.

À la tête du groupe d'armées B (15e et 7e armées allemandes), dont le front s'étend de la Bretagne à la Hollande, le maréchal Rommel a pour supérieur hiérarchique le maréchal von Rundstedt, commandant en chef à l'Ouest.

Rommel est convaincu que le débarquement interviendra de nuit à marée haute. Les Alliés ne prendront pas le risque d'exposer leur infanterie au tir meurtrier des armes automatiques sur des plages découvertes. Cette conviction dicte la mise en place de toute une gamme d'obstacles. Rommel est également persuadé que cette opération doit intervenir dans le Pas-de-Calais ou, à la rigueur, de part et d'autre de l'estuaire de la Somme. C'est là que s'édifient les rampes de lancement des armes de représailles, les fusées V1.

Dans l'esprit de Rommel, le passage de la Manche, à son endroit le plus étroit, ressemble au franchissement d'un fleuve. Il ne rejette pas la possibilité d'un débarquement en Normandie, mais considère cette hypothèse comme peu probable. En vertu de sa conviction, identique à celle de Rundstedt, les unités les plus puissantes sont attribuées à la 15e armée au nord de la Seine. Les travaux de défense du mur de l'Atlantique sont poussés plus activement dans ce secteur, que sur les positions de la 7e armée (Normandie-Bretagne). De la Loire aux Pays-Bas, le mur de l'Atlantique compte 9 300 ouvrages bétonnés.

Le désaccord entre Rommel et Rundstedt porte sur l'utilisation des divisions blindées (*Panzerdivisionen*). Rommel, en fonction de son système de défense, tient non seulement à porter au plus près de la côte les unités d'infanterie mais également les divisions blindées. Celles-ci doivent intervenir dès les premières heures de l'assaut des Alliés. Pour justifier sa conversion à un système de défense linéaire, Rommel se retranche derrière les carences de la Kriegsmarine et de la Luftwaffe. Le maréchal von Rundstedt estime que les *Panzerdivisionen* doivent être regroupées hors de portée de l'artillerie des navires alliés et dissimulées aux vues de l'aviation, pour contre-attaquer. Amené à trancher en janvier 1944, Hitler décide de placer 3 divisions blindées sous les ordres de Rommel, 4 autres restant en réserve.

La plus grande opération combinée de la Seconde Guerre mondiale est une surprise totale pour Rommel, qui a décidé le 5 juin 1944 de se rendre en Allemagne pour essayer de régler la question des *Panzerdivisionen*. Ce jour-là il pleut, il souffle un fort vent d'ouest, les conditions de marée paraissent défavorables à un débarquement et les reconnaissances de la chasse ne donnent pas à penser qu'il peut être imminent. Rommel a donc fait savoir que, dans ces conditions, il n'a aucun scrupule à s'absenter. Il a d'ailleurs arrêté avec le général Speidel, son adjoint, les dispositions nécessaires pour une mise en alerte éventuelle. Il a pris la route pour le Reich, afin d'arracher à Hitler la décision de rapprocher les divisions blindées de la côte et d'en disposer sans avoir à « tirer dix cordons de sonnettes ». Et puis, cette visite a pour lui une autre importance : le 6 juin, c'est l'anniversaire de sa femme, qui doit célébrer ses 50 ans à Herrlingen.

Rommel est informé durant son voyage qu'une forte armada de navires alliés a débarqué d'importantes troupes sur les plages normandes. Il doit attendre la confirmation de cette incroyable nouvelle qui déjoue ses pronostics. Il est obligé de parcourir en voiture plus de six cents kilomètres pour rejoindre son poste de commandement, pestant contre le sort qui l'a conduit en Allemagne le jour du débarquement et contre cette « maudite Luftwaffe » qui ne lui permet pas de rallier son PC de la Roche-Guyon plus vite que par la route. Dans la soirée, Rommel constate que la situation n'est pas encourageante pour son armée :

> Les Alliés se sont déjà assuré une large tête de pont et ils tiennent bon[1].

---

1. Archives militaires allemandes, Fribourg-en-Brisgau.

Opération Overlord

L'opération Overlord commence tôt, dans la nuit du 5 au 6 juin 1944, par le largage entre 0 h 15 et 2 h 30 des troupes aéroportées (101e et 82e divisions aéroportées américaines et 6e division parachutiste britannique) devant couvrir les flancs de la zone de débarquement, du Calvados à la Manche, de la vallée de la Dives, point extrême à l'est (secteur britannique), à Sainte-Mère-Église, point extrême à l'ouest (secteur américain). Elle se poursuit, jusqu'au lever du soleil, par le pilonnage de l'artillerie navale et les bombardements aériens des défenses allemandes du littoral, pendant que la Résistance multiplie les sabotages sur les arrières.

Plus de 6 000 navires ont traversé la Manche par une nuit de grand vent et une pluie battante. Ils ont navigué sur un front large de 80 kilomètres, transportant 185 000 hommes et quelque 20 000 véhicules. Les Américains débarquent à 6 heures 30 à Omaha Beach et à Utah Beach, tandis que les troupes du Commenwealth atteignent les plages de Sword Beach, Juno Beach et Gold Beach à 7 heures 30. L'ensemble s'articule de la façon suivante :

- Sword Beach, entre Ouistreham et Lion-sur-Mer, dévolue à la 3e division britannique du général Rennie.
- Juno Beach, entre Luc-sur-Mer et Graye-sur-Mer, relevant de la 3e division canadienne du général Keller.
- Gold Beach, entre Graye-sur-Mer et Arromanches-les-Bains, secteur rattaché à la 50e division britannique du général Graham.
- Omaha Beach, entre Colleville-sur-Mer et Vierville-sur-Mer, dépendant du 5e corps d'armée américain du général Gerow.
- Utah Beach, sur la côte est du Cotentin, dévolue au 7e corps d'armée américain du général Collins.

Dans le secteur de Sword Beach, un commando de fusiliers marins, composé de 177 Français libres, aux ordres du capitaine de corvette Philippe Kieffer, participe aux opérations aux côtés des Britanniques.

Le soir du 6 juin, le maréchal Rommel est obligé de constater que les faibles réserves de son armée ont déjà été jetées dans la bataille. Les généraux des unités d'infanterie attendent l'arrivée des divisions blindées ; ils espèrent que leur intervention permettra alors de rejeter les Alliés à la mer. Mais rien ne vient, les stocks s'amenuisent et, d'un bout à l'autre du front, ordre est donné de réduire la cadence des tirs. Un découragement général a commencé à gagner les états-majors allemands, et il risque d'influer sur les combats qui vont suivre. La tournure de la bataille donne en partie raison à Rommel, qui désirait que les *Panzerdivisionen* soient plus près des côtes, afin d'être en mesure de contre-attaquer le jour même du débarquement. Mais cette opération amphibie constitue pour l'ensemble du commandement du Reich une cascade de surprises. Elle intervient d'abord en Normandie et non dans le Pas-de-Calais. Elle se produit à l'aube, à mi-marée et à la fin d'une période de mauvais temps.

Le choix du lieu du débarquement est une preuve évidente de l'efficacité de la Résistance française. Le général américain Omar Bradley affirmera à Jacques Piette, inspecteur régional des FFI (Forces françaises de l'intérieur) :

> J'ai à vous témoigner la satisfaction de l'armée américaine à l'égard de la Résistance française. C'est en effet à la suite de la réception à Londres du plan de défense côtière de la Manche que nous avons choisi le point de débarquement. Les renseignements qui figuraient sur ce plan étaient d'une telle valeur que nous avons pu réussir l'opération de débarquement[2].

Les opérations de débarquement se poursuivent tout au long de la journée du 6 juin, tantôt sans grande difficulté comme à Utah Beach, tantôt avec des pertes humaines considérables comme à Omaha Beach. Au soir, les troupes alliées sont solidement établies sur les côtes normandes. La majorité des ouvrages de défense et des batteries du Reich sont neutralisés. Plus de 150 000 soldats et 20 000 véhicules alliés sont débarqués.

Les jours suivants permettent un élargissement des têtes de pont avec la présence au soir du 12 juin de 16 divisions, comprenant plus de 320 000 hommes et 54 000 véhicules, ce qui permet aux Alliés dans les semaines suivantes de consolider leurs positions avant de percer les défenses allemandes.

Sword Beach : Bénouville et Ranville

Des planeurs Horsa, tirés par des avions Stirling et Halifax, transportent des parachutistes de la 6e division parachutiste britannique, dont l'une des compagnies est commandée par le major John Howard. La mission des paras doit permettre la prise des ponts intacts sur le canal de Caen et sur l'Orne, à Bénouville et Ranville.

2. Archives du centre national Jean Moulin, Bordeaux.

En moins de dix minutes, le 6 juin 1944, le pont ouvrant de Bénouville, connu aujourd'hui sous le nom de Pegasus Bridge, tombe aux mains des paras du major Howard, qui résistent aux contre-attaques allemandes et tiennent l'édifice jusqu'à l'arrivée des renforts. Le pont de Ranville est également enlevé et vigoureusement défendu par les paras britanniques qui repoussent huit contre-attaques allemandes.

Sword Beach : Merville

Merville est défendu par des abris bétonnés, comprenant une garnison allemande de 200 hommes. Le 6 juin, à partir de 4 heures 45, le 9e bataillon de paras britannique de la 6e division s'empare de la position. La garnison allemande, presque anéantie, ne compte plus qu'une trentaine de survivants. L'endroit, très disputé entre les Britanniques et les Allemands, change sept fois de main.

Sword Beach : Colleville et Ouistreham Riva-Bella

Lieu de débarquement de la 3e division d'infanterie britannique, le 6 juin à 7 heures 30, le site de Colleville se trouve défendu par de nombreux ouvrages bétonnés du 736e régiment allemand de grenadiers. La résistance allemande y est faible. Les troupes britanniques s'emparent facilement de leurs objectifs.

À 7 heures 20, le 6 juin, l'artillerie navale ouvre un feu roulant sur Ouistreham et Riva-Bella, afin de préparer le terrain au 1er bataillon de fusiliers marins du commando franco-britannique du capitaine de corvette Philippe Kieffer, qui débarque à 8 heures 30. L'endroit est défendu par de nombreuses positions bétonnées, dont le casino transformé en fortin.

À peine débarqués, les fusiliers marins français subissent de lourdes pertes. La moitié des effectifs français engagée tombe sous les balles ou les obus. L'appui des blindés est nécessaire pour venir à bout de la résistance allemande.

Sword Beach : Hermanville-sur-Mer, Lions-sur-Mer et Luc-sur-Mer

Malgré la houle, les troupes britanniques parviennent à y faire débarquer une vingtaine de chars. La commune d'Hermanville-sur-Mer est libérée le 6 juin vers 10 heures. Au large, le cuirassé français *Courbet* doit s'échouer, afin de former un brise-lames.

La commune de Lions-sur-Mer est libérée le 7 juin par le 41e Royal Marine Commando, après un combat difficile. Tandis que le 46e Royal Marine Commando s'empare de Luc-sur-Mer le même jour, où un premier commando britannique y avait été engagé le 28 septembre 1941, afin de tester les défenses allemandes.

Sword Beach : Caen et Carpiquet

L'avance des troupes britanniques est finalement stoppée au nord de Caen. La ville va être totalement détruite lors de plusieurs bombardements de l'aviation alliée. La résistance allemande des 716e division d'infanterie, 272e division d'infanterie, 12e *Panzerdivision* SS Hitlerjugend, de la 21e *Panzerdivision* et d'autres unités est acharnée. Durant plusieurs semaines, tous les assauts britanniques du 21e groupe d'armées sont repoussés.

Le 12 juin 1944, à 25 kilomètres au sud-ouest de Caen, les chars lourds allemands Tigre I de 56 tonnes du 501e bataillon font des ravages dans les rangs de la 7e division blindée britannique. Cinq Tigre I conduit par l'officier Michael Wittmann détruisent 20 chars Cromwell de 28 tonnes en quelques minutes. Wittmann revendique à lui seul 10 chars Cromwell en cinq minutes. Les tankistes britanniques, traumatisés, marquent le pas.

À l'ouest de Caen, le village de Carpiquet se transforme en champ de bataille. De terribles combats opposent les troupes canadiennes aux jeunes fanatiques de la 12e *Panzerdivision* SS Hitlerjugend. Certaines positions sont conquises au lance-flammes.

Juno Beach : Langrune-sur-Mer et Saint-Aubain-sur-Mer

La 3e division d'infanterie canadienne du général Keller débarque à Juno Beach, le 6 juin peu avant 8 heures. À Langrune-sur-Mer, la plupart des villas donnant sur la plage sont fortifiées par les Allemands. Le 48e Royal Marine Commando doit livrer de violents combats pour déloger les défenseurs de chaque maison et des autres positions fortifiées. La commune est libérée le 7 juin vers 15 heures 30.

Dès le mois d'août 1940, Maurice Duclos, dit Saint-Jacques, agent de la France libre, est envoyé par le général de Gaulle pour espionner les forces allemandes à Saint-Aubin-sur-Mer. Comme à Luc-sur-Mer, cette plage reçoit la visite d'un commando britannique en septembre 1941. Moins de trois ans plus tard, les soldats canadiens luttent avec fougue pour s'emparer des défenses allemandes. Les 22 chars débarqués vont faire la décision.

Juno Beach : Bernières-sur-Mer

Sur cette plage, longue de près de trois kilomètres, les péniches abordent Bernières le 6 juin vers 8 heures 10, sous un déluge de feu de l'artillerie allemande. Quatre-vingt-dix embarcations canadiennes sont détruites. Les soldats canadiens doivent parcourir 100 mètres à découvert avant d'atteindre la plage. Les habitants de la commune sont surpris, lors de la libération à 9 h 30, d'entendre les soldats coiffés du casque britannique parler le français. Beaucoup de ces libérateurs sont en effet des Québécois.

Juno Beach : Douvres-la-Délivrande

Retirée à deux kilomètres de la mer, une station radar allemande peut surveiller tout mouvement de navire venant de Grande-Bretagne. Le 6 juin 1944, les Alliés parviennent cependant à brouiller l'ensemble des installations, bien que le dernier radar Würzburg n'ait pas été détruit par le bombardement.

La station, défendue par 238 soldats, de nombreuses pièces de DCA et des canons antichars, résiste onze jours aux assauts des troupes canadiennes. La reddition de la garnison est obtenue le 17 juin par des injections de gaz dans les bouches d'aération des bunkers.

Juno Beach : Courseulles-sur-Mer et Graye-sur-Mer

Ce petit port de pêche, connu pour sa production ostréicole, voit débarquer le 6 juin 1944 de nombreuses troupes canadiennes, qui subissent de lourdes pertes, dont 34 chars détruits sur les 40 débarqués.

Les bunkers déclenchent des tirs meurtriers. La commune n'est libérée que vers 10 heures. Dès le 8 juin 1944, l'embouchure de la Seulles abrite le premier port militaire de ravitaillement, avant l'achèvement du port artificiel d'Arromanches : 2 000 tonnes d'approvisionnement y sont débarquées chaque jour. Douze navires coulés forment une rade artificielle.

Le Royal Winnipeg Rifles s'empare de Graye-sur-Mer vers 9 heures le 6 juin. En revanche, le sanatorium résiste jusqu'au lendemain.

Gold Beach : Ver-sur-Mer et Asnelles-sur-Mer

La 50e division britannique d'infanterie, ainsi que la 8e division blindée débarquent à Gold Beach. Le débarquement à Ver-sur-Mer s'effectue à 7 h 25, le 6 juin 1944, sans grande difficulté. À l'ouest de Ver-sur-Mer, le mont Fleury est l'objet d'une lutte farouche entre les Allemands et les Britanniques. Le sergent-major Stan Hollis y obtient l'unique Victoria Cross décernée le jour du débarquement. Ce soldat britannique fait preuve d'une remarquable bravoure en réduisant au silence deux bunkers et en sauvant deux soldats sous le feu de l'ennemi.

Sur la plage d'Asnelles-sur-Mer débarque le 1er Hampshire Regiment de la 231e brigade. Tout au long de la journée du 6 juin, cette unité se heurte à une solide résistance des Allemands installés dans les fortins du Hamel. La résistance allemande est finalement vaincue grâce à l'immense courage déployé par les troupes britanniques.

Gold Beach : Arromanches-les-Bains

Libérée le 6 juin 1944 par les chars britanniques venant de Saint-Côme-de-Fresné, la cité d'Arromanches est choisie par les Alliés pour la construction du port artificiel, destiné à ravitailler les troupes de débarquement en attendant la prise d'un grand port.

Depuis l'échec de l'expédition de Dieppe, le commandement allié n'envisage pas la conquête d'un port par la mer, du fait de la multiplicité des défenses allemandes. Une fois terminé, l'ensemble représente une rade de 8 kilomètres de long pouvant recevoir les plus gros navires. Le 12 juin, plus de 300 000 hommes, 54 000 véhicules et 104 000 tonnes de ravitaillement ont été débarqués. Ce port a un rendement supérieur à ceux de Cherbourg et du Havre. Il voit débarquer en trois mois 2,5 millions de soldats, 500 000 véhicules et 4 millions de tonnes de matériel.

Gold Beach : Longues-sur-Mer

L'endroit escarpé présente un superbe champ de vision sur la mer à 63 mètres d'altitude. En septembre 1943, les Allemands décident d'y installer une batterie de quatre canons de 150 mm sous casemate portant à 20 kilomètres. En avant de la batterie, à 300 mètres, au bord de la falaise se trouve le poste d'observation.

Cette batterie est l'une des douze du littoral normand à ouvrir le feu sur la flotte alliée. La batterie est durement bombardée le 28 mai et le 3 juin 1944, mais sans grand effet. Chaque bunker mesure une quinzaine de mètres de longueur sur une dizaine de large. Les murs bétonnés ont 2 mètres d'épaisseur. Une épaisse couche de terre dissimule partiellement l'ensemble, également protégé par des mitrailleuses, des mines et des barbelés.

Dans la nuit du 5 au 6 juin 1944, 124 bombardiers britanniques lâchent 600 tonnes de bombes. Malgré ce déluge de feu, la batterie résiste et ouvre le feu à 5 heures 37 sur deux navires de guerre américains dont le cuirassé *Arkansas*. Le champ de tir des pièces couvre les secteurs de Gold et Omaha.

Les navires américains *Ajax*, *Arkansas* et ceux de la marine française *Georges-Leygues* et *Montcalm* parviennent à détruire trois des quatre pièces d'artillerie. Le dernier canon est définitivement réduit au silence par deux tirs du navire français *Georges-Leygues*. L'ensemble est occupé le lendemain par des détachements alliés, suite à la reddition de la garnison.

Gold Beach : Port-en-Bessin et Bayeux

La cité de Port-en-Bessin est libérée le 8 juin 1944, par le 47e Royal Marine Commando, après une résistance coriace de la garnison allemande. Le port permet de débarquer 1 000 tonnes de matériel par jour.

Située à 15 kilomètres du littoral, la ville de Bayeux est la seule de Normandie à avoir été épargnée par les combats. Libérée le 7 juin par les troupes britanniques, elle est visitée le 12 par le général Eisenhower, accompagné de son fils en permission.

Le 14 juin, le général de Gaulle s'y rend également, afin d'y mettre en place le gouvernement de la France libre, avec la nomination du premier commissaire de la République, en la personne de François Coulet, et du premier sous-préfet, Raymond Triboulet. Le général de Gaulle est acclamé par plus deux mille personnes. Le chef de la France libre affirme ainsi sa volonté d'installer un gouvernement français indépendant et contrecarrer les ambitions américaines d'installer leur administration.

Omaha Beach la sanglante

Les 1re et 29e divisions américaines d'infanterie doivent débarquer le 6 juin 1944 dans des conditions très difficiles en Normandie, à Omaha Beach.

> Le mauvais temps pose de graves problèmes de repérage. La marée est plus haute que prévu. L'angle des rampes d'assaut sur le sable s'en trouve affecté, et la menace des obstacles immergés s'avère plus importante. Les pertes sont dues à des chalands submergés, ayant heurté des obstacles minés, ou ayant subi un coup au but de l'artillerie côtière.
>
> À Omaha, les 1re et 29e divisions perdent presque tout leur potentiel en chars et en engins de combat du génie avant d'atteindre la terre ferme. Elles restent bloquées sous le mur antichar en béton. Elles rencontrent une mauvaise surprise, non décelée par les services de renseignements qui ont mal évalué le « comité d'accueil » (*sic*) : outre le 726e régiment d'infanterie de la 716e division de fortification, surgit le renfort inattendu des

> 914e et 916e régiments de la 352e division d'infanterie. Ayant subi le marmitage dans des positions aménagées, elles comptent assez de survivants pour clouer l'assaut sur la plage[3].

Les 29 chars Sherman coulent et une large partie des 180 péniches chavirent. Les fantassins américains tentent de débarquer sous un terrible déluge de feu, venant de 85 bunkers. Il faut parcourir 200 mètres de plage pour trouver un abri derrière la digue.

Un compte rendu du 5e corps d'armée constate à 7 h 30 la situation pour le moins catastrophique :

> Nos unités d'assaut sont en train de fondre à vue d'œil. Nos pertes sont très élevées. Le tir de l'ennemi nous empêche de nous emparer du rivage[4].

À 9 heures, la situation semble si critique, que le général Omar Bradley envisage de cesser les opérations de débarquement dans ce secteur. Le colonel Taylor, engagé dans l'action, constate :

> Il y a deux sortes d'individus qui restent sur la plage ! Les morts et ceux qui vont mourir ! Foutons le camp d'ici en vitesse[5].

Bradley ordonne alors à la flotte de tirer à nouveau sur les défenses allemandes. Cette décision importante permet aux soldats de progresser enfin, d'autant que l'infanterie allemande, à court de munitions, doit se replier. Les Américains parviennent à établir une fragile tête de pont de 1 à 2 kilomètres, au prix de 3 000 tués et autant de blessés ou disparus dans les vagues !

Englesqueville-la-Percée

La route côtière mène à ce village normand qui doit accueillir, durant l'occupation, une importante station radar, située exactement à la pointe de la Percée, un éperon rocheux identique à celui de la pointe du Hoc. L'ensemble est défendu par une batterie d'artillerie de campagne et une centaine de soldats allemands. Dès le mois de mai 1944, les radars sont détruits par les bombardements aériens.

---

3. Philippe Lamarque, *6 juin 1944, le débarquement, opération Overlord*, éditions CMD, 2001.
4. Archives du mémorial de Caen.
5. *Ibid.*

Le 7 juin 1944, la prise du point fortifié est menée par le 2e bataillon américain de rangers, dont seulement 29 des 70 soldats engagés arrivent en haut de la falaise. Il faut l'appui de l'artillerie navale pour venir à bout de la résistance allemande. Lorsque les rangers parviennent au point fortifié, ils découvrent 69 cadavres ennemis.

La pointe du Hoc

Cette falaise normande haute de 30 mètres est puissamment fortifiée par les Allemands qui installent plusieurs bunkers et une batterie à découvert de six canons de 155 mm. La garnison repose sur 125 fantassins et 80 artilleurs, protégés dans des abris reliés par des tranchées bétonnées, derrière des barbelés et des mines. Cette position doit être prise d'assaut par le 2e bataillon de rangers du colonel James Rudder.

Dans la nuit du 5 au 6 juin 1944, 124 avions déversent 700 tonnes de bombes en quelques minutes. Puis un déluge d'obus de la flotte bouleverse davantage l'endroit, qui se transforme en terrain lunaire. Le cuirassé *Texas* tire à lui seul plus de 600 obus de 356 mm.

Le 6 juin, à 7h25, 225 rangers, répartis en trois compagnies, débarquent au pied de la falaise. À l'aide de câbles, de grappins, d'échelles de corde, ils tentent d'escalader la falaise. Mais les Allemands, survivants du déluge de feu, opposent une résistance féroce : 135 rangers sur 225 sont mis hors de combat lors de l'assaut. La situation demeure indécise jusqu'au 8 juin.

> L'assaut prend vite l'aspect d'un siège médiéval. Rampant dans un paysage lunaire, perdant parfois la liaison avec le groupe voisin, sautant de cratère en cratère, les rangers s'emparent de la batterie complètement détruite, mais les canons n'y sont plus. Ils se retranchent, faute de mieux, dans la position conquise, durement harcelés par ce qu'il reste de la garnison[6].

Les rangers avaient étudié la position sur des photos aériennes, mais lorsqu'ils y parviennent, ils ne reconnaissent rien tant le terrain a été bouleversé par les obus et les bombes. Mais cette victoire semble inutile du fait que les canons ont été démontés et déplacés à plusieurs kilomètres en arrière.

---

6. Philippe Lamarque, *6 juin 1944*, *op. cit.*

L'ensemble représente aujourd'hui un site de 25 hectares, où sont toujours visibles les tranchées, les trous d'obus et de bombes, les blockhaus défoncés. Des corps allemands et américains demeurent sous les gravats. Le terrain est concédé au gouvernement américain, qui le transforme en sanctuaire militaire. À la pointe extrême se dresse une aiguille de granit, installée à la place de l'ancien poste de tir. Sur une croix fichée en terre, on peut lire l'inscription suivante :

> « Ici des combattants demeurent. La bataille, dans son chaos, les a unis pour l'éternité[7]. »

Grandcamp-Maisy

Le village de Maisy, situé en retrait du littoral normand, est défendu par les batteries allemandes de La Martinière et de La Perruque. Menaçant le secteur d'Utah sur la côte est du Cotentin, elles sont neutralisées dans l'après-midi du 6 juin par le croiseur *Hawkins*.

Utah Beach : Sainte-Mère-Église

Le 6 juin 1944, vers 1 heure du matin, les 15 000 parachutistes américains des 82e et 101e divisions aéroportées, commandées respectivement par les généraux Rigdway et Taylor, sont largués au-dessus et autour de la cité de Sainte-Mère-Église, afin d'attaquer les arrières des défenses allemandes.

Le parachutage, trop imprécis, cause l'égarement d'un nombre important de paras, si bien que seulement 6 000 parviennent à se regrouper dans un premier temps. Certains se noient dans les marécages des environs, d'autres sont abattus par les patrouilles allemandes.

La DCA de la Luftwaffe fait également des ravages chez les avions chargés du parachutage. Les survivants se rassemblent à l'aide d'un jouet métallique imitant le bruit du criquet. Son bruit se confond avec celui du chargement du fusil Mauser de la Wehrmacht !

En engageant les réserves allemandes à la recherche des parachutistes dispersés, le commandement allemand tombe dans le piège, ce qui facilite le débarquement sur le littoral. Les paras américains parviennent à se rendre maîtres de Sainte-Mère-Église, défendue par la 91e division de la Luftwaffe, à 4 heures 30, soit deux heures avant le débarquement. Cette conquête permet de couper la route nationale 13 entre Carentan et Cherbourg.

7. Archives du centre national Jean Moulin, Bordeaux.

Le parachutiste américain John Steele, blessé par les tirs ennemis, reste accroché un long moment au clocher de l'église par son parachute. Aujourd'hui, un mannequin accroché à l'église rappelle l'événement.

Utah Beach : Sainte-Marie-du-Mont et Quinéville

La cité de Sainte-Marie-du-Mont est rapidement libérée par les parachutistes de la 101e division aéroportée. La plage des environs est marquée par le débarquement de la 4e division américaine (DI), le 6 juin 1944 à 6 heures 30.

Ce secteur, connu sous le nom de La Madeleine, est un des moins défendus, ce qui facilite le débarquement. Les chars Sherman viennent facilement à bout de la résistance des troupes allemandes, déjà fortement ébranlées par les bombardements préventifs.

Sur la plage de Quinéville, les Américains débarquent pour la seule journée du 6 juin 23 500 soldats, 1 700 véhicules et près de 2 000 tonnes d'approvisionnement. Malgré quelques noyaux allemands de résistance, une solide tête de pont est établie dans le secteur par les troupes américaines. La facile conquête des plages d'Utah Beach permet le débarquement de 836 000 hommes de 40 divisions, 220 000 véhicules et 725 000 tonnes d'approvisionnement entre juin et novembre 1944.

Un débarquement majoritairement britannique, canadien et français libre !

Les effectifs alliés engagés lors du débarquement et de la bataille de Normandie rappellent l'apport capital des forces militaires britanniques, canadiennes et françaises libres, avec 1 925 000 soldats (terre, marine, aviation) de ces trois pays, contre 1 527 000 soldats américains. Du 6 au 10 juin 1944, 81 445 soldats britanniques, canadiens et français libres débarquent sur les plages normandes contre 73 000 soldats américains, sans oublier 1 045 chars britanniques et canadiens, contre 433 chars américains. Pour cette opération du D-Day, les flottes britanniques, canadiennes et françaises libres engagent 1 619 navires de transport, 348 navires de guerre et 1 145 barges de débarquement, tandis que la flotte américaine se compose de 1 188 navires de transport, 324 navires de guerre et 836 barges de débarquement. Seuls les parachutages des troupes sur les arrières des défenses allemandes sont majoritairement américains, avec 15 500 paras américains contre 6 250 paras britanniques, canadiens et français libres.

Le pessimisme de Rommel et l'aveuglement d'Hitler

Pour l'unique journée du 6 juin 1944, sur le front normand, les pertes alliées s'élèvent à 10 793 soldats hors de combat (tués, disparus ou blessés) contre 6 500 Allemands.

Un rapport, rédigé le 10 juin 1944 par le maréchal Rommel, présente ses vues sur le déroulement de la bataille :

> L'ennemi tente d'assurer, entre l'Orne et la Vire, une tête de pont, qui servira de tremplin idéal pour lancer une puissante attaque en direction du centre de la France, vers la capitale probablement. L'ennemi cherche à isoler la presqu'île du Cotentin et à s'emparer le plus rapidement de Cherbourg, de manière à disposer d'un grand port, pour décharger son matériel lourd.
>
> Plusieurs facteurs contribuent à réduire notre liberté de mouvement en Normandie. D'abord l'écrasante supériorité de l'aviation ennemie. Même les déplacements de petites unités sont immédiatement attaqués par les chasseurs bombardiers. La Résistance française ne cesse de multiplier à l'arrière les sabotages. Vient ensuite l'effet terrible des pièces lourdes de la marine alliée : 640 canons sont entrés en action. Les effets de ces tirs de barrage sont tels que toute opération entreprise par l'infanterie, ou par les chars, est nécessairement vouée à l'échec.
>
> Et pourtant, malgré ce bombardement, nos divisions bien retranchées sur la côte normande, et celles passées à la contre-attaque, se sont maintenues opiniâtrement sur leurs positions. Les soldats alliés sont dotés d'armes nouvelles et d'un matériel lourd très imposant. La supériorité des Alliés en armement et en ravitaillement semble écrasante. Enfin, l'ennemi a favorisé les unités parachutistes. La mobilité de ces soldats d'élite est telle que nos troupes, qui doivent les engager, ont d'immenses difficultés à les repousser. Nos soldats luttent avec un acharnement et un courage extraordinaires, malgré l'incroyable dépense de matériel de l'ennemi. Je demande que le *Führer* soit informé de cette situation[8].

À la mi-juin 1944, une importante conférence se déroule à Margival, en présence d'Hitler. Depuis plusieurs jours, Rommel voulait profiter de cette visite du chef du Reich pour l'informer de

8. Archives militaires allemandes, Fribourg-en-Brisgau.

la situation plus en détail. Lors de la conférence, il ne cherche pas à lui dissimuler la gravité de la situation. À deux reprises, il aborde la solution d'un règlement politique. Hitler refuse toute solution négociée et déclare à Rommel :

> C'est une question qui ne vous regarde pas[9].

Il repousse également toute idée de retraite sur la Seine et insiste sur la nécessité d'une résistance sur place à tout prix :

> Il faut bloquer l'ennemi sur sa tête de pont jusqu'à l'arrivée des escadrilles d'avions à réaction[10].

Hitler se réfugie dans une attitude étrange, où se mêlent une fausse intuition et le cynisme. À la fin de la réunion, le chef du Reich, regagne directement l'Allemagne en début de soirée. Il a été impressionné par la chute d'une fusée V1 à proximité de son abri. Son instinct l'a averti du danger qui le menaçait. Il ne semble pas ignorer que des officiers de la Wehrmacht veulent l'arrêter ou le tuer. Rommel est très abattu.

Beaucoup d'officiers s'étonnent de la passivité du maréchal Rommel, converti à une bataille défensive. Ce n'est plus le maître aux initiatives audacieuses. Du style inimitable du chef de l'Afrikakorps ne subsiste plus que les visites qu'il doit effectuer tous les jours sur le front normand à bord de sa voiture, malgré la supériorité aérienne des Alliés. Il ne peut s'accorder un vrai moment de détente que très tard le soir, quand il effectue une promenade avec les officiers Rue et Speidel. Un état de santé assez médiocre explique cette passivité. L'homme est nerveux, anxieux, pessimiste, mal remis de sa maladie contractée en Égypte en 1942.

Cette passivité tient aussi à une énorme erreur stratégique. Rommel croit toujours à l'imminence d'un débarquement au nord de la Seine. Cette erreur tient à une grave défaillance des services de renseignement du Reich, qui attribuent aux Alliés des réserves supérieures à la réalité.

---

9. *Ibid.*
10. *Ibid.*

L'apport capital des troupes britanniques et canadiennes

Le 7 juin 1944, les troupes britanniques et canadiennes attaquent en direction de Caen, autour du village de Lebisey et de ses bois. Malgré un fort appui d'artillerie, la 185e brigade britannique subit de lourdes pertes. La 21e *Panzerdivision* a établi de solides positions sur les hauteurs surplombant Caen. La 9e brigade canadienne se heurte aux détachements fraîchement arrivés de la 12e division SS Hitlerjugend. Après des combats meurtriers, les attaques britanniques, canadiennes et allemandes cessent, sans qu'aucun camp n'ait véritablement porté le moindre coup décisif.

Sur le front de Bayeux, la 8e brigade blindée britannique s'empare de la côte 103. Mais la division Panzer Lehr, arrivée sur le front, enraye la progression britannique.

Le 9 juin, à l'ouest de l'Orne, les Britanniques et les Canadiens poursuivent leur offensive, s'efforçant de progresser village par village, en réduisant les défenses ennemies. La résistance allemande est féroce. Le régiment Royal Ulster Rifles perd 11 officiers, 182 sous-officiers et soldats, lors de cette unique journée. Les Alliés parviennent cependant à repousser la plupart des contre-attaques allemandes du 9 juin. L'artillerie britannique et canadienne, complétée par les canons de marine, s'avère extrêmement efficace pour disperser les unités de panzers. Attaques et contre-attaques se multiplient dans les deux camps. Le front britannique se fige rapidement dans une lutte stérile de guerre de position. Montgomery ne peut s'emparer de Caen. Rommel ne parvient pas à le repousser en direction des côtes.

Du 11 au 14 juin, au sud de Bayeux, le 5e corps d'armée américain, les 30e et 1er corps d'armées britanniques livrent de durs combats à la division Panzer Lehr, aux 2e et 12e *Panzerdivisionen* SS. Villers-Bocage est l'enjeu d'une lutte sans merci, où la 7e division blindée britannique subit des pertes terribles sans parvenir à enfoncer les positions adverses.

Alors que les Britanniques piétinent dans les secteurs de Bayeux et de Caen, l'armée américaine s'empare brillamment de la totalité de la péninsule du Cotentin du 10 au 28 juin 1944. Les 9e, 79e, 4e divisions américaines font la conquête de Valogne, Les Pieux, Quettenhou, puis de Cherbourg, malgré la résistance acharnée des troupes allemandes.

L'opération britannique Espsom, du 26 juin au 1er juillet 1944, à l'ouest de Caen, connaît un début prometteur avec la progression des 30e et 8e corps d'armée (15e division écossaise, 43e division Wessex, 11e division blindée, 49e division West Riding), en direction de

Baron et de la côte 112. Mais les contre-attaques allemandes (division Panzer Lehr, 2e, 9e, 10e *Panzerdivisionen* SS et 21e *Panzerdivision*) ont raison de cette offensive, finalement enrayée. Le 29 juin, la 11e DB britannique parvient à déployer des chars sur la position stratégique de la côte 112. Elle résiste héroïquement à des assauts des éléments de tête de la 1re *Panzerdivision* SS et de la 21e *Panzerdivision*. Le 30, Montgomery met fin à l'offensive. Le 8e corps d'armée britannique a perdu un peu plus de 4 000 hommes en cinq jours. La 15e division écossaise a fait la preuve d'un indéniable courage. Le 8e corps d'armée britannique a dû affronter la plus grande concentration de divisions blindées SS rassemblées depuis la bataille de Koursk sur le front soviétique en 1943 !

À la fin juin 1944, le front de Normandie se fige sur un front de 150 kilomètres, où 15 divisisons américaines et 12 divisions britanniques (dont une division canadienne) affrontent 22 divisions allemandes. Les Britanniques tiennent 60 kilomètres de front et les Américains 90 kilomètres. On notera que 7 des 9 *Panzerdivisionen* engagées sur le front normand font face aux Britanniques.

Le 30 juin 1944, la 2e armée britannique a subi 24 698 pertes (tués et blessés) depuis le débarquement, pour 34 034 chez les Américains. Durant la même période, les pertes allemandes se montent à 80 783 soldats hors de combat.

Le rôle méconnu et efficace de la Résistance normande

L'imminence d'un débarquement allié à l'Ouest a pour conséquence une aggravation de la répression. L'agent allemand Raoul Kiffer a si bien infiltré la Résistance normande que l'occupant peut s'emparer d'importants stocks d'armes provenant de parachutages alliés. Les arrestations suivent également. Le délégué militaire régional Valentin Abeille, arrêté le 20 mai 1944 avec un de ses officiers, Roger Simon, tombe sous les balles le 31. Le responsable du Bureau des opérations aériennes (BOA), Clouet des Pesruches, échappe de peu aux tueurs gestapistes qui abattent sa secrétaire. Il reçoit l'ordre de rejoindre Londres, ainsi que son adjoint Pichard. Le BOA a cependant obtenu, lors des mois précédant le débarquement, des résultats appréciables sur toute la région. Le résistant Édouard Paysant y a également joué un rôle important, sans oublier Gros-Granvalet et Janvier-Croisé. La Basse-Normandie compte vingt terrains homologués, qui reçoivent une centaine de tonnes d'armes et de matériel.

Dans cette région, appelée à devenir la tête de pont du débarquement, Jacques Foccart a la lourde charge de faire appliquer le plan Tortue, devant désorganiser les communications allemandes, dont l'acheminement des panzers dans la zone arrière. Mission capitale puisque les divisions blindées allemandes ne se trouvent pas à proximité du littoral, malgré les demandes répétées du maréchal Rommel.

Rommel, qui n'oublie pas de mentionner dans ses rapports la Résistance comme danger potentiel pour ses divisions, espère cependant que la Gestapo et l'Abwehr ont porté des coups assez rudes pour rendre inopérante l'action des « terroristes ». Le « Renard du Désert » va devoir assez vite déchanter; si la Résistance normande se trouve en partie décapitée, elle dispose suffisamment de ressources pour être en mesure d'engager une lutte efficace. Le FTP Georges Beaufils, envoyé dans l'Ouest comme inspecteur régional des FFI, a pris la région en main suite à l'élimination de plusieurs responsables locaux. Il est assisté par les résistants Harivel, Bertin de La Hautière, Marcel Baudot…

Les départements (Calvados, Manche, Eure et Orne), où vont se dérouler les combats décisifs pour l'établissement et l'élargissement de la tête de pont, peuvent compter sur près de 10 000 FFI (AS, FTP, ORA), avec une quantité non négligeable d'armes parachutées.

Les combattants sans uniforme, parfois sans armes, dont les brassards n'épargnent pas le sort tragique des « terroristes », vont se trouver engagés dans la plus grande opération combinée de la Seconde Guerre mondiale.

Le Calvados, avec ses 18 kilomètres de côtes affectées par le débarquement, se trouve être le département normand le plus touché le jour J ; les opérations sur les côtes de la Manche se limitant aux cinq kilomètres d'Utah Beach. Le chef départemental FFI du Calvados, Jacques Bergeot, a comme adjoints Léonard Gilles, Dumis, Duchez et Poinlanne. Bergeot, qui se trouve à Luc-sur-Mer, localité libérée dès le 6 juin, est alors coupé de ses troupes. Le commandant de Parléani doit prendre la direction des opérations. Il assure avec succès cette délicate mission malgré les difficultés de communication, étant obligé de circuler à bicyclette pour coordonner les efforts.

La forte densité de l'occupation allemande en Normandie a rendu délicate l'implantation des maquis (Guillaume le Conquérant, La Marseillaise, Montcalm…). Les opérations de la Résistance du Calvados sont cependant importantes dès la phase d'alerte à la BBC : 8 ponts et 100 véhicules détruits. En outre, il convient de signaler de très nombreux sabotages de voies de chemin de fer et d'innombrables ruptures de câbles téléphoniques. Les parachutistes alliés sont guidés, par les habitants et les résistants locaux, hors des champs de mines et des pièges multiples. La célèbre Henriette Henry sauvera ainsi de nombreuses vies. Ainsi que le rapporte le commandement allié :

> Ce rôle a été considérable le long de la côte, lors du passage de rivières, à Caen en particulier et dans les coins difficiles du bocage. En tout cas de nombreuses attestations données par des officiers d'unités anglaises, canadiennes et belges à des FFI semblent le prouver abondamment[11].

Les FTP se distinguent particulièrement dans la région de Vire. Les groupes SOE d'Antoine et des détachements FTP truffent de mines les grands itinéraires des environs de Lisieux et d'Orbec. Les groupes Michel et Normandie se manifestent à Evrecy, Bény-Bocage et Sourdeval. Le chef d'équipe Jean-Renaud Dandicolle, résistant bordelais ayant rejoint le SOE, combat avec une grande efficacité dans la région de Cesny-Bois-Halbout : il sabote de nombreuses voies ferrées et parvient à tendre des embuscades meurtrières. Gravement blessé lors d'un combat, il est sauvagement abattu par les nazis.

Dans la Manche, les parachutistes alliés sont également recueillis et guidés par les résistants du coin. Le chef départemental Yves Gresselin fait appliquer le plan Vert sur les voies ferrées entre Cherbourg et Carentan, Cherbourg et La Haye-du-Puits, Lison et Coutances, Folligny et Granville; d'autres sabotages ferroviaires interviennent à Saint-Sauveur-le-Vicomte, Saint-Lô, La Haye-Pesnel, ainsi que la destruction des câbles de télécommunication à longue distance. Les groupes FTP sabotent et mitraillent dans la région de Cherbourg, Valognes, Carantan, Coutances et d'Avranches. Des groupes OCM font de même dans les secteurs des Pieux, de Sainte-Mère-Église, Chef-du-Pont et Villebaudon. Libération-Nord agit dans le secteur de Montmartin, Saint-Laurent-de-Terregatte et Cérences. Marie Granet explique :

> Les résistants de tous les groupes sont extrêmement actifs : ils aident l'armée américaine, lui fournissent des renseignements, participent aux combats... Henri Moroge, sa femme et Lefranc regroupent dix-neuf paras tombés dans les marais de Trébéhou,

11. Archives du centre national Jean Moulin, Bordeaux.

> les conduisent à Graignes, où ils retrouvent d'autres paras, en tout cent cinquante : ils résisteront aux Allemands jusqu'au 11 juin. Moroge guide ensuite l'armée américaine… Mauger passe les lignes le 19 et le 20 juin pour porter des renseignements aux Américains, puis les guider… Lecrès passe plusieurs fois les lignes entre Bricquebec et Port-Bail, pour porter des renseignements aux Anglais (spécialement sur les défenses de Cherbourg) ; il fait le coup de feu et avec des camarades (Luce et Harassé), il fait douze prisonniers[12].

Les lignes téléphoniques allemandes sont coupées dans le secteur de Mortain par divers groupes dirigés par André Bedon et Louis Pinson. D'autres sabotages ont lieu aux environs d'Avranches où la voie ferrée Lison-Damballe est coupée. Des câbles souterrains sont sectionnés et quatre lignes aériennes mises hors de combat. Des arbres abattus obstruent les routes. À Barenton, le groupe Les Courtils, commandé par le chef de brigade Dauvergne, arrache les pancartes allemandes et coupe des fils. Les groupes de Saint-Hilaire du Harcouet, que dirigent Louis Blouet et Jacques Navier, abattent un gigantesque sapin qui barre la route entre Juvigny-le-Tertre et Le Poiton. Le 8 juin, cet obstacle stoppe une colonne allemande de trente camions cible idéale pour l'aviation alliée qui va la réduire en fumée.

Dans l'Eure, le maquis Surcouf, commandé par les résistants Baudot, Leblanc, Lesage et Vesque, liquide la Feldgendarmerie de Pont-Audemer, coupe les lignes téléphoniques environnantes, multiplie les sabotages et les embuscades. La section Le Braz attaque l'observatoire de Saint-George-du-Vièvre : deux maquisards sont tués, mais les pertes allemandes ont été lourdes : huit soldats abattus, six fusils Mauser et deux mitrailleuses récupérés. Le 7 juin, le maquis capture une quinzaine de soldats ennemis.

Dans l'Orne, le chef départemental FFI Daniel Desmeubles fait appliquer le plan Tortue avec une grande efficacité. L'acheminement de renforts allemands vers la tête de pont se trouve retardé de plusieurs heures, plus de cent cinquante véhicules sont mis hors de combat. Le brouillage des panneaux de signalisation force un important convoi à tourner en rond, dans la région de Flers, durant une nuit entière.

Le 11 juin, le maquis de Lignières-la-Doucelle s'oppose à 200 soldats allemands pendant trois heures. Le chef dépatemental FFI,

12. Archives du mémorial de Caen.

Daniel Desmeubles, est capturé, mais l'occupant perd une vingtaine d'hommes. La Wehrmacht réagit violemment contre la guérilla qui se généralise dans l'Orne. Dans la forêt d'Écouves, plus de 400 soldats allemands sont mis hors de combat par les maquis.

La difficile victoire des Alliés en Normandie

Après la chute de Cherbourg, à la fin du mois de juin, la 1re armée américaine du général Bradley se prépare à pousser vers le sud. À l'ouest, à la base de la presqu'île du Cotentin, la 79e DI, la 82e division aéroportée et la 90e DI sont étirées sur des terrains marécageux, facilitant la défense allemande du corps d'armée du général von Choltitz, solidement retranché dans les collines boisées plus au sud. Au sud de Carentan, les 4e et 83e DI américaines sont également déployées en terrain humide et plat, où les affrontent la 17e division de panzergrenadiers SS et la 353e DI.

À l'est du front de Saint-Lô se trouvent les 30e, 35e, et 29e DI américaines, déjà dans le bocage normand. Il en va de même des 2e et 1re DI américaines autour de Caumont, jusqu'au secteur britannique. Elles sont face au 2e corps d'armée de parachutistes allemands du général Meindl. Les généraux allemands montent une défense très efficace avec leurs groupes de combat, composés d'unités d'infanterie soutenues par des canons tractés, des blindés et des unités du génie. Ainsi que l'écrit Antony Beevor :

> La campagne américaine commença le 3 juillet, quand le 8e corps, sous le commandement du général Middleton, attaqua sur le flanc ouest. L'été était pluvieux, aussi les GI s'élancèrent sous une pluie battante. Les soldats américains, écœurés par le froid et l'humidité du climat britannique qu'ils avaient subi durant leurs mois de formation, avaient espéré qu'en France la météo serait plus clémente. Le plafond était bas, interdisant tout appui aérien, et la pluie trop drue pour permettre aux observateurs d'artillerie d'exercer leurs talents avec précision. Tôt dans l'après-midi, la 82e aéroportée s'empara de son objectif, la côte 131, au nord de La Haye-du-Puits, mais partout ailleurs l'offensive s'enlisa[13].

13. Antony Beevor, *D-Day et la bataille de Normandie*, Calmann-Lévy, 2009.

La 83e DI américaine perd 1 400 soldats lors de cette attaque, tandis que la 4e DI déplore 5 400 hommes hors de combat depuis qu'elle se trouve en Normandie, et n'en reçoit que 4 400 en renforts. L'offensive américaine se canalise entre les marécages le long de la Sève à l'ouest et ceux de la Taute à l'est. Il est donc impossible de contourner les défenses allemandes, et le sol est souvent trop détrempé pour les chars. Les soldats allemands souffrent également dans leurs positions inondées par près de 60 centimètres d'eau.

Le 7 juillet 1944, par un matin brumeux et couvert, la bataille de Saint-Lô débute par la poussée de la 30e DI américaine dans le but d'éliminer les défenseurs allemands à l'ouest de Vire. Les soldats américains s'empêtrent dans les marais et les haies du bocage, ainsi que dans les berges escarpées de la Vire. Le général Bradley, exaspéré par la lenteur de leur progression, décide d'envoyer la 3e division blindée dans l'espoir de hâter les choses. Les troupes américaines tombent dans des embuscades soigneusement préparées par les Waffen SS de la division Das Reich, nouvelle venue sur le front normand. Il faut le soutien de l'artillerie américaine, tirant plus de 9 000 obus le 9 juillet, pour éviter un désastre total.

Le 10 juillet, le 47e corps américain, pris entre les marais et la Taute, tente une nouvelle fois de progresser au sud-ouest, au-delà de la route Carentan-Périers. On enregistre quelques succès locaux, mais il est toujours impossible d'enfoncer en profondeur les positions allemandes. Il faut quatre jours de violents combats à la 83e division américaine pour couvrir un peu plus d'un kilomètre.

Le général Barton, commandant la 4e division américaine, écrit :

> Les Allemands ne se maintiennent que parce que leurs soldats ont des tripes. En infanterie, nous les surclassons à 10 contre 1, à 50 contre 1 en artillerie, et notre supériorité aérienne est infinie[14].

Un rapport américain, se fondant sur les interrogatoires de prisonniers allemands, conclut :

> Les Allemands n'ont aucun respect pour les qualités de combattant de l'Américain moyen. Les Rangers et les parachutistes sont en revanche respectés. Les Allemands sont profondément endoctrinés par la propagande. Un prisonnier de 19 ans, membre des

14. Archives du mémorial de Caen.

> Jeunesses hitlériennes de la 17e division de panzergrenadiers SS, croit dur comme fer que les Américains se trouvent dans une situation désespérée, que l'Allemagne va détruire les Alliés occidentaux, puis battre l'armée russe[15].

En cinq jours de combats dans le bocage et les marais, le 22e RI de la 4e DI américaine perd 729 hommes, dont un chef de bataillon et 5 commandants de compagnie.

La division Panzer Lehr, chargée de contre-attaquer les troupes américaines du 30e corps, se trouve à la limite de ses forces : son régiment de panzers est passé de 2 200 hommes et 183 chars à tout juste 400 hommes et 65 chars lorsqu'il atteint le secteur américain le 7 juillet. Son 901e régiment de panzergrenadiers est passé de 2 600 à 600 hommes, et le 902e régiment de panzergrenadiers de 2 600 à 700. Le 11 juillet, les chasseurs bombardiers américains étrillent sérieusement cette division allemande, qui perd 20 blindés et près de 700 hommes. La guerre s'enlise de nouveau dans une lutte stérile pour la conquête d'un terrain dérisoire.

Dans le secteur britannique, une nouvelle bataille pour la conquête de Caen débute le 4 juillet 1944 par l'opération Windsor, attaque préliminaire lancée par la 8e brigade d'infanterie canadienne pour prendre le village et l'aérodrome de Carpiquet, à l'ouest de la ville. Carpiquet est défendu par des troupes de la 12e *Panzerdivision* SS Hitler-jugend. Soutenue par l'artillerie navale, les Canadiens passent à l'assaut à 5 heures. Le village est réduit à l'état de gravats. La lutte est féroce, mais vers 14 heures les vestiges de Carpiquet sont aux mains des Canadiens. Une violente contre-attaque allemande repousse les assaillants.

Le 6 juillet, pour limiter les pertes britanniques, Montgomery demande un bombardement massif de la RAF, afin d'ouvrir une brèche dans le dispositif ennemi du secteur de Caen. Dans la nuit du 7 juillet, 467 bombardiers Lancaster et Halifax bombardent la ville, causant la mort de 350 civils, ce qui est effroyable compte tenu du fait que plus des trois quarts de la population ont déjà quitté Caen et que la plupart de ceux qui sont encore là sont réfugiés dans des caves en profondeur. La totalité des pertes civiles de la ville de Caen, victimes des bombardements des 6 et 7 juillet 1944, se monte à 1 150 morts et 1 734 blessés.

---

15. *Ibid.*

Le 8 juillet, les troupes britanniques et canadiennes se heurtent de nouveau à une résistance acharnée des panzergrenadiers SS de la division Hitler-jugend. Le 9, les derniers soldats allemands quittent Caen. La destruction de la ville est telle que, même avec leurs cartes, les Britanniques et les Canadiens n'ont plus aucun moyen de savoir où ils se trouvent. Les Allemands se replient sur la rive sud de l'Orne par le seul pont encore intact en ville, tout en établissant des positions défensives plus en arrière.

Peu à peu, les civils refont surface. Ils ne parviennent pas à croire qu'au bout de quatre ans l'occupation allemande est terminée, et redoutent que les SS ne préparent une contre-attaque pour reprendre la ville. Quelques-uns réservent aux soldats alliés un accueil chaleureux, mais le plus grand nombre reste sous le choc des bombardements.

Un soldat britannique écrit que « la plupart des femmes, terrassées par la terreur et le chagrin, pleuraient toutes les larmes de leurs corps. Elles erraient dans leurs logements détruits, peut-être pour jeter un dernier regard sur leurs trésors personnels. Dans le jardin gisait un livre d'enfant, ses pages voletant au gré du vent. À l'intérieur, les portes branlaient en grinçant sur leurs gonds, les tables étaient renversées depuis la première formidable explosion[16] ».

Le 10 juillet 1944 se déroule une cérémonie pour le lever des couleurs françaises sur la façade de l'église Saint-Étienne, en présence de M. Daure, le nouveau préfet nommé par le général de Gaulle. Dans l'assistance, bien des gens sont en larmes. Trois jours plus tard, la 2e armée britannique organise un défilé de la victoire sur la place Saint-Martin. Alors qu'un drapeau tricolore est hissé, un soldat écossais commence à jouer à la cornemuse. Dans la foule, l'étonnement est visible. Les civils n'ont jamais entendu l'hymne de *La Marseillaise* joué à la cornemuse.

L'offensive britannique n'a été qu'un succès partiel, puisque seule la moitié nord de Caen est tombée. Si bien que ce même 10 juillet, à 5 heures, la 43e division Wessex attaque à partir de la vallée de l'Odon, en direction de la côte 112. Les braves soldats britanniques se heurtent à la résistance acharnée de la 9e *Panzerdivision* SS Hohenstaufen. Le 44e Royal Tank Regiment, venu soutenir les fantassins britanniques, subit de plein fouet la contre-attaque du 502e bataillon de panzers lourds SS, équipé de redoutables chars Tigre de 56 tonnes. Les chars britanniques, plus légers comme les Sherman de 32 tonnes,

16. *Ibid.*

se font décimer. Le blindage frontal de 100 à 110 mm des Tigre résiste aux principaux canons antichars alliés. La lutte se poursuit le 11 juillet. Les chars britanniques Churchill de 40 tonnes, un peu plus lourds que les Sherman, ne peuvent cependant rivaliser contre les puissants Tigre. L'infanterie britannique accomplit de véritables exploits en s'emparant notamment de la côte 112 le 12 juillet, malgré la supériorité en armement lourd des Allemands; puis les SS les repoussent à l'issue d'une nouvelle contre-attaque menée par des chars Tigre. Après la pluie de la semaine précédente, la température finit par atteindre les 30 °C! La moindre explosion soulève des nuages de poussières. La côte 112 se transforme en paysage lunaire sous l'effet des tirs d'artillerie et des bombardements aériens. Le front allemand ne peut être enfoncé.

Sur le front de Saint-Lô, l'armée américaine reprend l'offensive le 11 juillet 1944. La progression est lente devant la résistance allemande particulièrement solide. Le 15 juillet, treize bataillons américains d'artillerie et de nombreux chasseurs bombardiers P47 Thunderbolt pilonnent les défenses adverses, dont des batteries de canons de 88 mm. Pendant la nuit du 17 juillet, les Allemands évacuent la crête des environs de Saint-Lô. Le 18, le groupe motorisé du général américain Cota pénètre dans la ville qui n'est plus qu'un amas de ruines. Cette offensive du 7 au 18 juillet coûte près de 40 000 hommes aux Américains (tués, disparus et blessés). Le général Montgomery rend hommage « aux magnifiques soldats américains qui se sont emparés de Saint-Lô[17] ». De son côté, Antony Beevor écrit :

> Pourtant, les généraux allemands, même après la guerre, continuaient de penser que le formidable effort entrepris par les Américains pour prendre la ville avait été parfaitement inutile. Saint-Lô aurait de toute façon été contournée dès le lancement de la grande offensive américaine, l'opération Cobra, à peine une semaine plus tard[18].

Les 30e, 35e, 29e et 2e DI américaines ont payé un lourd tribut pour s'emparer de Saint-Lô, solidement défendu par le 2e corps d'armée de parachutistes allemands.

Avant d'aller faire sa visite du front, Rommel adresse, le 16 juillet 1944, à Hitler un rapport accablant :

17. *Ibid.*

18. Antony Beevor, *D-Day et la bataille de Normandie*, *op. cit.*

> En Normandie, la fin est proche. Étant donné l'acharnement des combats, la dépense colossale de matériel à laquelle se livre l'ennemi, surtout en artillerie et en chars, sans oublier la maîtrise du ciel, nos pertes sont telles que la puissance combative de nos unités décroît rapidement. Non seulement les renforts qui nous parviennent sont réduits, mais, vu les difficultés d'acheminement, il leur faut plus d'une semaine pour arriver au front. Les pertes en chars ne sont pas compensées. Nous n'avons reçu, en une journée, que 17 chars pour remplacer les 225 détruits[19].

Le 17 juillet 1944, comme chaque jour, le maréchal Rommel fait sa tournée du front, à bord de sa voiture. Il visite d'abord les secteurs des 276e et 277e divisions d'infanterie, où une attaque alliée a été repoussée. Le capitaine Helmuth, assis à ses côtés, raconte la suite de cette journée particulière :

> Nous avons poursuivi vers le QG du 2e corps blindé SS où le maréchal a eu un entretien avec les généraux Bittrich et Sepp Dietrich. Ceux-ci conseillent de nous méfier de l'aviation alliée, qui survole en permanence le champ des opérations. Vers 16 heures, le maréchal décide de rejoindre son QG, car l'ennemi vient de percer dans une autre partie du front. Le long des routes, nous ne cessons de croiser des convois en feu ; de temps en temps, l'aviation ennemie nous force à emprunter de petites routes secondaires. À 18 heures, la voiture arrive dans les environs de Livarot. Soudain, le long de la route allant de Livarot à Vimoutiers, le sergent Holke nous avertit que deux avions survolent le secteur dans notre direction. Le chauffeur décide d'accélérer pour prendre un chemin qui part à droite, à moins de 300 mètres. L'endroit peut nous abriter. Avant que nous ayons pu l'atteindre, les chasseurs, volant en rase-mottes à grande vitesse, sont sur nous. Le premier ouvre le feu. Le maréchal détourne la tête à ce moment-là. La première des rafales déchire le flanc gauche de la voiture. Un projectile perce le bras gauche et l'épaule du conducteur. Rommel est blessé au visage par des éclats de vitre. Le montant du pare-brise le frappe violemment à la mâchoire et à la tempe gauche, occasionnant une triple fracture du crâne. Il a déjà perdu connaissance et se trouve projeté hors du véhicule

19. Archives militaires allemandes, Fribourg-en-Brisgau.

> quand celui-ci se retourne. Les secours sont arrivés et nous avons emmené le maréchal Rommel à l'hôpital de Bernay. Les médecins ont diagnostiqué un état de choc et plusieurs fractures[20].

Le chasseur bombardier Typhon ayant porté le coup fatal est piloté par Jean-Jacques Le Roux, un aviateur de la France libre.

Le lendemain, 18 juillet 1944, le général britannique Montgomery déclenche l'opération Goodwood dans le secteur de Caen. En deux heures et demie, 2 000 bombardiers lourds alliés et 600 autres moyens larguent 7 567 tonnes de bombes sur les positions allemandes. Au large de la côte, les navires de la Royal Navy déclenchent également un bombardement massif. Le 2e corps d'armée canadien et le 6e corps d'armée britannique passent à l'offensive, avec le 2e et 3e divisions canadiennes, la 51e division écossaise, les 11e et 7e divisions blindées britanniques, la division blindée britannique de la Garde, la 3e DI britannique. Dans le secteur de l'Orne, la 6e division de parachutistes britanniques fixe la 711e DI allemande. Le front allemand du secteur de Caen est alors défendu par la 2e *Panzerdivision*, la 272e DI, les 1re et 12e *Panzer-divisionen* SS, la 21e *Panzerdivision*, la 16e division de campagne de la Luftwaffe et la 364e DI.

Entre le 18 et le 20 juillet 1944, sous la puissance du choc de l'offensive britannique, la ville de Caen est entièrement conquise, ainsi que plusieurs localités au sud de la cité, comme Cuverville, Touffréville, Giberville, Démouville, Banneville-la-Campagne, Mondeville, Cagny, Grentheville, Soliers, Hubert-Folie, Bras, Ifs et Fleury-en-Orne. Les combats sont d'une violence inouïe. Les troupes britanniques et canadiennes luttent avec un courage remarquable, tandis que les défenseurs allemands opposent une résistance féroce. Les chars Sherman, Cromwell et Churchill se heurtent aux redoutables Tigre, Panther et Panzer IV. Après une progression d'une quinzaine de kilomètres, l'offensive est finalement contenue. La crête de Bourguébus est l'enjeu d'une lutte terrible, que les Allemands parviennent cependant à conserver en grande partie.

Sir Basil Liddel Hart écrit au sujet de cette offensive :

> Ce fut l'attaque de chars la plus massive de toute la campagne ; elle fut lancée par trois divisions blindées fortement concentrées.

20. *Ibid.*

Elles avaient été discrètement assemblées dans la petite tête de pont sur l'Orne et elles en sortirent en trombe au matin du 18 juillet après qu'un immense tapis de bombes eut été lâché pendant deux heures par plus de deux mille bombardiers lourds et moyens. Les Allemands du secteur furent abasourdis et la plupart des prisonniers faits ce jour-là étaient à un tel point assourdis par le bruit des explosions qu'il fallut attendre au moins vingt-quatre heures pour procéder à leur interrogatoire. Mais les défenses étaient plus profondes que ne le pensaient les services de Renseignements britanniques.

Rommel, qui s'attendait à une attaque de ce genre, avait accéléré leur renforcement jusqu'à ce que, la veille de l'offensive, il fût lui-même mis hors de combat par un avion à proximité du village bien nommé de Sainte-Foye-de-Montgomery. De plus, l'ennemi avait entendu le grondement que faisaient les chars britanniques en avançant vers l'est dans la nuit en vue de l'offensive. Dietrich, le général allemand qui commandait le corps d'armée, déclara qu'il avait pu entendre à plus de six kilomètres malgré les bruits divers qui les masquaient, en posant son oreille contre terre : un truc qu'il avait appris en Russie.

Les espoirs de ce début brillant s'évanouirent peu après le franchissement des premiers niveaux du système défensif. La division blindée qui avançait en tête, au lieu de contourner les points fortifiés des villages à l'arrière, les affronta au milieu d'une certaine confusion. Les autres divisions furent retardées par des embouteillages en sortant de l'étroite tête de pont et l'avant-garde avait déjà dû arrêter sa progression lorsqu'elles arrivèrent sur les lieux. Dès l'après-midi, on pouvait considérer que la magnifique occasion avait été manquée.

Cet échec a longtemps été enveloppé de mystère. Dans son rapport, Eisenhower mentionna cette opération comme une tentative de « percée » et parla d'une « exploitation en direction de la Seine et de Paris ». Mais tous les historiens britanniques d'après-guerre déclarent qu'elle n'avait pas d'objectifs aussi lointains et qu'aucune percée n'avait jamais été envisagée sur ce flanc.

Ils suivent en cela le récit de Montgomery lui-même qui insistait sur le fait que cette opération n'était qu'une bataille de position, destinée à créer une menace pour faciliter la prochaine offensive américaine et secondairement pour gagner du terrain, afin de pouvoir y assembler des forces importantes prêtes à attaquer vers

> le sud et le sud-est lorsque les forces américaines avanceraient vers l'est pour faire leur jonction avec elles après la percée[21].

Les Britanniques et les Canadiens perdent en trois jours (18-20 juillet 1944) 5 537 hommes (tués, blessés, disparus) lors de cette offensive. Leurs pertes en Normandie se montent désormais à 52 165 hommes depuis le 6 juin 1944. Antony Beevor analyse ainsi :

> Les équipages de chars britanniques devaient trouver extrêmement démoralisant d'attaquer de redoutables batteries de 88, tout en sachant fort bien qu'ils risquaient d'être touchés bien avant que leurs chars de qualité inférieure n'aient pu engager l'ennemi. Et, une fois de plus, nous ne devrions jamais oublier qu'on ne pouvait attendre des soldats d'une démocratie, des civils pour la plupart, qu'ils fassent preuve du même esprit de sacrifice que les membres endoctrinés de la Waffen SS, convaincus qu'ils luttaient pour empêcher que leur pays ne soit annihilé [...].
> Quelles qu'aient pu être les failles de l'opération Goodwood, et les affirmations mensongères de Montgomery à l'époque et plus tard, il ne fait aucun doute que les Britanniques et les Canadiens avaient immobilisé les divisions de panzers au moment crucial[22].

L'opération américaine Cobra, du 25 juillet au 1er août 1944, sur le front de Saint-Lô, est déclenchée par le 8e corps d'armée du général Middleton, le 7e corps d'armée du général Collins et le 19e corps d'armée du général Corlett. L'ensemble repose principalement sur le 6e, 4e, 1re, 3e et 2e divisions blindées américaines, les 1re, 4e, 9e, 30e DI américaines. Elles se heurtent à des unités allemandes très affaiblies des 243e, 353e, 91e et 363e DI, de la division Panzer Lehr, de la 2e *Panzerdivision* SS et de la 17e division de panzergrenadiers SS.

Dès le 25 juillet 1944, dans la matinée, un millier de bombardiers américains B17 et B24 déversent un déluge de bombes sur les unités allemandes. La division Panzer Lehr perd en quelques heures 25 chars, 10 canons d'assaut et un millier de soldats. La progression américaine est spectaculaire, avec un bond d'une centaine de kilomètres le long des côtes maritimes, la prise de Coutances et surtout d'Avranches. Les 28 et 30 juillet, les contre-attaques allemandes de la 2e *Panzerdivision*, soutenue par des éléments de la 343e DI, du 2e corps de

21. Sir Basil Liddell Hart, *Histoire de la Seconde Guerre mondiale*, *op. cit.*
22. Antony Beevor, *D-Day et la bataille de Normandie*, *op. cit.*

parachutistes allemands du général Meindl, sans oublier la 116e *Panzerdivision*, permettent de contenir finalement cette offensive au sud et à l'est de Saint-Lô. L'armée allemande est cependant au bord de l'effondrement. De nombreuses colonnes allemandes, en pleine retraite, sont détruites par l'aviation, l'artillerie et les chars américains. Une colonne de 96 véhicules entièrement détruits compte également 1 150 cadavres de soldats allemands.

Un officier américain raconte que « quand revint la lumière du jour, environ 300 fantassins allemands tentèrent de traverser un marais au nord de la route de Grimesnil. Les chars les pourchassèrent et les tuèrent presque tous. On retrouva près de 300 cadavres dans et autour de ce marais. Six cents autres corps gisaient le long de la route qui avait été pilonnée, masse sanguinolente de bras, de jambes et de têtes, de cadavres carbonisés. On trouva au moins trois Allemands à divers stades de la décapitation. L'un d'entre eux conduisait la voiture d'un général[23] ».

Le général Rudolph-Christoph von Gersdorff, nouveau chef d'état-major de la 7e armée allemande, arrivé à son poste de commandement avancé de 5 kilomètres au nord-est d'Avranches tôt dans l'après-midi du 29 juillet, y trouve une situation catastrophique. Les Allemands n'ont pratiquement plus de troupes pour défendre la route côtière. Les 6e et 4e divisions blindées américaines, déjà sous le commandement du général Patton, foncent sur Avranches. Le 8e corps d'armée américain du général Middleton capture 7 000 soldats allemands en à peine trois jours.

De son côté, le général Montgomery déclenche, le 30 juillet 1944, l'opération Bluecoat, au sud de Caumont, où les Britanniques ont repris une portion du front américain. Ils ont choisi ce secteur notamment parce qu'il n'y a pas de *Panzerdivision* SS. En tête du 8e corps d'armée du général O'Connor se trouvent la 15e division écossaise, la division blindée de la Garde et la 11e division blindée britannique. Sur leur gauche, le 30e corps d'armée du général Bucknall reçoit l'ordre de prendre Aunay-sur-l'Odon, puis le massif du mont Pinçon avec la 7e division blindée britannique. L'objectif est de s'emparer des hauteurs, afin de contrôler les axes routiers au sud de la crête que les Allemands empruntent pour se replier.

L'opération Bluecoat est précédée d'un puissant bombardement aérien et d'un pilonnage d'artillerie. Attaquant sur un front étroit,

23. Archives du mémorial de Caen.

la 15e division écossaise se heurte à la résistance de la 326e DI allemande. Dès 16 heures, les chars Churchill, appuyant l'infanterie écossaise, s'emparent de la côte 309, après une lutte acharnée. La côte 226 tombe à son tour. La 326e DI allemande contre-attaque pour reprendre les deux hauteurs. Les Britanniques opposent une farouche résistance. Le général allemand von Drabisch-Wächter, commandant de la 326e DI, est tué. La 21e *Panzerdivision*, arrivée en renfort, passe à l'assaut et se heurte aux chars Churchill, Sherman et Cromwell. Les Panther et les Tigre causent de lourdes pertes dans les rangs britanniques. Trois chars lourds allemands détruisent 12 blindés britanniques en quelques minutes.

Tandis que la 15e DI écossaise et la 6e brigade de chars de la Garde défendent leurs hauteurs, la division blindée de la Garde lance une attaque sur Saint-Martin-des-Besaces, un gros bourg à la croisée de trois routes stratégiques. Mais les Allemands se défendent avec acharnement, soutenus par des blindés.

Sur la droite, la 11e DB britannique fait un bond spectaculaire jusqu'aux hauteurs des environs du Bény-Boccage, contraignant le général allemand Meindl à retirer sa 3e division parachutiste. Afin de contrer l'offensive britannique Bluecoat, le commandement allemand est obligé d'engager les 9e et 10e *Panzerdivisionen* SS.

Du 6 juin au 7 août 1944, l'armée allemande déplore la perte de 151 487 soldats (tués, blessés ou disparus) sur le front normand. Elle ne reçoit que 20 000 soldats en renforts.

Dans le secteur de Mortain, du 6 au 12 août 1944, la 30e DI américaine subit de plein fouet une puissante contre-attaque allemande, menée par des unités de la 116e *Panzerdivision*, de la 2e *Panzerdivision*, des 1re, 2e et 10e *Panzerdivisionen* SS. Les positions américaines sont enfoncées en plusieurs endroits sous la puissance du choc. L'aviation alliée intervient massivement pour enrayer la progression des troupes allemandes en parvenant à détruire, avec le puissant concours de l'artillerie lourde américaine, une centaine de blindés ennemis. Sur la colline de Mortain, l'unique 2e bataillon américain du 12e RI de la 30e DI perd 300 hommes sur 700. Sa défense héroïque de la côte 314 a été un élément clé de la victoire américaine.

Le 7 août 1944, le général Montgomery déclenche l'opération Totalize, au nord et à l'ouest de Falaise, à la sortie de la plaine de Caen. Les 4e division blindée canadienne, 2e division d'infanterie canadienne, 1re division blindée polonaise, 51e et 59e divisions britanniques d'infanterie affrontent les 217e, 89e, et 272e divisions allemandes d'infanterie, soutenues par la 12e *Panzerdivision* SS.

La sous-préfecture de Falaise est détruite à 85 %, à la suite d'une succession de bombardements durant plus de deux mois. Les Polonais, les Canadiens et les Britanniques livrent de terribles combats ; mais sont finalement contenus par la 12e *Panzerdivision* SS. Dans la nuit du 13 au 14 août, 700 bombardiers alliés lâchent 4 000 tonnes de bombes sur la ville, déjà fortement éprouvée lors des semaines précédentes. Après une difficile conquête des collines dominantes, les soldats canadiens de la 6e brigade entrent dans Falaise, le 17 août au matin. Le lendemain, les fusiliers du régiment Mont-Royal chassent les derniers Allemands de la ville.

À Chambois, 100 000 soldats allemands se sont regroupés dans le secteur. Les Alliés les encerclent. Les troupes polonaises et canadiennes tiennent le front nord, les Américains et la 2e division blindée française du général Leclerc celui du sud, l'armée britannique celui de l'ouest. Le 18 août 1944, la 4e division blindée canadienne s'empare de Trun et de Saint-Lambert ; les troupes polonaises opèrent la jonction avec le 359e régiment américain, ce qui permet de boucler en partie la poche de Falaise-Chambois.

Le lendemain, 19 août, les Allemands contre-attaquent, mais, au prix de sanglants combats, sont repoussés. Le 20, les parachutistes allemands ouvrent cependant un passage entre Saint-Lambert et Coudehard, qui devient le tristement célèbre couloir de la mort. Le 21, les chasseurs bombardiers alliés y mitraillent les colonnes allemandes. Du haut du mont Omel, les Polonais défendent avec courage cette position. La bataille tourne au carnage, où périssent hommes et animaux. Sans carburant, les Allemands tentent de fuir à pied ou à cheval dans une gigantesque bousculade. Les troupes polonaises et américaines rejoignent la division française Leclerc, ainsi qu'une division britannique. Cette opération permet la fermeture de la poche et oblige les survivants allemands à capituler. Plus de 10 000 soldats allemands sont tués, 50 000 faits prisonniers, mais environ 40 000 parviennent à s'enfuir. Les Alliés subissent également de lourdes pertes. Sur la colline du mont Omel, seuls 114 soldats polonais sur les 1 560 présents sont encore valides.

La 1re armée canadienne du général Crerar, la 1re division blindée polonaise, la 2e armée britannique du général Dempsey, la 1re armée américaine du général Hodges, la 2e division blindée française, la 3e armée américaine du général Patton participent à cette bataille d'encerclement.

La bataille de la poche de Falaise-Chambois conclue avec succès, pour les Alliés, la campagne de Normandie. Elle ouvre la voie vers la libération de Paris. L'armée allemande doit opérer un vaste repli de la totalité de ses troupes en France, vers la Hollande, la Belgique, le Luxembourg, la Lorraine, les Vosges et l'Alsace.

Durant les trois mois de la campagne de Normandie (juin à août 1944), l'armée allemande perd 240 000 hommes (tués et blessés) et les Alliés font 200 000 prisonniers. Les Britanniques, Canadiens et Polonais du 21e groupe d'armées dénombrent dans leurs rangs 83 045 victimes (tués et blessés), et les Américains, en comptant la 2e division blindée française, 125 846. L'aviation alliée perd en outre 16 714 hommes, tués au combat ou portés disparus.

*

Comme on peut le constater, la bataille de Normandie n'est pas uniquement une opération américaine. Il en va de même de la Libération de la France. On ignore généralement que 75 % du territoire national sont libérés par les soldats britanniques, canadiens, français, maquisards français et autres alliés non américains. L'armée De Lattre, la division Leclerc et les maquis libèrent 50 % du territoire français. Le sud-ouest et le sud-est de la France sont libérés en grande partie par des unités françaises, armée régulière et maquisards. Le débarquement en Provence en août 1944 est composé à plus de 50 % de troupes françaises.

Il convient également de souligner que 60 à 75 % des divisions allemandes ont lutté contre l'armée soviétique de 1941 à 1945. Sur les 5 318 731 soldats allemands morts durant la Seconde Guerre mondiale, 3 543 009 sont tombés contre l'armée soviétique et seulement 374 475 contre les forces militaires américaines. Les autres troupes alliées (principalement britanniques, canadiennes, françaises, yougoslaves, grecques et autres non américaines) causent la mort d'environ 1 401 247 soldats allemands.

On ignore généralement que 75 % des divisions japonaises ont affronté l'armée et la résistance chinoises, les Alliés occidentaux, dont principalement américains, ont combattu le quart restant. La défaite de l'Axe (Allemagne, Italie, Japon) n'est donc pas une unique victoire américaine, mais l'effort de nombreux pays.

10

La France n'a pas joué un rôle mineur dans la victoire des Alliés

Après la Seconde Guerre mondiale, le rôle de la France dans la défaite allemande est justement reconnu par les Alliés : les faits de la Résistance intérieure avec ses réseaux et ses maquis en 1940-1944, les combats des Forces françaises libres en Afrique en 1941-1942, les campagnes de l'armée d'Afrique en Tunisie et en Italie en 1943-1944, l'épopée de l'armée de De Lattre et de la division Leclerc en France et en Allemagne en 1944-1945... Puis, après 1968, cette image glorieuse de la France est remise en cause, lorsque sont dévoilés le rôle du régime de Vichy dans la déportation des juifs, ou les massacres de résistants par la Milice. Mais ce regard panoramique de la France durant la Seconde Guerre mondiale, juste et nécessaire, a cédé le pas à l'extrême inverse de l'après-guerre, à savoir un dénigrement systématique, alimenté par des auteurs « français » fascinés par tout ce qui vient d'Outre-Atlantique, des « historiens » anglo-américains ouvertement francophobes, des médias uniquement fascinés par le négatif, etc.

La réalité par les faits et les chiffres

À en croire certains auteurs, la contribution française à la victoire des Alliés en 1945 aurait été largement surestimée. Il en irait de même concernant la Grande Guerre! À ce sujet, un auteur nous donne deux chiffres qui laissent rêveur : en novembre 1918, l'armée française aurait représenté seulement 37 % des forces militaires alliées sur le front occidental, et en mai 1945 uniquement 3 %. Or en novembre 1918, l'armée française aligne 111 divisions, tandis que les Alliés belges, britanniques, américains et italiens totalisent sur le front occidental 93 divisions (63 britanniques, 16 américaines, 12 belges et 2 italiennes) : nous sommes donc loin de seulement 37 % de troupes françaises, puisque plus de 50 % des divisions alliées sont françaises.

Au sujet du chiffre ridicule de 3 % pour mai 1945, l'armée française ne se limite pas aux 8 divisions de l'armée de De Lattre et de la division Leclerc. En effet, l'armée française, forte de plus d'un million d'hommes à cette époque, aligne également une dizaine de divisions issues des fronts d'Atlantique et des Alpes, ainsi que de nombreux régiments non endivisionnés. Rien que sur le front occidental, l'armée française aligne des effectifs équivalents à ceux des Britanniques et des Canadiens et légèrement inférieurs à ceux des Américains. En réalité l'armée française de 1945 représente non pas 3 %, mais 30 % des forces militaires alliées (les Britanniques et les Canadiens 30 % et les Américains 40 %) du front occidental. Nous sommes donc loin d'une armée française peu nombreuse et inefficace. C'est l'armée française qui tient la quasi-totalité des fronts des poches de l'Atlantique (Médoc, Royan, La Rochelle, Saint-Nazaire, etc.), de ceux des Alpes occidentales et de l'Allemagne du Sud. Ces divers fronts fixent une trentaine de divisions allemandes sur les 73 disponibles en 1945 à l'Ouest. Nous sommes aux antipodes d'une armée française faisant de la simple figuration.

Dans le déroulement de l'ensemble du conflit lui-même de 1940-1945, la France combattante joue un rôle important dans la défaite de l'Axe à des périodes cruciales. Devant Dunkerque en mai 1940, 30 000 soldats français bloquent 160 000 militaires allemands, permettant ainsi à la plus grande partie du corps expéditionnaire britannique de rembarquer ses soldats professionnels, dont les deux futurs maréchaux Montgomery et Alexander, et de poursuivre la guerre en sécurisant la Grande-Bretagne. Hitler tient à préserver ses *Panzerdivisionen* qui vont devoir affronter 60 % de l'armée française sur la Somme, l'Aisne et la ligne Maginot en juin.

Entre le 10 mai et le 25 juin 1940, l'armée allemande déplore la perte de 753 chars détruits. L'aviation allemande compte également 1 428 avions abattus en mai-juin 1940, dont 70 % sont à mettre à l'actif des pilotes français et de la DCA française. Au début de la bataille aérienne d'Angleterre en août 1940, la Luftwaffe se trouve à court de pilotes et d'avions, avec une supériorité matérielle insuffisante pour écraser l'aviation britannique qui, soutenue par un très efficace réseau radar, va être en mesure, grâce également à la qualité de ses avions et de ses admirables pilotes, d'infliger une défaite stratégique au IIIe Reich. Que se serait-il passé si l'aviation allemande n'avait pas perdu 1 428 avions en mai-juin 1940 ?

Comme nous l'avons signalé dans le chapitre 6, la bataille de Bir Hakeim de mai-juin 1942 joue un rôle important dans le rétablissement des troupes britanniques en Égypte, à El Alamein, en fixant durant deux semaines 37 000 des 90 000 soldats italiens et allemands du général Rommel. Le commandement britannique, ainsi que Rommel lui-même, rendent hommage à la résistance héroïque des 3 700 soldats français libres du général Koenig. Sans Bir Hakeim, les troupes de Rommel auraient été en mesure d'atteindre Le Caire en Égypte, d'autant que les places fortes britanniques de Tobrouk et de Mersa Matruh tombent en seulement deux jours de combat, malgré l'importance des effectifs alliés. Les renforts britanniques arrivent sur la position d'El Alamein seulement quelques heures avant les troupes de Rommel !

Sous l'Occupation, les réseaux français de la Résistance intérieure adressent aux Alliés 80 % des documents secrets qui décident du choix du débarquement en Normandie, et donc du succès de la plus importante opération amphibie de la Seconde Guerre mondiale. Les réseaux d'évasion sauvent 4 000 pilotes alliés de l'emprisonnement.

En Tunisie en 1942-1943, les troupes françaises bloquent l'offensive germano-italienne durant plusieurs semaines, permettant aux troupes américaines et britanniques de s'organiser sur de solides positions et de contre-attaquer victorieusement par la suite. Sur le front italien, en mai-juin 1944, le corps expéditionnaire français du général Juin enfonce les positions allemandes sur un front montagneux, permettant ensuite la prise de Rome par les Alliés. Le maréchal allemand Kesserling est le premier à reconnaître la défaite de ses troupes sur le front italien contre les Français :

> L'avance du corps expéditionnaire français, à la fois dans les vallées et en montagne, a rompu notre dispositif, facilité la progression

> des 5e et 8e armées alliées et empêché notre redressement sur la ligne Dora. Les Français ont combattu avec beaucoup de mordant et exploité, sans aucun délai, tous les succès locaux obtenus[24].

L'historien allemand Böhmler, engagé sur le front italien, témoigne également en faveur des troupes françaises :

> La grande surprise fut l'attitude du corps expéditionnaire français. La campagne de 1940 avait jeté une ombre sinistre sur l'armée française. On ne pensait pas qu'elle pourrait se remettre de sa défaite écrasante. Et maintenant les divisions du général Juin se révélaient extrêmement dangereuses. La raison n'en était pas seulement l'expérience en montagne des Marocains et des Algériens. Trois facteurs intervenaient ensemble : à côté de l'expérience en montagne des soldats des colonies françaises, il y avait l'équipement américain très moderne du corps français qui lui donnait une telle puissance. Et enfin ces troupes étaient commandées par des officiers français qui connaissaient parfaitement leur instrument. Avec ces trois éléments de base, Juin avait fait un excellent alliage. Pour la nuit, son corps se montra apte à toutes les missions, et le maréchal Kesserling a souligné en ma présence que ce sont toujours les secteurs du front où il savait que se trouvait le corps de Juin qui lui ont donné le plus d'inquiétude[25].

Pendant toute la durée des offensives françaises sur le front italien, des officiers de liaison anglo-américains ont été détachés auprès des unités de Juin. Dans les notes du colonel Robert Shaw, on peut lire, après une attaque du 7e régiment de tirailleurs algériens (RTA) :

> J'ai eu l'occasion de suivre les troupes françaises. Je n'ai remarqué nul traînard, nulle perte ou abandon d'armes et de matériel. J'ai pu voir quantité de cadavres allemands. Beaucoup d'entre eux gisaient le crâne défoncé ou le corps percé de coups de baïonnette. Moral excellent[26].

24. Archives militaires allemandes, Fribourg-en-Brisgau.
25. Rudolf Böhmler, *Monte Cassino*, Rupert Verlag, 1955
26. Archives militaires françaises, Vincennes.

L'historien britannique John Ellis note au sujet de la fougue des troupes françaises sur le front italien :

> Une drogue inconnue paraissait les encourager à se précipiter vers le sacrifice suprême. Entraînés par une sorte de folie collective, sublimés par la même cause, ils étaient indestructibles. Ce fut admirable[27] !

Les termes du compte rendu du général Ringel, commandant de la 5e division allemande de montagne sur le front italien, sont éloquents :

> L'infanterie franco-marocaine se montre ardente, manœuvrière, déjà bien habituée au canon et au mortier. Elle constitue un instrument de qualité exceptionnelle entre les mains du commandement. La valeur des cadres de cette infanterie est connue depuis la campagne de Tunisie. Ils se sont comportés admirablement, comme on pouvait le craindre. Les jeunes Français du rang se sont conduits de façon admirable, donnant l'exemple et payant ardemment de leur personne. Enfin le général anglais Alexander et le général américain Clark se rendent à l'évidence et doivent admettre qu'au Nord du front, face à la 5e division de montagne et à la 44e division d'infanterie, se tient toujours l'homme que même le commandement allemand a reconnu comme son adversaire le plus dangereux en Italie : le général Juin avec ses Franco-Africains[28].

Contrairement aux « élucubrations mentales » avancées par certains, le front italien ne représente pas un front secondaire, puisqu'il mobilise 30 à 40 divisions allemandes et italiennes fascistes qui ne peuvent intervenir ailleurs. C'est le premier front occidental de septembre 1943 à juin 1944, et le second de juillet 1944 à mai 1945.

Durant la Libération de la France en juin-septembre 1944, les maquis et les troupes françaises délivrent 50 % du territoire national et fixent par la suite l'équivalent d'une trentaine de divisions allemandes sur les fronts de l'Atlantique, des Alpes et d'Alsace d'octobre 1944 à avril 1945. L'armée française parvient également à conquérir tout

---

27. John Ellis, *Cassino, une amère victoire janvier-juin 1944*, Albin Michel, 1987.
28. Archives militaires allemandes, Fribourg-en-Brisgau.

le sud de l'Allemagne jusqu'en Autriche, en détruisant deux armées allemandes, en avril-mai 1945.

Comme on peut le constater par ces faits irréfutables, la place de la France combattante dans la victoire des Alliés ne relève pas du mythe de la propagande, mais bien d'un apport important dans la défaite allemande. Défaite qui relève à la fois des Soviétiques, des Américains, des Britanniques, des Canadiens et des Français, sans oublier d'autres pays alliés.

Sources principales

Archives de 1945 du ministère de la Guerre du 5e Bureau (contre-espionnage), état-major de l'armée, le fichier de la collaboration, collection Dominique Lormier.

Archives de l'État italien, Rome.

Archives de *L'Illustration*, Paris.

Archives de la Fondation Charles de Gaulle, Paris.

Archives de la Fondation de la France libre, Paris.

Archives du centre national Jean Moulin, Bordeaux.

Archives du journal *L'Humanité*, Paris.

Archives du journal *Le Monde*, Paris.

Archives du mémorial de Caen.

Archives du Vatican, Rome.

Archives militaires allemandes, Fribourg-en-Brisgau.

Archives militaires autrichiennes, Vienne.

Archives militaires britanniques, Londres.

Archives militaires françaises, Vincennes.

Archives militaires italiennes, Rome.

Archives nationales, Paris.

AMOUROUX Henri, *Le Peuple du désastre 1939-1940, la grande histoire des Français sous l'occupation*, Paris, Robert Laffont, 1976.

AUBIN Nicolas, « Patton, le meilleur général américain », dans l'ouvrage collectif sous la direction de LOPEZ Jean et WIEVIORKA Olivier, *Les Mythes de la Seconde Guerre mondiale*, volume II, Paris, Perrin/Guerres et Histoire 2017.

Azéma Jean-Pierre, Wieviorka Olivier, *Vichy 1940-1944*, Paris, Perrin, 1997.
Barnett Correlli, *Les Généraux du désert*, Paris, Pocket, 1965.
Bauer Eddy, *La Guerre des blindés*, Paris, Payot, 1962.
Beevor Antony, *D-Day et la bataille de Normandie*, Paris, Calmann-Lévy, 2009.
Bernard Georges, *La Yougoslavie dans la guerre*, Paris, Fayard, 1968.
Bilger Philippe, *20 minutes pour la mort, Robert Brasillach : Le Procès expédié*, Monaco, Le Rocher, 2010.
Böhmler Rudolf, *Monte Cassino*, Leipzig, Rupert Verlag, 1955.
Brissaud André, *Mussolini* (3 tomes), Paris, Perrin, 1983.
Broche François, *Dictionnaire de la Collaboration*, Paris, Belin, 2014.
Bush à oreille : Les Nouveaux Amuse-Bush, Paris, Le Cherche Midi, 2003.
Cartier Raymond, *La Seconde Guerre mondiale*, Paris, Paris Match, 1978.
Céline Louis-Ferdinand, *Bagatelles pour un massacre*, Paris, Denoël, 1937.
Céline Louis-Ferdinand, *L'École des cadavres*, Paris, Denoël, 1938.
Cerri Alain, *La Bataille des Glières*, Annecy, 2012.
Cohen Asher, *Persécutions et sauvetages : juifs et Français sous l'occupation et sous Vichy*, Paris, Le Cerf, 1993.
Crémieux-Brilhac Jean-Louis, *Les Français de l'an 40*, Paris, Gallimard, 1990.
D'Hugues Philippe, « Brasillach et l'Allemagne », *La Nouvelle Revue d'histoire*, n° 50, septembre-octobre 2010.
De Felice Renzo, *Mussolini* (9 tomes), Turin, Einaudi, 1965-1997.
De Gaulle Charles, *Mémoires de guerre*, Paris, Plon, 1960.
De Grandmaison Henri, *Le Colonel Rémy, un héros de l'ombre*, Montreuil, CMD, 2000.
De Loverdo Costa, *La Grèce au combat, 1940-1941*, Paris, Calmann-Lévy, 1966.
Delhez Jean-Claude, *Chars d'assaut, un siècle d'imposture*, Waterloo, Jourdan, 2017.
Delhez Jean-Claude, *Chars d'assaut, un siècle d'imposture*, Waterloo, Jourdan, 2017.
Delhez Jean-Claude, *La Déroute française de 1940 : la faute aux Belges ?*, Paris, Economica, 2015.
Duraffour Annick et Taguieff Pierre-André, *Céline, la race, le juif. Légende littéraire et vérité historique*, Paris, Fayard 2017.

Eisenhower Général, *Mémoires sur la Deuxième Guerre mondiale*, Paris, Robert Laffont, 1949.
Ellis John, Cassino, *Une Amère Victoire, janvier-juin 1944*, Paris, Albin Michel, 1987.
Entretiens de l'auteur avec Gino Boiardi en mars 1994.
Entretiens de l'auteur avec Guy Cartaud, ancien combattant de la France libre, avril 2000, Bordeaux.
Foro Philippe, *L'Italie fasciste*, Paris, Armand Colin, 2016.
Gamelin Général Maurice, *Servir*, Paris, Plon, 1946-1947.
Gentile Emilio, *Qu'est-ce que le fascisme? Histoire et interprétation*, Paris, Gallimard, 2004.
Giocanti Stéphane, *Charles Maurras : Le Chaos et l'ordre*, Paris, Flammarion, 2006.
Gisclon Jean, *La Grande aventure de la chasse française de 1939 à 1945*, Paris, France-Empire, 1983.
Guerre & *Histoire* n° 2, publication Science et Vie.
Guerres & *Histoire* n° 43, juin 2018.
Hilberg Raoul, *La Destruction des juifs d'Europe*, Paris, Gallimard, 2006.
Histoire de guerre n° 20, novembre 2001.
Henninger Laurent, Thierry Widemann, *Comprendre la guerre : Histoire et notions*, Paris, Perrin 2012.
Horen Bernard, *Une Bataille « oubliée » de la Seconde Guerre mondiale : bataille de Stonne – Le Mont Dieu – Tannay 14-25 mai 1940*, Stonne, Association Ardennes 1940 à ceux qui ont résisté, 2007.
Huguenin François, *L'Action française*, Paris, Perrin, 2011.
Icare n° 45 (été 1970), revue de l'aviation française, 1939-1940, La bataille de France, volume I, la chasse.
Irwin Will, *Les Jedburghs, l'histoire secrète des forces spéciales alliées en 1944*, Paris, Perrin, 2008.
Joseph Gilbert, *Une si douce Occupation, Simone de Beauvoir et Jean-Paul Sartre, 1940-1944*, Paris, Albin Michel, 1991.
Kaspi André, Schor Ralph, *La Deuxième Guerre mondiale, chronologie commentée*, Bruxelles, Complexe 1995.
Koch Lutz, *Rommel*, Paris, Plon, 1950.
Koenig (général), *Bir Hakeim*, Paris, Robert Laffont, 1971.
La Gazette des Uniformes n° 143.
Lacouture Jean, *La Raison de l'autre : Montesquieu, Mauriac*, Bordeaux, Confluence, 2002.

Lamarque Philippe, *6 juin 1944, le débarquement, opération Overlord*, Montreuil, CMD, 2001.
Le Moal Frédéric, *Histoire du fascisme*, Paris, Perrin, 2018.
Lepetit Patrick, *Voyage au bout de l'abject : Louis-Ferdinand Céline, antisémite, antimaçon*, Lyon, Atelier de création libertaire, 2017.
Les Collabos, fonctionnaires, patrons, intellectuels : ceux qui ont pactisé avec l'Occupant, *Historia*, n° 790, Paris, octobre 2012.
Ligne de Front n° 5, mai-juin 2007.
Lord Walter, *Le Miracle de Dunkerque*, Paris, Robert Laffont, 1983.
Ludwig Emil, *Entretiens avec Mussolini*, Paris, Perrin, 2016.
Mahrane Saïd, *Le Point.fr*, 13 octobre 2015.
Marrus Michaël et Paxton Robert, *Vichy et les juifs*, Paris, Calmann-Lévy, 1981.
Michel Alain, *Vichy et la Shoah : Enquête sur le paradoxe français*, Paris, Elkana 2015.
Milza Pierre et Berstein Serge, *L'Italie contemporaine*, Paris, Armand Colin, 1973.
Milza Pierre, *Mussolini*, Paris, Fayard, 1999.
Miquel Pierre, *La Seconde Guerre mondiale*, Paris, Fayard, 1986.
National Archives, College Park.
Noguères Henri, *Histoire de la Résistance en France*, Paris, Robert Laffont, 1981.
Ostenc Michel, *Mussolini : Une Histoire du fascisme italien*, Paris, Ellipses, 2013.
Paillat Claude, *Le Désastre de 1940, la guerre éclair : 10 mai-24 juin 1940*, Robert Laffont, 1985.
Passy (colonel), *Souvenirs*, Paris, Solar, 1947.
Paxton Robert, *La France de Vichy 1940-1944*, Le Seuil, 1973.
Perrier Guy, *Rémy, l'agent secret n° 1 de la France libre*, Paris, Perrin, 2001.
Platt (général), *La Guerre en Afrique orientale*, Paris, Payot 1956.
Pompei Bruna, *Volontari di Francia*, Trieste, Italo Svevo, 2006.
Porte Rémy (lieutenant-colonel), « Bir Hakeim face aux panzers de Rommel », *Les Dossiers de la Deuxième Guerre mondiale*, n° 6, octobre-novembre-décembre, 2006.
Prévotat Jacques, *L'Action française*, Paris, Presses universitaires de France, 2004.
Quétel Claude, *L'Impardonnable défaite : 1918-1940*, Paris, J.-C. Lattès, 2010.

Ragache Gilles, Ragache Jean-Robert, *La Vie quotidienne des écrivains et des artistes sous l'Occupation 1940-1944*, Paris, Hachette, 1992.

Randa Philippe, *Dictionnaire commenté de la collaboration française*, Paris, Jean Picollec, 1997.

Rebatet Lucien, *Le Dossier Lucien Rebatet : Les Décombres - L'Inédit de Clairvaux*, édition établie et annotée par Vergez-Chaignon Bénédicte, préface de Ory Pascal, Paris, Robert Laffont, 2015.

Renault Gilbert (dit Colonel Rémy), *Dix avec de Gaulle*, Paris, France Empire, 1971.

Renault Gilbert (dit Colonel Rémy), *Mémoires d'un agent secret de la France libre*, Paris, France Empire, 1998.

Riboud Jacques, *Souvenirs d'une bataille perdue (1939-1940)*, Paris, JRSC, 1995.

Riglet Marc, « La Politique, l'autre passion de Marguerite Duras », *l'Express*, 21 janvier 2014.

Rocolle Pierre, *La Guerre de 1940, la défaite 10 mai-25 juin*, Paris, Armand Colin, 1990.

Rommel Erwin (maréchal), *La Guerre sans haine*, Paris, Amiot-Dumont, 1952.

Saint-Martin Gérard, *L'Arme blindée française*, Paris, Economica, 1998.

Segrétain Franck, « La Milice française », *Les Dossiers de la 2e Guerre mondiale*, n° 10, octobre-novembre-décembre 2007.

Sémelin Jacques, *Persécutions et entraides dans la France occupée : Comment 75 % des juifs en France ont échappé à la mort*, Paris, les Arènes-Seuil, 2013.

Sevillia Jean, *Le Figaro Magazine*, vendredi 5 et samedi 6 avril 2013.

Valluy J. E. (général), avec la collaboration de Pierre Dufourcq, *La Première Guerre mondiale*, Paris, Larousse, 1977.

Veil Simone, *Une Vie*, Paris, Stock, 2007.

Vincent Jean-Noël (commandant), *Les Forces françaises libres en Afrique, 1940-1943*, Vincennes, Service historique de l'armée de terre, 1983.

Weeks John, *Armes légères de la Seconde Guerre mondiale*, Évreux, Atlas, 1979.

Wieviorka Olivier, *Histoire de la Résistance 1940-1945*, Paris, Perrin, 2013.

Winock Michel (dir.), *Histoire de l'extrême droite en France*, Points-Histoire, 2015.

Ouvrages du même auteur

L'Italie en guerre 1915-1918, Éditions Ulysse, 1986.
Les Guerres de Mussolini, Éditions Jacques Grancher, 1988.
Connaître les châteaux du Périgord, Éditions Sud-Ouest, 1989.
La Résistance dans le Sud-Ouest (préface de Jacques Chaban-Delmas), Éditions Sud-Ouest, 1989.
L'Épopée du Corps franc Pommiès, Éditions Jacques Grancher, 1990.
Le Sud-Ouest mystérieux, Éditions Sud-Ouest, 1990.
L'Affaire Grandclément, Éditions Sud-Ouest, 1991.
Le Livre d'or de la Résistance dans le Sud-Ouest, Éditions Sud-Ouest, 1991.
Bordeaux pendant l'Occupation, Éditions Sud-Ouest, 1992.
Les Contes populaires de toutes les Pyrénées, Éditions Sud-Ouest, 1992.
Les Grands Crimes du Sud-Ouest, Éditions Sud-Ouest, 1993.
Les FFI au combat, Éditions Jacques Grancher, 1994.
Souvenirs de la guerre 1939-1945, Éditions Sud-Ouest, 1995.
La Montagne de lumière (roman), Éditions Lucien Souny, 1995.
Gabriele D'Annunzio en France, 1910-1915, Éditions J/D, 1997.
Mussolini, Éditions Chronique, 1997.
Rommel, Éditions Chronique, 1998.
La Poche du Médoc 1944-1945, Éditions CMD, 1998.
Jacques Chaban-Delmas, Éditions CMD, 1998.
Bordeaux et Arcachon à la Belle Époque, Éditions CMD, 1998.

Bordeaux brûle-t-il ? La libération de la Gironde 1940-1945, Éditions Les Dossiers d'Aquitaine, 1998.
Biarritz à la Belle Époque, Éditions CMD, 1998.
Les Corridas de Bayonne, Éditions CMD, 1999.
Bordeaux, la base sous-marine 1940-1944, Éditions CMD, 1999.
Bernadette Soubirous, Éditions CMD, 1999.
Les Échassiers des Landes, Éditions CMD, 1999.
Périgord, l'aventure de la Préhistoire, Éditions CMD, 1999.
Périgord, histoire de la truffe, Éditions CMD, 1999.
Histoire de la France militaire et résistante, Éditions du Rocher, 2000.
Aquitaine, histoire de la Résistance, Éditions CMD, 2000.
Limousin, histoire de la Résistance, Éditions CMD, 2001.
Orthon le farfadet et autres histoires mystérieuses de l'Aquitaine, Éditions du Rocher, 2001.
Itinéraire d'un bouddhiste occidental, entretiens avec Jean-Pierre Schnetzler, Desclée de Brouwer, 2001.
L'Affaire Bentzmann 1939-1945, Éditions les Chemins de la Mémoire, 2002.
La Poche de Royan 1939-1945, Éditions les Chemins de la Mémoire, 2002.
Les Combats victorieux de la Résistance dans la libération 1944-1945, Éditions du Cherche-Midi, 2002.
Les Voies de la sérénité, les grandes religions et l'harmonie intérieure, Éditions Philippe Lebaud, 2002.
Regards chrétiens sur le bouddhisme, de la diabolisation aux convergences, Éditions Dervy, 2002.
Histoires mystérieuses du Sud-Ouest, Éditions les Chemins de la Mémoire, 2002.
La Bataille des cadets de Saumur, juin 1940, Éditions les Chemins de la Mémoire, 2002.
La Libération du Sud-Ouest 1944-1945, Éditions les Chemins de la Mémoire, 2003.
Le Grand Livre des fantômes, Éditions Trajectoire, 2003.
Lama Namgyal, vie et enseignement d'un moine bouddhiste occidental, Éditions les Presses de la Renaissance, 2003.
Arcachon : pages de son histoire, Éditions les Chemins de la Mémoire, 2003.
Visite historique de Bayonne, Éditions les Chemins de la Mémoire, 2003.
Visite historique de Biarritz, Éditions les Chemins de la Mémoire, 2003.

Visite historique de Bordeaux, Éditions les Chemins de la Mémoire, 2003.
Visite historique du Bassin d'Arcachon, Éditions les Chemins de la Mémoire, 2003.
Les Plages du débarquement, Éditions les Chemins de la Mémoire, 2003.
La France combattante de la victoire 1944-1945, Éditions les Chemins de la Mémoire, 2003.
La Poche de La Rochelle 1944-1945, Éditions les Chemins de la Mémoire, 2003.
Rommel, la fin d'un mythe (biographie), Éditions du Cherche-Midi, 2003.
Les Chercheurs d'Absolu, Éditions du Félin, 2003.
Lama Guendune, un grand maître tibétain en France, Éditions Oxus, 2003.
Les Vies antérieures, des preuves pour la réincarnation, Éditions du Félin, 2004.
Histoire de la presse en France, Éditions de Vecchi, 2004.
Les Voies spirituelles du bonheur (yoga, bouddhisme, oraison, soufisme), Éditions Infolio, 2005.
Les Jésuites, Éditions de Vecchi, 2005.
Comme des lions. Le sacrifice héroïque de l'armée française en mai-juin 1940, Éditions Calmann-Lévy, 2005.
Les Templiers, Éditions de Vecchi, 2005.
Les Grandes Affaires de la Résistance, Éditions Lucien Souny, 2005.
La Réincarnation, histoires vraies, Éditions Trajectoire, 2006.
Les Missionnaires, Éditions de Vecchi, 2006.
C'est nous les Africains. L'épopée de l'armée française d'Afrique 1940-1945, Éditions Calmann-Lévy, 2006.
Histoires extraordinaires du bouddhisme tibétain, Éditions Infolio, 2006.
Les Grands Ordres militaires et religieux, Éditions Trajectoire, 2006.
Histoires extraordinaires de la Seconde Guerre mondiale, Éditions Lucien Souny, 2006.
Jean Moulin, Éditions Infolio, 2007.
La Dérive intégriste, Éditions Acropole, 2007.
La Libération de la France, Éditions Lucien Souny, 2007.
Lieux de pèlerinages et grandes processions, Éditions Trajectoire, 2007.
Mers el-Kébir, juillet 1940, Éditions Calmann-Lévy, 2007.
Lourdes la miraculeuse, Éditions Trajectoire, 2008.
Les Poches de l'Atlantique 1944-1945, Éditions Lucien Souny, 2008.

Les 35 plus grandes affaires criminelles, Éditions Trajectoire, 2008.
La Guerre italo-grecque 1940-1941, Éditions Calmann-Lévy, 2008.
Les Victoires militaires françaises de la Seconde Guerre mondiale, Éditions Lucien Souny, 2009.
La Bataille de Bir Hakeim, une résistance héroïque, Éditions Calmann-Lévy, 2009.
Convergences chrétiennes et bouddhistes, Éditions Oxus, 2009.
Les Grandes Figures de la Résistance, Éditions Lucien Souny, 2009.
Les Mystères des manuscrits de la mer Morte, Éditions de Vecchi, 2009.
Les Mystères des prophéties, Éditions de Vecchi, 2009.
Spectres, esprits et apparitions, Éditions de Vecchi, 2009.
Le Bouddhisme vu par la science, Éditions Oxus, 2010.
La Bataille de France jour après jour mai-juin 1940, Éditions Le Cherche Midi, 2010.
Croyances et légendes populaires, Éditions de Vecchi, 2010.
La Bataille de Stonne, Ardennes 1940, Éditions Perrin, 2010.
L'Apport capital de la France dans la victoire des Alliés, 1914-1918 et 1939-1945, Éditions Le Cherche Midi, 2011.
La Bataille de Dunkerque. 26 mai-4 juin 1940, Éditions Tallandier, 2011.
39-45. Les soldats oubliés, ceux dont l'Histoire ne parle plus, Éditions Jourdan, 2012.
L'Armée française pour les Nuls, Éditions First, 2012.
Koenig, l'homme de Bir Hakeim, Éditions du Toucan, 2012.
La Libération de la France jour après jour 1944-1945, Éditions Le Cherche Midi, 2012.
Histoire générale de la Résistance française, Éditions Lucien Souny, 2012.
La Résistance, Éditions Gründ, 2012.
La Gestapo et les Français, Éditions Pygmalion, 2013.
Légendes et fadaises de la Seconde Guerre mondiale, Éditions First, 2013.
Histoires extraordinaires de la Résistance française, Éditions Le Cherche Midi, 2013.
La Résistance pour les nuls, Éditions First, 2013.
Fiers de notre histoire, Éditions First, 2013.
Les Crimes nazis lors de la Libération de la France 1944-1945, Éditions Le Cherche Midi, 2014.
12 Trains qui ont changé l'Histoire, Éditions Pygmalion, 2014.
La Bravoure méconnue des soldats italiens 1914-1918 & 1939-1945, Éditions Altipresse, 2014.

Gabriele d'Annunzio ou le roman de la Belle Époque, Éditions Le Rocher, 2014.
Les Opérations commandos de la Seconde Guerre mondiale, Nouveau Monde éditions, 2014 ; nouvelle édition en poche, 2016.
Les Grandes Figures de la Résistance française, Éditions Sud-Ouest, 2014.
Combats oubliés, résistants et soldats français dans les combats de la Libération 1944-1945, Éditions du Toucan-L'Artilleur, 2014.
Éloge de l'armée française, Éditions Pierre de Taillac, 2014.
La France s'est faite à coups d'épée, l'épopée des grandes batailles d'Hastings à la Libération, Éditions Armand Colin, 2015.
Histoires extraordinaires de la guerre aérienne 1939-1945, Éditions JPO, 2015.
Histoires incroyables et héroïques de la Résistance, Éditions JPO, 2015.
Bordeaux sous l'Occupation, Geste éditions, 2015.
Alain Juppé sans masque, Éditions First, 2016.
Histoires extraordinaires de la Seconde Guerre mondiale, Éditions Le Cherche Midi, 2016.
Histoires incroyables de la guerre 1939-1945, Métive éditions, 2016.
Petite histoire du Pays Basque, Geste éditions, 2016.
La Poche du Médoc 1944-1945, Geste éditions, 2016.
La Libération du Sud-Ouest, Geste éditions, 2016.
Les Grandes Affaires d'espionnage de la Ve République, Éditions First, 2016.
Histoire du Pays basque, Geste éditions, 2016.
Le Mythe du sauveur américain 1917-1918. Essai sur une imposture historique, Éditions Pierre de Taillac, 2017.
Jean-Claude Hubert. Souvenirs de guerre d'un résistant, contre-espion et commando 1939-1945, Geste éditions, 2017.
La Charente sous l'occupation, Geste éditions, 2017.
Le Pays basque sous l'occupation, Geste éditions, 2017.
Le Lot-et-Garonne sous l'occupation, Geste éditions, 2017.
Les Landes sous l'occupation, Geste éditions, 2017.
Les 100 000 collabos, le fichier interdit de la collaboration française, Éditions Le Cherche Midi, 2017.
Ces chrétiens qui ont résisté à Hitler, Artège, 2018.
SS français. Récits, lettres et témoignages inédits de la SS Charlemagne, Éditions Jourdan, 2018.
Nouvelles histoires extraordinaires de la Résistance : 16 récits inédits de héros qui ont sauvé la France, Alisio, 2018.

Les Années interdites. Auteurs, journalistes et artistes dans la Collaboration, L'Archipel, 2018.
Les Grandes Affaires de la Libération 1944-1945, Alisio, 2019.

Table

Dépôt légal : mai 2019

Achevé d'imprimer en France en novembre 2023
par Dupliprint à Domont (95)
N° d'impression : 2023114798 - N° d'édition : 6398394